하버드 중국사 **원·명**

곤경에 빠진 제국

하버드 중국사 원·명 _곤경에 빠진 제국

2014년 10월 16일 제1판 1쇄 인쇄
2014년 10월 30일 제1판 1쇄 발행

지은이 티모시 브룩
옮긴이 조영헌
펴낸이 이재민, 김상미

편집 오경희
디자인 달뜸창작실, 최인경

종이 다올페이퍼
인쇄 천일문화사
제본 광신제책

펴낸곳 너머북스
주소 서울시 종로구 누하동 17번지 2층
전화 02) 335-3366, 336-5131 팩스 02) 335-5848
등록번호 제313-2007-232호

ISBN 978-89-94606-31-6 93910
ISBN 978-89-94606-28-6 (세트)

너머북스와 너머학교는 좋은 서가와 학교를 꿈꾸는 출판사입니다.

하버드 중국사 **원·명**
곤경에 빠진 제국

티모시 브룩 지음
조영헌 옮김

너머북스

차례

지도와 그림

지도

그림

한국어판 서문

하나의 문명사를 한 권의 책에 담아내는 일은 제2차 세계대전 이후, 적어도 서양에서는 역사학자가 가장 열정을 쏟았던 작업이다. 중국사 분야에서도 숱한 난관을 이겨내고 뛰어난 작품들을 내놓은 수많은 개척자 — 존 페어뱅크John Fairbank(1907~1991)부터 조너선 스펜스 Jonathan Spence(1936~)에 이르기까지 — 가 있다. 나는 세계대전 이후에 태어난 세대로서 우리 세대에게는 그러한 야망이 그다지 많지 않은 것을 당연한 일이라고 생각한다. 내 동료 중에도 이미 몇몇 이들이 포괄적인 역사서를 저술했고, 앞으로도 더 많은 작품이 나올 가능성이 있지만, 우리 가운데 페어뱅크나 스펜스에 버금가는 권위를 얻을 사람은 아마 없을 것으로 본다. 우리에게는 앞선 세대가 겪지 못했던 문제가 있는데, 과거에는 없던 너무나 방대한 지식과 구체적인 정보가 현재 넘쳐나는 것이 그 이유이다. 부지런한 역사학자라면 중국에서 출간된 모든 책을 읽을 수 있던 시절이 있었다. 하지만 적어도 20여 년 전부터는 이러한 일이 어려워졌고, 오늘날은 사실상 불가능하다. 그렇기에 오히려 우리 세대에는 중국의 역사를 특정한 주제에 따라 재조명하여 한 권의 책에 담아내는 일이 얼마든지 가능해졌다. 하지만 중국사 전체를 한 권의 책에 담아내는 작업은 더욱 어려운 일이 되었다.

하버드 대학교 출판부의 캐슬린 맥더모트Kathleen McDermott가 폭넓은 독자층을 위한 중국사를 출간하자고 내게 제안했을 때 나는 그 전체를 나 혼자 다 쓸 수 없음을 직감했다. 원나라 이전의 중국사라면 나는 거의 아마추어 수준에 가까웠기 때문이다. 각 왕조마다 전문가가 필요한 작업이었다. 이 시리즈는 원래 4권으로 기획되었지만, 가장 중요한 왕조 — 한漢, 당唐, 송宋, 명明, 청淸 — 만 해도 이미 5권이 필요한 상황이었다. 그때 (이 시리즈의 저자인) 마크 루이스Mark Lewis가 진·한과 당 사이의 남·북조 시기에 대해서는 풍부한 서술이 가능할 만큼 새로운 연구가 이루어졌으므로, 따로 한 권으로 정리해줄 필요가 있다고 조언했다. 나 역시 3~6세기에 걸친 중국사를 한 권의 책에 담아내자는 의견에 찬성했고, 결국 이 "하버드 중국사" 시리즈는 중국이 항상 강력하게 중앙 집권화된 정부가 다스리는 지역이라는 기존의 통념과는 다른 곳임을 보여주는 기획이 되었다. 그리하여 총 6권의 시리즈를 기획하게 된 것이다.

나는 이 시리즈의 다른 저자들에게 별다른 지침을 주지 않았다. 내가 가장 중요하게 생각했던 점은 각 시대에 해당하는 연구 자료들의 가장 최근 성과를 조사하여 현재의 자료에 가장 가까운 사실을 서술하는 것이었다. 나는 역사를 시대 순으로 처음부터 차근차근 서술하는 평범한 방식을 되풀이하지 않기를 요청했다. 반대로, 그 당시에 살던 사람과 같은 관점과 같은 생각을 가지고 보고 서술하기를 바랐다.

이미 정형화되고 기정사실화된 역사를 다시 끄집어내는 것이 아니라, 당시의 삶이 구체적으로 어떠했는지 그 복잡 다양함을 오롯이 담아내는 역사서가 되기를 희망했다. 나는 또한 우리가 이미 알고 있고 또 곧 알게 될 지식에 너무 많이 의존하지 않기를 바랐다. 그리고 외부에서 바라보는 역사가 아니라, 역사의 내부에 밀착하여 숱한 세월을 함께 살아내고 자세히 읽어내는 역사서가 되기를 바랐다. 가령 각 시대를 이해하기 위해 일정 부분 정치사가 필요하다는 사실을 인정했지만, 그때에도 황실 정치가 정치사를 독점하지 않도록 주의해줄 것을 각 저자들에게 요청했다. 그렇다고 철학의 흐름이 이야기를 주도하는 것을 원한 것도 아니었다. 일반 서민은 대부분 철학이나 정치와는 동떨어진 삶을 살았던 만큼, 나 역시 이 "하버드 중국사" 시리즈가 일반 서민들의 삶과 경험을 충분히 보여주기를 소망했다. 그러므로 이 책을 읽는 독자들은 황제 중심의 일화보다는 당시의 사회, 경제, 문화, 그리고 백성들의 일상생활에 관해 좀 더 많은 정보를 접하게 될 것이다. 마지막으로, 이 "하버드 중국사" 시리즈가 공통적으로 담아내고자 한 주제는 각 시대의 역사가 형성될 때 비한족非漢族이 맡은 역할과 공헌에 주목하는 일이다. 중국의 역사는 한족漢族만의 역사가 아니기 때문이다.

이러한 지침을 제외하면, 나는 시대마다 중요한 사건의 가치와 활용 가능한 자료에 따라 각 시대를 어떻게 파악해야 하는지에 대해서는 시리즈 저자들의 재량에 맡겼다. 그 결과 중화제국에 관하여 상당히 포괄적인 연구가 이루어졌는데, 각 시대가 하나의 주도적인 주제에 따라 해석된 것이 아니라 여러 시대마다 대두했던 다양한 주제가 전개될 수 있었다.

이 책의 경우, 원-명 왕조를 분석하는 동안 내게 매우 크게 다가왔던 주제는 환경 문제였다. 이 시대를 앞뒤에서 구분 짓는 두 가지 큰 사건 — 13세기 몽골의 침략과 17세기 만주의 침략 — 모두 기후 변화에서 촉발되었기 때문이다. 따라서 나는 환경적 접근을 통해 이 책이 다루는 4세기 동안을 파악했지만, 이 시리즈의 다른 책은 이 정도로 환경을 거론하지 않았다. 이 시리즈의 다른 책이 저마다 다른 독특한 관점이 있는 것처럼, 환경적인 접근은 이 책의 특징이라 할 수 있을 것이다. 바라는 바가 있다면, 이 시리즈의 6권 모두가 독자들에게 서로 다른 방식으로 중국의 과거를 통찰하고 앞으로의 새로운 연구를 자극하는 계기를 제공하는 것이다.

끝으로, 한국의 독자들에게 이 시리즈를 소개하는 어려운 일을 해낸 번역자들과 편집자들의 노고에 진심으로 감사드린다. 이 시리즈 번역은 결코 만만한 프로젝트가 아니다. 그리고 특별히 이 책을 정성들여 번역해준 조영헌 교수에게 깊은 감사를 드리고 싶다. 조영헌 교수가 원본에 있는 오류들을 발견하고 정확히 수정해준 덕분에 이 번역본이 원본보다 더욱 나아졌음을 고백한다.

2014년 9월

티모시 브룩

일러두기

· 중국의 인명과 지명은 우리말 한자음으로 표기했고, 처음 언급할 때만 한자 병기했다.
· 서양과 일본의 인명과 지명은 국립국어원 외래어표기법을 기준으로 삼았다.
· 중국 사료의 인용은 영문으로 된 저자의 해석보다는 중국 사료를 우선 참고하여 번역했고 역주로 부연했다.
· 각주에서 인용된 중국 사료는 이해를 돕기 위해 옮긴이가 중국 원문으로 추가했다.
· 이 책에 등장하는 날짜는 특별한 언급이 없는 한 양력으로 환산된 날짜이며, 음력 날짜는 따로 병기했다.
· 영어 원서에 있는 소소한 오류는 저자의 확인을 거쳐 수정했으며, 이 경우 따로 지적하지 않았다.

| 들어가는 말 |

13세기 중엽부터 17세기 중엽 사이에 중국에는 두 왕조가 군림했다. 첫 번째 왕조는 중국인이 아닌 몽골인 쿠빌라이 칸이 1271년 건립한 원元으로, 쿠빌라이 칸은 세계 정복자 칭기즈 칸의 손자였다. 다음 왕조는 명明으로, 총명하면서도 무자비한 주원장朱元璋(1328~1398)이 1368년 건립했으나 1644년 북방 초원에서 내려온 만주족에 의해 전복되었다. 이 책은 이 두 왕조, 원과 명에 대한 이야기다.

중국인에게 1368년은 이 4세기에 걸친 역사에서 가장 중요한 순간에 해당한다. 주원장이 주도하는 토착 반란 정권이 그토록 혐오하던 몽골을 몰아내고 '조국'이라고 부를만한 왕국을 재건한 해였기 때문이다. 한편 중국 외부의 역사학자들은 1368년이야말로 후기 중화제국의 출발점이자 근대 세계를 향한 긴 여정이 시작되는 기점이라며 그 중요성을 부여한다. 이 책에서도 1368년은 중요한 해이지만 의미는 다르게 해석한다. 즉 1368년은 중국 역사의 방향을 트는 전환기가 아니라 반대로 두 왕조를 연결하는 고리의 시기라고 본다. 이 시기에 발생한 반란으로 몽골의 지배는 중단되었고 명(한족)에게 권력이 돌아갔으나 이어지는 수세기 동안 몽골의 유산이 확고히 전승되는 계기가 마련되었다. 원-명은 중국의 전제 체제를 구축했고, 중국 사회를 확대가족 집단으로 재편했으며, 상업적 부가 집중되기 쉽도록 중국의 가치를 재조정한 왕조였다.

이 책은 13세기부터 17세기까지 발생한 중국의 변화를 일관성 있는 하나의 역사로 그려내려고 하지 않았다. 나는 1271년부터 1368년까지 몽골의 지배를 받던 중국을 독자적인 시기로 생각한다. 다시 말해, 과거 지속된 중국의 모습은 몽골에 의해 단절되었고, 명의 이질적인 모습이 중국의 것으로 자리매김하게 된 뒤 오늘날까지 중국의 모습으로 정착하게 되었다고 본다. 타민족의 것이 토착화되었고, 몽골인이 중국인이 되었다. 마치 흑인이 백인이 되는 것처럼 말이다.

원-명을 단일한 시기로 볼 수 있다는 생각의 실마리는 전혀 예기치 않은 곳에서 발견되었다. 나는 이 두 시대를 파악하기 위해 네 가지 사료(정사인『원사元史』와『명사明史』, 왕실의 일기와 실록, 지방 행정 기구에서 지역의 일을 기록하기 위해 남긴 지방지, 수필가들의 비망록)를 읽어가면서 기근, 홍수, 가뭄, 태풍, 메뚜기 떼, 전염병 같은 각종 자연재해는 물론이고, 용의 공격 같은 특이사항도 주목했다. 그리고 이에 관한 자료를 모으고 시간에 따라 배열하면서 이 두 시대가 단일한 시대임을 발견했는데, 원-명 시대는 기후학자들이 '소小빙하기'라 부르는 시기와 일치했다.

따뜻하고 습하던 날씨가 점점 춥고 건조해졌다. 유럽과 마찬가지로 중국에서도 이러한 현상이 나타나자 날씨와 함께 다른 많은 것이 변화하기 시작했다. 국가와 사회가 날로 강성해지고 양극화된 한편, 경제는 서로 연결되고 상업화되었다. 사람들은 자기 주변에서 발생하는 현상을 참신한 방법으로 설명해야 했고, 생활을 담아내는 새로운 장치를 인정해야 했다. 또한, 세계 속에서 살아가기 위해 새로운 행동 방식을 채택하고 합법화해야 했다. 지구는 세계화되었고, 이는 중국도 마찬가지였다.

그러나 원-명의 사람들은 누구도 이러한 변화를 파악하지 못했는데, 이는 그들이 이러한 현상을 단편적으로만, 그것도 아주 대단히 비참하게 경험했기 때문이다. 나는 이 책의 3장에서 3~7년 주기로 발생했던 심각한 기후 재앙과 이 때문에 발생한 대규모 참사를 9차례의 '늪'의 시기로 확인하고, 그 사건의 패턴을 찾아낼 것이다. 그러한 '늪' 자체가 원-명의 향방을 결정지은 것은 아니었지만, 다른 어떤 요소보다 강하게 그 시대를 살았던 사람들의 삶과 기억을 구성한 것은 사실이었다.

원-명 사람들은 안으로는 이상 기후에 시달리고, 해안에는 외국 상인이 끈질기게 출현하는 통에 더욱 가중된 혼란을 겪었다. 그 가운데 과거의 전례에 집착하며 이를 모범으로 삼고자 하는 이들이 있었다. 반대로 어떤 이들은 과거는 버리고 새로운 방식을 받아들여 그 안에서 자기를 위한 공간을 찾았다. 원-명 시대가 대단히 혼돈스럽고 불화不

和의 사회였던 것은 바로 그런 이유 때문이다.

원–명 시대의 삶의 에너지와 변화상을 포착하기 위해 나는 가급적 이야기나 그림, 그리고 생동감 있는 목소리를 추적하여 당시 역사를 이야기 방식으로 풀어가고자 한다. 그것이 그리 어려운 일도 아닌 것이, 당시의 자료는 공교롭게도 보도자료류의 글로 가득하기 때문이다. 물론 우연도 있겠지만, 나는 이것이 다분히 의도적인 일이라 여겨진다. 당대 사람들이 큰 그림을 포착하고 제시해주는 경우는 거의 드문 반면, 그들의 기록은 매우 상세한 편이다. 따라서 오랜 세월이라는 장벽에도 불구하고 과거를 생생히 복원하는 데는 큰 어려움이 없었다. 물론 그들의 생각은 우리가 생각하는 것과 다를 수 있지만, 적어도 우리는 그들의 감정이 기쁨인지 공포인지는 분간할 수 있을 것이다.

나는 우선 그들의 공포에서 이야기를 시작하고자 한다. 그리고 그 이야기는 그들의 세계에 용이 출현하는 순간이 될 것이다.

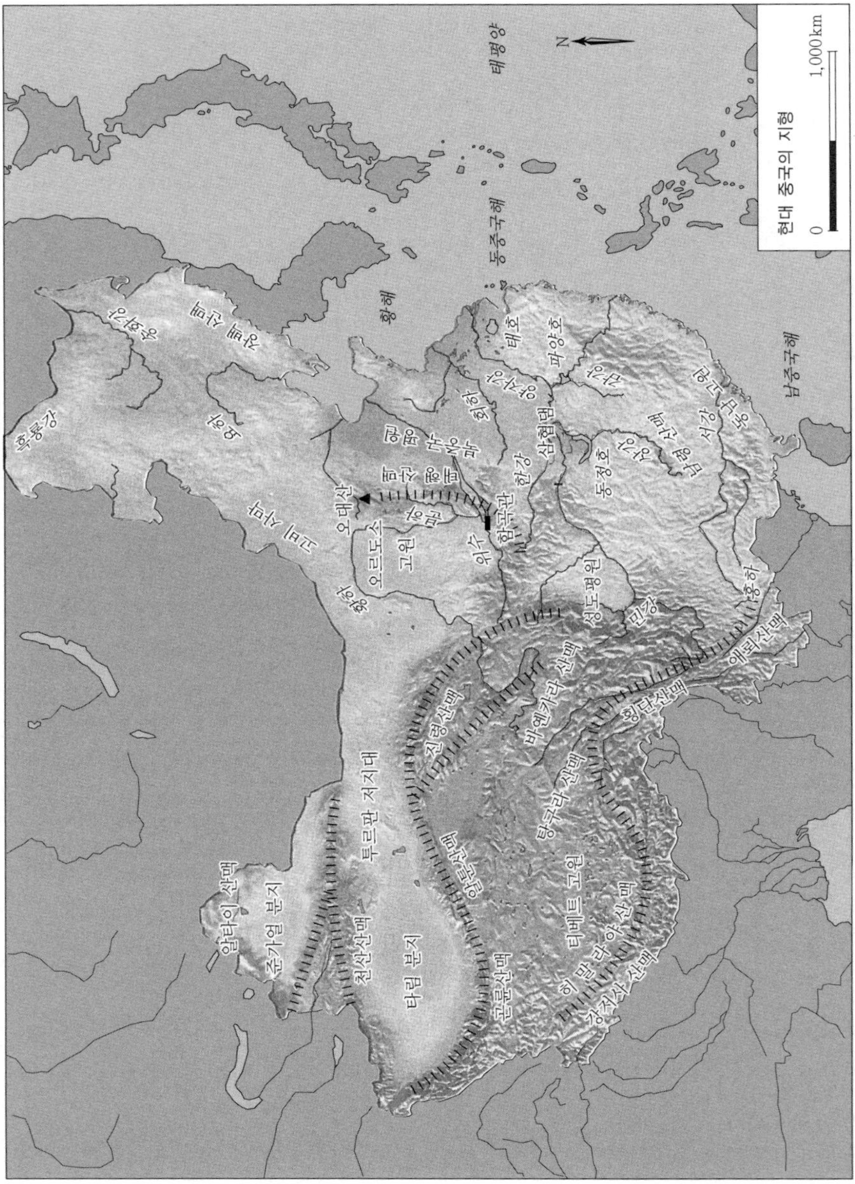
태평양
동중국해
황해
남중국해
N
현대 중국의 지형
0
1,000km
태호
파양호
동정호
회하
한강
삼협댐
남령 산맥
서강
홍하
민강
성도평원
함곡관
위수
오르도스 고원
오대산
황하
흑룡강
애뢰산맥
횡단산맥
바옌카라 산맥
기련산맥
투르판 저지대
탕구라 산맥
알툰산맥
티베트 고원
히말라야 산맥
강저사 산맥
곤륜산맥
타림 분지
천산산맥
준가얼 분지
알타이 산맥

지도 1. 현대 중국의 지형

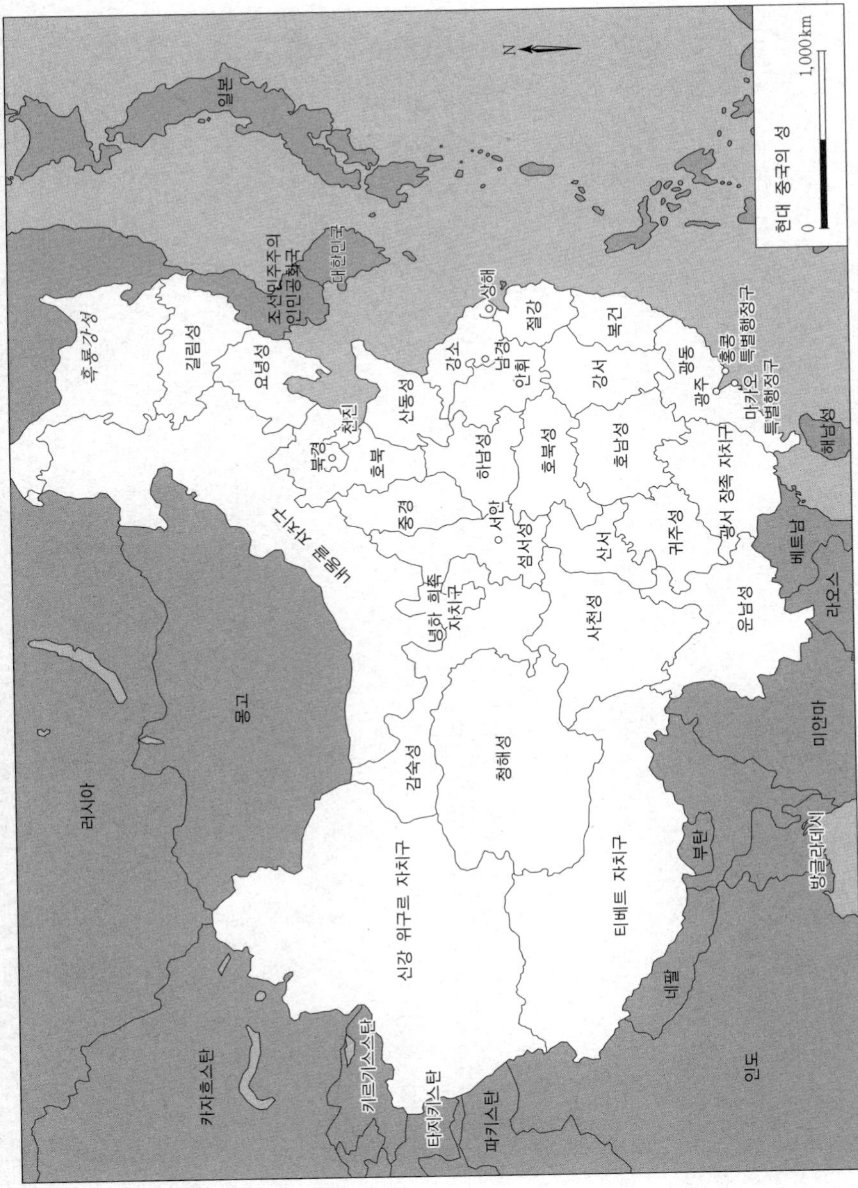
흑룡강성
길림성
요녕성
조선민주주의 인민공화국
대한민국
일본
북경
천진
하북
산동성
강소
남경
상해
안휘
절강
복건
강서
광동
광주
홍콩 특별행정구
마카오 특별행정구
해남성
하남성
호북성
호남성
광서 장족 자치구
귀주성
운남성
베트남
라오스
미얀마
중경
서안
섬서성
산서
사천성
내몽골 자치구
영하 회족 자치구
감숙성
청해성
신강 위구르 자치구
티베트 자치구
몽고
러시아
카자흐스탄
키르기스스탄
타지키스탄
파키스탄
인도
네팔
부탄
방글라데시
N
현대 중국의 성
0
1,000km

지도 2. 현대 중국의 성(省)

1

| 용의출현 |

원 제국에 용이 처음 출현한 때는 1283년 8월 25일 정오였다.[1] 용이 나타난 곳은 태호太湖에서 75킬로미터 동남쪽에 위치한 진산陳山으로, 이름은 산山이지만 실은 아담한 언덕에 가까웠다. 태호는 양자강揚子江 하류 삼각주 지역의 심장부에 해당하는 거대한 물의 저장소로, 명의 첫 번째 수도인 남경南京으로부터 아래로는 연안 항구인 상해上海에 이르기까지 거대한 충적토를 가로지르는 수많은 강과 운하에 물을 공급했다(지도 1, 지도 2). 진산은 송宋 시대부터 용왕龍王을 기리는 사묘祠廟가 있던 것으로 유명했다. 진산은 또한 용군행사龍君行祠로도 불렸는

---

1) 본 장은 원-명의 정사(正史, 즉 托克托, 『元史』, p.1099; 张廷玉, 『明史』, pp.439-440), 지방지(地方志), 그리고 필기(筆記) 자료 등 개인의 기록에서 발췌한 100여 건의 용의 출현에 관한 기사를 바탕으로 구성했다. 1283년 용의 출현에 관한 기록은 『海鹽縣圖經』(1624) 卷3, 54a-55b에 기록된 것이 『嘉興府志』(1879) 卷11, 6a에 재수록되었으며, Mark Elvin, *The Retreat of the Elephants*, p.196(정철웅 역, 『코끼리의 후퇴』, pp.329-330)에 번역되었다.

데, 이는 통상적으로 왕궁에 한정되어 사용되는 용어로, 용왕 역시 황제처럼 국가의 여러 거주지를 돌아다녔기에 붙여진 명칭이다. 가뭄이 2년간 지속되고 있었으므로, 그 지역의 현윤縣尹(고영顧泳을 지칭한다. - 역주)은 용왕의 환심을 사서 기근으로 바싹 마른 지역에 비가 내리기를 기원하며 사원의 수리를 결정했다. 화공畵工이 막 일을 시작한 무렵 천둥, 번개가 치며 일진광풍이 불어와 용의 출현을 알렸다. 그런데 용은 한 마리가 아니라 용왕과 그 아들까지 두 마리였다. 두 마리 용은 잔뜩 겁에 질린 화공에게 나타나더니, 다시 꼬리를 치며 하늘의 구름 위로 사라졌다. 그러자 곧 많은 비가 쏟아졌고, 가뭄도 종료되었다.

원 시대에 두 번째 용은 10년이 지난 1292년 출현했는데, 이번에 출현한 지역도 태호의 가장자리였다. 하지만 그 결과는 가뭄에 시달린 백성들의 바람과는 달랐다. 용이 하늘에 날아오르자 홍수가 발생했고, 태호의 가장자리에 옹기종기 자리 잡은 전토가 물에 잠기고 농경지는 황폐해졌다.

2년 후, 원의 태조 쿠빌라이가 사망했다. 그로부터 3년 뒤인 1297년, 태호 다음으로 양자강에서 중요한 호수인 파양호鄱陽湖에 강한 폭풍우가 쏟아지면서 한 떼의 용이 등장했다. 이리하여 진산에서 발생했던 극적인 용의 출현은 곧 빛을 잃었다. 용들의 공중 곡예는 강력한 소용돌이를 만들어내며 인근의 여러 부府를 홍수로 잠기게 했다.

이후 42년 동안 용은 자취를 감추었다. 그러다가 1339년 7월 29일 무시무시한 용 한 마리가 연안 지역인 복건성福建省의 어느 산간 골짜기를 덮쳤다. 맹렬하게 내리는 폭우 때문에 800채 이상의 가옥이 쓸려

갔고, 1,300헥타르의 경작지가 파괴되었다. 10년 뒤에는 다섯 마리의 용이 양자강 삼각주 지역에 출현하여, 바닷물을 한껏 빨아들인 다음 공중에 내뿜었다. 이후 1351~1367년 사이 17년 동안 7차례 용이 출현했는데, 원의 마지막 해인 1367년에는 두 번이나 나타났다. 첫 번째는 7월 9일 북경北京에서였는데, 용은 전임 황태자가 머무는 침전寢殿의 성벽 너머에서 번갯불과 함께 나타났다가 사라졌다. 그리고 다음 날 아침, 인근에 위치한 불교 사원의 큰 홰나무[槐樹]를 둘러싸며 출현했는데, 나무껍질에 큰 상처와 화상 자국을 남기고 사라졌다. 두 번째는 이로부터 한 달 뒤, 기우제에 영험한 장소로 알려진 산동성山東省의 용산龍山에서 발생했다.[2] 8월의 폭풍이 몰아치는 가운데 산 정상에 출현한 용은 하늘로 날아오르며 거대한 돌덩이를 떨어뜨려 민가를 덮치게 했다. 8개월 뒤, 쿠빌라이의 한 후손이 원의 왕좌를 버리고 몽골의 초원으로 도망쳐야 하는 일이 벌어졌다. 이와 함께 이민족 군대의 중국 점령 또한 종식되었다.

용의 지배자

몽골 지배 시기의 한족漢族은 용의 출현 같은 이상한 사건을 무리 없

2) 张廷玉, 『明史』, p.439. 임구현(臨朐縣)의 지방지에는 1363년 언덕에 충돌한 유성에 관한 기록이 있고, 당시 10여 년 동안 다른 어떤 특별한 사건은 없었다. 『臨朐縣志』(1552) 卷1, 8b, 卷4, 20b, 卷4, 28b 참조. 이 사실은 『山東通志』(1553) 卷39, 36b에서도 확인할 수 있다.

이 받아들였다. 원의 마지막 17년 동안 용의 출현은 점점 더 빈번해졌고, 이와 더불어 사방에서 반란 소식이 들려왔기 때문에, 용은 나라의 멸망을 예고하는 하늘의 징조라고 이해했던 것이다. 1355년 8월 10일에 양자강 삼각주에 강한 회오리바람과 함께 백룡白龍이 출현한 사건을 한 수필가는 다음과 같이 회고했다. "용이 지나간 지역은 황량하고 앙상한 모습을 드러냈다. 모든 것이 시들고 초토화되었다." 이 장면은 그 이듬해 내란이 휩쓸고 지나간 양자강 삼각주 지역의 풍경과 정확히 일치했다. 그 수필가는 비탄에 젖어 "이 장면을 물끄러미 바라보노라니 지난날의 번영이 마치 꿈처럼 느껴지는구나."[3]라고 토로했다. 그로부터 13년 뒤인 1368년 주원장은 반란군으로 등장하여 중국의 중심부를 잠식해 들어왔다. 그는 황제에 관한 전형적인 표현처럼 "용처럼 날아올라", 마침내 명을 세웠다.

쿠빌라이를 훌륭한 정복자로 숭배했던 주원장은 자기도 쿠빌라이처럼 온 세계를 지배하기를 꿈꾸었다. 쿠빌라이와 주원장 두 사람은 원-명 4세기 동안 형성된 중국과 그 이후까지 중국사의 어떤 후속 인물보다 큰 영향을 끼쳤는데, 적어도 20세기에 모택동毛澤東이 권력을 잡기까지는 그러했다. 쿠빌라이의 야망은 동아시아를 정복하는 것이었다. 영토의 규모로 평가하자면 주원장의 열망은 쿠빌라이보다 소박했다. 대신 주원장에게 중요했던 문제는 몽골에 의해 망가진 나라를 도가적 유토피아로 변화시키는 일이었다. 비록 그런 바람이 너무 쉽

3) 陶宗儀, 『南村輟耕錄』, p.105. "凡龍所過處, 荊棘寒烟, 衰草野燐, 視昔時之繁華, 如一夢也" 이 구절을 주목하게 해준 데즈먼드 청(Desmond Cheung)에게 감사한다.

게 형식주의의 굴레로 탈바꿈했지만 말이다. 중국인들은 오늘날 주원장을 자기들의 시호諡號이자 왕조의 시조始祖에게 주어지는 명예로운 칭호인 태조太祖로 기억한다. 물론 그가 생존하던 시기에 태조라는 이름은 사용되지 않았다. 그래서 나는 그를 주원장 또는 홍무洪武라는 연호로 호칭하고자 한다. 모든 황제는 연호를 채택할 때 과거의 업적이나 미래의 의지를 전달하려고 하는데, '홍무'는 그의 군사적인 업적을 상기시켜주는 이름이다.

홍무제로 등극하기 전부터 주원장은 원의 영토에 출몰하는 용들의 움직임을 기민하게 인지했다. 그에게 용을 길들이라는 임무가 암묵적으로 맡겨졌고, 주원장은 그 의미를 그냥 흘려버릴 인물이 아니었다. 첫 번째 기회는 1354년 가을, 즉 그가 새로운 왕조를 세우기 14년 전에 찾아왔다. 그때 주원장은 남경 서편의 양자강 하류 지역을 정벌하고 있었는데, 당시 그 지역은 가뭄으로 고통을 겪던 터였다. 지역 지도자들은 주원장에게 인근의 습지에서 종종 용이 목격된다며, 가뭄이 재앙으로 번지지 않도록 용에게 기도해주기를 요청했다. 주원장은 수년 뒤에 당시를 회고하며, "그때 나는 그들의 말을 믿고 용에게 간구했다. 사흘 후, 진실로 용은 나의 간구에 응답했다."라고 기록했다. 과연 비가 내렸다. 감사의 제사에서 주원장은 용을 찬양하기를, "가뭄의 피해도, 홍수도 없이 천지를 이롭게 했으며, 백성들을 돕고, 내 앞에서 그 영험함을 드러냈도다."라고 했는데, 이는 언젠가 자기 백성들로부터 받고 싶은 칭송 그대로였다. "이때를 맞이하여 용은 천명天命을 들었으며 신령은 모두 이를 잘 알고 있었다[今也, 龍廳天命, 神鬼旣知]." 한 왕조의 승리 혹은 패망을 알리는 신호나 다름없는 천명을 언급한 것은 자기가 명백하게 황제에 오르겠다는 선언과도 같았다. 그는 용을 자기처럼 느껴지도록 묘사한 시를 읊는 것으로 제사를 마무리했다.

위엄을 드러내면 우주를 채우고
깊이 숨으면 형체가 드러나지 않으니
신룡神龍이 물을 다스리면
천하는 태평해지네.[4)]

이제 용의 지배자가 권좌에 올랐으니, 용은 지배자의 기대에 응하여 인간 영역에서 자취를 감추었다. 주원장이 황제에 등극하던 첫해 여름 파양호에 폭풍과 함께 용 떼가 등장한 것을 제외하면, 홍무제 때 용이 나타나 괴롭히는 일은 없었다. 그는 진정 용의 지배자였다.

명의 황제들

명에 용이 처음 등장한 것은 1404년으로, 영락제永樂帝(재위 1403~1324)가 황위에 오른 지 2년째 되던 해였다. 영락제 말기에는 여러 번 용이 목격되었고, 마지막에는 전염병까지 돌았다. 영락제가 조카의 황위를 찬탈했을 뿐 아니라, 그 과정에서 조카인 건문제建文帝(재위 1398~

4) 朱元璋, 『明太祖集』, pp.350-351. "威則塞宇, 潛則無形, 神龍治水, 寰宇淸寧"

1402)가 화염에 휩싸인 궁전에서 불가사의하게 사망한 것으로 알려지면서, 사람들은 하늘이 영락제를 응징한 것으로 생각할만했다. 그렇지만 이러한 사실을 감히 누설하는 자가 없었으니, 이는 곧 영락제가 권좌에 오르면 안 된다는 주장과 같았고 모반으로 간주될 수도 있는 일이었기 때문이다. 모든 사람이 침묵하는 가운데 영락제는 세상을 떠났다. 그로부터 1480년대까지 명은 용으로부터 비교적 자유로웠다.

용이 상당히 규칙적으로 등장하기 시작한 것은 홍치제弘治帝(재위 1488~1505) 때였다. 홍치제 때 모두 다섯 번 용이 출현한 것으로 지방지에 기록되었으나, 18세기에 출판된『명사』에 수록된 사건은 그중 두 건뿐이었다. 그 첫 번째 기록은 1496년 7월 14일의 것으로, 북경을 둘러싼 장성長城에 번개를 동반한 폭풍이 몰아치던 날 한 군병의 칼집에서 용이 나타났다고 한다. 두 번째는 그로부터 9년 뒤인 1505년 6월 8일의 기록으로, 정오에 자금성紫禁城의 상공에 용이 나선형의 소용돌이와 함께 유령처럼 나타나더니 곧 하늘로 올라가 버렸다고 한다. "사람이 용을 타고 구름으로 들어가는 것 같았다."라고 역사가들은 표현했다.

이 두 건과 함께 홍치 연간에 발생한 용의 출몰 기록은 당시 사람들의 관심을 집중시켰다. 이에 영감을 받아 숙련된 산수화가(이자 악명 높은 술꾼이었던) 왕조汪肇(1500년경 활동)는「기교도起蛟圖」(그림 1)라는 작품을 남겼다. 이는 내가 보기에 용이 출현할 때의 폭풍우를 가장 잘 묘사한 명의 작품이다. 홍치제(그림 2)에게 용의 출현은 특별히 당혹스러운 일이었다. 홍치제는 반세기가 넘도록 지속된 무능력하고 흐리멍덩

그림 1. 왕조의 「기교도」
용이 출현할 때 나타난다고 인식되던 기상학적 특징을 잘 포착했다. 북경 고궁박물원 소장.

했던 왕들과 달리, 각종 문제를 자신이 직접 파악하려 했던 인물로 폭넓은 계층에게 존경받았고, 무능력한 신료들을 배제하고 정책 결정에 개인적인 관심을 기울이는 등 왕실 정치를 기술적으로 처리했다.[5] 어떻게 하늘이 이런 황제에게 불만을 가질 수 있단 말인가? 혹시 하늘이 주의를 주고 싶었던 대상은 황제가 아니라 백성들이 아니었을까? 1496년 만리장성萬里長城에 용이 출현하자 홍치제는 환관을 내각內閣에 파견하여 용에 대한 정보를 구하게 했던 것 같다. 황제의 명령에 따라 내각은 행정력 내에서 이에 관해 전문 지식을 제공해줄 인물을 수소문했다.[6] (그들이 찾은 전문가는 나기羅玘로 다음 장에 등장한다) 홍치 연간에 용이 마지막으로 출현한 때는 1505년 6월 8일이며, 기록에는 자금성의 상공에서 "용을 탄 남자가 구름 위로 올라갔다."라고 되어있다. 당시는 황제가 붕어한 시기였으므로 그 해석이 어렵지 않았다. 하늘은 총애하는 아들을 데려가려고 밀사를 파견했던 것이다.

용은 하늘의 창조물이자 황제 개인의 상징이었다. 황제와 그의 직계 자손이 거주하는 궁전에만 유일하게 구룡벽九龍壁이 있어 사악한 기운을 차단할 수 있었다. 오직 황제의 가족만이 용이 수놓인 의복을 입을 수 있었고, 용의 형상이 새겨진 자기로 식사할 수 있었다. 물론 황족의 유행을 모방하고자 하는 욕구가 워낙 강했으므로, 자수업자나 가마 장인들이 용 그림을 종종 사용하곤 했는데, 이때 용의 발톱 하나를 제거(본래 5개인 발톱을 4개로)하는 방법으로 용의 사용을 금하는 명

5) 이 예는 焦竑, 『玉堂叢語』, pp.109-110 참조.

6) 張怡, 『玉光劍氣集』, p.1025.

령을 피해갔다. 왕자들도 이런 금령을 피해갈 수는 없었다. 가령 1392년 대동大同의 대왕代王이 거주하던 곳에 건립되어 지금까지 남아있는 구룡벽을 보면, 모든 용의 5번째 발톱이 제거되었다. 통치자와 용 사이의 연합 관계는 중국 문명의 창시자로 알려진 신화적 인물(반고盤古를 지칭함. 중국 도교의 천지 창조 설화에 나오는 주요 인물 –역주)로 거슬러 올라간다. 그는 북중국의 늪지에 살고 있던 용들을 정복하고 늪지를 경작이 가능한 토지로 전환했으며, 거친 야만인들을 길들였다. 어떤 황제는 용을 애완동물처럼 취급하기도 했다.[7] 통치자와 용의 연관성은 명백하지만 그 의미는 양면성을 지닌다. 용은 황제의 권위를 드러내 보일 수도 있었으나, 반대로 그의 통치가 만족스럽지 않다는 하늘의 신호이기도 했다. 이런 까닭에 용은 기록할만한 가치가 있었으며, 역사적으로도 의미를 지녔다. 자연의 징후인 용을 거대한 흐름으로 읽어낼 수만 있다면, 국가 대사의 미래를 해석하는 일도 가능했다.

왕조의 순환은 이러한 흐름을 보여준다. 권좌를 빼앗거나 지켜냄으로써 스스로 왕의 권위를 증명한 자에게 하늘은 통치 권한을 부여했다. 이 논리는 동어 반복적이기는 하지만, 실제로 대단히 설득력이 있었다. 새 왕조를 연 황제는 이미 천명을 확보했기 때문에, 용의 방문을 기대할 이유가 없었다. 만약 용의 출현을 기다리는 자라면 그는 개인적인 위험을 감수해야 했다.[8] 용이 등장할 때는 왕조의 운명이 시들

7) Sterckx, *The Animal and the Daemon in Early China*.

8) 이러한 일반적인 설명은 『淸史』의 기록과 배치된다. 이에 따르면 새로운 왕조가 시작된 지 5년도 되지 않은 1649년, 첫 번째 용의 출현이 기록되었다.(趙爾巽, 『淸史稿』, p.1516) 그렇다면 이 기록은 만주의 통치권에 의문을 제기하려는 의도였을까?

그림 2.「홍치제의 초상화」
그의 곤룡포 어깨 패치를 주목하라. 왼쪽 어깨에는 태양의 붉은 이미지, 오른쪽 어깨에는 달의 하얀 이미지가 있다. 왼쪽에 태양[日]이 있고 오른쪽에 달[月]이 있는 것은 '명(明, 밝다)', 즉 왕조의 명칭을 상징한다. 대만 국립고궁박물원 소장.

거나 황제 가문이 천명을 잃어버렸다고 예상될 때뿐이었기 때문이다. 홍치제가 용의 등에 업혀 하늘로 승천했다는 이야기(이는 아마 궁정 사가들이 지어낸 이야기일 것이다)는 그가 하늘의 은혜를 입었음을 보여주는데, 이때 용은 황제가 아닌 황제를 업신여긴 백성에게 경고하려고 등장했다고 보아야 한다.

하지만 홍치제의 계승자 정덕제正德帝(재위 1506~1521) 때 용이 자주 출몰하자, 이야기가 달라졌다. 정덕제의 치세가 시작된 지 6년 동안 용은 나타나지 않았다. 그러다가 1512년 8월 6일 산동성 용산의 동북쪽 161킬로미터 지점 하늘에 불처럼 빛나는 빨간 용이 출현했다. 용은 불길하게도 북서쪽에서 남동쪽으로 선회하더니 천둥 치는 구름으로 올라가 버렸다. 다행히도 실질적인 피해는 없었다. 5년 뒤인 1517년 7월 7일, 대운하와 교차하는 회수淮水 유역에 9마리의 검은 용이 출현해 대혼란을 일으켰다. 그 용들이 강물을 하늘로 빨아들이면서, 선박 한 척이 하늘에 난 구멍으로 빨려 올라갔다. 당시 선박에는 선주의 딸이 탑승했는데, 선박을 빨아들인 용은 그녀에게 아무런 해를 입히지 않고 땅 위에 고이 내려주었다. 이 기괴한 이야기는 그 이듬해에 더 악화된 상태로 반복되었다. 불을 내뿜는 세 마리의 용이 양자강 삼각주를 뒤덮은 구름으로부터 하강하여 24척의 선박을 하늘 위로 빨아들인 일이 발생하는데, 이때 공중에서 떨어져 죽은 사람보다 두려움에 놀라 죽은 사람이 더 많았다. 300채가 넘는 가옥이 파괴되었고 그 파편이 사방에 떨어졌으며, 이후 5일 동안 붉은 빗물이 내렸다.[9] 11개월 뒤에

9) 明『武宗實錄』卷150, 3a, 卷162, 2b.

는 파양호에서 용들의 전쟁이 일어나 상황은 더욱 심각해졌다. 수십 마리의 용이 참여한 전쟁의 규모는 1297년이나 1368년 상황을 능가했다. 이때 물에 잠긴 섬 가운데 상당수가 폭풍 후에도 수면에 떠오르지 않았다.

정덕제 때의 용들은 하늘의 은총이 아니라는 점에 모두가 동의했다. 정덕제는 모든 왕조 가운데 가장 무책임한 황제로 기억되기 때문이었다.[10] 심덕부沈德符(1578~1642)는 『만력야획편萬歷野獲編』의 「정덕시대의 이례적인 용[正德龍異]」이라는 제목의 글에서 이 사건을 아주 깔끔하게 정리했다.[11] 이 용들은 단지 나쁜 황제임을 알리는 일반적인 신호가 아니라 그의 잘못된 판단과 잘못된 결말을 알리는 대단히 특수한 전령傳令이었다는 것이다. 심덕부가 조사해본 결과, 모든 용의 출현은 정덕제의 죽음을 포함해서 그의 불안정했던 매 순간과 정확히 들어맞았다. 정덕제는 술에 취한 상태에서 양자강 유역의 배에 있다가 물에 빠졌고, 여러 날 동안 열병을 앓다가 사망했다. 물은 용을 상징하는 요소였으므로, 정덕제의 죽음이 용과 관련되었다고 심덕부는 감히 말할

10) Huang, *1587, a Year of No Significance* (레이 황 저, 김한신 외 역, 『1587, 만력 15년 아무 일도 없었던 해』, 새물결, 2004) 이 책은 정덕제에 관해 매우 비판적으로 서술하고 있다.

11) "황제가 물에 빠진 뒤 병에 걸려 북쪽으로 돌아온 것은 진실로 앞서 (용이) 배를 빨아들이고 물이 범람했던 사건에 상응하는 일이다.(上墜水得疾北還, 實與前吸舟湧水事相應.)" 沈德符, 『萬歷野獲編』, p.742. 심덕부는 『明史』에 기록된 정덕 연간의 용의 출현에 관한 기록 외에 두 번의 출현 기사를 추가했다. 그중 하나는 陸粲(1494-1551)이 편찬한 『庚巳編』에서 가져왔는데, 『경사편』(p.105)에는 같은 내용이 조금 더 길게 기록되었다. 심덕부는 「正德龍異」에 앞서 홍치 연간 발생했던 각종 재이 현상에 대해 「弘治異變」이라는 긴 글을 남겼다.

수 있었다.

이때부터 용은 명의 황제가 정통성의 위기나 환경적인 위기로 비틀거릴 때마다 주기적으로 등장했다. 정덕제의 후계자인 가정제嘉靖帝(재위 1522~1566)도 용 때문에 큰 어려움을 겪었는데, 1550년대 특히 더 심했다. 날짜가 정확히 기록된 용의 출현은 18건이지만, 날짜 기록이 없는 경우가 더 많았다. 양자강 하류 삼각주 지역에 살던 한 작가는 가정 연간에 출몰한 용의 기록을 수집했는데, 첫 번째는 항주杭州에 있는 어느 수의사의 집에 나타났고, 두 번째는 항주 외곽에 위치한 방산方山에 나타나 거대한 소나무를 뿌리째 뽑아버렸으며, 세 번째와 네 번째는 소주蘇州 외곽에 있는 수십 채의 가옥을 화염 속에 불태웠고, 다섯 번째는 항주의 아름다운 서호西湖에 출현하여 철탑을 넘어뜨리고 유람선을 전복시킨 것도 모자라, 사찰의 천불각千佛閣을 산산조각이 되도록 파괴했다.[12)]

1573년부터 1620년까지 이어진 만력제萬曆帝 때도 가정 연간과 유사한 빈도로 용이 출현했다. 가장 규모가 큰 사건은 1586년 8월 29일의 일이었다. 남경 서편 향촌의 상공에 158마리의 사나운 용이 나타나 언덕을 날려버리고 전토를 파괴하고, 수천 명을 익사시켰다. 그 후 용들은 명의 마지막 황제 숭정제崇禎帝(재위 1628~1644) 때까지 줄기차게 나타났다. 1643년 가을에 출몰한 두 마리의 용을 끝으로 이 잔인한 국면은 마무리되었다. 정치, 경제, 군사, 환경의 위기를 따로 떼놓고 생각하기 힘든 때였다. 이듬해 봄, 명은 무너졌다.

12) 張怡, 『玉光劍氣集』, p.1024.

유럽의 용

당시 중국인만 용을 목격한 게 아니었다. 유럽인도 용을 보았다. 런던에서 인기 있던 과학 작가 에드워드 톱셀Edward Topsell(1572~1625 추정)은 『뱀의 역사*The History of Serpents*』(1608)의 두 장을 용 이야기에 할애했다. 톱셀은 콘라트 게스너Conrad Gessner(1516~1565)의 대표작 『동물의 역사*Historia Animalium*』를 포함, 여러 자료에서 용 관련 자료를 찾아내어 비교적 일관되게 엮어냈다. 그는 용이 다양한 형태로 등장했다면서, "출현한 국가, 규모와 크기, 혹은 외부 형태에 따라 구별"된다고 설명했다. 물론 역사적인 사례가 대부분을 차지했지만, 마지막에 가서는 '심지어 우리나라(영국)'에서도 많은 용이 "발견되거나 죽임을 당했다."라고 주장하면서 관심을 끌었다. 하지만 그가 제시한 가장 근거 있는 자료는 몇몇 유럽의 사례에 국한되었다. 즉 프랑스("학식 있고 신뢰할만한 사람들이 같은 것을 목격했다."), 1499년 5월 26일 스위스 중부의 루체른Luzern("다양한 부류의 사람이 같은 것을 보았다."), 1543년 독일("많은 사람을 물고 상처 입혀 불구로 만들었다."), 그리고 피레네 산맥("잔인한 종류의 뱀")의 사례들이 그것이다. 톱셀은 파리의 학자들이 죽은 표본을 가지고 조사했다고 하는데, "이는 인도에서 가져온 것으로 밝혀졌다."라고 하며 자신의 주장에 신뢰성을 높이려 했다.

자기 이야기에 의문을 품게 될 독자를 의식했는지 톱셀은 게스너에게 박물학博物學 지식을 제공했던 한 독일인의 말을 이렇게 재인용했다. "나는 꾸며낸 일을 기록하지 않았습니다. 이러한 일은 대단히 정직

하고 신뢰할만한 사람들로부터 알게 된 사실입니다. 그들은 용이 등장한 것과 불이 나면서 이어진 재난을 모두 똑똑히 목격했습니다." 톱셀 역시 같은 입장에서 "날개 달린 뱀이나 용이 존재한다는 나의 진술에 대해 누구든 합리적인 사람이라면 충분히 수긍할 것이다."라고 주장했다. 그는 용의 출현 "이후 뒤따르는 엄청난 재앙을 만나지 않으려면" 실제 용이 나타날 때까지 기다릴 필요 없이 자기 말을 순순히 듣는 것이 낫다고 조심스럽게 주장하면서 글을 마무리했다.[13)]

톱셀이 이처럼 강하게 주장했다는 것은 1608년 무렵까지 모든 유럽 사람이 용의 존재를 믿은 것은 아니었음을 반증한다. 그로부터 100년 전부터 이 문제에 관해 학자들이 논쟁한 바 있었는데, 톱셀이 자기가 용에 관해 한 말이 "꾸며낸 이야기와 사실을 혼합"한 것이 절대 아니라고 주장한 것을 보면, 한편으로는 이를 의심하는 분위기가 고조되었음을 알 수 있다. 그러나 그의 책이 잘 팔려나간 것을 보면, 많은 이가 그의 논리를 받아들였다고 해석할 수도 있다.

이러한 엇갈린 판단은 톱셀과 동시대를 살았던 명에서도 나타났다. 1550년 회시會試에 통과한 진요문陳耀文이 틈틈이 엮어 완성한 『천중기天中記』라는 백과사전을 보면, 그는 먼 옛날 용이 존재했다는 점에 대해서는 조금도 의심하지 않았다. 다수의 작품을 남기기도 한 그는 이 책에서 광범위한 고대 문헌의 자료를 수집해 모든 생물체에 관해 알리려고 했으며, 제56장에서 용에 관해 설명했다. 그 대목을 읽어보면,

13) Topsell, *The Historie of Serpents*, pp.155, 161-162. 일부 표현을 수정해서 사용했다. 내게 톱셀의 책을 소개해준 케이스 벤슨(Keith Benson)에게 감사한다.

물은 인간의 불을 끄는 반면 용의 불을 더욱 가열시키고, 용은 100리(58킬로미터)(중국의 1리는 시대마다 길이가 조금씩 변화하는데, 비교적 정확한 자료로 남겨진 청의 기록을 보면 1리를 약 0.576킬로미터로 환산한 것으로 알 수 있다. 저자는 명의 1리도 이 단위를 적용하고 있다. –역주) 밖까지 볼 수 있다고 한다. 그리고 다른 생물체와 마찬가지로 용 역시 일부 사물은 보지 못하는 것 같다.

"사람은 바람을 볼 수 없고, 물고기는 물을 볼 수 없고, 귀신은 대지를 볼 수 없고, 염소는 비를 볼 수 없고, 개는 눈[雪]을 볼 수 없다." 그리고 "용은 바위를 볼 수 없다." 그는 용의 뿔이 6미터 정도 된다고 했는데, 이는 487년 황제에게 헌상된 적룡赤龍의 뿔 길이와 같았다.[14] 진요문이 인용했던 자료들은 대부분 천 년 이상 오래된 문헌이었다. 하지만 그와 동시대를 살았던 명 사람들은 이러한 지식을 그다지 신뢰하지 않았고, 일부는 필기筆記 자료라고 불리는 개인의 기록에 등장하는 용 이야기에 의혹을 제기하기 시작했다. 당시 필기 자료는 동시대 영국인들이 '비망록commonplace books'이라 부른 것과 대체로 유사했다. 지금 우리가 명의 지식인들이 용에 관해 혼란을 느꼈다는 사실을 알 수 있는 것 또한 송 이후 지식인들이 비공식적인 일상의 이면을 필기 자료에 담아낸 덕분이다.

---

14) 陳耀文, 『天中記』 卷56, 10a, 19b, 20a.

용의 정체

명의 많은 학자가 용의 본질을 규정하는 일을 범주의 문제로 접근했다. 그들은 용이 무엇인지보다는 용과 유사한 범주가 무엇인지를 물었다. 용은 날아다니며 불타는 것 같고 빛을 내는 특징이 있는 짐승으로, 물질세계에 관한 중국인의 오래된 신념인 음양론에 비추어 볼 때 양기陽氣가 가장 강력히 체현된 존재로 간주할 수 있었다. 동시에 우물처럼 어둡고 물기가 많은 곳에 잘 숨으며, 꼬리를 튕겨 비와 홍수를 일으킬 수 있다는 사실은 용이 음양론의 음기陰氣와 잘 어울린다는 점을 말해주었다. 다시 말해, 용은 음양의 양 극단을 동시에 체현하는 존재였고, 한 극단이 다른 극단을 발생시킨다는 중국인의 우주론의 핵심 이치('물극즉반物極則反'을 말한다. —역주)로는 이해하기 어려운 대상이었다.

신중한 학자들은 이 문제를 난처하게 생각했다. 명 중엽의 필기 자료 가운데 하나인 『숙원잡기菽園雜記』에서 저자인 육용陸容(1436~1494)도 마찬가지였다. 육용은 평소와는 다르게 용에 관한 생각을 확신하지 않았다. "사람들은 용이 날거나 물속에 잠수할 수 있고, 커지거나 작아질 수 있다고 말한다." 하지만 이러한 여러 주장 가운데 어느 것을 선택해야 할지, 근거를 찾지 못한 채 "용의 변형은 진실로 이해하기 어렵다. 내가 믿는 것은 여기까지다."라고 결론을 내렸다.[15] 반세기가 지

15) 陸容, 『菽園雜記』, p.14. 육용은 '교(蛟, 교룡)'라고 알려진 약간 작은 용의 변종에 관해 언급하며 이와 비슷한 말을 했다. 교룡은 진정한 용이 지니는 '변화불측(變化不測)'의 능력이 없다고 말이다.(p.185 "龍能飛, 且變化不測,

난 후 랑영郎瑛(1487~1566 추정)은 음양 문제에 관한 난처함을 해결하기 위해, 과거 문헌으로부터 관련된 내용을 분류, 수집하는 작업을 하여, 비교적 역사적 고증이 치밀한 필기 자료『칠수류고七修類稿』를 내놓았다. 이러한 연구 작업은 명의 지식인들에게 익숙한 방식이었고, 톱셀이 사용한 방식이기도 했다. 톱셀은 용에 관해, "자연에서 풍부한 근거를 찾을 수 있고 역사 속에서 충분한 자료를 발견할 수 있어서" 기쁘다고 했다.[16] 한편, 랑영은 번식이 용의 진정한 본질에 관한 비밀을 풀어줄 것이라 기대하며 용의 출생 문제에 관심을 기울였다. 나중에 밝혀지겠지만, 이 문제에 관해 극심한 의견 대립이 있었다. 어떤 이는 용이 태생胎生이라고 주장했고, 또 어떤 이는 난생卵生이라고 주장했으나, 진요문이『천중기』에서 기록한 대로 알에서 용이 부화한다는 난생설이 좀 더 널리 받아들여졌다.[17] 그러자 랑영은 여기에 의문을 제기했다. 어떻게 알에서 태어난 생물(기껏해야 새이며, 대부분은 곤충)이 용처럼 마법의 능력을 소유할 수 있단 말인가? 그는 퉁명스럽게 "용이 변화무쌍한 변신의 능력을 지닌 신비한 생물이라고 주장하는 무식한 이들이 있다."라고 논평했다. 이는 그가 육용과는 달리 용에 관한 환상적 주장을 온전히 수용하지 못했음을 보여준다. 그러나 결국 랑영은 패배를 인정했다. 그는 용에 관한 논쟁(양인가 음인가? 태생인가 난생인가?

蛟則不能也."). 폴 스미스(Paul Smith)는 "Impressions of the Song-Yuan-Ming Transition"이라는 논문에서, 육용의 글을 광범위하게 인용했다. 논문의 pp.95-110 참조.

16) Topsell, *The Historie of Serpents*, p.153.

17) 陳耀文,『天中記』卷56, 2b.

온혈인가 냉혈인가?)에 결론이 없다고 보고 '자연 세계에 해박한 군자[博物君子]'가 나타나 자연현상에 관해 좀 더 결정적인 답을 줄 때까지 최종 답은 보류되어야 한다는 변변치 않은 결론을 내렸다.[18)]

용은 통상적으로 강력한 폭풍우 가운데 출현했다. 따라서 목격자의 기록을 보면 항상 폭풍우 얘기가 먼저 나온다. 하지만 여기에 문제가 제기되면서, 폭풍우 기록은 의심받기 시작했다. 랑영은 폭풍우가 관찰자의 시야를 방해했다는 사실에 주목했다. "세상 사람들이 용을 목격할 때, 용은 공중에 있거나 싸우고 있고, 뒤엉켜 있거나, 혹은 물속으로 가라앉고 있었다." "이것은 매번 비바람[風雨]이 동반되었고, 어둠 속에서 천둥과 번개가 쳤음"을 뜻하는데, 이런 요소가 용을 분명히 식별하지 못하게 가로막았다고 주장했다. 용은 또한 사람들로부터 일정한 거리를 유지하는 경향이 있었다. "집이 부수어지고 나무가 뽑힐 때, 용은 그저 구름 위에서 번득였을 뿐이다. 사람들이 본 것은 오직 용이 똬리를 틀며 올라가는 기세에 불과했다. 사람들은 용의 전신全身을 보기 원했지만, 그것은 불가능했다."[19)] 그 결과 상상력이 허공을 채우고 뻗어나간 것이라고 했다. 이 점을 분명히 하려고 랑영은 용이 들끓기 시작하던 1510년대 초 정덕 연간부터 의심스러운 목격담을 분석했고, 그 결과 많은 목격자가 아주 짧은 순간의 경험만으로 용을 보았

18) 朗瑛, 『七修類稿』 卷19, 「龍」 p.289.

19) 朗瑛, 『七修類稿』 卷44, 「見龍」, p.645. "世人見龍, 或掛或鬪, 或經過, 或取水, 則必風雨交至, 雷電晦暝, 甚至敗屋拔木, 不過閃閃于雲煙中, 見其盤旋之勢耳, 欲睹全體不得也." 용에 대한 랑영의 기록에 주의를 기울이게 해준 데즈먼드 청(Desmond Cheng)에게 감사한다.

다고 단정했음을 밝혀냈다.

랑영은 다시 광주廣州에서의 목격담을 제시했다. 그는 당시 광주에 있었지만, 그가 용을 보았는지는 확실히 명시하지 않았다. "물이 빠져나간 다음 날 아침, 허공에 있던 용이 모래사장 위로 떨어졌다." 사람들은 곧바로 수상한 짐승으로부터 인간의 영역을 보호했다. "어부들이 갖고 다니던 창으로 용을 내리쳐 죽였다. 수많은 관리와 평민이 그 생물체를 보려고 모여들었다." 랑영은 그 생물체를 다음과 같이 묘사했다. "높이가 사람만 했고, 길이는 수십 미터나 되었다. 아랫배 부분이 거의 붉은색이었다는 점을 제외하고 머리와 발, 그리고 전체적인 크기는 회화에 묘사된 용과 동일했다." ('삶이 예술을 모방한다life imitating art.'는 말은 여기에 제격이다) 랑영은 "이것이 목격의 증거라고 할만한 것"이라며 목격담을 마무리했다. 랑영에게 그 용은 용을 분석하는 데 도움이 되지는 못했지만, 적어도 용이 존재한다는 생각만큼은 확실히 심어주었다. 물론, 논리적으로 맞지 않는 이야기다. 중국 화가들이 묘사한 용의 특성과 일치하는 생명체가 발견되었다고 해서 그 생명체가 용이라는 증거는 없으며, 통상 용이 존재한다고 생각할 수 있는 것도 아니기 때문이다. 그러나 랑영의 논점은 거기에 있지 않았다. 그의 관심사는 용의 존재 여부가 아니었다. 그가 진정 관심을 두었던 점은 용의 속성이었다. 그가 용의 목격담 중 의심스러운 부분을 제거한 이유는 용의 동물학적 범주에 잘못된 정보가 끼어들지 못하게 하려는 의도였다.

그로부터 약 100년 전, 육용은 해변에서 발견된 용의 정보에 관해 확신이 없었다. 그리고 1450년대 초반 조류에 휩쓸려 온주만溫州灣에 밀려온 해양 생물체를 보고 그때와 비슷한 이야기를 했다. 약 100년 전에 두 마리의 용이 이 하구에서 싸운 바 있었다. (원에서 두 번째 공식적 목격담이다) 그러자 군중이 몰려왔는데, 그 기이한 짐승을 직접 눈으로 확인하려는 목적이 아니라 그 몸통에서 살을 뜯어가기 위해서였다. 그런데 갑자기 그 생물체가 그들을 휘감고 바닷속으로 들어가버렸고, 100여 명 넘는 풋내기 도살자가 죽임을 당했다. 물론 우리는 그 생명체를 고래라고 생각할 수 있다. 게다가 당시의 목격자들도 그 생명체를 용이라고 확신한 것은 아니었고, 다만 용의 범주에 속하는 생명체라고만 생각했을 따름이다. 그러나 육용이 의심했던 것은 그 범주가 아니라 목격했다는 사실 자체였다.[20]

16세기 후반에 접어들면서 사람들은 용의 본질을 규명하는 데 관심을 잃었던 것으로 보인다. 물론 용을 보았다는 보고가 이어졌고, 특히 정치적 해석과 절묘하게 맞아떨어질 때는 뚜렷이 기록되었지만, 용 관련 쟁점을 정리하려는 열정은 15세기보다는 현저히 줄어들었다. 명 후기, 필기 자료에서 용에 대한 장기간의 조사는, 오직 사조제謝肇淛(1567~1624)가 쓴, 자연 세계의 백과사전인『오잡조五雜組』에서만 발견되었다. 사조제는 이 책의 5분의 1을 동물 이야기로 채웠는데, 처음 13문단을 용 이야기로 시작했다.

사조제는『오잡조』의 첫 문단에서, 용과 호랑이를 비교하며 용이 가장 영적인 생물체라면 호랑이는 가장 포악한 짐승이라고 보았다. 따

20) 陸容,『菽園雜記』, p.154.

라서 용을 얻게 되면 사육할 수 있지만, 호랑이를 잡으면 우리에 가두어야 한다고 해석했다. 둘째 문단에서는 용의 얼굴을 한 사람이 용과 같은 강한 힘을 지닌다고 주장하는 관상가들을 공격했다. 사조제는 관상학에 대해 부정적으로 인식한 것이지, 용에 관한 지식 자체를 의심한 것은 아니었다. 세 번째 문단에서는 용이 모든 생물체 중에 가장 음란하다고 설명했다. 왜냐하면 용은 다른 생물체와 교미할 수 있고, 그 결과 서로 다른 두 개체의 특징이 복합된 생물체를 낳았기 때문이다. 여섯 번째 문단에서는 이러한 용의 특성을 강조하며 "용은 교접할 수 없는 생물이 없고, 따라서 용의 종류가 유달리 많은 것"이라고 지적했다. 용은 심지어 사람과도 교접할 수 있었다. 사조제는 용의 이러한 성향을 이용해서 비를 불러온 남방 지역의 주술사 이야기를 소개했다. 어느 날 그 주술사는 젊은 여성을 야외에 미끼로 데려다 놓고, 용이 그녀와 합하려고 내려와 그녀를 덮치려는 순간, 이를 방해했다. 그러자 좌절한 용이 대지에 비를 내뿜었다.

그러나 사조제 역시 육용처럼 용에 대해 회의적이었다. 문제는 목격담이었다. 용은 항상 비가 내리고 구름이 가득 낄 때 나타났으므로, 목격자들은 용의 일부분만 보았을 뿐 완전한 모습을 볼 수 없었다는 게 그 이유였다. 사조제는 용에 관한 사람들의 주장에 대해서도 회의적이었다. 그는 인간의 불[人火]과 용의 불[龍火]에 관한 사람들의 말을 인용하며, "나는 이러한 이야기를 믿어야 할지 말아야 할지 도무지 모르겠다."라고 언급했다. 같은 맥락에서 불사조가 용의 뇌를 먹는 것을 좋아한다는 널리 알려진 주장에 대해서도 그는 의문을 던졌다. "불사조는 대나무 종자 외에는 아무것도 먹지 않는다고 하는데, 어떻게 용의 뇌를 먹을 수 있겠는가?"[21] 이처럼 용에 관한 의심이 확산되었지만, 용이 실제 존재한다는 신념이 흔들린 것은 아니었다. 용은 사람들의 기억 속에서 오랫동안 생물체 가운데 최고의 지위를 차지해왔고, 원-명 시대에도 이는 마찬가지였다. 그렇기는 하지만 유럽의 지식인 사이에서 톱셀의 진술이 점차 신뢰를 잃었던 것처럼 명 말의 지식인들도 점차 용에 관한 지식과 의견을 예전처럼 편하게 받아들이지는 못했을 것이다.

용에 대한 확실한 증거는『오잡조』에서 사조제가 밝혔듯이, 북경 서쪽 황토 평원의 강둑에서 침식 작용을 통해 노출된 용골龍骨에서 드러났다. 1636년 산서성山西省 동남쪽에 있는 곡저曲底 마을에서 산사태가 발생하면서 완전한 형태의 용골이 발견되었다. 이빨은 폭이 2.54센티미터가 넘었고, 머리뼈는 용량이 151.4리터 정도였으며, 발톱을 포함한 다리 길이가 1.2미터 정도 되었다. 그야말로 만질 수 있는 용이었다. 발견된 용골은 빠르게 분해되었다. 곡저 마을의 사람들은 그저 호기심 많은 사냥꾼이나 아마추어 고생물학자가 아니었다. 그들은 우리처럼 화석을 분석해 지구의 역사를 정립하는 일에는 전혀 관심이 없었다. 그들의 관심은 좀 더 실용적인 데 있었는데, 바로 용으로 병을 치료하는 것이었다. 동시대 유럽인도 같은 관심을 보였다. 유럽의 의학에서는 용의 약효가 그 세포 조직 속에 있다고 보았고(톱셀은 지방, 눈,

21) 謝肇淛,『五雜俎』, pp.166-167.

혀, 쓸개를 언급했다), 특히 혈액이 중요하다고 보았다.[22] 그러나 중국 의학에서 용의 효력은 뼈에 집중되었다고 보았다.[23] 따라서 용골이 발견될 때마다 지역 사회의 관심은 고조되었다. 그로부터 3년 전, 즉 1633년에 큰 가뭄이 산서성을 강타한 바 있었고, 이후 10년 동안 기근이 점점 더 악화되었다. 한 지방지는 기근이 빚어낸 고통스러운 상황을 "굶어 죽은 시신들이 길을 따라 양옆으로 즐비하다."라고 기록했다.[24] 용의 뼈가 눈앞에서 사라지기 전에, 곡저 마을 사람들은 용골에서 의학적 도움을 가능한 한 많이 얻고자 한 것이다.

역사적인 의미

용을 중국 역사에 포함하는 것은 과연 합당한 일인가? 우리는 그렇다고 답할 수 있다. 적어도 원-명 시대를 살았던 역사가들이 그렇게

22) Topsell, *Historie of Serpents*, pp.172-173.

23) 葉子奇, 『草木子』, p.16. 용의 의학적 특성에 대해 명 사람들이 어떻게 이해했는지는 Nappi, *The Monkey and the Inkpot: Natural history and its transformations in early modern China*, pp.55-68 참조.

24) 談遷, 『棗林雜俎』, p.483; 『山西通志』(1682) 卷30, 40b. '용골(龍骨)'이라는 용어는 중국 고대 상(商) 왕조에서 제사장이 점을 본 후 매장했던 갑골(甲骨)로도 해석된다. 갑골은 의약품 수집가들이 발굴하는 대상이기도 했다. 용골과 갑골은 20세기까지 발굴, 채취되어 의약품으로 사용되었다. 이에 대해서는 Andersson, *Children of the Yellow Earth*, pp.74-76; Schmalzer, *The People's Peking Man: Popular science and human identity in twentieth-century China*, pp.35-37, 132-134 참조.

생각했다는 것이 이유가 될 수 있다. 원-명의 정사正史에서 오행五行 관련 부분을 보면, 궁정 사가들이 메뚜기 떼가 원인이 된 전염병이나 계절에 어울리지 않는 폭설과 같은 이상異常 현상에 용을 포함시킨 것을 알 수 있다. 처음 이 부분을 읽었을 때, 나는 메뚜기와 폭설에만 관심을 가졌지 용 이야기는 무시했었다. 메뚜기는 기근의 원인이 되고, 계절을 벗어나 내리는 눈은 기온 저하의 증거가 될 수 있지만, 대체 용은 무엇의 증거로 해석될 수 있다는 말인가?

하지만 당시 역사가들은 용을 기록할만한 가치가 있는 것으로 생각했다. 그렇다면 용에 관한 역사 기록은 용이 당대 사람들에게 어떤 의미였는지 파악하는 근거가 될 뿐 아니라, 더 나아가 용 이야기가 우리에게 어떤 의미를 지니는지 생각할 단초를 제공해주기도 한다.[25] 원-명에서 용을 믿는 사람이 있었는지를 따지는 것은 중요하지 않다. 그들은 자기에게 중요한 현상을 관찰했고, 그 현상이 그들에게 중요했다면 우리에게도 중요할 것이다. 용의 출현을 집단적인 광기로 깎아내린다면 고민할 것이 없겠지만, 그런 결론은 우리에게 아무런 도움이 되지 않는다. 용에서 극심한 기후 현상을 설명하는 은유적인 의미를 찾는다면, 이것은 오히려 흥미로운 일이 될 수도 있다. 가령 바다에서 용솟음친 근해 지역의 용은 쓰나미로, 좁은 계곡을 갈라놓은 용은 돌발적인 홍수로, 건축물을 갈기갈기 찢고 그 파편을 사방으로 흩어놓은 검은 용은 토네이도로, 사공의 딸을 강물과 함께 빨아들인 용은

---

25) 마크 엘빈은 용처럼 '신령'한 것을 목격한 기록을 당시 사람들이 세상을 어떻게 보았는지 해석할 수 있는 역사적 근거로 취급한 오늘날의 유일한 역사가다. 그의 책 *The Retreat of the Elephants*, p.370(『코끼리의 후퇴』, pp.594-596) 참조.

용오름 등으로 재해석이 가능하다.

용을 날씨로 해석하는 것이 맞는 일인지 아닌지는 모르겠지만, 이러한 해석은 용을 목격할 때의 감정적 혹은 심리적(혹은 정치적) 효과를 간과할 위험이 있다. 원-명의 사람들도 우리처럼 나쁜 날씨의 영향을 받았지만, 그들은 용을 볼 때 나쁜 날씨 이상의 무언가를 발견했는데, 그것은 바로 우주적 혼란이었다. 사실 용을 용으로 볼 수 없는 사람이 이상한 것이지 용을 용으로 볼 수 있는 사람이 이상한 것은 아니다. 21세기를 살아가는 우리라고 해서 확대 해석으로부터 완전히 자유로운 존재라고 단정할 수는 없다. 우리 역시 나쁜 날씨를 나쁜 날씨 이상으로 생각하는 경향이 있지 않은가? 나쁜 날씨를 지구의 기후 변화 현상으로, 혹은 우주적 혼란으로 생각하지 않나?

물론 용은 단순한 동물이 아니다. 용은 생명체를 위협한다. 고생물학자인 스티븐 제이 굴드Stephen Jay Gould(1941~2002)는 공룡이 우리의 상상력을 자극하는 이유를 "거대하고, 난폭하고, 그리고 멸종"했기 때문이라고 지적한 바 있다.[26] 용도 마찬가지일 것이다. 다른 점이 있다면, 원-명의 사람들에게 용은 살아있는 존재였다는 것이다. 중국에서 용이 마지막으로 목격된 것은 마지막 제국인 청이 붕괴되기 겨우 몇 해 전인 1905년 11월 연안 해역에서였다.[27] 용을 목격한다는 것은 자기보다 훨씬 강한 힘과의 만남을 의미했다. 사람들은 용을 보는 것에 그치지 않았고, 용의 힘에 사로잡혔다. 용이 나타나지 않은 경우는 다

26) Gould, "Foreword", xiv.

27) 趙爾巽, 『清史稿』, p.1519.

른 보이지 않는 생명체가 모습을 드러냈다. 이런 식으로 하늘은 인간 세상에 입김을 불어넣었다.

우리는 그들과 많이 다를까? 근래에 웨일스Welsh의 농부들은 농장 주변에서 검은 표범을 보았다는 보고를 잇달아 내놓았다. 검은 표범은 웨일스의 생태계에 사는 동물이 아니므로, 당국은 그 고양잇과 동물의 존재 자체를 부정했다. 그러나 웨일스 안팎에 사는 많은 사람이 웨일스에 검은 표범이 있다고 믿었다. 인류학자 사만다 헌Samantha Hurn은, "상징성이 강한 동물들은 인간 행동을 규정하는 도구 혹은 은유로 인간이 아닌 동물을 사용하려는 인류의 보편적인 성향"을 반영한다고 주장했다.[28] 큰 고양이를 보았다고 주장하는 사람들에게 큰 고양이는 이전에는 볼 수 없었거나 규정할 수 없었던 존재를 노출하는 계기를 마련해준다. 웨일스의 경우, 검은 표범은 여우 사냥을 제한하는 '영국'의 규정 때문에 무제한적으로 번식하는 여우가 가금과 가축들을 마음껏 먹어치우는 것에 분노한 힘없는 농부들의 입장을 '대변해준다.' 공식적인 규제에 무기력한 농부들은 검은 표범에서 국가의 권력에 대항하는 자연의 힘을 기대했던 것이다.

이 이야기로 우리는 왜 중국의 황제들이 용을 자기 지배하에 두려고 애썼는지 이해할 수 있다. 백성들에게 용이란 예측할 수 없는 하늘의 뜻과 때로는 무관심한 국가 때문에 상처 입기 쉬운 자기 자신을 상기시켜주는 존재였다. 용을 보았다는 것은 정상적인 상황을 이탈하는

---

28) Hurn, "Here Be Dragons? No, Big Cats", p.11. 이 글에 관심을 갖도록 도와준 구스타프 오우트만(Gustaaf Houtman)에게 감사한다. 이 헌사는 *Anthropology Today* 에 실렸다.

사건이며, 그야말로 백성들을 돌보지 못한 황제의 실정을 말해주는 물증이었다. 홍무제는 자기에게 용을 조종할 힘이 있다고 주장했다. 심지어 명의 마지막 황제였던 비운의 숭정제조차 황태자 시절, 검은 용이 왕궁의 기둥을 휘감고 올라가는 꿈을 꿨으며, 이는 그가 다음 황제로서 자격과 능력을 갖추었다는 증거라고 주장했다.[29] 그러나 황제들은 대부분 용의 주인이 되지 못했을뿐더러 용을 보지도 못했다. 원-명에서 용은 오직 백성에게만 나타났다. 따라서 용이 무엇을 의미하는지 결정하는 권한은 백성에게 있었다.

만약 웨일스에 검은 표범이 실제 살았다면, 그 표범은 사냥 규정에 얽매이지 않았을 것이다. 평소에는 숨어있다가 먹이를 사냥하려고 나왔을 뿐 정치적인 분노를 표현하는 일도 없었을 것이다. 설령 웨일스에 검은 표범이 실제로 없었다 하더라도, 현재 상황에 대한 일종의 경고이자, 바람직한 상황을 통찰하게 해주는 신호로서 검은 표범은 끊임없이 출몰했을 것이다. 만약 원-명에 용이 실제로 존재했다면, 우리는 어떻게 용을 역사 속에 끌어들여 대중에게 이해시킬 것인지를 고민해야 한다. 그렇지만 용이 존재하지 않았다 하더라도, 용으로 체현된 폭풍우가 있었다는 것만으로도 충분히 의미가 있다. 그것은 용들이 사람들의 시야를 벗어난 곳에 잠복해 있다가 옳지 않은 황제가 있으면 언제든 나타나 그 압제와 부패를 쓸어버리고 황제를 벌할 수 있음을 알려주는 징표였기 때문이다. 만약 우리가 원-명에 살았다면, 우리 역시 용을 보았을 것이다. (마찬가지로 우리가 같은 시대에 영국에 살

---

29) 李淸, 『三垣筆記』, p.153.

았더라면, 웨일스의 용이 가장 위험한 유형임을 알았을 것이다)

지금 우리가 하는 작업이 용의 공격을 그저 나쁜 날씨쯤으로 해석하게 만드는 결과를 낳는다 할지라도, 과거 중국인이 경험했던 중국 역사와 좀 더 가깝게 생각하는 데는 도움이 될 것으로 본다. 앞으로 3장에서 논증하겠지만, 날씨는 원–명의 역사를 구성하는 대단히 영향력 있는 요소였다. 1271~1644년까지 4세기 동안 정당성의 위기로 휘청거렸던 28명의 황제의 개성과 열정만큼이나 꽤 강력한 역사적 궤도를 형성한 것이 바로 날씨였다. 용의 미덕은 나쁜 징조와 나쁜 날씨를 구분할 필요가 전혀 없다는 점에 있었다. 용은 두 가지 모두를 의미했고, 나쁜 날씨와 나쁜 징조는 서로 좀 더 보강해주는 요소에 불과했다.

무시무시하고 괴상한 용의 출현은 당시 사람들에게 정치적으로나 기상학적으로 어려운 시기임을 확인해주었다. 그들은 이러한 어려움으로부터 자기를 보호하기 위해 제도를 개선하고 생활 전략을 추구했으며, 어려운 살림이지만 그럭저럭 열심히 꾸려나갔다. 이러한 노력 속에서 많은 변화가 발생했다. 원–명 시대를 대표하는 두 가지 큰 주제는 독재 정치autocracy와 상업화로, 이는 송 시대에는 거의 알려지지 않았던 개념이다. 원–명에 이르러 이 두 가지는 단순히 양만이 아니라 질적으로도 상당히 변화된 수준을 보여주었다. 우선, 사회적 관습이 다양해졌다. 문화적 생산도 새로운 목적에 따라 새로운 형식을 갖추게 되었다. 또한 철학자들은 유교 사상의 수많은 전제를 무시하기 시작했다. 송의 세계주의는 이제 뒤처진 것이 되었다. 명 시대에 송은 과거의 좋은 사례(도덕, 제도, 관습 등)로서 미사여구로 거론되기는 했으나, 많은 사람이 실천하려고 노력하는 모범이 되지는 못했다. 과거는 편안했지만 허구였다. 현재는 개인의 부가 확장되고 사적인 감정이 함양되면서 국가 행정으로부터 소외되는 현상을 이해할 수 있는 새로운 이상이 요구되었다. 특히 명 말기가 되면 뛰어난 인재들이 어떤 믿음beliefs이 중요한지를 놓고 열띤 논쟁을 전개한다. 그들이 살았던 번영과 개방의 시대는 더 나은 세상이었나? 아니면 무분별한 이윤 추구와 자기 과시가 극에 달하면서 도덕적 · 정치적 타락으로 치달았던 늪이었나? 그 길은 발전이었나, 쇠퇴였나?

중국 내부 세계가 바뀌는 것처럼, 그 외부 세계도 변화하고 있었다. 명 시대에 상인과 항해자들은 남중국해 근방을 넘어 인도양과 대서양에 이르는 무역망으로 진입했다. 이른바 세계 경제가 형성되기 시작하자, 명은 뜻하지 않게 그 핵심 참여자로 등장하게 되었다. 그러나 환경 · 정치 · 군사적 재앙이 크게 겹치면서 이러한 흐름에 제동이 걸렸다. 1644년 왕조의 멸망은 해양이 아니라, 다시 한 번 초원으로부터 밀려왔다. 그러나 그것은 단지 명의 마지막이었을 뿐 제국의 질서나 그것을 지탱하는 문명의 마지막은 아니었다. 중국과 그 안팎을 돌아다니던 용의 이야기는 20세기까지 이어졌다.

2

| 행정과 제도 |

14세기에 이르면, 원 제국은 중국의 과거 어떤 왕조보다 유럽에 잘 알려지게 된다. 이는 13세기 마르코 폴로Marco Polo(1254~1324)가 아시아 여행담을 기록한 『동방견문록』의 인기 덕분이었다. 유럽인을 대상으로 한 이 책은 유럽의 어떤 나라보다 광대하고 인구가 많은 번영한 제국을 소개하면서, 그 지도자에 관해 "우리 최초의 조상인 아담에서부터 지금 이 순간에 이르기까지 세상 누구보다도 많은 백성과 영토와 재물을 소유한 가장 막강한 사람"이라고 묘사했다.[1] 이 책의 저자 폴로가 칭찬했던 지도자는 바로 쿠빌라이 칸이었다.

베네치아 사람인 폴로는 오늘날로 보자면 아드리아 해의 건너편에 위치한 크로아티아의 코르출라Korčula 섬에서 태어났다. 쿠빌라이가

1) Polo, *The Travels of Marco Polo*, p.113. (김호동 역주, 『마르코 폴로의 동방견문록』, 사계절, 2000, pp.217-218)

몽골 제국의 대칸으로 선출되던 1260년에 그의 아버지 니콜로Niccolò 와 삼촌 마페오Maffeo는 지중해를 넘어 동쪽으로 무역의 무대를 넓혔다. 이들 형제는 5년 동안의 긴 여정과 무역 끝에 몽골 초원에 위치한 쿠빌라이의 궁전 카라코룸에 도달했다. 다시 유럽으로 돌아온 그들은 쿠빌라이가 원을 건립했던 1271년에 두 번째 여정을 시작했는데 이번에는 니콜로의 열일곱 살 난 아들 마르코를 동반했다. 그들의 여정은 24년간 계속되었고, 그 결과물이 마르코 폴로의 저서가 되어 위대한 유산으로 남겨졌다. 원을 체험한 한 남자의 이야기가 유럽인에게 아시아를 알리는 단초가 되었고 이후 수백 년간 중국에 대한 이미지를 지배했다.[2)]

폴로의 책에 영웅이 있다면, 그는 바로 쿠빌라이다. 그 책의 중심 장은 다음과 같이 시작된다. "내가 세계만방에 알리고자 하는 바는, 그(쿠빌라이)가 현존하는 가장 위대한 사람이라는 사실이다." 쿠빌라이와 관련된 모든 표현은 최상급이었다. 쿠빌라이의 궁전은 "세상에서 가장 크고", 궁전 인근의 도시 인구는 "헤아릴 수 없을 만큼" 많으며, 거기서 파는 물건은 "세상 어느 도시"보다 풍부하다는 식이었다.[3)] 폴로가 '일 밀리오네'(Il Milione, 백만 가지 이야기를 지닌 사람이라는 뜻의 이탈리아어)라는 별명을 갖게 된 것은 당연한 일이었다. 이것이 유럽인

2) 중국의 네스토리우스 수도사 라반 사우마(Rabban Sauma)도 유럽인의 시야를 확장하게 해주는 데 일조했다. 그는 1275년 북경에서 출발해 폴로와는 반대 방향으로 여행하며 1287년 프랑스와 영국의 국왕을 만나기도 했다. 다만 그의 기록은 유럽에 번역되지 않았다. 사우마의 이야기는 Rossabi, *Voyager from Xanadu*에 소개되었다.

3) Polo, *The Travels of Marco Polo*, pp.113, 125, 129, 130.

이 믿고 상상했던 원의 이미지 — 세상 어느 나라보다 판타지로 가득한 세상 — 였다. 그 후 영국의 시인이자 평론가 새뮤얼 테일러 콜리지 Samuel Taylor Coleridge(1772~1834)는 그 이미지를 바탕으로 상상의 나래를 펼친 작품을 내놓았다.[4)]

물론 폴로의 저서에 비판이 없었던 것은 아니다. 가장 큰 문제는 중국 제국의 힘과 방대한 크기를 상징하는 것으로 알려진 만리장성에 관한 언급이 없다는 점이다. 영국의 사서이자 중국 연구자 프란시스 우드Frances Wood(1948~)는 이를 이유로 폴로가 중국에 가지도 않았다며 비난을 퍼부었다. "오늘날 중국 지도를 펴고 북중국을 대충 살펴만 보아도, 아니면 비행기를 타거나 시베리아 횡단 철도를 타고 북중국에 가보아도, 시각적으로 심각한 장애가 있는 사람이 아니라면 누구나 만리장성을 보고 큰 감명을 받을 것이다."[5)] 그 엄청난 노동력 동원의 결과물을 보면 누구나 지리적 · 정치적 규모에서 유럽인의 경험을 뛰

---

4) 콜리지(Coleridge)는 「쿠블라 칸(Kubla Khan)」이라는 시에서 몽골 통치자의 여름 거주지인 상도(上都, Xanadu)에 관해 상상 속 이미지를 노래했다. 그 이미지는 대부분 인도 무굴 제국에 관한 지식에서 형성되었다. 실제로 몽골에는 그의 시 속에 등장하는 "향나무(incense-bearing trees)"나 "언덕 위의 오래된 숲(forest ancient as the hills)", 그리고 삼나무로 덮인 "깊고 오묘한 구렁(deep romantic chasms)" 같은 것은 없었다. 그리고 "인간이 측량할 수 없는 동굴들을 지나 태양이 비치지 않는 바다로(through caverns measureless to man down to a sunless sea)" 흘러가는 거룩한 강 란하(灤河)는 실제 상도에서 동쪽 해안으로 400킬로미터 떨어진 곳에 있었고, 눈에 띄는 동굴 또한 없었다. 콜리지가 병을 치료하려고 아편을 복용하면서 지었다는 이 시가 영어권의 어린 학생들에게 원 태조에 대한 첫인상을 심어준다는 사실이 신기할 따름이다.

5) Wood, *Did Marco Polo go to China?* p.96. 나는 우드의 결론에 동의하지는 않으나, 폴로의 산만한 기록과 복잡한 정신세계를 가늠할 수 있는 훌륭한 입문서로 이 책을 추천한다.

어넘는 나라를 상상할 수 있다는 뜻이다.

이처럼 1274년 쿠빌라이의 영토에 진입한 폴로가 만리장성을 언급하지 않았기 때문에 그의 모든 이야기를 의심하는 독자도 있다. 물론 이러한 입장에도 일리가 있다. 하지만 우리가 13세기로 눈을 돌려보면 폴로가 중요한 사실을 빠트렸다고 단정하기는 어렵다. 폴로는 감숙甘肅 회랑으로 이어지는 실크로드를 따라 사주沙州(오늘날의 돈황)로 진입한 뒤("주민들은 우상숭배자(모슬렘)이지만, 일부는 네스토리우스파 그리스도교이고 사라센도 있다."), 감주甘州("매우 크고 화려한 도시이다. …… 세 개의 크고 아름다운 교회가 있다. …… 많은 사원과 수도원이 있다.")를 지나 "동남쪽의 캐세이Cathay(중국을 이르는 고어) 영역으로" 향했다고 기록했다.[6] 그런데 폴로는 감숙 지역의 회랑을 지나면서 어디서도 만리장성을 발견하지 못했다. 이유는 단순하다. 당시 그곳에는 장성이 없었기 때문이었다. 명의 후반부까지 그 지역에 거대한 장성이라고 불릴만한 구조물은 세워지지 않았다.[7]

당시 장성이 없었기 때문에 폴로는 모든 이야기를 지어냈다는 혐의에서 벗어날 수 있었다. 그런데 흥미로운 사실은, 당시는 장성이 중국의 힘의 상징이 되지 못했다는 점이다. 중국의 정주定住 민족과 몽골 초원의 유목 민족에 양다리를 걸치고 있던 쿠빌라이로서는 장성에 관심을 가질 이유가 없었다. 쿠빌라이가 지배했던 그 광활한 초원이 언젠가는 명의 영토가 되리라는, 가능성이 희박한 상상을 한 명 초의 황

6) Polo, *The Travels of Marco Polo*, pp.85, 91. (『동방견문록』, p.171, 180.)

7) Waldron, *The Great Wall of China*, pp.140-164.

제들도 마찬가지였다. 하지만 이후 황제들이 그러한 생각을 포기하면서 북쪽 변경을 따라 장성이 건립되기 시작했다. 농민과 유목민, 명과 몽골, '중국인'과 '야만인'을 구분하는 방어선이 필요하게 된 것이었다. 명 말기가 되면 수백 킬로미터에 불과하던 장성이 수천 킬로미터로 늘어난다. 그러나 장성은 유목 민족(그들은 1644년 만주족이라는 가면을 쓰고 다시 찾아왔다)을 몰아내는 역할을 하지 못했고, 우주에서 보일 만큼 그렇게 크지도 않았다.

일통 전략

몽골인의 삶의 방식은 유목이었고, 그들의 통치 논리는 정복이었다. 한 생태계에 정주하며 방목하는 부족은 점차 축소되면서 다른 부족의 지배를 받기 마련이었다. 생존하기 위해서는 오직 끊임없이 이동하는 방법밖에는 없었고, 자기 백성을 더 좋은 영토로 인도하는 통치자만이 특별한 권위를 누렸다. 칭기즈 칸은 1227년 죽는 순간까지 이 논리에 충실했던 인물이다. 그는 당시 퉁구스 민족 계열의 여진족이 약 100년 전부터 차지하고 있던 북중국의 평원 지대까지 밀고 내려왔다. 그리고 7년 뒤 금金을 전멸시키고 송을 정복하려고 좀 더 남쪽으로 밀고 내려갈 계획을 세웠다.

몽골의 송 정복은 양양襄陽과 번성樊城에서의 치열한 5년간의 전투 때문에 지연되었다. 두 도시는 서북 지역에서 양자강 유역으로 진입하는 길목에 있었다. 양양은 모슬렘의 공성전攻城戰 기술력에 힘입어 1273년에 함락되었다.[8] 2년 뒤 몽골은 항주에서 버티던 송을 함락했으나, 왕조를 살리려고 남쪽으로 피난했던 왕족과 그 잔당을 완전히 진멸하는 데는 4년이 더 필요했다.

양양을 손에 넣은 쿠빌라이는 궁지에 몰린 송을 지원했던 일본으로 관심을 돌렸다. 그는 1268년 송과 일본의 동맹 관계를 무효화시키기 위해 일본에 외교 사절단을 파견한 바 있으나 무시되었다. 2차와 3차 사절단 역시 결과는 마찬가지였다. 다른 방법이 필요했다. 이에 쿠빌라이는 몽골과 고려의 연합군을 결성했고, 900척의 선박에 6,700명의 수군과 2만 3,000명의 군인을 동원하여 1274년 10월, 지금의 대한해협을 경유하는 징검다리 작전을 취했다. 그 공격은 대단히 잔인하게 진행되었는데, 심지어 연합군의 선박에 일본 여성의 시체가 알몸으로 못 박힌 섬뜩한 장면조차 대수로운 일이 아닐 정도였다. 하지만 일본의 저항도 만만치 않았다. 그들이 필사적으로 저항하며 가까스로 버티던 중에 강한 폭풍이 몰려와 선박 3분의 1과 사병의 반이 익사했다. 연합군은 공격을 멈추고 모두 철수했다.

결국 쿠빌라이는 일본 정복 없이 송을 완전히 정복했다. 그 후 1281년에 좀 더 큰 규모의 군대를 파견해 일본을 두 번째로 침략했다. 그러나 구멍 난 선박과 부족한 군수 물자, 그리고 서둘러 구성한 군대의 조직력 문제에 사이클론까지 겹치며 두 번째 패배를 맛보았다. 이 일로 19세기 일본에는 신의 바람이라는 뜻의 '가미카제'가 나라를 구했다는 전설

---

8) Needham, *Science and Civilisation in China*, v. 6, pp.219-225.

이 돌았다. 그 후 가미카제라는 말은 1945년 2차 세계대전 후반에 미 해군의 공습을 막으려고 비행기 자폭을 감행한 젊은 조종사들을 기릴 때도 사용되었다.[9]

송을 정복한 쿠빌라이는 몽골의 중국 지배를 정당화할 논리가 필요했다. 그는 결국 지난 수백 년간 송, 요遼, 금으로 분열되었던 영역을 하나의 제국으로 통일했다는 명분을 찾아냈다. 자기가 다스릴 영토를 하나의 통일체로 묶고 대원大元 제국이라는 호칭을 붙인 발상은 쿠빌라이가 가장 신뢰한 중국인 책사, 자총子聰(유병충劉秉忠의 법명. 1216~1274)의 작품으로 추정된다. 불교 승려였던 자총은 1242년에 잠시 대칸의 수하에서 봉직했고, 1249년에 다시 중용되어 쿠빌라이의 치세 동안 대표적인 건축가로 활약했다.[10] 자총은 쿠빌라이가 중국 전통을 어느 정도 따르지 않고서는 대중적인 지지를 받기 어렵다는 것을 알았다. 이 문제를 해결할 방법이 하나 있었으니, 그것은 쿠빌라이가 기원전 221년 통일을 이루었던 진秦을 계승하는 왕조의 하나로 자리매김하는 것이었다. 따라서 쿠빌라이는 대원 제국의 개국을 선언하면서 자기가 요, 금, 송의 합법적 계승자임을 선포했다. 또한 이를 좀 더 확고히 하기 위해 승상丞相 톡토Toghtō, 脫脫(1314~1356) 휘하의 학자들에게 세 왕조에 대한 역사를 쓰도록 명령했다. 이는 중국인들의 오랜 관념, 즉 문명화된 화華와 초원 지역에 사는 유목 민족인 호胡 사이를

9) Delgado, *Khubilai Khan's lost Fleet.*

10) 현재 자총은 쿠빌라이가 붙여준 유병충(劉秉忠)이라는 이름으로 더욱 많이 알려졌다. 그의 이력은 진학삼(陳學森)의 글을 참조하라.(in de Rachewiltz et al., *In the Service of The Khan*, pp.245-269)

구별하는 개념을 없애려는 작업이었다. 중국인은 몽골을 '호'라고 여겼으므로, 몽골인에게 스스로 '화'의 지위를 획득했다고 주장하게 할 수는 없었다. 그래서 좀 더 포괄적인 '일통一統'이라는 개념을 찾아냈다. 쿠빌라이는 여러 민족을 자기의 통치권 아래에 두어 하나의 백성으로 만들고 자기를 하늘의 아들, 즉 천자天子라고 주장했다.

원이 중국 전통 왕조의 하나로 자리매김하는 데는 『요사遼史』, 『금사金史』, 『송사宋史』라는 세 왕조의 정사 편찬 작업이 큰 도움이 되었다. 더 나아가 쿠빌라이는 또다시 중국인의 권고를 받아들여 국가 규모의 지방지를 편찬하도록 했다. 이 안에는 모든 영토를 포괄하는 지리와 행정 명부, 그리고 인물에 대한 기술이 담겼다. 이는 전에 없던 작업으로, 지방 단위의 지방지만 편찬했던 이전 왕조의 관습을 바꾼 결과였다. 이리하여 1291년 처음 『대원일통지大元一統志』가 등장했고, 12년 뒤에는 보완된 개정판이 출간되었다. 이러한 전국적 규모의 간행물은 후속 왕조의 새로운 기준이 되었다. 명 태조 주원장은 1370년 새로운 왕조의 국가 지방지의 제작을 명령했으나 완성되기까지는 수십 년이 소요되었다. 1418년 같은 명령이 다시 하달되었고, 1454년에도 또 한 번 강력히 촉구되었다. 하지만 그로부터 7년 뒤에야 비로소 『대명일통지大明一統志』가 출간되었다.

주원장이 지배한 영역은 쿠빌라이가 '통일'했던 영역과는 달랐다. 주원장은 전통적으로 호족胡族 유목민의 영역이라고 알려진 몽골 지역과 시베리아 영토를 포기해야 했다. 원은 이 모든 영역을 통일했다고 주장했으므로, 명은 그 이상을 해야 했다. '천하일통天下一統', '국조

일통國朝一統', '일통만방一統萬方' 같은 표현들이 주원장 때뿐만이 아니라 그 이후에도 지속해서 국가적 담론을 지배했다.[11] 1370년 주원장의 주문으로 탄생한 다소 우스꽝스러운 시詩를 읽어보면 그러한 관념이 주원장에게 얼마나 중요했는지 분명히 드러난다. 「대일통大一統」이라는 제목의 그 시는 다음과 같다.

> 대명의 천자가 비룡飛龍을 타고 올라
> 경계를 정하고 좌우에 왕자를 봉했네.
> 원방遠邦에서 경하慶賀의 사절을 보내니
> 사해四海의 백성을 하나로 모았기 때문이라.
> 동이東夷와 서려西旅와 북융北戎과 남월南越이
> 모두 하나의 지도地圖에 편입되었네.
> 황풍皇風이 멀리까지 도달하니
> 억만 년 동안 시절은 평안하고 곡식이 풍성하도다.[12]

명의 영토가 작은 것은 아니었으나 어느 방향에서 보아도 원보다는 광대하지 못했고, 심지어 당唐에도 미치지 못했다.[13] 영락제는 원의 변경을 되찾으려고 몽골 초원에서 친히 전투를 벌이고 베트남을 공격했

---

11) 예를 들어 劉基, 『大明清類天文分野之書』, 序, 6a; 朱元璋, 『明太祖集』, p.9; 黃瑜, 『雙槐歲鈔』, p.12; 明『太祖實錄』 卷56, 11b 등.

12) 明『太祖實錄』 卷56, 12a. "大明天子駕飛龍開疆宇定王封江漢遠朝宗慶四海車書會同東夷西旅北戎南越都入地圖中遐通暢皇風億萬載時和歲豊."

13) 張怡, 『玉光劍氣集』, p.120.

으나, 어느 곳에서도 명의 힘은 오래가지 못했다. 1607년 출간된『삼재도회三才圖會』라는 백과사전을 보면 왕조의 계승에 관해 놀랄만한 진술을 발견할 수 있다. "이민족으로 중원 지방에 들어와 지배했던 지배자들의 범위는" 이전의 중국 왕조들보다 지리적으로 축소되었다. "그들은 북서쪽으로 이전 왕조를 능가하지 못했다."라는 언급이 있는데, 이는 중앙아시아가 (쿠빌라이가 아닌) 다른 몽골 가문에 지배당했음을 암시한다. "그리고 동남쪽의 도이島夷들도 복속하지 않았다."라는 문구는 두 차례에 걸친 몽골의 일본 침공 실패를 언급한 것이다. 이 모든 것은 명과 함께 바뀌었다. "우리 명은 천명을 받아 중화와 이민족을 통합했다. 복속된 영역은 사방으로 뻗어 동으로는 요하遼河, 서로는 사막, 남으로는 해안을 넘고, 북으로는 초원까지 포함한다."[14]

그러나 이러한 언급은 순전히 반反몽골적인 수사에 불과했다. 명 중엽이 되면 변경은 원 때보다 훨씬 축소되었다. 유명한 지리학자 왕사성王士性(1547~1598, 명 말 절강성 임해臨海 출신의 인문 지리학자. 1577년 진사進士 합격 후 각지의 관직 경험과 유람 경험을 바탕으로『광지역廣志繹』이라는 필기 자료를 편찬했다. -역주)의 언급처럼 북으로는 약 500킬로미터, 동북으로는 250킬로미터, 서북과 서남으로 각각 1,000킬로미터 축소되었다. 명에서 이 지역 가운데 외부의 침투에 가장 쉽게 노출된 곳은 서남쪽이었다. 명 내내, 그리고 이후 청에 이르기까지 서남 지방에는 정착 농업과 국가 기구가 서서히, 그리고 꾸준히 유입되기 시작했다. 인류학자인 제임스 스콧James Scott(1936~)이 '내부적 식민주의internal

14) 王圻,『三才圖會』卷1, 7a-b.

colonialism'라고 한, '흡수, 교체, 그리고 (혹은) 멸절'의 긴 과정이 진행된 것이다.[15] 외부적 팽창이 가장 어려웠던 곳은 북쪽 변경이었다. 명은 결국 그곳에 구변진九邊鎭이라는 완충 지대와 만리장성을 건립하여 외부 경계를 확정하고자 했다.[16] 왕사성은 이와 관련해, "만약 원의 지배자들이 (고비) 사막을 지배했음을 고려한다면, …… 그 최대 영역은 지금의 영역에 포함되지 않았다."라고 했다.[17]

역참 제도

규모가 거대해지다 보면 언제나 응집력 결여라는 문제가 뒤따른다. 나라 안에 거리가 먼 지역이 너무 많으면 효과적인 의견 교환이 어려워지기 때문이다. 따라서 진秦나라 이래로 중국의 황제들은 합리적인 비용으로 제국을 가로지르는 도로와 운하를 건립하여 특사와 관리, 군대와 우편 업무를 맡은 자들을 빠르게 이동시켜야 하는 과제를 떠안았다. 그 과제가 해결되면 다른 모든 부문에서도 그런 흐름을 따를 것으로 기대했던 것이다.

---

15) Scott, *The Art of Not Being Governed*, p.12.

16) 구변진이란 동북 지역의 요동진(遼東鎭)에서 서북 지역의 감숙진(甘肅鎭)에 이르는 9곳에 설치된 군관구(軍管區)를 지칭한다. 나머지 7곳은 계주진(薊州鎭), 선부진(宣府鎭), 대동진(大同鎭), 태원진(太原鎭), 연수진(延綏鎭), 고원진(固原鎭), 영하진(寧夏鎭)이다.

17) 王士性, 『廣志繹』, p.2. "若元人兼有沙漠, … 其廣狹又不在此內."

원을 세우기 이전부터 몽골 제국은 놀랄만한 통신 네트워크를 개발했다. 먼 거리를 가로지르는 통신 수단 없이는 광대한 영역을 다스릴 수가 없었기 때문이다. 폴로는 그들의 육로 통신 체제에 크게 감명을 받았다. "대칸이 전령을 보내면 그는 겨우 25마일(40킬로미터) 만에 역참驛站을 만난다. …… 각 지방에 이르는 주요 도로에 25~30마일(40~48킬로미터) 사이마다 역참이 있다." 말을 탄 전령은 하루에 400킬로미터를 주파해야 했다. 폴로는 "왕이든 황제든 지구상 누구라도 그런 제도를 보면 위대한 자산이라며 감탄할 것이다."라고 단언했다. 중세 유럽의 작은 도시 국가에 살았던 폴로로서는 그 비슷한 것조차 보지 못한 게 당연했다. "그 모든 조직이 너무나 거대하고 값비싼 것이어서 말이나 글로는 표현하기 어려울 정도다."

역참제와 함께 병부에서는 일상적인 문서 행정을 위한 우편 제도[遞鋪]를 따로 운영했다. 병부의 우편 제도는 기마 파발꾼보다는 도보 파발꾼을 이용했다. 도보 파발꾼은 "방울들이 빙 둘러진 커다란 혁대를 차고 있기 때문에 그들이 달리는 소리를 아주 먼 곳에서도 들을 수 있다. 이들은 매우 빠른 속도로 달리지만 3마일(4.8킬로미터) 이상은 가지 않는다. 3마일 지점에는 다른 사람이 멀리에서 그가 오는 소리를 듣고 완전한 준비를 마치고 기다리고 있다." 도보 파발꾼들은 일반 여행자라면 열흘 걸릴 거리를 릴레이로 24시간 만에 도달할 수 있었다.[18] 폴

18) Polo, *The Travels of Marco Polo*, pp.150-154. 이 책의 번역자는 두 가지 체제로 운영되던 제도를 혼동해서, 폴로가 "앞서 언급한 수치에 일부 혼동이 있다."라고 잘못 지적했다.(p.151) 그러나 폴로는 두 체제를 정확하게 구분하여, 25마일마다 설치된 것은 역(驛, courier station)이고, 3마일마다 설치된 것은

로가 감명받은 것은 당연했다. 16세기 말 런던에서 400킬로미터 떨어진 파리까지 편지를 전달하는 데도 열흘이 걸렸는데, 하물며 13세기 유럽이라면, 그 시간에 도달한다는 보장이 전혀 없었다.

명은 말 사육에 많은 비용을 초래하는 육로를 일부 줄이기는 했으나, 대체로 원의 통신 체제를 계승했다.[19] 명 말의 한 개인 기록에 따르면, 공용 도로의 길이는 동서로 1만 900리(6,278 킬로미터)에 남북으로는 1만 1,750리(6,768 킬로미터)에 달했다.[20] 오늘날의 한 학자는 명의 공식적인 육로와 수로 길이를 합하면 14만 3,700리(84,200 킬로미터)에 이른다고 추산했다.[21] 도로 수준은 지역마다 편차가 있었는데, 보수의 책임은 지현知縣(현의 으뜸 벼슬아치)이 졌고 지역 재정에서 그 비용을 충당해야 했다. 홍무제는 원 시대에 세워졌던 비석을 도로포장용 석재로 재활용하라고 선포하는 등 남경의 도로포장 비용을 최소화했다.[22] 당시 불교 사찰에는 헌납 명부를 새긴 비석이 대단히 많았으므로, 이러한 선포는 곧 도시 인근의 사찰로 진입하여 그 명판名板을 떼어내라는

포(鋪, postal station)라고 했다. 폴로가 제시한 수치는 놀랍도록 정확했다. 규정에 따르면, 역은 60리(里, 35킬로미터 = 22마일)마다, 포는 10리(6킬로미터 = 3.5마일)마다 설치해야 했다. 이에 대해서는 Brook, "Commerce and Communication", p.582, 594 참조.

19) 『慈利縣志』(1574) 卷6, 12b.

20) 李樂, 『見聞雜記』 卷1, 18b.

21) 沈定平, 「明代驛遞的設置管理和活動」, Brook, *The Confusions of Pleasure*, p.35에서 재인용. (이정 · 강인환 역, 『쾌락의 혼돈: 중국 명대의 상업과 문화』, 이산, 2005)

22) 『靖安縣志』(1565) 卷1, 18a.

명령과도 같았다. 지역 관리의 입장에서 이 명령을 관철하기란 정치적으로 쉬운 일이 아니었다. 그러나 통신 수단인 도로 보수를 소홀히 하게 되면 강등이나 파면의 사유가 될 수 있었으므로, 도로 보수에도 신경 쓰지 않을 수 없었다. 시간 엄수가 핵심이었다. 우편을 전달하는 파발꾼은 24시간에 300리(175 킬로미터)를 주파해야 했고, 배송이 45분 지연될 때마다 20대의 장杖을 맞았다.[23] 역부는 먼 거리를 빠른 속도로 달려야 했다. 정해진 거리에 규정된 날짜보다 하루 늦을 때마다 20대의 장을 맞았다.

관리들이 공무로 지방을 돌아다닐 경우 무료로 역참을 이용할 수 있었다. 그렇다 하더라도 관리들은 이동 속도와 역참 및 숙박 시설 이용에 대단히 엄격한 제한을 받았다. 가령 원 시대에 말을 이용해서 이동하는 관리라면 말에 무리를 주지 않도록 하루에 3곳 이상의 역참을 이용하지 못하도록 했다. 이를 포함해 원 시대에 관리들이 역참을 이용하는 규정은『원전장元典章』이라는 규정집에 담겨있었다. 1287년에 마련된 세칙에 따르면, 관리는 역참에 도착하자마자 자기가 타고 온 말을 마구간에 넘겨 사료를 먹게 해야 했다. 그렇지 않고 관리가 먼저 술집에 가서 음주를 하면, 그 사이 말은 바깥에서 지쳐 쓰러질 것이기 때문이었다. 또한 여행하는 관리가 역참 관리에게 창기를 요구하는 일을 금지하는 세칙도 있었다. 1284년 어느 하급 관리가 역참 역졸에게 3명의 창기를 요구하고 다음 날도 같은 짓을 벌이려다가 발각된 사건

23) Jiang, *The Great Ming Code*, p.146.

이 계기가 되어 만들어진 세칙이었다.[24)]

병부는 역참 제도에 군사력을 동원했다. 여행하는 관리들의 편의를 도모하기 위해『환우통구寰宇通衢』라는 책도 출간했다. 1394년에 처음 발행된 이 책은 저렴하게 제작된 안내서로, 관리들이 이용할 수 있는 1,706곳의 역참 목록과 함께 전국의 모든 역참 경로를 소개하고 있다. 역참제를 이용하려면 구체적인 경로와 이동 방법이 적힌 통행증을 지참해야 했다. 파발마를 이용하는 권한이 부여될 경우에는 통행증에 말의 형상이 찍혔다. 만약 이런 증명 없이 관리가 파발마를 이용할 경우 80대의 장을 벌로 받도록 했다. 역부처럼 임무를 받아 여행하는 관리들도 여행 기한을 엄수해야 했다. 모든 길은 관리들이 여행하는 전체 날수에 따라 계산되었다(지도 3 참조).[25)]

예를 들어, 한 관리가 북경에서 남경까지 배를 타고 여행한다면, 40일 안에 도착해야 했다. 같은 방식으로 북경에서 양주揚州까지 갈 경우 39일, 소주까지 갈 때는 41일로 계산되었다. 40일은 북경에서 산서성 북부에 위치한 연안延安까지 거리이자, 북경에서 하남성河南省 서남쪽에 위치한 남양南陽까지의 거리에 해당했다. 주변부에 위치한 도시들은 좀 더 많이 걸렸다. 북경에서 사천성四川省의 성도省都인 성도成都까지는

24)『大元聖政國朝典章』卷36, 6b-8a.

25) 거리에 따른 시간 제한에 대한 내용은 섭시용(葉時用)이 증보(增補)했던 명의 행정 조직에 관한 안내서인 陶承慶,『大明一統文武諸司衙門官制』참조. 각 성별 평균 시간에 대해서는 Tong, *Disorder under Heaven*, p.129 참조. 도승경(陶承慶)은 상인들의 노정서(路程書)인『商程一覽』을 편찬했는데, 이에 대해서는 Brook, *Geographical Sources of Ming-Qing History*, entry 4-1-2 참조.

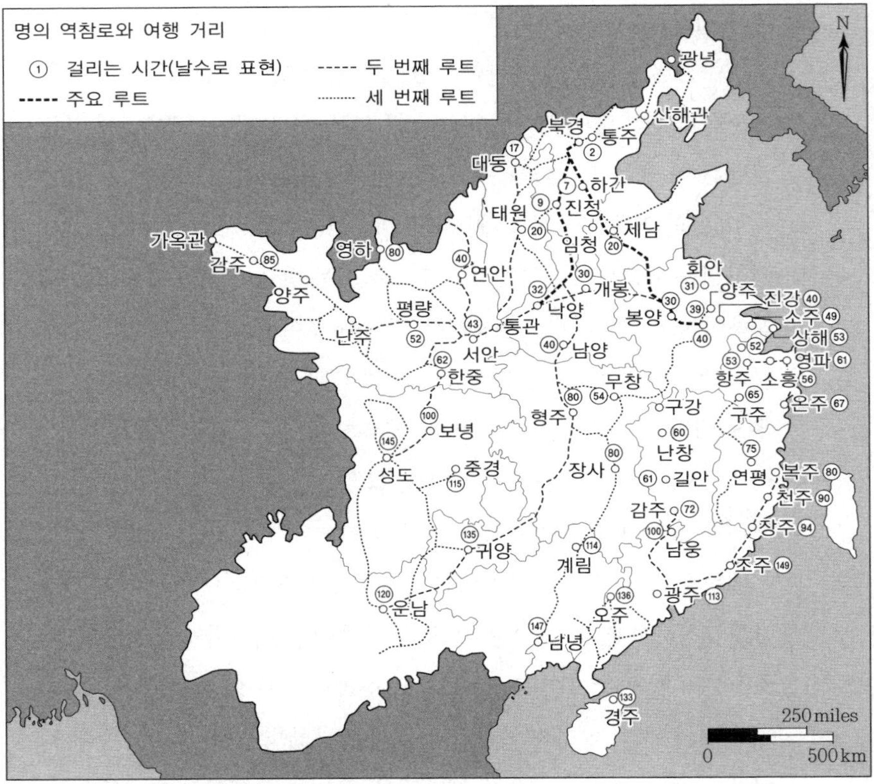

지도 3. 명의 역참로(驛站路)와 여행 거리

145일 거리였고, 북경에서 광서성廣西省의 남녕南寧까지는 147일 거리였다. 북경에서 가장 먼 거리는 149일 소요되는 지점으로, 광동성廣東省 연안에 위치한 조주潮州였다. 이 경우 북경을 떠난 관리는 먼저 113일 만에 광주에 도착하고, 다시 여기서 방향을 동쪽으로 돌려 1,155리(675 킬로미터)에 달하는 거칠고 느린 지형을 따라 36일을 여행해야 조주에 도착할 수 있었다.[26] 만약 바닷길을 이용했다면 그 여정은 단축될 수 있었겠지만, 이는 허락되지 않았다.

강남과 강북

남송 시대 남과 북의 분단은 국가적 위기였다. 북쪽에서 여진족의 침입을 받은 남송은 북쪽의 본거지에서 쫓겨나 금과 영토를 나눠 가져야 했다. 황하와 양자강 사이를 동서로 흐르는 회수에 국경선이 만들어졌다. 원은 이처럼 분단되었던 남북을 통일하면서 내부의 장벽을 허물었다. 하지만 지형적으로는 여전히 남북의 구분이 남아있었다. 남과 북은 날씨, 지형, 음식, 건축, 문화 면에서 차이가 존재했다(지능과 개성의 차이를 믿는 사람도 있었다). 북쪽이 건조, 가난, 문화적인 후퇴로 알려졌다면 남쪽은 정반대로 인식되었다. 당시 사람들은 회수 유역을 중심으로 농업에서 생태적인 전환이 이루어진다는 사실을 알고 있었다. 회수 이남 지역은 연평균 최소 80센티미터의 강우량을 필요로 하는 쌀농사에 적합했던 반면, 회수 이북 지역에는 보리, 수수 등 건조 지역에서 자라는 작물이 재배되었다. 14세기에 『농서農書』를 펴낸 왕정王禎은 회수를 기준으로 쌀과 기장이 구분된다고 지적했다. 다른 개인 기록에서도 회수 유역이 쌀농사에 적합하므로 "이곳의 쌀이

26) 광주에서 조주까지의 거리는 楊正泰 校注, 『天下水陸路程』(山西人民出版社, 1992), p.88의 노정(路程)으로 계산했다.

싸다."는 언급과 함께, "회수 유역은 남과 북이 만나는 지점"이라는 결론을 내렸다.[27] 풍부한 강우량과 따뜻한 날씨를 보유한 남쪽 지역은 농업 생산량이 뛰어나 사회 기반 시설과 교육, 그리고 문화적 생산에 더 많은 투자를 이끌어냈고, 결국 지배적인 자리로 우뚝 섰다.

그러나 일반적으로 남북의 경계는 회수가 아니라 양자강으로 인식되었다. 양자강 이북이라는 '강북江北'과 양자강 이남이라는 '강남江南'은 완전히 다른 세계였다. 명의 작가들은 특별히 이 구분을 좋아했다. 복건 사람이며『오잡조』의 저자 사조제는 이렇게 묘사했다.

> 강남에는 갑문閘門이 없고, 강북에는 교각이 없다. 강남에는 초라한 집[茅屋]이 없고, 강북에는 변소[溷圊]가 없다. 북인北人들에게는 문설주 없는 집이 있지만, 남인南人들은 그런 집을 지을 수 없다. 북인들은 남인들에게 나무를 잘라 가공架空에 설립한 누각이 있음을 믿지 못하고, 남인들은 북인들에게 만곡萬斛의 곡식을 땅속에 묻어 저장할 수 있는 움집이 있음을 믿지 못한다.[28]

---

27) 陳全之, 『蓬窗日錄』(『續修四庫全書』 1125) 卷1, 38a-b. 이 외에도 진전지(陳全之)는 다음과 같은 환경적 차이가 있다고 기록했다. "북쪽에는 나무좀[蝎]이 많고 지네[蜈蚣]가 없는 반면, 남쪽에는 지네가 많고 나무좀이 없다." 반면 회수 유역의 여녕부(汝寧府)와 봉양부(鳳陽府)에는 "두 생물이 모두 많다."고 했다. 쌀농사와 밀농사 지역의 구분에 대해서는 Brook, *The Chinese State in Ming Society*, pp.81-83 참조.

28) 謝肇淛, 『五雜組』 卷4, 16b. "江南無閘, 江北無橋; 江南無茅屋, 江北無溷圊. 南人有無墻之室, 北人不能爲也; 北人有無柱之室, 南人不能爲也. 北人不信南人有架空之樓, 行於木杪; 南人不信北人有萬斛之窖, 藏於地中." 이 책에 관한 간략한 설명은 Oertling, *Painting and Calligraphy in the Wu-tsa-tsu*, pp.1-4 참조.

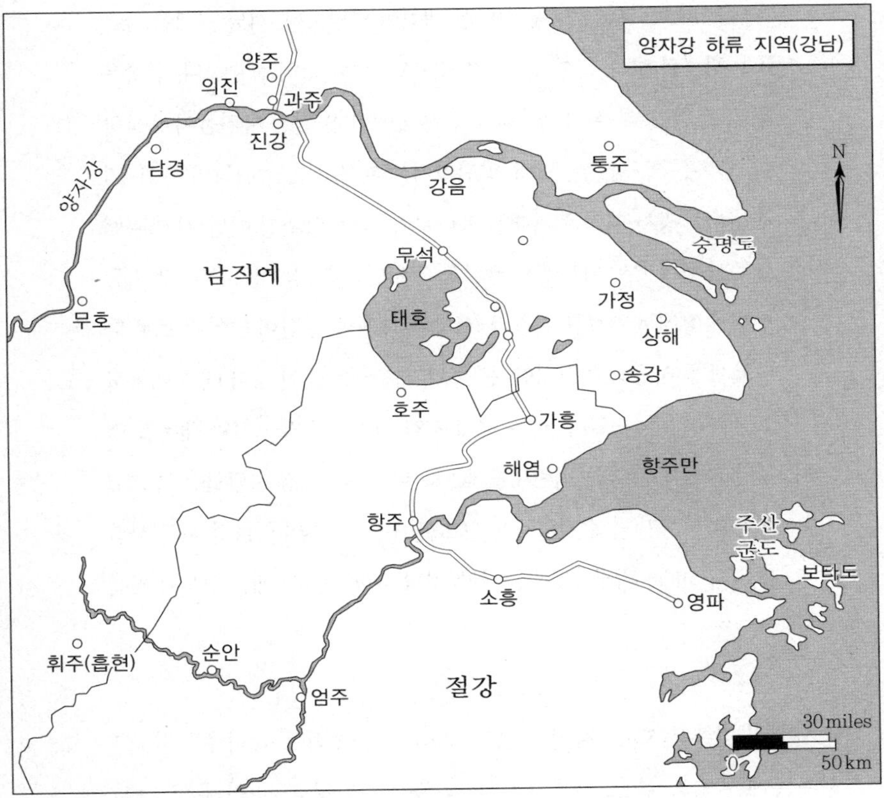

지도 4. 양자강 하류 지역(강남)

지리학자 왕사성은 남북의 세밀한 환경의 차이에 관해 좀 더 체계적으로 설명했다.

동남 지방은 생선, 소금, 쌀이 풍부하다. 중주中州(오늘날의 하남)와

> 초楚(오늘날의 호남과 호북) 지역은 생선이 넉넉하다. 서남 지역은 금은金銀 광석과 보석, 조개[文貝], 호박琥珀, 수은水銀이 풍부하다. 남쪽은 무소, 코끼리, 후추, 소방목蘇方木, 외국에서 온 각종 사치품이 풍부하다. 북쪽은 소, 양, 말, 노새, 양탄자가 풍부하고 서남 지역의 사천·귀주·운남·광서 지역은 거대한 녹나무가 많다. 양자강 이남 지역은 땔나무가 풍부해서 나무에서 땔감을 얻지만, 양자강 이북은 석탄이 풍부해서 땅에서 연료를 취한다. 서북 지역은 높은 산이 많아 육로로 다니고 배를 사용하지 않지만, 동남 지역은 넓은 못이 많아 배를 이용하고 거마車馬는 드물다. 남쪽 연해 지역 사람들은 물고기와 새우를 먹지만 북쪽 사람들은 비린내를 싫어한다. 북쪽 변경 사람들은 발효된 젖을 마시지만 남쪽 사람들은 그 노린내를 싫어한다. 황하 이북 사람들은 파, 마늘, 해채薤菜를 먹지만, 강남 사람들은 그 매운 맛을 두려워한다.[29]

지배지 남부의 핵심 지역은 양자강 하류의 충적토 삼각주였다. 그 서북쪽에는 명 초 수도였던 남경이, 동쪽에는 항구 도시 상해가, 남서쪽에는 남송 시대의 수도인 항주가 자리하고 있었다(지도 4). 강남이라고도 불리던 그곳을 나는 '양자강 삼각주'라고 부르려 한다. 원 시대

29) 王士性, 『廣志繹』, p.3. "東南饒魚鹽 · 杭稻之利, 中州 · 楚地饒漁, 西南饒金銀礦 · 寶石 · 文貝 · 琥珀 · 水銀, 南饒犀 · 象 · 椒 · 蘇 · 外國諸幣帛, 北饒牛 · 羊 · 馬 · 贏 · 羢氈, 西南川 · 貴 · 黔 · 粵饒楩枏大木. 江南饒薪, 取火於木, 江北饒煤, 取火於土. 西北山高, 陸行而無舟楫, 東南澤廣, 行舟而鮮車馬. 海南人食魚蝦, 北人厭其腥, 塞北人食乳酪, 南人惡其羶, 河北人食胡蔥 · 蒜 · 薤, 江南畏其辛辣."

에 강남은 단일한 행정 구역에 포함되었으나, 명 태조 주원장은 삼각주 지역을 남직예南直隸와 절강성浙江省으로 분리했다. 사회적으로 보수적이었던 그는 정치적인 본능에 따라 그 지역을 불신했고, 분리하여 정복하는 방식을 택했던 것이다. 주원장은 남북의 접점이기도 했던 회수 유역의 봉양鳳陽부 출신으로 강남의 상류층 사이에 있는 것을 불편해했다. 출신지를 보면 주원장은 이전 왕조의 태조들처럼 완전히 북방인은 아니었다. 이 점은 이후로도 종종 거론되곤 했다. 대중적 문필가 왕도곤汪道昆(1525~1593)은 "이전 시대의 현명한 황제들과 일찍 개명한 군주는 물론, 재상이나 보좌관들도 대부분 북방 출신"이라고 지적하면서, "우리 태조 황제는 천명을 받아 흥기할 때 남국南國에서 우뚝 등장했다. 남쪽에서부터 새 시대가 밝아오고 다스림이 전파된 것"이라고 지적했다.[30]

중국인은 문화적으로 여전히 북방 지역에서 그 기원을 찾고 있지만, 송 이래로 경제 발전의 원동력이자 문화적 유행을 선도한 쪽은 남방이었다. 중국의 오랜 역사를 고려할 때 이는 비교적 최근의 변화라고 할 수 있다. 왕사성 역시 "강남이 풍요와 아름다움을 누리게 된 것은 천 년이 채 안 된다."라며 16세기인 지금(왕사성이 활동하던 당시)에서야 "(강남의) 모든 지역이 번영의 전성기에 올랐다."라고 기록했다. 당시 남쪽으로 발전하는 추세는 계속될 형세였다. 따라서 왕사성은 "언제 (당시 가장 남쪽에 자리했던) 운남雲南과 광서廣西가 중심지로 변할지

30) 汪道昆, 『太函集』 卷23, 「廣東鄕試錄序」, p.494. "疇昔聖帝明王, 率由北產, 帝臣王佐, 亦以類從. … 迄我太祖, 中天而興, 挺生南國, 嚮明而治, 此其嚮方."

누가 알겠는가?"라고 물을 정도였다.[31)]

남과 북을 모두 정복했던 원은 가능한 한 북방 출신을 중용하고 몽골 지배에 끝까지 저항했던 남인들을 좌절시킴으로써 남북의 구분을 더 확고히 굳혔다. 원의 지배 아래 소집된 북송과 금의 상류층들은 자기가 원에 완전히 통합된 것이 아니고, 편견과 차별을 뛰어넘기 위해 끊임없이 협상해야 하는 현실을 깨달았다. 북인과 남인 사이의 차별은 정치·문화적 긴장으로 드러났다. 남송 시대의 영토를 치리하도록 파견된 북인과는 달리, 남인은 관로가 막혀 새로운 지배자와 타협해야 했다. 남인들은 북인들이 교양 없고 무식하다고 비난했고, 북인들은 남인들이 편협하고 자기만 옳다고 주장한다고 생각했다. 남인과 북인 사이에 정치적 화해가 이루어지기는 어려웠다.

원의 지배층으로부터 철저히 배제된 남인들은 관리 선발에서 시험이 아니라 개인적 추천을 취하는 몽골의 관습에 분노했다. 따라서 원이 멸망하자 남인들은 그러한 불균형을 자기 취향에 맞추어 바로잡으려 했고, 이를 위해 과거 제도를 다시 실시했다. 과거 제도란 3년마다 관리를 임용하기 위해 각 지역의 젊은이를 평가하는 시험을 말한다. 3년에 한 번 현縣 단위의 시험을 거친 이들은 2년 후 성省 단위의 2차 시험을 거친 뒤 이듬해 수도에서 최종 시험에 응시했다. 현 단위의 시험을 통과하면 생원生員(문자적 의미로, 학생 관리)이 되고, 성급 시험을 통과하면 거인擧人(선발된 인물)이 되며, 전국 단위인 수도의 시험

---

31) 王士性,『廣志繹』, pp.2-3. "江南佳麗不及千年. … 趙宋至今僅六七百年, 正當全盛之日, 未知何日轉而黔粵也."

을 통과하면 진사進士(출두한 사인)가 되었다.(생원은 현縣 단위 시험만이 아니라 부府 단위 시험까지 포괄하는 3단계로 구성된 동시童試를 모두 합격한 학생을 말하며, 생원이 되어야 성급 시험인 향시鄕試에 응시할 자격을 획득했다. 거인이 향시에 합격하면 수도에서 다시 시험을 치르는데, 최종 당락 여부를 가리는 회시會試와 최종 합격자 가운데 등수를 매기는 전시殿試로 나누어 거행되었다. -역주) 과거 시험의 과목은 모두에게 공통이었으므로, 과거 제도를 통해 단일한 상류층 문화가 쉽게 형성되었다. 하지만 전통적으로 남인이 북인보다 성적이 좋았으므로 일반적으로 과거 제도는 남인에게 유리하다고 여겨졌다. 왕사성은 그 이유가 지리적 차이에 있다고 보았다. 양자강 이북의 경치는 지루하고 단조롭게 펼쳐져 누구나 따분함을 당연한 것으로 여겼고 문화적인 차별성을 구축하기 위해 노력하는 이도 극히 적을 수밖에 없었다고 말이다. 반면 양자강 이남은 지형이 복잡해서 사람들이 좀 더 집중된 지역에 모여 경쟁적으로 살아갈 수밖에 없었다는 것이다. 왕사성은 물론 훌륭한 학자와 관리가 모두 남방에서 배출된 것은 아니라고 지적했으나, 가정제 이후로 "강남 사람들이 탁월한 성취를 보여주었다."라고 결론을 내렸다.[32]

이러한 불균형은 가정제 이전에도 있었다. 1370년 과거 제도가 부활할 때 주원장은 원 시대에 남인들이 관계 진출과 등용에서 배제되었음을 잘 알고 있었지만, 꾸밈없는 북인을 좋아하여 기존의 불균형을 완벽히 수정하려고 하지 않았다. 그런데 1371년 시행된 첫 번째 과거 시험에서 합격자의 4분의 3을 남인이 차지했다. 남인은 더 나은 교육

32) 王士性,『廣志繹』, p.5. "然世廟以來, 則江南彬彬呼盛矣."

여건, 더 세련된 문학 환경, 밀도 있는 사회 교류망, 학술적 생산을 유지하려는 태도 등 문화적으로 훨씬 우수했다. 시험 결과에 만족하지 못한 주원장은 과거 시험을 한 차례 연기하고 1385년 재개했으나, 북인과 남인의 합격 비율은 변하지 않았다.

1397년 성적이 우수한 진사를 가리기 위한 추가 시험인 전시에서 문제가 불거졌다. 합격자 52명 전원이 남인[南士]으로 밝혀진 것이다. 주원장은 혹시나 실수로 빠진 북인[北士]이 없는지 찾아보려고 회시를 주지主持했던 유삼오劉三吾에게 시험지를 다시 채점하도록 명했다. 그러나 결과는 동일했다. 유삼오는 주원장에게 "선발 과정에서 남인과 북인 사이에 차별은 없었습니다."라고 보고한 뒤 "이는 단지 양자강 남쪽에 탁월한 문인이 많기 때문이고, 북방 사인들은 남방 사인에게 비교가 되지 않습니다."라고 개인적 견해를 제출했다. 분노한 주원장은 유삼오를 제외한 나머지 두 명의 시험 감독관(기선紀善과 백신도白信蹈를 말함. -역주)을 처형하고 다시 시험을 치르도록 명했다. 이번에 합격한 61명의 수험생은 모두 북방 사인으로 채워졌다.

1425년, 마침내 지역 문제에 관한 행정적인 해법이 마련되었다. 즉 과거 시험 합격생의 35%를 북방 사인에게, 55%는 남방 사인에게, 그리고 나머지 10%는 회수 유역처럼 애매한 지역 출신에게 할당되었다. 하지만 성적에 따라 관직을 정하는 과정에까지 지역별 할당제가 영향을 미치지는 못했다. 전시에서 최고 성적을 거둔 장원壯元을 보면, 1370~1643년 사이 80%가 남방 사인이었으며, 그중에서도 남직예, 절강성, 강서, 복건 순서로 많았다. 통계적으로 동향同鄕이 많은 것이 문제가 되었다. 그 지역 출신들은 이후에 '성공의 사다리'라고 불리던 과거 제도가 축소되는 상황에서도 산서성과 같은 북방 지역 출신보다 성공할 가능성이 높았다. 특히 서남쪽에 위치한 광서, 운남, 귀주 출신의 수험생 가운데 명의 과거제에서 장원을 차지한 이들은 하나도 없었다.[33] 출신지에 따라, 과거 시험을 준비하고 합격하기 위해 이용할 수 있는 자원에서도 문화적인 차이가 심각했다.

과거제에서 불리한 북인의 문제를 개선하기 위해 북경 국자감의 모든 자리가 북인에게 배정되었다. 남경에도 국자감이 있었으나, 전 지역 출신의 사인에게 개방되었던 만큼 경쟁률이 훨씬 높았고, 북경 국자감에 입학하게 되면 모든 관리의 임면任免을 주관하는 이부吏部에 입사할 기회가 높았으므로 학생들은 북경 국자감을 선호했다. 홍치제가 용에 대한 정보를 입수하려고 찾았던 나기(?~1519) 역시 남인으로, 남북인 사이의 차별을 철폐하려는 조치와 부닥친 인물이었다. 나기는 강서성과 복건성의 경계 지역 출신으로 비정통적인 분야에 흥미를 가진 독특한 학자였고, 이러한 이유로도 수차례 향시에서 떨어졌다. 39세가 되어 다람쥐 쳇바퀴 도는 듯 반복되는 과거 시험을 포기하고 북경 국자감에 입학할 수 있는 감생監生 신분을 샀다. 국자감 좨주祭酒이자 탁월한 경세가였던 구준丘濬(1420~1495)은 남인이 국자감에 입학하는 것을 반대했다. 그럼에도 불구하고 나기가 계속 국자감에 입학하기를 고집하자, 구준은 분노를 터뜨렸다. "자네가 몇 글자 안다고 해서, 그

33) 이 논의는 기본적으로 Elman, *A Cultural History of Civil Examinations*, pp.90-97을 근거로 했다.

렇게 완고할 수는 없는 걸세!" 이에 대해 나기는 "그럴지도 모르지요. 하지만 한림원翰林院(황제의 조서와 의례 문제에 관해 조언하는 국가 기관)에 뽑힌 인사 중에는 단 한 글자도 읽지 못하는 사람이 있습니다."라며 응수했다.

이 일로 나기는 결국 고향으로 돌아갈 뻔했으나, 그의 대담함에 호기심이 끌린 구준이 나기에게 시험에 응시하는 것을 허락했고, 결국 나기의 탁월한 재능이 빛을 발했다. 1486년 그는 북경에서 거행된 향시에 응시했고, 이후 남경에서 거행되는 시험에 남인들의 긴 행렬을 훌쩍 뛰어넘어 최고가 되었다.[34] 구준이 명의 가장 남쪽 지방이라고 할 수 있는 해남도海南島 출신이라는 점을 떠올리면, 이는 자못 아이러니라고 할 수 있다.

행정 구역

몽골은 금과 송의 영토를 9개의 행정 구역으로 나누고, 북방의 초원지대로 3개의 행정 구역을 추가했다.[35] 북경 주변의 거대한 핵심 지역은 이전 시대의 명명법을 따라 중서성中書省이라고 이름 붙였다. 성省

34) 张廷玉, 『明史』, p.7344; 張怡, 『玉光劍氣集』, p.1025. 세공(歲貢, a tributary student)에 대해서는 Dardess, *A Ming Society*, pp.160-166 참조.

35) 3개의 행정 구역이란 영북행성(嶺北行省, 외몽골과 시베리아의 일부), 요양행성(遼陽行省, 만주와 조선 북부), 그리고 정동행성(征東行省, 조선의 남부, 실질적으로는 고려의 지배를 받지만 몽골에 조공을 바치는 영역)을 가리킨다.

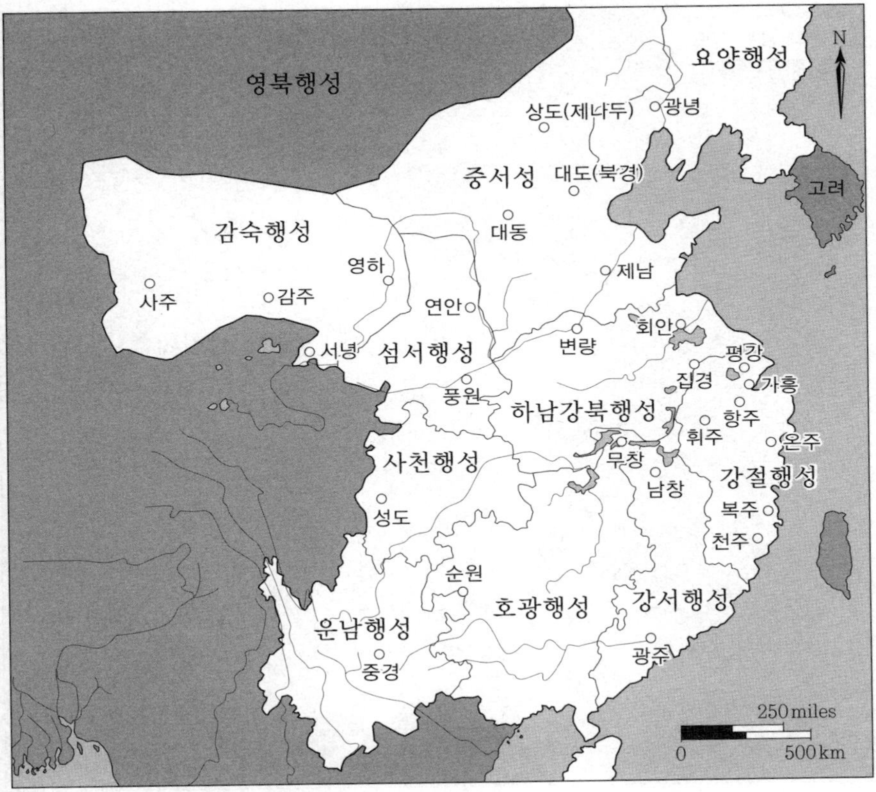

지도 5. 원의 성(省)과 도시

이란 중앙 정부의 중요한 행정 기구이기도 했다. 제국의 나머지 지역은 8개의 행성行省으로 세분화되어 가운데는 하남강북河南江北행성, 서쪽에는 사천행성, 동남쪽에는 강절江浙행성, 서남쪽에는 운남雲南행성, 서북쪽에는 섬서陝西행성과 감숙행성, 남쪽에는 강서江西행성과 호광湖廣행성이 자리했다(지도 5).

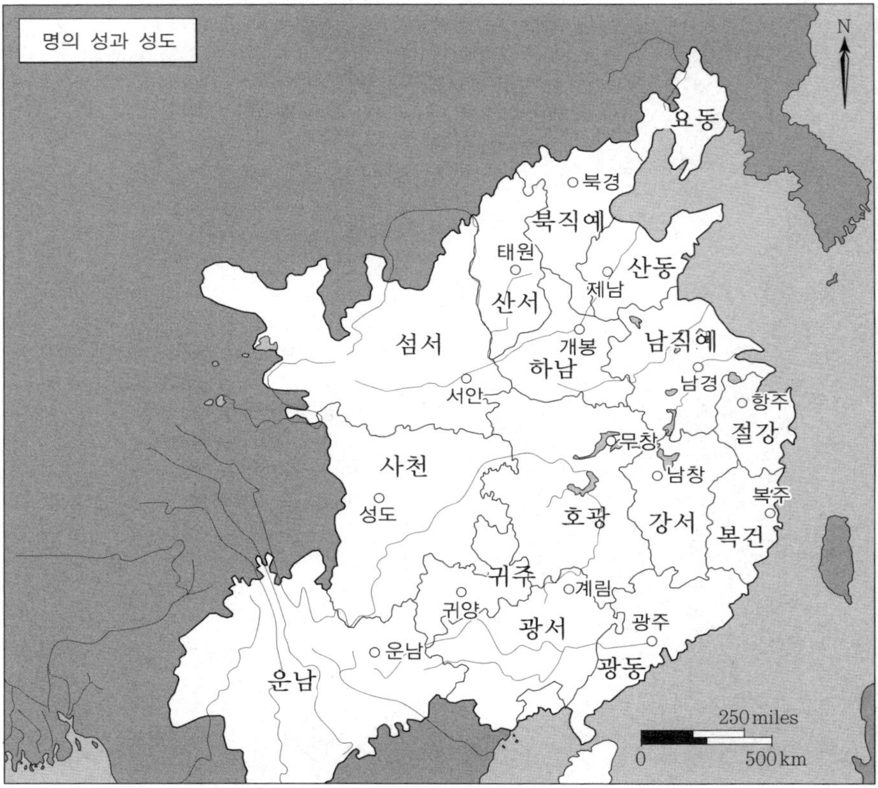

지도 6. 명의 성(省)과 성도(成都)

명은 원의 행정 단위를 이어받았으나, 왕조가 시작된 지 10년이 못 되어 수정했다. 1376년에 행성 기구를 없애고 삼사三司라고 불리는 포정사사布政使司, 안찰사사按察使司, 도지휘사사都指揮使司로 지방 기구를 대체했다. 삼사가 치리하는 영토 범주는 이전의 행성보다는 일반적으로 줄어들었다. 섬서, 사천, 운남 지역은 이전의 행성을 이어갔다. 감숙행성은 지역 대부분이 몽골의 영토로 포함되면서 사실상 사라졌다. 대신 명은 감숙 지역의 동남쪽 회랑을 차지하고 이를 섬서성에 붙였다. 다른 행성은 세분화되었다(지도 6). 중서성은 산동, 산서, 북평北平(이후에 북직예北直隸로 바뀜. 오늘날의 하북성河北省)으로, 강서행성은 강서성과 광동성으로, 강절행성은 강절江浙과 복건福建으로, 그리고 호광행성은 광서廣西와 귀주성貴州省으로 나뉘었다. 그리고 서로 다른 행성의 일부를 결합한 새로운 두 구역이 생겨났다. 강절행성의 북부 지역과 하남강북행성의 동부 지역을 붙여서 남직예(오늘날의 강소江蘇와 안휘安徽)가 만들어졌고, 하남강북행성의 서부 지역과 이전 시대 호광행성의 북부 지역을 합쳐 새로운 호광성湖廣省이 만들어졌다. 남아있는 하남강북행성은 하남河南이 되었다. '성'이라 불렸던 이 새로운 단위는, 영어로는 'province'라고 표현된다.[36)]

행성 체제를 쪼개어 삼사가 다스리는 단위로 만든 것은 지방의 독립적인 세력의 성장을 막기 위한 분할 통치 전략의 일환이었다. 다른 한편으로, 그 새로운 체제는 3중 보고 체계를 일원화하여 실제 행정력을 강화시킨 장점이 있었다. 다만 명 시대에는 지방 행정 단위가 증가

36) 명의 행정 구획에 대해서는 郭紅 · 靳潤成, 『中國行政區劃通史: 明代卷』(復旦大學出版社, 2007)과 Hucker, *A Dictionary of Official Titles*, pp.62-65 참조. 당시 행정 구역의 재편을 통해 대체로 오늘날과 유사한 중국의 행정 지도가 완성되었다. 청에 이루어진 유일한 중대 변화는 호광(湖廣)을 남[湖南]과 북[湖北]으로 나눈 것이다. 따라서 오늘날 도시 이름의 상당수가 명 때 원의 지명을 바꾼 것을 그대로 사용하고 있다. 가령 당시 집경(集慶)은 남경(南京)으로, 변량(汴梁)은 개봉(開封)으로, 봉원(奉元)은 서안(西安)으로, 정강(靜江)은 계림(桂林)으로, 순원(順元)은 귀양(貴陽)으로, 중경(中慶)은 곤명(昆明)으로 바뀌었다.

하면서 원 시대처럼 거대 행성이 여러 지역을 조정하는 힘은 사라졌다. 그 해법으로 1430년부터 하나의 지역에 국한되지 않는 문제(홍수처럼 주로 환경 파괴로 벌어진 재해)를 처리하기 위해 인접 지역을 통할하는 순무巡撫와 총독總督이 선임되었다. 그들은 명의 "환경 문제의 해결사"였다.[37)]

성은 다시 작은 하급 단위(원의 도대道臺나 부, 명의 부와 주)로 나뉘었고, 이는 다시 지방 행정의 기본 단위인 현으로 세분되었다. 원에는 한때 1,127개 현이 있었고, 명에는 변경의 변화로 증감이 있었으나 1,173개의 현이 있었다. 현은 지방의 기본 단위로 중앙에서 관리가 파견되었다. 현마다 한 명의 지현이 임명되었는데 그는 타지방 출신이어야 했다. 이는 정부의 권력이 지방 권력에 침식되는 것을 막으려는 조치로 회피제回避制(지방관을 파견할 때 행정의 공평성을 잃지 않기 위해 지방관의 출신 지역으로 임관하는 것을 제한하는 제도 –역주)의 일환이었다. 일반적으로 현은 5만~50만 명의 인구로 구성되었으며 어떤 규모의 현에 임명되든지 지현은 치안과 조세 징수를 책임졌다. 지현의 임무가 과중할 경우 현이 나뉘어 새로운 현이 신설되었다.

신현新縣은 일정한 흐름을 이루며 등장했다. 1470년대에 14개 현이, 1510년대에 9개 현이, 그리고 1560년대에 8개 현이 신설되었다. 특히 도적 떼 출몰이 잦은 곳 등 경비가 소홀했던 변경 지역에 많은 신

---

37) Sedo, "Environmental Jurisdiction", p.8; Nimick, *Local Administration*, pp.79-82; Des Forges, *Cultural Centrality*, pp.22-66 참조.

현이 만들어졌다.[38] 가령 태호 남쪽에 위치한 동향진桐鄕鎭은 인구 과밀 지역을 대상으로 재정적인 처리를 원활히 하기 위해 행정 구역 개편을 단행하는 과정에서 동향현桐鄕縣으로 승격되었다. 그 주변에 위치한 여러 시진市鎭(명 중기 이후 급속히 증가한 중소 상업 도시로, 보통 정기적인 시장에서 발전했기에 시진이라 불렸다. –역주)에서도 직물 교역이 놀랄 만큼 발전하면서 1530년대에 이르러 지역의 지도층들이 신현을 설치해달라는 청원을 많이 올렸다. 가령 청진青鎭의 한 주민이 청진은 주요한 교통 요지에 위치하여 규모나 상업 면에서 크게 발전한 만큼 그곳에 새롭게 현을 설치해달라고 요구한 일이 있었다. 그 주민은 "거민이 4,000~5,000가를 넘어섰다."라고 언급했다. 또한 "사찰의 탑과 도가 사원"은 경제적 후원에 의지하는 것인 만큼 이는 지역 경제의 척도로 볼 수 있는데, "그것들이 골목마다 가득하다. 교량과 상가商街 또한 (인구 증가 등으로) 끊임없이 증축 및 재건되었다."라고 기록했다. 더불어 현급 지위로도 청진의 질서를 유지하기 곤란하며, "실제 이 도시는 부성府城의 기상氣象이 완연"하다고 기록했다.[39] 하지만 이 청원은 기각되었다.

복건 연안의 해징현海澄縣은 두 가지 변화에 부응하여 신설되었다. 원래 해징에는 해양 무역이 성행한 장주부漳州府의 월항月港이 있어 중

---

38) 가령 치안이 부실하고 인구가 많았던 강서성은 명 중기에 7개의 신현이 설치되었다. 张廷玉, 『明史』, pp.1057-1067.

39) 施儒, 「請分立縣治疏」, 劉石吉, 「明淸時代江南地區的專業市鎭」(『明淸時代江南市鎭研究』, 中國社會科學出版社, 1987), p.48에서 재인용. "地厚土沃, 風氣凝結, 居民不下四五千家. 叢塔宮觀, 週布森列; 橋梁闤闠, 不煩開拓, 宛然府城氣象."

국 경제를 동남아시아와 연결하고 있었다. 이 지역에 신현을 설치해 달라는 요청이 1520년대 전반기에 있었으나, 1525년 해상 무역이 닫히면서 신현 요청 역시 중지되었다. 1549년에 두 번째로 신현 설치를 요청했으나, 이번에는 연안 지역의 세수에 관한 중앙의 통제를 둘러싸고 궁정 내부에서 복잡한 다툼이 있어 성사되지 못했다. 1565년 세 번째 요청이 있었는데, 비공식적인 소청으로 시작되었다가 그 이듬해 공식적인 요청으로 접수되었다. 1566년 한 관리가 상소를 올려 지역 경제와 치안, 두 가지 문제를 해결하기 위한 해법으로 신현 설치를 주장했다. 현으로 승격되면 왜구를 방어하는 자원을 더 많이 확보하는 셈이었고, 이는 결국 지역 경제의 수출과 수입을 증진시키는 것을 의미했다. 따라서 그 관리는 항구의 지역민들이 거칠고 법에 무관심할 뿐 아니라 해적(왜구)들과 긴밀히 한패로 묶여있으므로, 현으로 승격될 경우 치안 유지가 개선될 것이라 주장했다. 더불어 "국내 무역선과 해외 무역선이 왕래할 때마다 상당한 세수가 나오지만, 그 세수는 (시장의 행정관이 아니라) 해적 세력을 지배하는 것으로 알려진 지역 대리인이 독점하고 있다." 그러므로 "상인들이 납부하는 세금이 관리들에게 직접 전달될 경우" 신현 설치와 운영을 위한 행정비보다 더 많은 수입이 있을 것이라고 주장했다.[40)]

이 주장은 설득력이 있었다. 1567년 1월 17일 복건성에 2개의 현이 신설되었는데, 그중 하나가 해징현이었다. 그해 항구가 제한된 형태로 재개되자 밀수와 해적질은 모두 무역으로 변화했다. 또한 월항은

---

40) 『海澄縣志』(1762) 卷21, 1a-4a.

해징현이 되었다.

인구 조사

원-명 시대에 얼마나 많은 사람이 살았을까? 두 왕조 모두 인구 조사를 할 때 유사시 각종 요역으로 동원할 수 있는 노동력을 기준으로 하는 중국 전통의 방식을 계승했다. 오늘날 이러한 자료는 당시의 경제와 사회를 이해하는 데 필요한 정보를 제공해준다. 그 숫자가 종종 정확하지 않은 경우가 있으나 인구에 관한 자료는 비교적 많은 편이다.

12세기 송 인구는 1억 명을 돌파했다. 그런데 1290년 원에서 처음 실시한 인구 조사의 결과는 고작 5,883만 4,711명에 불과했다. 당시 인구 조사를 담당하던 이들은 "황야에 살고 있는 이주자들까지 조사하지 못했다."라고 시인하면서 실제 인구는 이보다 다소 많을 것으로 생각했다.[41] 그러나 1330년 인구 조사로 조정된 수치 역시 5,974만 6,433명으로 크게 늘어나지 않았다. 송에서 원으로 왕조가 교체되면서 4,000만 명의 인구를 잃은 것인가? 원의 정복으로 사망한 인구가 그렇게 많을 수 있을까? 일부 학자들은 그렇게 생각하지 않고, 1330년 인구를 1290년 통계보다 20~50% 정도 증가된 7,000만~9,000만 정도였을 것으로 추정했다. 원의 규모를 고려할 때 이 수치는 상당히 합리적인 것 같으나, 당시 나라에 발생한 각종 문제로 일부 지역에서 인

41) 脫脫, 『元史』, p.1345. 이번 장에서 제시하는 인구수는 梁方仲, 『中國歷代戶口 · 田地 · 田賦統計』, p.177의 표를 참조했다.

구가 감소했을 가능성은 있다. 또한 몽골 영주가 분봉하는 지역의 농노의 수도 보고되지 않아 인구 통계에서 누락되었을 수 있다.

명 태조 홍무제는 자기 영토에 얼마나 많은 사람이 살고 있는지 알고 싶었다. 그는 1370년 12월 14일 호부에 내린 상유上諭에서 "이제 나라에 평화가 찾아왔고, 우리가 모르는 것은 인구 규모뿐이다."라고 선포했다. 그리고는 모든 백성(요역에 동원될 수 없었던 미성년자와 노인은 인구 조사에서 제외되었다)의 성별과 나이, 그리고 그들이 소유한 전토에 대해 조사하라고 명했다. 조사된 호첩戶帖은 두 부가 작성되어, 한 부는 각 가정에 보관토록 하고, 다른 한 부는 현 아문(지현의 사무실이자 법정이며 숙소인 복합 기구)의 호구 장부에 보관토록 했다.[42] 이 책이 바로 황책黃冊이라고 알려진 장부다. 한때 황책이라는 명칭은 장부의 황색 장정에서 비롯된 것으로 알려졌으나, 사실 장정이 황색은 아니었다. 그 명칭은 사람의 발달 단계에서 비롯되었다. 태어난 지 3세가 되면 어린이, 15세가 되면 젊은이, 20세가 되면 성년, 59세가 되면 노인으로 분류했고, 아직 젖도 떼지 않은 3세 미만을 일컬어 '황구黃口'라고 불렀다. 이전의 인구 조사에서 미성년자를 포함하지 않은 이유는 그들이 어린 시절에 죽지 않고 살아남아 조세 제도에 등록될 가능성이 많지 않았기 때문이다. 어린이를 등록해 보았자 허사가 될 가능성이 컸던 것이다. 하지만 명은 이러한 예외를 용납하지 않았고, 명 초의 인구 조사의 이름도 거기서 유래되었다. 즉 '황책'이라는 말은 "황구인 3세 미

42) 李詡, 『戒庵漫筆』, 曹樹基, 『中國人口史 第4卷 明時期』, p.19에서 재인용. 또한 李德甫, 『明代人口與經濟發展』, p.24 참조. 그리고 Ho Ping-ti(何炳棣), *Studies on the Population of China*, pp.4-5에서는 다르게 번역했다.

만 아이들까지 포함한 통계 조사"라고 해석하는 것이 정확하다. 갓 태어난 아기라 할지라도 인구 조사에서 자유롭지 못했다는 뜻이다.[43]

비록 일부 지역이 누락되었지만 1371년 첫 번째 인구 조사가 이루어졌다. 황제는 전국이 평화 국면에 들어갔다고 선언했으나, 실상은 그렇지 못했다. 10년 뒤 두 번째 조사 명령이 하달되었고, 이후부터는 몇 차례의 예외를 제외하고는 명 말까지 10년마다 조사가 이루어졌다. 1381년 황제에게 보고된 기록에 따르면, 명에는 5,987만 3,305명의 인구가 1,065만 4,362호에 살고 있었다. 10년 후의 조사에서 호는 1만 가구 늘었으나 오히려 인구는 3백만 명 감소했다. 무언가 잘못된 것이다. 그 조사 결과는 1393년에 재검토되었고, 인구수가 6,054만 5,812명으로 조정되었다. 조정된 수치도, 조정되기 이전 수치도 1290년과 1330년의 인구 조사의 결과와 비슷했다.

명에서 호수戶數 통계는 매년, 인구수 통계는 10년마다 갱신하도록 했다. 그러나 지현들은 10년마다 시행되는 대조大造라고 불리는 인구 조사를 꺼려했고, 통상 10년 전의 수치를 그대로 적거나 숫자 몇 개만 바꿔 새로 조사한 것처럼 꾸미곤 했다. 그 결과 명에서 보고된 인구수는 원 시대와 차이가 없었고, 명의 공식적인 인구수는 말기까지 대략 6,000만 명 내외에서 맴돌았다.

명의 관리들은 "호구戶口의 증감이 곧 국세國勢의 강약을 입증한다."[44]라고 할 만큼 인구수에 집착했다. 인구 증가는 번영을, 번영은 곧

---

43) 張萱, 『疑耀』, 李德甫, 『明代人口與經濟發展』, p.26에서 재인용.

44) 『開州志』(1534) 卷3, 3a. "王崇慶曰夫戶口之增損, 國勢之强弱於是乎."

좋은 정부를 의미했다. 이런 식으로 왕조의 명성이 판가름 났다. 이러한 신념대로라면 지현은 자기 현의 인구를 더 높이 보고하는 것이 인지상정이지만, 실상은 그렇지 않았다. 인구가 증가하게 되면 그만큼 현의 세액이 높아지게 되므로, 지현은 인구를 가능한 한 낮추려 했다. 납세자 역시 요역 부담을 줄이려고 요역을 부과하지 못할 만큼 자기 호를 잘게 분할했다. 이러한 수법으로 호수와 인구수는 증가하는 듯 보였으나, 실제 요역의 의무를 부담하는 인구는 줄어들었다. 당시 양자강 유역에서는 이러한 현상을 비꼬는 풍자시가 유행했다.

> 강을 따라 척박한 땅이 이어지는데 추수는 아직 준비되지 않았고
> 새로운 세금이 부과되니, 또 다른 징세를 감당할 길 없구나.
> 각 가정은 판적版籍에 속해있지만, 규범을 피하려 하고
> 누가 이를 바꾸어 호구戶口는 증가하는가![45)]

이처럼 지방관들이 공식적인 수치를 속였다면, 우리는 이를 어떻게 받아들여야 할까? 이를 행정적인 허구라고 생각하는 '온건한 회의론자들'은 1393년 이후의 모든 조사 수치가 실제 성장을 감추고 있다며 명의 조사 수치를 무시한다. 하지만 실제 인구가 얼마나 성장했는지에 대해서는 의견이 다르다. 온건한 회의론자들은 1393년의 수치가 실제 인구의 90% 이상을 파악하지 못했을 것이라고 가정하고, 차선책

45) 『蘭陽縣志』(1545) 卷2, 8b. "瘠地瀕河歲未登, 新來賦後重難勝, 各分版籍求規避, 誰解翻爲戶口增."

으로 인구 증가의 출발점이 되는 1393년의 기록에 10%를 더하는 방식을 택한다. 매년 인구 증가율을 1,000명 당 3명으로 잡게 되면, 1600년의 추정 인구는 1억 5,000만 명이 된다. 이 수치는 1602년 대조에서 보고된 5,600만 명에 비하여 거의 3배에 해당하는 규모다. '철저한 회의론자들'은 인구 증가의 출발점이 되는 1393년의 인구를 좀 더 높게 잡을 뿐 아니라 매년 인구 증가율 역시 1,000명 당 5~6명으로 상향 조정하는데, 이렇게 하면 1600년의 추정 인구는 2억 3,000만 명까지 상승한다.[46] 이러한 회의적인 시각에 입각한 인구 추정에 대하여 통계학의 '원칙론자'라고 부를 만한 학자들이 반론을 제기했다. 그들은 원하는 수치를 얻어내려고 수치를 올려 잡는 편법에 의문을 제기하고, 가능한 한 2세기 동안 이루어진 공식적인 인구 조사를 무시하지 않으면서, 매년 인구 증가율을 1,000명 당 0.4명으로 낮게 잡는다. 이렇게 하면 1600년의 추정 인구는 6,600만 명이 된다.

결국 '온건한 회의론자', '철저한 회의론자', '원칙론자'가 제시한 1600년의 추정 인구는 1억 5,000만, 2억 3,000만, 6,600만 명으로 세 가지다. 이 세 가지 수치는 흥미로운 결과를 보여주는데, 각각 다른 후대의 역사를 암시하기 때문이다. 청은 1794년의 인구를 3억 1,300만 명으로 기록했고, 1840년까지 4억 3,000만 명까지 증가한 것으로 추

46) 온건한 회의론자적인 시각은 하병체(何炳棣, *Studies on the Population of China*, p.22)와 조수기(曹樹基, 『中國人口史』)에서 찾을 수 있고, 철저한 회의론자적 시각은 이덕보(李德甫, 『明代人口與經濟發展』, pp.48-54)에서 볼 수 있다. 이 주제와 관련된 논쟁의 개론적인 내용은 Marks, "China's Population Size during the Ming and Qing" 참조.

산했다. 1600년의 인구 추정치를 어떻게 보느냐에 따라 이후의 인구 증가를 해석하는 방식이 달라진다. 만약 6,600만이라는 '원칙론자'의 결과를 받아들이면, 18세기의 인구 증가는 놀랄만한 것이 되고 연평균 인구 성장률도 1,000명 당 8명에 가깝게 증가한 것이 된다. 반면 2억 3,000만이라는 '철저한 회의론자'의 입장을 취하면, 18세기의 놀라운 인구 증가는 통계상의 허구에 불과하게 된다. '온건한 회의론자'의 추정치인 1억 5,000만을 선택하게 되면, 장기간에 걸친 인구 증감의 곡선은 완만해지고 명과 청의 연평균 인구 성장률 역시 모두 1,000명 당 3명이라는 합리적인 수준을 유지하게 된다. 나 역시 '온건한 회의론자'의 추정치를 선호한다.

인구 이동

원-명 시대에 자기가 태어난 고향에서 생을 마감한 백성은 많지 않았다. 상당수 백성이 장사 때문에 혹은 생존을 위해 끊임없이 이동해야 했다. 때로는 국가가 강제 이주를 명령하기도 했다. 주원장은 양자강 하류 삼각주 지역에 사는 부호들의 토지를 몰수했고, 몇몇은 감시가 용이한 수도 남경에, 몇몇은 회수 유역에 있는 자기 고향 봉양부鳳陽府에, 다른 몇몇은 동란기에 인구가 격감한 화북 평원에 이주시켰다. 영락제가 수도를 북경으로 천도하려던 무렵 화북 평원에 강제 이주가 급증했는데, 한 번에 수만 호가 이주될 때도 있었다. 15세기에 북경을 둘러싼 수도권 지역, 즉 북직예의 인구 점유율은 전체 인구의 3%에서 7%로 증가했다.

이처럼 국가의 명령에 따라 이주한 사람도 있었지만, 공식적인 계획에 의한 것보다는 사적인 연결망을 통해 이동한 경제적인 이주민이 더 많았다. 산서성 홍동洪洞에 있는 대괴수大槐樹라는 지역은 자발적인 이주민이 많이 찾는 북방의 정착지에 속했다. 인구 밀도가 높은 홍동 가운데서도 특히 이 지점은 다른 지역으로 진출하려는 사람들이 좀 더 많이 결집해 살았고, 원-명 교체 이후 상대적으로 격리된 지역으로 남아있었다. 홍동은 산서성의 거대한 지진 단층에 분하강汾河江 길이 겹쳐져 연결되는 곳으로 이주하기에는 아주 적당한 지역이었다. 산서성을 빠져나가려면 반드시 홍동을 경유해야 했다. 그런데 많은 이가 산서성을 빠져나가려는 이주민 집단에 합류하려고 의도적으로 그곳에 왔다. 한 지방 역사학자가 외부로 이주하려던 가정을 철저히 조사한 연구 결과를 보면 대체로 전국 5개 현마다 2개 현이 그러했다. 그중에는 일부 홍동 출신도 있었지만 많은 수가 산서성과 섬서성 등 다른 지역에서 온 이들이었다. 그들 가운데 5분의 4는 동편에 위치한 화북 평원 지대로 이주했고, 나머지는 제국의 여러 지방으로 흩어졌다.[47)]

이때 타지로 이주한 이들은 자기가 산서성 홍동 출신임을 생생히 기억했다. 하택河澤의 왕씨王氏들은 자기 족보에 시조인 왕백성王伯聖 이래의 후손을 이주 이야기로 남겨놓았다.

47) 張青 主編, 『洪洞大槐樹移民志』(山西古籍出版社, 2000), p.55.

> 우리 시조始祖의 원적原籍은 산서성 홍동현에 위치한 노관와老鸛窩 목사촌木查村이다. 시조 형제 4명은 모두 그곳에서 태어나 자라 죽을 것이라고 생각했다. 그런데 예상치 않게 홍무 3년(1370) 3월에 황제가 주민들에게 동쪽 땅으로 천사遷徙하라는 명령을 내렸다. 형제들은 시조가 묻혀있는 그곳을 지키며 살고 싶었지만, 첫째와 셋째가 황제의 명령을 따라 동천東遷하기로 결정했다. 관關, 산, 강, 바다를 지나는 그들의 여정은 대단히 고되었다. 달과 별을 따라 이동하면서 겪은 풍상風霜은 차마 서술하기 어려울 정도다. 시조 가족은 결국 (북직예) 대명부大名府 동명현東明縣에 도착하여, 현성으로부터 동남쪽 3킬로미터 지점에 거처를 잡았다. 그들은 그곳에서 쾌적한 곳을 선택하여 자기와 가족들을 위한 가옥을 만들었다.[48]

여기서 언급된 '쾌적한 곳[愛居此處]'은 분퇴糞堆촌이라고 불렸고, 따라서 그들도 분퇴 왕씨로 알려졌다. 이후 그들은 하택河澤이라는 좀 더 고상한 이름으로 바꿔, 1887년 족보를 편찬할 무렵에는 하택 왕씨라고 불렸다.

---

48) 張青 主編, 『洪洞大槐樹移民志』, pp.97-98에 인용된 『河澤王氏家譜』(1887)에 실린 王鳴鑾의 서문. "始祖原籍山西洪洞縣老鸛窩木查村, 同胞四人, … 每覺生于斯長于斯而終于斯也, 不意洪武三年三月同上示遷民東土, 同胞四人懷始祖安居故土守業養老, 而始長祖與始三祖遵示東遷, 過關山河海, 跋涉之勞更甚, 披星戴月, 風霜之苦莫述, 我始長祖行至大名府東明縣東南至城六五里愛居此處, 度地安宅, 選宅造室安其身家." 1370년의 천사(遷徙) 명령은 아마도 착오일 것이다. 장청(張青)이 지적했듯(p.48), 기록으로 확인되는 최초의 천사는 1373년에 이루어졌다.

명 시대에 전국에서 가장 큰 규모로 인구가 빠져나간 곳은 강남 지방이었다. 1393년 전국 인구에서 남직예, 절강성, 강서성, 이 세 군데 핵심 지역이 차지하는 비중이 반이었지만, 명 중엽에는 3분의 1로 줄어들었다.[49] 이 거대한 인구 분포 변화의 원인은 부분적으로 다른 성 인구의 급증에 기인했다. 동시에 강남에서 강서성으로, 다시 강서에서 호광성으로, 그리고 종국적으로 사천과 운남으로 이동하는 서쪽 방향으로의 이주가 이러한 변화를 가열시켰다. 1420년대 무렵이 되면 남쪽의 호광 지역은 이미 먼 동편에서 떠나온 경제적 이주민으로 넘쳐났고, 그중 일부는 성지를 순례하는 승려로 위장하려고 머리카락을 잘랐다.[50] 1509년 호광성 인근에 퍼진 기근을 해결하기 위해 파견된 중앙 관료는 "외성, 외부, 외주, 외현에서 유입된" 사람들의 규모에 놀랐는데, 대부분은 먼 동쪽 지방에서 온 경제적 이주민이었다.[51] 강남은 송 이래로 인구 밀집 지역이 되었고, 명에서는 줄곧 사회적 · 경제적 표준이 되었으며 문화적 유행을 선도해나가기도 했다. 강남의 후손들이 점점 더 많이 전국 각지로 흩어졌다. 그중 구릉 지역의 주변부를 개간하여 간신히 입에 풀칠한 이들도 있었지만, 많은 경우 강남에서 체득한 지혜와 자원을 효과적으로 사용하며 지역 사회를 지배했다.

49) 梁方仲, 『中國歷代戶口 · 田地 · 田賦統計』, pp.205-207. 성별 인구 밀도에 대해서는 李德甫, 『明代人口與經濟發展』, pp.111-112 참조.

50) 余繼登, 『典故紀聞』, p.183.

51) 『湖廣圖經書志』(1522) 卷1, 66b.

행정망

인구 조사와 과세, 거주와 이주, 통합과 분할, 이 모든 것이 국가가 백성을 등록하여 통제하려고 고안한 방식들이었다. 이러한 통제가 가능했던 것은 중앙 관리가 파견되는 단위 중 가장 아래의 현과 그 하부의 향촌 및 개별 호에 이르기까지 행정망이 연동되었기 때문이다. 국가 단위에서 벗어난 삶이란 존재할 수 없었는데, 적어도 이것이 국가가 지닌 목표였다.

원은 송의 지방 영토 단위를 이어받았고, 명은 이를 다시 정리해 표준화했다. 명의 현은 6개 또는 그 이상의 향鄕으로 나뉘었고, 향은 12개의 도都로, 다시 도都는 수십 개의 도圖로 분할되었다. 물론 인구 증가로 좀 더 세밀한 구획이 필요하다면 이러한 단위 사이에 새로운 단위가 얼마든지 추가될 수 있었다.[52] 원에서 약 50가구, 명에서 약 100가구로 구성되었던 도圖는 실재하는 마을의 윤곽을 확인할 수 있을 정도로 소규모였는데, 이런 상태를 이상적이라고 생각했다. 명은 1381년 이러한 구획에 이갑제里甲制로 알려진 등록 제도를 새롭게 도입했다. 10호가 하나의 갑甲을 형성하고, 10개의 갑이 모여 하나의 이里를 구성하는 제도였다. 이 100개 호에 부유한 10호(이장里長에 해당함. -역주)를 추가하여 세금을 징수하고 각종 활동을 집행할 수 있는 권한을 부여했다. 그들은 이론적으로 하나의 도圖를 보유할 수 있었다. 이와 같은 국가 주도의 공동체가 전 제국에 일률적으로 확산되었다. 어느 가정도

52) Brook, *The Chinese State in Ming Society*, pp.22-32.

이갑제 질서에서 벗어날 수 없었고, 명 초기에는 이 제도가 비교적 잘 지켜졌다.

국가는 백성을 통제하기 위해 모든 호를 등록시켰을 뿐 아니라 세금 징수를 위해 모든 건강한 성인 남성과 작은 땅덩이까지 빠짐없이 등록하도록 했다. 호와 그 노동력은 황책에 기록되었고, 토지는 유수책流水冊(한 줌의 땅도 등록에서 제외되면 안 된다는 의미)에 기록되었다. 유수책에는 세금이 부과되는 도都와 도圖 단위의 모든 토지가 등재되었다. 유수책의 앞부분에는 그 내용을 요약하는 그림을 넣었는데, 이때 땅 그림이 고기의 비늘처럼 생겼다고 해서 이 소책자를 어린도책魚鱗圖冊이라고 불렀다.[53]

모든 백성을 행정망 속으로 포섭하려 했던 명은 모든 경작지도 일일이 측정하려 했다. 육용은 『숙원잡기』에서, 정확한 토지 조사는 "어진 정사政事의 최고의 표현"이라고 언급했다. 올바른 국가는 공평한 징세에 달려있었고, 공평한 징세는 백성들이 동일한 기준에 따라 세금을 낼 때라야 가능했다. "만약 올바른 사람을 뽑아 공정하게 토지 장량을 위탁하여 소유한 토지의 실수實數를 알게 되면, 세금을 규정보다 많이 내는 자와 적게 내는 자를 명백히 알 수 있을 것이다."[54]

토지 조사를 정확하게 하는 것은 쉬운 일이 아니었다. 완고한 관리로 알려진 해서海瑞(1513~1587)는 지현으로 봉직하는 동안 토지 조사

---

53) 명은 유수책(流水冊)의 제작을 강제하지 않았으나, 몇몇 현에서는 어린도책(魚鱗圖冊)과의 비교 조사를 위해 계속 편찬했다. 海瑞, 『海瑞集』, pp.160, 190-192, 285-287 참조.

54) 陸容, 『菽園雜記』, p.84.

를 위한 세부 규칙을 기록해놓았다. 이에 따르면 첫째, 토지 조사 지도는 일출과 일몰에 따라 결정되는 동서축을 이용해서 일관되게 작성되어야 하며, 지역의 관습을 따라서는 안 된다. 둘째, 이러한 토지 조사는 정확하게 이루어져야 하기에, 이상적인 상황에서 측량이 이루어지지 않았을 경우 해가 비칠 때 다시 측량되어야 한다. 셋째, 이 모든 과정은 통일된 측량기로 이루어져야 한다. 이 외에도 해서는 다양한 각도에서 경사진 언덕을 측량하는 방법 등 실제적 조언을 덧붙였다. 정확한 토지 조사는 대단히 중요한 문제였다. 이를 통해 "경계가 명확해지고 부역이 균등해져야, 백성들을 피폐함에서 구할 수 있고 백성들의 쟁송이 종식"되었기 때문이다.[55]

해서가 제시했던 이상적인 토지 조사 방식은 실제 적용되지 않은 경우가 많았다. 특히 토지 장부를 기록하는 서리들이 매수된 경우, 토지 부호들이 회피한 납세 의무가 가장 힘없는 이들에게 전가되기 일쑤였다. 그러자 1580년, 장거정張居正(1525~1582. 만력제의 등극과 함께 내각 최고의 자리인 수보首輔에 오른 최고 권력자)은 토지 조사의 진상을 규명하기로 결심했다. 그는 전 국토의 현황을 재조사한 다음 새로운 토지 장부를 만들라고 명령했다. 물론 장거정의 이러한 조치는 정의감보다는 국가 수입을 늘리려는 의도에서 나온 것이었지만 결과는 동일했다. 그는 모든 지현에게 "세금을 부과할 목적으로 모든 토지를 재조사

---

55) 海瑞, 『海瑞集』, pp.159, 190-198. 1572년 대조(大造)가 시행되면서 이루어진 현의 지도 제작 과정에 대해서는 Brook, *The Chinese State in Ming Society*, pp.43-59 참조.

하는 것이니 한 치의 땅도 누락하지 말라."라고 명령했다.[56] 장거정은 1582년 새로운 토지 장부가 완성되기까지 필요한 정보를 확보하던 중 사망하고 말았다. 그리하여 명이 지배하는 모든 영토에 정밀한 행정망을 갖추려던 그의 꿈은 완성되지 못했다.

거대한 규모는 여전히 문제였다. 지배 범위가 너무 커서 중앙의 직접적인 감시가 각 지역까지 미치기 어려웠다. 한편 중앙 집권이 아주 절실히 필요했기 때문에 중앙에서 지방에 권한을 양도하거나 지방마다 행정이 각기 다르게 이루어지기가 곤란했지만, 실제 지방 행정은 다양성을 띠었다. 그것도 아주 크게.[57] 그럼에도 불구하고 명의 관리들은 이 상반된 경향성을 잘 절충했고, 산업화 이전에 할 수 있었던 가장 주도면밀한 방식으로 행정적 지배를 실현했다.

56) 福徵,『憨山大師年年譜疏注』, p.46.

57) 이러한 변화상에 대해서는 Nimick, *Local Administration* 에서 검토되었다.

3

| 아홉 번의 늪 |

1458년 어느 여름날 오후, 해남도 경산현瓊山縣의 작은 현성縣城에 살던 주민들은 용이 다가오는 것을 목격했다. 오색찬란한 구름 위로 9마리의 용이 떠다니고 있었다. 해남도는 광동성과 중국의 가장 남쪽 해안에 있는 커다란 아열대 섬이다. 명 말까지 국경 지대나 다름없었던 그곳에서, 대륙의 중국인들과 산지 밀림에 사는 원주민들이 어색한 공존을 이어가고 있었다. 또한 열대성 태풍이 가장 집중적으로 상륙하는 지역이어서, 여름 장마철 그곳에 내리는 비가 중국의 1년 치 강우량에 맞먹을 정도였다.

구름에서 내려온 용의 무리가 현 아문을 공격해 정문이 완전히 부서졌다. 용은 지현을 목표물로 삼았던 것일까? 아니면 천순제天順帝(재위 1457~1464)를 노린 것이었을까? 천순제는 북변 지역으로 무모한 원정을 떠났다가 몽골군에 사로잡히는 바람(토목土木의 변變을 지칭함. -역주)에 이복동생(경태제景泰帝를 지칭함. −역주)에게 왕의 자리를 물려주었다가, 용이 나타나기 전 해(1457)에 다시 제위를 빼앗았다(탈문奪門의 변을 지칭함. −역주). 조정의 아문에 일격을 가한 용은 이번에는 한 여성을 공격해 질식시켜 죽이고 그 시체를 조각조각 찢어버렸다. 마치 극악한 범죄자에게 능지처참陵遲處斬의 형을 집행하는 형국이었다. 그 여성의 죄는 도대체 무엇이었을까? 다시 날아오른 용들은 북동쪽으로 방향을 바꾸어 가난한 사람들의 집을 때려 부수고 그 잔해를 온 도시에 흩뿌렸다. 그 뒤를 수백만 마리의 잠자리[蜻蜓]가 뒤따랐다. 바로 그해 여름, 강력한 태풍이 이 섬을 덮쳐 나무들을 뿌리째 뽑고 가옥을 쓰러뜨렸다.[1)]

간단히 말해, 1458년 여름 해남도는 완전히 쑥대밭이 되었다. 해남도에 환경적 재앙이 지속적으로 닥친 것은 아니었으나, 1618년에 편찬된 지방지 『경주부지瓊州府志』의 매년 기록을 보면 자연재해의 피해는 분명 있었던 것으로 보인다. 용의 공격 또한 해남도를 강타한 자연재해의 하나였다. 지방지에 기록된 첫 번째 재해(1305)부터 마지막 재해(1618)까지 분류하면 다음과 같다. 폭우(1305, 1520, 1585), 기근(1324, 1434, 1469, 1528, 1572, 1595, 1597, 1608), 가뭄(1403, 1555, 1618), 메뚜기떼(1404, 1409), 먼지구름(1412), 태풍(1431, 1458, 1542, 1616), 지진(1465, 1469, 1523, 1524, 1595, 1605), 식량 부족(1469, 1572, 1596), 화재(1479, 1588), 변종 생물 출현(1482년 박쥐 날개가 달린 고양잇과 동물이 유교 사원

1) 『瓊州府志』(1618) 卷12, 祥異, 3a. 태풍은 8월 15일(음력 7월 16일)에 발생한 것으로 기록됐으나, 용이 공격한 날짜는 기록되지 않았다.

에 나타난 일과 1496년 돼지가 코끼리를 낳은 일), 전염병(1489, 1506, 1597), 별똥별(당시에는 별똥별 현상이 재이災異 현상으로 포착되었다. -역주)(1498, 1610), 눈사태(1507), 다자녀 탄생(1509, 세쌍둥이), 물 속 퇴적물의 변화(1511), 강풍(1515), 홍수(1520), 쓰나미(1524), 해일(1525, 1540, 1618), 운석(1539), 번개(1582), 동물들이 얼어 죽을 정도의 극한 추위(1606). 지방지의 편자는 이처럼 재해 현상을 길고 지루하게 기록한 데 이어, 자연재해가 원인이 되어 벌어진 사회적 현상, 즉 강도(1305), 집단 이주(1595, 1608), 섬 토착인들의 반란(1612)을 덧붙였다.[2]

해남도는 이방 취급을 받았다. 광동성의 남쪽 해안에 떨어진 섬이기도 했거니와 문화적으로도 그러했다. 해남도의 지부知府(부의 행정 장관-역주)로 파견되었던 한 양자강 부근 토박이는 그곳에서 '백룡'과 '흑룡'이라는 이름의 쌍둥이 소년을 신복으로 부렸던 일을 친구에게 소개했다. 그들의 신체에 특이한 점이 있었던 것은 아니었지만, 두 소년은 잠수를 해서 놀랄 만큼 멀리 헤엄칠 수 있었고, 익힌 음식보다 해산물을 날째 먹는 것을 좋아했다. 그들이 용에 의해 잉태된 사람이기 때문에 그렇다는 건데, 적어도 지부의 생각은 그랬다.[3] 해남도의 사람들은 뭔가 달라도 달랐는데, 비정상적인 자연 현상이 그 점을 증명해주는 것 같았다.

이러한 지방지를 편찬한 의도는 해남도의 특이함을 말해주려는 것

---

2) 『瓊州府志』(1618) 卷12, 祥異, 1b-12b.

3) 沈家本, 『沈寄簃先生遺書』 vol.2 卷7, 8a-b; 『瓊州府志』(1890) 卷31, 3b-4a. 1657년 지부로 임명된 오혜(吳穗)는 5년 동안 모범적인 행정관으로 봉직했다.

이 아니라, 그곳에 파견된 행정관들에 관해 증언하려는 것이었다. 행정관들은 해남도에 재난이 덮칠 때 백성들을 잘 돌보았는가, 아닌가? 우리는 이 자료를 다른 방식으로도 활용할 수 있다. 즉, 한 섬의 행정적인 어려움을 엿볼 수 있는 연대기로 참고할 뿐만 아니라, 원-명 시대 환경 문제와 기후 변화를 파악하는 증거로도 삼을 수 있다. 날씨는 살아가는 데 가장 기본이 되는 물질적 조건이다. 기후 변화 때문에 풍작이 되기도 하지만, 농산물 수확에 필요한 조건이 충족되지 않아 끔찍한 재난이 발생하기도 한다.

이상 기후 및 재난에 관한 포괄적인 목록은 『원사』와 『명사』의 '오행지五行志' 항목에 담겨있다. 『원사』에 기록된 재난으로는 홍수, 때 아닌 서리와 눈, 해일, 천둥, 화재, 눈이 와야 할 시기의 눈 부족, 얼음 폭풍, 폭우, 가뭄, 메뚜기 떼, 기근, 전염병, 폭풍, 해충 출몰, 산사태, 지진, 그리고 용이 포함되었다. 이에 비하면 『명사』의 재난 목록은 많지 않은데, 이는 반反몽골적 정서를 지닌 명의 편집자들이 재난의 원인을 가능한 한 이전 통치자들의 탓으로 돌리고 싶어 했던 때문이다.[4] 어쨌든 두 기록 자료를 통해 우리는 원-명의 4세기를 구성했던 자연적·사회적 재해를 연대기적으로 개괄할 수 있다. 이 두 왕조가 재난 때문에 완전히 몰락한 것은 아니며, 앞으로 언급하겠지만 재난이 없던 좋은 시절도 있었다. 하지만 재난은 종종 치명적인 결과를 가져왔다.

---

4) 脫脫, 『元史』, pp.1051-1115; 张廷玉, 『明史』, pp.427-512. 『明史』에는 『元史』에 기록되지 않은 항목이 몇 가지 담겨있는데, 1616년과 1644년 사이에 발생한 쥐의 횡행 같은 사례가 그것이다.(p.477) 이 자료를 이용해서 내가 재구성한 결과는 다분히 실험적인 것으로, 그동안 간과되었던 역사의 한 측면에 대한 첫 번째 추정일 뿐이다.

나는 정사의 기록 외에 당시 사람들의 일기 및 개인 기록도 간간이 인용할 것이다. 다만 안타까운 일은, 명 태조 이후 양자강 삼각주의 삐걱대던 재정 상황을 원상 복구한 주침周忱(1381~1453)의 날씨 일기가 남아있지 않다는 점이다. 주침은 소송 사건에서 증인의 증언이 사실인지 여부를 확인하기 위해 날마다 날씨를 기록했다. 증인을 심문할 때, 증인에게 그날의 날씨가 어떠했는지 질문하고는 자기의 날씨 일기로 증인이 사실을 말하고 있는지를 확인했다. 육용은 『숙원잡기』에 주침의 이러한 재주를 기록하며, "바람과 비를 기록하는 것은 쓸모없는 메모가 아니라 진실로 공무였다."라고 평가했다.[5)]

어떤 이들은 앞으로 다가올 재난의 규칙성을 발견한다는 희망으로 이상 기후를 기록했다. 1630년의 한 지방지 편찬자는 1445년 1월 상해에 3.5미터 높이의 폭설이 뒤덮인 일을 회상하며, 이것이 같은 해 발생했던 왜구의 침입을 보여주는 전조라고 선언했다. 같은 방식으로 1555년 사람처럼 말하는 수탉이 등장한 것도 그해 발생한 왜구의 흐름과 연결했다.[6)] 해남도의 한 지방지 편찬자는 혼란스러운 자연 현상에서 그런 구태의연한 의미를 찾지 않았다. 다만 그는 "마음을 바로잡고 기氣가 조화를 이룰 때, 하늘과 땅 역시 그렇게 된다."라고 보았다.[7)] 죄인은 하늘이 아니라 나쁜 지방관이었다. 그러나 다음을 보면, 아무리 착실한 지방관이라 해도 너무나 극심한 이상 기후가 발생할 때는,

---

5) 陸容, 『菽園雜記』 p.81-82. 주침에 대한 지역 사회의 평판에 대해서는 p.59 참조.

6) 『松江府志』(1630) 卷47, 19b-20a, 21b.

7) 『瓊州府志』(1618) 卷12, 祥異, 1a. "心正, 氣和, 天地如之."

고통에 빠진 백성들을 구하지 못하는 것을 알게 될 것이다.

한파

원-명은 역사학자들이 소빙하기Little Ice Age라고 부르는 이상 기후 시기에 있었던 왕조다. 1270년 무렵부터 지구는 과거 250여 년간(소온난기小溫暖期 혹은 중세 온난기)보다 차가워졌다. 1370년경 첫 번째 추위가 닥쳤다. 그때 최저 온도로 떨어진 뒤, 약 100년간 온난한 기간이 이어졌다. 1470년 무렵에 두 번째로 전 세계적인 추위가 닥쳤다. 기온은 더 떨어졌고 그동안 한 번도 눈이 오지 않던 곳에 눈이 왔다. 1494년 이탈리아의 피렌체에 많은 눈이 내리자 그곳의 한 유력 가문이 조각가 미켈란젤로Michelangelo에게 거대한 눈사람을 만들어달라고 주문할 정도였다. 16세기에는 때때로 온난한 기간이 없지 않았으나, 대체로 한층 추워졌다. 1630년 무렵에 기온은 다시 떨어졌고, 1645년은 지난 천 년 동안 가장 추운 해로 기록되었다. 그 추위가 무려 1715년까지 지속되었다.[8)]

소빙하기 이론은 대체로 아시아 밖의 자료를 기초로 해서 구축되었다. 그럼 중국에는 어떤 증거가 있을까? 이상 기후는 나무에 있는 나

8) 이 마지막 시기(1715년까지의 혹한기)를 마운더 미니멈(Maunder Minimum, 태양의 불규칙 활동기)이라고 부른다. 이 명칭은 기온이 낮은 시기와 태양 흑점의 활동이 시야에서 사라진 시기의 관계를 연구한 영국의 천문학자 에드워드 마운더(Edward Maunder, 1851~1928)의 이름을 딴 것이다.

이테의 두께 변화를 통해 관찰되지만, 원–명 시대의 숲은 이미 다 고갈되어 오랜 시간을 보여주는 나이테를 구할 수가 없었다. 또 다른 측정 기준으로 빙하 성장의 비율 변화가 있는데 이에 대해서는 중국 측 자료가 있었다. 사천 서편으로 펼쳐진 티베트 고원의 빙하에서 얻은 방사성탄소 자료를 보면, 13세기 후반에 빙하가 점차 서쪽으로 이동하기 시작했음을 알 수 있다. 이는 유럽의 소빙하기와 아시아의 소빙하기가 대체로 일치하고 있음을 보여준다.[9] 기상학자 장가성張家誠과 토마스 크롤리Thomas Crowley[10]는 다른 물리적 자료까지 활용하여 1450년 이후 중국에서 발생한 소빙하기의 두 번째 국면 때 특히 추웠으며, 17세기 중엽에 가장 낮은 기온으로 떨어졌음을 밝혔다.

중국의 정사正史와 지방지에 담긴 날씨 관련 기록을 확인하면 날씨에 관련된 묘사는 좀 더 풍부하고 정교해진다. 원에 관한 자료를 검토하면 1316년을 제외하고는 평년보다 따뜻했던 해가 한 해도 없었다. 바꿔 말하면, 당시 기후는 이전과 비슷하거나 더 추워졌다고 모든 자료가 말하고 있다. 시인 장옥낭張玉娘에 대해서는 쿠빌라이 칸 시대에 활동했다는 것 외에는 알 수 없지만, 나는 그녀가 「영설咏雪」(눈을 노래하다)이라는 시를 지은 시기가 쿠빌라이 시대 중 가장 추운 마지막 10년, 즉 1284~1294년 사이라고 생각한다.

9) Grove, "The Onset of the Little Ice Age", pp.160-162.

10) Zhang Jiacheng and Thomas Crowley, "Historical Climate Records in China and Reconstruction of Past Climates", *Journal of Climate* 2, 1989, p.841.

하늘이 어둠으로 뒤덮이고
붉은 구름이 어둡게 깔리자 찬바람이 몰아치네.
찬바람이 사납게 몰아치자
산산이 부서진 보석 조각들
바람을 타고 돌풍 위로 올라가네.

가인佳人은 자기의 경박함을 경멸해야 하리.
눈처럼 흰 달그림자가 창문을 가린 장막에 드리워지네.
장막에 드리워지네.
서늘한 추위를 막을 수 없는데
누구를 향해 말할 것인가?[11)]

명의 기후는 좀 더 변화무쌍했지만 추위가 지배적이었다. 명은 추위로부터 시작해 1394~1438년 사이에 정상 기온을 회복했지만, 이후 다시 추워져 15년 동안 추운 기후가 지속되었다. 1453년 겨울 역시 대단히 추웠는데, 동북쪽에 있는 산동성에서 중앙에 있는 강서성에 이르는 지역에 몹시 많은 눈이 내렸다. 그해 4월, 이부 상서는 양자강 삼각주 지역에서 "얼어 죽은 사람의 수가 많아", 양자강 남쪽에 위치한 상숙현常熟縣에서 1,800명이 사망하고 그 북쪽 지방에서는 더 많은 인

11) Kang-i Sun Chang, Haun Saussy, Charles Yim-tze Kwong, *Women Writers of Traditional China: an anthology of poetry and criticism*, p.148. "天冪冪, 彤雲黯淡寒威作, 寒威作琼瑶碎剪, 乘风飘泊" "佳人應自嫌輕薄, 亂將素影投帘幕, 投帘幕, 不禁清冷, 向誰言着."

명 피해가 있었다고 황제에게 보고했다.[12] 이듬해 봄에도 혹독한 추위로 대나무가 얼어버렸고 양자강 어귀도 얼음으로 뒤덮였다. 그다음 겨울에도 양자강 삼각주의 모든 지역이 1미터 높이의 눈에 뒤덮였다. 태호의 항구에 정박한 모든 선박의 운항이 정지되었고, 엄청나게 많은 동물이 소멸되었다.[13]

이 혹독한 추위는 1456년에 끝나고 3년간 따뜻한 겨울이 찾아왔다. 이후 66년 동안 날씨 변화가 심했다. 추웠다가 따뜻해지기도 했고, 그 반대로 변할 때도 있었다. 때로는 한 해 걸러 한 번씩 변화가 발생했는데, 그래도 늘 추위가 따뜻함보다 오래 지속되었다. 1477년 겨울의 추위는 몹시 사나워서 양자강 삼각주 지역에 그물망처럼 연결된 운하가 수십 센티미터 이상 얼어붙었고, 그 결과 강남 지역의 수송망이 수개월 동안 끊어졌다. 이후 한층 더 추운 날씨가 약 40년간 이어졌다. 1536년 불안정한 날씨가 정상화되었고, 이후 35년 동안은 명에서 유일하게 따뜻했던 시기가 이어졌다. 하지만 1577년 다시 날씨가 추워졌고, 이듬해 겨울에는 양자강 하류 삼각주 지역의 호수가 얼고 바람에 날린 얼음이 10미터 높이까지 쌓일 정도가 되었다.

1589년과 1590년, 두 차례 온난한 해를 제외하면, 명 말기는 늘 추웠다. 1597년에서 1598년으로 넘어가는 겨울에 선교사 마테오 리치Matteo Ricci는 첫 번째 북경 방문을 마치고 대운하를 이용해 남하하던 중, "일단 겨울이 시작되면 북중국의 모든 강이 꽁꽁 얼어붙어 운하를

---

12) Sedo, "Environmental Jurisdiction", p.5.

13) 『江都縣志』(1881) 卷2, 13b.

이용한 항해는 불가능하지만 마차를 타고 강을 건너갈 수 있다."는 사실을 발견했다.[14] (현재는 이렇지 않다) 이후 명의 마지막까지 추운 날씨가 이어졌고, 1629~1643년 사이에는 전례 없는 한파로 빠져들었다.

이쯤 되면 날씨 변동과 원-명의 정치적 운명을 연결해볼 만하다. 가령 쿠빌라이 칸은 소빙하기가 막 시작될 무렵에 왕조를 북경으로 옮겨왔으나 소빙하기 제1국면의 절정기에 해당하는 1368년 붕괴했다. 명은 1644년에 붕괴했는데, 그때는 4세기 동안 가장 오래 지속되었던 혹한기의 끝자락에 있었다. 이러한 역사의 굵직한 사건을 설명해주는 요소가 오직 날씨만은 아니지만 어느 정도는 날씨로 설명되어야 할 것 같다.

중국 역사학자들은 그림을 날씨의 지표로 고려하지 않는 편이지만, 역사적 특징은 회화에도 나타난다. 서양 사람들은 피터르 브뤼헐 Pieter Brueghel the Elder(1525~1569 추정), 헨드리크 아베르캄프Hendrick Avercamp(1585~1634), 토마스 헤레만Thomas Heeremanns(1640~1697 추정) 같은 예술가가 그린 소빙하기 유럽의 설경에 익숙하다. 16~17세기에 걸쳐 네덜란드와 벨기에의 운하가 얼어붙는 동안(예술가들은 이러한 현상을 이색적인 것으로 여겨 화폭에 담았다), 북중국의 운하 역시 얼어붙었을 것이다. 중국 화가들은 같은 시기 유럽 화가들만큼 당면한 상황을 사실적으로 그려내는 경향이 강하지 않았지만(그만큼 남아있는 설경의 수도 많지 않다), 현재 남아있는 설경을 살펴보고 무언가를 파악하

---

14) Gallagher, *China in the Sixteenth Century*, p.316. (마테오 리치 저, 신진호 · 전미경 역, 『마테오 리치의 중국견문록』, 문사철, 2011)

는 것은 분명 의미 있는 일이다. 우리는 보통 중국을 '눈의 나라'라고는 생각하지 않는다. 하지만 명의 특정한 시기에 설경 회화가 유행했다는 사실(원 시대의 작품은 너무 적게 남아서 비교가 안 된다)은 당시 예술가들이 그림 속에 단순한 눈 이상의 의미를 담았음을 시사해준다.

가장 유명한 화가는 명 시대에 설경을 가장 많이 그린 대진戴進(1388~1462)이다. 궁정 화가였던 대진은 영향력이 큰 인물이었다. 그의 작품 연대를 날씨 기록과 맞추어보면, 그가 설경을 그린 시기는 명의 첫 번째 혹한기(1439~1455)였음을 알 수 있다(그림 3).[15]

다음으로, 16세기 초반 일군의 설경산수도가 등장했다. 대표적인 화가로는 당인唐寅(1470~1524)과 주신周臣(1535년 이후 사망)이 있었는데, 이들은 이전 시대의 평범한 스타일에서 탈피하여 그림에 새로운 창의성을 부여했다고 평가된다. 그들의 작품 연도는 1504~1509년의 혹한기와 일치한다.[16] 이후 1528~1532년 사이, 또다시 일군의 설경산수도가 등장했다. 이 시기를 주도한 화가는 당시 화단에서 가장 영향력이 있었던 문징명文徵明(1470~1559)이었다. 문징명은 동료 화가 가운데 설경을 가장 많이 그렸고, 그 여파로 한때 설경산수도가 유행하기도 했다. 비록 이 시기가 주된 한파기는 아니었지만, 간간이 추운 해가 끼어있었다(1518, 1519, 1523, 1529). 문징명이 1532년에 그린 「관산

15) 대진이 그린 또 다른 설경에 대해서는 Cahill, *Parting at the Shore*, p.15; Wu, *Orchid Pavilion Gathering*, 〈그림 6, 8, 9〉; Li and Knight, *Power and Glory*, pl.119; Gao, *Paintings of the Ming Dynasty*, pl.4 참조.

16) 당인과 주신이 그린 설경에 대해서는 Clapp, *The Painting of T'ang Yin*, 〈그림 52, 60, 65〉 참조.

그림 3. 대진의 「풍설귀가도(風雪歸家圖)」

(「섭수반가도(涉水返家圖)」라고도 한다. -역주) 1439~1455년은 명에서 첫 번째 오래 지속된 혹한기였다. 대진은 그 혹한기의 마지막 해(1455)를 떠올리는 겨울 장면을 화폭에 담았다. 미국 뉴욕 메트로폴리탄 미술관 소장.

적설도關山积雪圖」(그림 4)는 명의 회화 중 눈 덮인 풍경을 가장 풍부하게 묘사한 작품에 해당한다.[17)]

만력 연간(1573~1620) 후반기에 설경을 그린 또 다른 그룹이 등장했다. 이 모임을 주도한 인물은 동기창董其昌(1555~1636)이었는데, 그의 예술 작품과 이론이 중국 회화의 취향을 변화시켰다. 그의 작품「연팔경도燕八景圖」는 정확히 1595~1598년의 한파기에 그려졌다. 그는 한때 눈 쌓인 광경을 싫어한다고 말한 바 있다. "원칙적으로 나는 절대 눈을 그리지 않습니다."라고 말했다고 한다. 한 화가는 "나는 겨울을 고스란히 옮겨놓았습니다."라는 동기창의 발언을 기록하며, 그의 작품 속에 설경이 없음을 지적했고, 눈 없는 겨울 화폭이 마치 가을처럼 보인다고 비판했다. "겨울이라는 것은 오직 제목에서만 알 수 있다."[18)] 동기창의 동료 화가들은 설경을 그리는 것을 별로 꺼리지 않았다. 그의 가까운 친구인 조좌趙左는 왕조 말기 두 번째 한랭기(1616~1620)에 적어도 두 점의 설경을 그렸다.[19)]

조좌가「한애적설도寒崖積雪圖」를 그린 1616년은 회화 수집가이자 미술품 감정가인 이일화李日華(1565~1635)의 일기(이 책 8장의 주제이기도 하다)에 포착된 해였다. 양자강 삼각주 지역에서 그해 겨울은 지난 여러 해 중 가장 혹독하게 추웠다. 1월 3일이 되어서야 서풍이 불기

17) 문징명의 또 다른 설경산수도에 대해서는 Clunas, *Elegant Debts*, pl.22, 74; Clunas, *Empire of Great Brightness*, pl.29 참조.

18) Cahill, *Parting at the Shore*, p.29.

19) 조좌의 설경에 대해서는 Cahill, *Compelling Image*, p.82; Gao, *Paintings of the Ming Dynasty*, pl.65 참조.

그림 4. 문징명의 「관산적설도」
문징명은 설경 그리기를 좋아했다. 이 설경은 1528~1532 사이의 작품으로 보고 있는데, 특히 추웠던 1529년 겨울 풍경으로 추정된다. 대만 국립고궁박물원 소장.

시작했지만, 9일 뒤 다시 기온이 떨어졌다. 1월 12일 일기는 '몹시 춥다'는 뜻의 '한심寒深'으로 시작한다. 1월 29일 첫눈이 내렸다. 이후 날씨가 조금 따뜻해졌다가 2월 4일 다시 눈이 내렸다. 2월 18일 일기에는 "저녁에 가는 눈발이 날렸다."라고 기록했으나, 그다음 날에는 "많은 눈이 내렸다."라 했고, 그다음 날에는 "여전히 눈이 내리고 있고 10~12센티미터 쌓였다. 이런 날씨는 지난 6~7년 동안에 본 적이 없다."라고 기록했다.[20] 이일화는 본래 3월 19일에 항주에 갈 계획이었지

20) 추위와 눈은 3월 25일까지 지속되었다. 3월 25일 "날씨가 후텁지근해지고, 물건에 곰팡이가 피었으며 물방울이 맺혔다. 새들은 끊임없이 짖어댔다." 4월 12일 또 한 차례의 짧은 추위가 찾아왔으나("대단히 추웠다.") 곧 날씨가 정상적으로 회복되었다. 이에 대해서는 李日華, 『味水軒日記』, pp.494-519 참조.

만 눈 때문에 출발할 수 없었다. 그 겨울의 폭설 때문에 조좌는 설경을 그리게 되었으니, 우리는 이 눈에 감사해야 할지도 모른다.

명의 마지막 8년, 즉 1636~1643년에 또다시 일군의 설경 화가가 등장했다. 앞서 언급했듯이 이 시기는 명에서 가장 추운 때였다. 그들 가운데 가장 왕성하게 작품을 남긴 화가는 장굉張宏(1577~?)으로, 그의 작품은 유럽 미술의 영향을 받았다.[21] 왕시민王時敏(1592~1680)이나 남맹藍孟(1614~?)과 같은 장굉의 많은 동료 역시 설경을 그렸다.

21) 북경의 고궁박물관(故宮博物院)에 장굉의 설경산수도 세 점이 보관되어있다.

가뭄

원–명 시대에 따뜻할 때보다 추울 때가 더 많았다면, 습한 때보다 건조한 시기가 더 많았다고 정사正史는 기록한다.[22] 원은 건조한 기후 속에서 시작되어 약 40년간 건조함이 지속되었다. 14세기 초 날씨는 습해졌지만, 이후 극도로 습하거나 가물었던 날씨 사이에서 요동하다가, 다시 원의 멸망기부터 명의 건국기에 걸쳐 두 번째 가뭄의 국면(1352~1374)에 접어들었다. 15세기의 첫 25년 동안은 습했지만, 1426년 가뭄이 찾아왔다. 1450년대와 1470년대 잠깐을 제외하고 15세기 말까지 가뭄이 이어졌다. 1504년 평년 수준의 강우량을 회복했으나, 종종 습한 기간이 이어지다가 1544년 전국에 가뭄이 들었다. 이후 1644년까지 명의 마지막 1세기 동안 비정상적으로 건조했다. 가뭄이 최고조에 달했던 때는 총 세 차례(1544~1546, 1585~1589, 1614~1619)였다. 그중 마지막 가뭄 때 들판이 바싹 말라버린 상황을『명사』는 1615년의 들판이 타들어가는 듯했다고 묘사했다.[23] 명은 7년간 이어진 치명적인 가뭄 속에서 몰락했다.[24]

---

22) 매년 가물고 습한 정도[旱澇]에 관한 세부적인 정보에 관심 있는 독자라면, 1470년대부터 시작되는 지방지를 근거로 북경의 중국기상국(中國氣象局)에서 편찬한『中國近五百年旱澇分布圖集』(中國氣象局氣象科學研究院 編, 地圖出版社, 1981) 참조.

23) 张廷玉,『明史』, p.485.

24) 강우량의 문제는 지역적 특성만의 문제가 아니다. 최근의 기상학 연구를 보면, 태평양 인근의 열대 및 온대 지역에서 정상적이지 않은 강우량의 변화는 엘니뇨(El Niño) 현상과 관련이 있음을 알 수 있다. 엘니뇨란 4~6년마다 겨울에 남아메리카의 서쪽 해안으로 따뜻한 열대 해류가 흘러와, 페루의 해안에

가뭄이 닥쳤을 때 관료들은 용에게 비를 내려달라고 호소했다. 1563년 가뭄이 발생하자 항주부 지부는 제단에서 제물로 바칠 용을 마련하기 위해 도교 도사道士를 부양산富陽山으로 보냈다. 그러나 도사가 그 산의 용담龍潭이라는 곳에 도착하여 잡은 것은 모두 두꺼비 4마리와 황소개구리 1마리뿐이었다. 그는 지부에게 가져가려고 그것들을 항아리에 넣었다. 그 일을 아주 귀찮게 여긴 도사는 수행원에게 큰 소리로 불만을 터뜨렸다. "이 개구리 한 마리 때문에 이렇게 많은 전량錢糧과 노동력이 허비되다니, 만약 기도가 응하지 않는다면 나는 돌아와서 이놈을 삶아 먹어버리겠다." 그가 이렇게 말하자마자 천둥을 동반한 폭풍우가 일어나 도사의 몸을 흠뻑 적셨다. 그가 항아리 안을 살펴보니 이미 황소개구리는 사라지고 없었다. 그는 서둘러 용담으로 돌아가 자기가 경솔하게 내뱉은 말을 참회하는 기도를 드렸고, 다른 황소개구리 1마리를 잡아 손상되지 않도록 조심스럽게 항주까지 호송했다. 이후 그 황소개구리 앞에서 기우제를 드리자 비가 내렸다. 이후 도사는 다시 황소개구리를 같은 항아리에 넣어서 원래의 산으로 가지고 갔다. 그가 용담에서 황소개구리를 방생하려고 항아리뚜껑을 열어

습기와 비를 가져오는 현상을 말한다. 동남아시아에서 이러한 현상은 반대로 나타나는데, 계절풍 강우가 줄어들고 가뭄과 낮은 기온을 동반한다. 엘니뇨 현상으로는 원-명의 장기간 지속된 가뭄 현상을 설명할 수 없는데, 그러한 가뭄은 해양보다는 대륙성 기후의 장기간에 걸친 변화 때문이었을 것이다. 그럼에도 불구하고, 명 말기에 발생한 심각한 가뭄은 엘니뇨 현상과의 연관성을 보여준다. 특히 1540년대 중반, 1580년대 후반, 그리고 1610년대 후반의 가뭄이 그러하다. 이에 대해서는 Quinn, "A study of Southern Oscillation-Related Climatic Activity for A.D. 633-1900", p.126 참조.

보니, 황소개구리는 역시 사라지고 없었다.[25] 그 황소개구리는 용왕의 화신avatar으로 여겨졌다.

홍수

홍수는 단순한 현상이 아니다. 일상적인 강우라도 긴 가뭄 끝에 내리게 되면 폭우가 올 때처럼 홍수를 일으킬 수 있다. 게다가 강물의 범람 여부는 그해의 강우량에 좌우되지만, 국가가 제방 보수와 준설 작업에 얼마나 투자했는지에 달려있기도 하다.

『원사』의 편찬자들은 홍수에 특히 주의를 기울였다. 『명사』 편찬자들이 3세기에 걸쳐 기록했던 것보다 원의 1세기 동안 더 많은 홍수가 발생한 것으로 기록되었다. 원 시대에 홍수가 더 자주 발생했을 수도 있지만, 홍수를 기록하려는 열정이 더 강했을 수도 있다. 홍수는 1280년부터 시작되었지만 진정으로 홍수라 할만한 것은 쿠빌라이가 사망(1294)한 다음 해부터 시작되었다. 1295년 여름, 양자강이 범람하면서 지역성 재난이 국가적 재앙으로 발전했다. 이듬해 여름에는 양자강 상류에서 범람이 발생했고, 그해 가을에는 황하에 설치된 제방들이 무너졌다. 그해 겨울부터 다음 해 봄과 여름에 걸쳐 점차 많은 지역에서 "전토와 가옥이 강물 속으로 잠겼다."라고 『원사』는 간결하게 표현

25) 張怡, 『玉光劍氣集』, p.1024. "以一蛙而費錢糧人役若此, 倘禱不應, 歸當烹食之."

한다.[26] 아마도 중국의 온 나라가 물에 잠겼던 것 같다.

1301년 홍수 이후 거의 매년 홍수가 발생하는 장기 국면에 접어들었다. 쿠빌라이의 후손들에게 침수된 영토를 다스리는 것(혹은 잘못 다스리는 것)은 운명이었다. 1319~1332년 사이에 발생한 홍수는 특히 심각했다. 강물이 제방을 넘었고, 불어난 호수가 주변 지역을 침수시켰다. 또한 해안 지역의 내륙으로 해일이 밀어닥쳤다. 내륙의 물을 동쪽으로 흘려보내려고 세운 둑과 제방이 홍수에 휩쓸려 무너졌다. 1328년 4월 해변의 방파제가 무너지자, 조정은 티베트 승려들에게 216개의 불상을 주조하도록 하여 초월적인 도움에 기댔으나 소용이 없었다. 오히려 그다음 달 해일이 일어 불상이 세워진 해안가가 침수되는 일이 벌어졌다. 그러자 왕실은 더욱 큰 비용을 들여 지역 군대와 백성의 노동력을 동원해 16킬로미터에 달하는 새로운 석조 제방을 쌓았다.[27] 홍수는 1346년에 수그러들었고, 원 말기 20년 동안에는 단 두 차례만 큰 홍수가 발생했다. 그럼에도 불구하고, 몽골이 하늘의 통치권, 즉 천명을 잃은 것은 아니라고 백성들을 설득하기에는 너무 뒤늦은 결과였다.

명은 1410년대까지 간헐적인 홍수만을 경험했다. 특히 대운하를 재건하던 1411년과 1416년에 심각한 홍수가 발생했다. 이후 1440년대 중반과 1450년대 중반에도 홍수가 발생했다. 그러나 진짜 거대 규모의 홍수는 1537년 이후에 발생했다. 1569년과 1586년에 심각한 홍수가 발생한 뒤 그보다 덜한 홍수가 이어졌다. 다행히 1642년을 제외하

26) 脫脫,『元史』, p.1053.

27) 脫脫,『元史』, p.1058.

고 왕조 말기 30년간 홍수는 발생하지 않았다.

메뚜기 떼

중국은 메뚜기처럼 곡물을 게걸스럽게 먹어치우는 곤충의 공격에 늘 노출되어있었다. 원-명 시대의 노동 집약적인 농업 방식이 이러한 위험성을 더욱 증가시켰는데, 북중국의 평야뿐 아니라 양자강 유역에서도 마찬가지였다. 『원사』에는 홍수에 관한 많은 기록과 함께, 메뚜기 떼의 습격이 거의 매년 심각한 수준이라는 기록이 있다. 오랜 기간 홍수와 메뚜기 떼 습격이 동시다발적으로 발생했는데, 1295~1297년 심각한 홍수와 1328~1330년 메뚜기 떼의 맹렬한 습격 때 특히 그러했다. 후자의 경우 메뚜기 떼가 원인이 된 작물의 피해 정도는 그 후 100년 동안 다시 볼 수 없을 정도로 심각했다. 그 후 20년간 메뚜기 떼는 크게 보이지 않다가 1349년에 다시 출현했고, 원 말기 5년 동안은 간헐적으로 출몰했다.

1370년대 4년간의 메뚜기 떼 공격을 제외하면 명 초반기는 게걸스러운 메뚜기의 피해를 거의 입지 않았다. 하지만 1434~1448년 다시 메뚜기 떼가 출현했고, 특히 1441년 메뚜기 떼의 피해는 심각한 수준이었다. 1450년대 후반(특히 1456년 피해가 컸다)과 1490년대 초반에 또다시 메뚜기 떼가 출현했으나, 원에서처럼 심각한 상황으로 이어지지는 않았다. 16세기에는 심각한 메뚜기 떼 공격이 단 세 차례뿐이었다(1524, 1569, 1587). 17세기 전반기(1609, 1615~1619, 1625, 1635, 1637~1641)에 메뚜기들은 한층 위력적인 모습으로 나타났다. 그중 마지막 5차례의 여름(1637~1641)마다 메뚜기 떼 때문에 생긴 작물의 피해는 원 이래 가장 처참한 수준이었다.

메뚜기 떼는 대체로 장기화된 가뭄을 끝내는 비가 내릴 때 더욱 들끓곤 했다. 원에서 가장 심각한 메뚜기 떼의 습격(1328)은 3년간의 심각한 가뭄 끝에 시작되었다. 마찬가지로 명에서 1440년대 처음 등장한 메뚜기 떼도 5년간의 가뭄이 끝나는 해에 발생했고, 1490년대는 정확히 장기적인 건기(1482~1503) 동안 메뚜기 떼가 출현했다. 장기간의 가뭄 끝에 내리는 비는 곡물을 게걸스럽게 먹어치우는 곤충의 번식을 자극하곤 하는데, 명에 이러한 현상이 발생했던 것 같다. 왕조 말기, 메뚜기 떼가 횡행한 주요 사건은 모두 가뭄의 여파로 발생했다.

지진과 화산

동부 유라시아의 지형은 여러 소대륙이 집중된 결과이고, 이를 가장 생생히 보여주는 현상이 바로 지진이다. 중국은 서로 다른 지각판들이 퍼즐처럼 마찰하고 있는 지역에 속한다. 티베트 고원 동쪽으로 세 개의 주요 지진대가 남북 방향으로 위치하는데, 각각은 산서성의 분하汾河를 따라 남쪽으로 이어지다가 동쪽으로 꺾여 황하와 연결되는 지점, 복건성의 해안 지역, 그리고 운남에서 사천 분지로 이어지는 지점에 해당한다. 원–명 모두 이 세 지역에서 지진 활동이 활발했다.

원에서 1290~1291년 지진이 발생한 바 있으나, 1303년 9월 13일에 분하 유역에서 발생한 지진만큼 위력이 대단하지는 않았다. 당시 분하 중간 지점에 있는 고평현高平縣 주민들은 자정 무렵 북서쪽에서 불어오는 광풍에 놀라 잠에서 깨어났다. 이러한 갑작스러운 기상은 오히려 이들에게 큰 행운이었으니, 몇 시간 후 지진(리히터 규모 5.5로 추정)이 발생했을 때 사람들은 대부분 일어나 있거나 집 밖에 나온 상태였기 때문이다. 곧 가옥 대부분이 무너졌다. 고평 주민들은 지진을 겪는 일이 마치 배를 타고 강을 건너는 느낌이었다고 진술했다.

하지만 고평 지진은 그로부터 4일 뒤 고평에서 분하를 따라 50킬로미터 북쪽에 있는 조성趙城에서 발생한 지진에 비하면 아무것도 아니었다. 조성에서 발생한 지진(리히터 규모 8)으로 모든 건축물이 무너졌다. 고평 지진과는 차원이 달랐다. 그 강력한 진동의 여파로 멀리 떨어진 황하 유역의 건물까지 무너졌다. 1차 진동이 발생했을 때 약 25만~50만 명에 달하는 사람이 사망했다. 수십만 명이 부상을 입었고 수많은 건물이 무너졌다. 심한 여진餘震 때문에 조성은 향후 2년 동안 안정을 되찾지 못했고, 지진의 여파로 가뭄이 닥쳐 또다시 1년 동안 고통을 당했다.[28] 지진은 왕조가 끝날 때까지 계속되었는데, 1338~1352년 거의 매년 발생했다.

지진은 명 초기뿐만 아니라, 이후 1440년대, 1480년대, 1505~1528년

28) 國家地震局地球物理研究所 · 復旦大學中國歷史地理研究所 主編, 『中國歷史地震地圖集: 遠古至元時期』(中國地圖出版社, 1990, pp.151-156; Gu Gongxu, *Catalogue of Chinese Earthquakes*, pp.19-21.

사이에도 발생했다. 그중 마지막 지진(1505~1528)은 흥미롭게도 운남에서 출현한 용 이야기와 교묘히 연결된다. 육찬陸粲(1494~1551)은 『경사편庚巳編』에서 정덕 연간 초기에 분필처럼 하얀 용이 집 뒤에 있는 정원 한가운데에 출현했다는 신기한 이야기를 들려주었다. 이 정원의 주인은 왕성汪城으로, 지역의 학위 소지자였다. 이 지역은 버마와의 국경 지대인 운남성雲南省의 특정 행정구로, 용위龍衛라고 불렀다. 용의 비늘은 만지는 사람의 손을 단번에 베어버릴 정도로 날카로웠는데, 용은 정원에서 빈둥거리기만 할 뿐 떠나려고 하지 않았다. 며칠 사이에 용을 보려고 찾아오는 사람들이 감당할 수 없을 정도로 많아지자 왕성은 용을 없애려고 오래된 용 퇴치법을 생각해냈다. 개의 피를 용에게 뿌리는 방법이 그것이었다. 그 방법이 효과가 있었는지 용은 즉시 사라졌다. 육찬은 왕씨 가족이 용을 발견할 수 있었던 것은 여진 피해를 피하고자 정원에 마련한 임시 가옥에서 반 년 가까이 거주한 때문이라고 설명했다.[29)]

원의 조성 대지진(1303)에 버금가는 지진이 명에서도 1556년 1월 23일 같은 지역에서 발생했다. 다만 이번에는 분하가 아니라 위하渭河 유역이었다. 리히터 규모 8로 추정되는 그 지진으로 아래로는 황하, 위로는 분하에 걸쳐 반경 250킬로미터 이내에 있는 모든 도시 성벽, 관청,

29) 陸粲, 『庚巳編』, 卷9, 「騰衝龍」, p.105. "正德某年, 雲南騰衝龍衛地震. 其初, 日數十度, 漸至十餘度, 後至一二度, 凡半年乃止. 有一山傾爲平地, 一村坊居民數十家, 皆陷沒入土中, 餘以鎭壓死者不可勝數. 民無寧居, 皆即空曠處構廬舍以自庇. 擧人汪城者, 家人盡宿後圃, 夜半有龍見于圃中八仙桌上, 頭角尾爪悉具, 其色白, 若粉所畫, 捫之鱗甲刺手, 但不覺其蠢動耳. 居數日, 來觀者衆, 汪氏恐爲家禍, 取狗血涂之, 乃滅."

민가가 무너졌다. 진원지인 위하 유역의 모든 건물이 파괴되었고 거주민의 절반이 사망했으며, 수원지水源池의 위치 혹은 강의 지류가 바뀌어버렸다. 섬서성과 산서성에는 한 달 동안 여진이 이어졌는데, 저 멀리 서북쪽 감숙, 동쪽 산동, 남쪽 양자강 유역에서도 그 진동을 느낄 정도였다. 공식적인 사망자 수는 83만 명으로 집계되었지만 실제로는 100만 명 이상이었을 것으로 본다.[30]

1604년 12월 29일 명의 마지막 지진이 발생했다. 지진이 발생한 지역은 활발한 지진대인 황하 북쪽이 아니라, 그 남쪽에 위치한 동남 연안이었다. 중국의 동남 지역은 필리핀과 태평양 지각판이 만나는 지진대로부터는 상당히 서쪽에 위치하지만 지진의 피해로부터 자유롭지는 못했다. 복건 출신의 사조제는 "복건과 광동의 땅은 계속해서 움직인다."라고 하며, "연안 지역이라 물이 많고 물 위에 땅이 떠 있기 때문이라고 설명하는 이론이 있다."라고 부연했다. 하지만 사조제는 그 이론에 만족하지 않고 물이 거의 없지만 격렬한 지진의 피해를 당했던 산서성의 사례를 언급했다. "땅이 갈라지고 수십 미터 깊이에 달하는 구덩이가 생기더니 집을 집어삼키고는 닫혀버렸다. 어디를 파야 할지 구덩이는 흔적도 없이 사라졌다. 설사 구덩이 흔적이 있었다 하더라도 너무 깊어서 파내려갈 수는 없었을 것이다."[31]

1604년 발생한 지진은 그 진원지가 복건성의 해안으로부터 겨우 30킬로미터 떨어진 지역에 있었다. 따라서 동남 지역의 해상 무역 중

30) Gu Gongxu, *Catalogue of Chinese Earthquakes*, pp.44-52.

31) 謝肇淛, 『五雜俎』 卷4, 17a.

심지인 천주泉州와 장주漳州가 큰 타격을 입었다. 장주의 항구인 월항에 있던 건물 대부분이 무너졌으나, 지진이 발생한 지각판에 있지 않았으므로 사상자 수는 많지 않았다. 해안을 따라 전달된 진동은 상해에서도 감지되었고, 심지어 내륙의 광서성과 호광성에서도 진동을 느꼈다.[32] 이후 1654년 천수天水(감숙성)에서 대지진이 발생할 때까지 더 이상의 강진은 없었다. 그렇지만 명의 영역에 있던 지각판들은 계속 요동했고, 왕조의 마지막 40년 동안 32차례의 크고 작은 지진이 발생했다. 그중 마지막 4년 동안 지진 활동이 가장 왕성했는데, 굳이 말하자면 이 시기에는 되는 일이 하나도 없었다.

지진과 마찬가지로 화산 역시 판 구조론板構造論, plate tectonics에 따라 발생한다. 화산이 지진과 다른 점이 있다면 오직 판의 경계에서만 발생한다는 사실이다. 중국에는 이러한 경계선이 없지만, 그렇다고 해서 원-명이 화산의 영향에서 자유로웠던 것은 아니다. 필리핀 지진대Philippine fault에서 발생한 지진이 대륙에 영향을 주었던 것처럼, 필리핀에서 발생한 화산재(미립질의 분진) 또한 중국까지 날아왔다. 화산 폭발 후 형성된 화산재 구름은 길게는 수개월 동안 지구 표면에 도달하는 빛과 열을 감소시킨다. 이로써 급격한 기후 변화가 일어나 수확량이 급락하고 기아가 발생할 수 있다.

원-명 시대에 일본의 류큐 제도(오키나와)와 필리핀에서 수많은 화산 활동이 발생했으므로, 그 서쪽에 위치한 중국이 화산재로부터 자유롭지는 못했을 것이다. 실제 이러한 상관성을 암시하는 현상들이

32) Gu Gongxu, *Catalogue of Chinese Earthquakes*, pp.67-69.

몇몇 존재한다. 가령 1331년 일본 아사마 산(나가노[長野], 군마群馬 2현의 경계에 있는 3중식 성층成層 활화산. 활화산으로는 일본에서 가장 높다. -역주)의 화산 폭발과 1330~1332년 한파, 1464년 필리핀 바탄의 이라야 산 화산 폭발과 1464~1465년 한파, 1597~1598년 일본 이와키(후쿠시마[福島]현 남동부에 있는 도시)와 아사마의 화산 폭발과 1598~1601년 가뭄과 기아가 그것이다. 또한 1628년 필리핀 루손의 이리가에서 발생한 화산 폭발은 장기 한파(1629~1643)가 시작되기 바로 직전에 발생했다.[33] 이처럼 명에도 햇빛을 차단해 일조량을 줄이고 곡식을 여물지 못하게 할 만큼 화산 폭발의 위력이 강력했던 것은 아닐까?

전염병

전염병은 원-명을 여러 차례 강타했지만, 특히 네 차례 심각한 시기가 있었다. 원 말 15년(1344~1345, 1356~1360, 1362), 1407~1411(1411년 전염병은 15세기 중 최악이었다), 광범위한 재난이 발생했던 1587~1588, 명 말 6년(1639~1641, 1643~1644)이 심각했고, 1506~1546의 40년간에도 전염병의 수가 정상치를 웃돌았다. 그중 명 말 전염병이 유행했던 세 번의 시기(1544~1546, 1587~1588, 1639~1641)는 극심한 가뭄 때문에 기근이 발생했던 시기와 일치한다.

여기서 우리가 이러한 질병들을 법의학적으로 분석하기는 곤란하

33) 날짜 기록은 Lentz, *The Volcano Registry* 에서 가져왔다.

다. 우리가 볼 수 있는 자료는 대부분 의학 지식이 없는 사람들이 병의 증상을 묘사한 것이기 때문이다. 그들은 우리와는 전혀 다른 방식으로 질병을 이해했다. 그들이 묘사한 질병은 아마도 이질, 장티푸스, 천연두, 페스트일 가능성이 높다. 그중에서 역사학자들은 원-명의 후반기에 발생했던 전염병이 바이러스에 감염된 쥐벼룩에 물려서 발병한 선腺페스트라는 주장을 긍정적으로 수용했다. 이러한 주장에 솔깃했던 것은 피해 규모가 엄청났기도 했지만, 단지 그 때문만은 아니었고, 14세기 유럽에서 페스트가 유행한 때문이기도 했다. 사실 그 병을 처음으로 유럽인에게 전염시키고, 1347년 콘스탄티노플과 이탈리아에 퍼뜨린 장본인은 몽골인이었다. 몽골인들이 흑해 북쪽 연안에서 이탈리아인들을 포위하고 공격하던 중 페스트가 최초로 유럽에 퍼진 것이다. 그들은 금장한국金帳汗國이라고도 알려진 킵차크한국Kipchak汗國의 전사들이었다. 킵차크한국은 쿠빌라이가 원을 건립하자 독립하여 원래 칭기즈 칸의 점령지였던 몽골 제국의 서쪽 끝에 독자적인 국가를 형성했다.

비록 증거 자료는 충분하지 않았지만, 원 말에 유행했던 전염병이 페스트라는 가설을 처음 제시한 학자는 싱가포르의 역학자疫學者, epidemiologist 오련덕伍连德이었다. 그는 1911년 만주에 창궐했던 폐肺페스트pneumonic plague를 막기 위해 활동을 조직한 인물로 '중국의 전염병 퇴치사China's plague fighter'라고 불렸다. 세계사 연구자인 윌리엄 맥닐William McNeil은 페스트가 빠른 속도로 유라시아 대륙에 전파되었다는 가설을 받아들여, 이를 기반으로 1976년 전염병의 세계사라 할 수 있는 『전염병과 인류의 역사*Plagues and peoples*』라는 걸작을 내놓았다. 오늘날에도 아시아 벼룩Asiatic flea의 숙주인 모래쥐mongolian gerbil가 살고 있는 몽골 초원이 페스트의 거대한 진원지라는 사실은 이러한 주장에 설득력을 부여한다.

노르웨이의 인구 사학자 올레 베네딕토우Ole Benedictow(1941~)는 이러한 가설에 의문을 제기했다. 그는 "페스트가 전염병의 역사를 연구하는 학자들에게 깊은 영향을 끼쳤"는데, "비범하고 이국적인 그들의 감각"이 비판적 인지 능력을 마비시켰다고 지적했다. 베네딕토우는 질병의 기원 문제를 밝히려면 과장된 가설을 찾으려고 애쓰기보다 '근접 기원의 원칙principle of proximate origin'을 따르는 것이 좀 더 합리적이라고 주장했다. 이는 전파되는 거리가 짧을수록 확산을 방해하는 장애물이 적다는 이론이다.[34] 1344년 원의 영토에서 발생한 전염병이 흑해 해안가까지 도달하기에는 장애물이 너무 많다는 그의 주장은 설득력이 있다. 박테리아가 2년 동안 그렇게 먼 거리를 이동하는 것은 불가능하기 때문이다. 더구나 원에서 페스트가 발생하기 1년 전인 1343년 킵차크한국이 중국과 유럽을 이어주는 대상 무역을 중단한 만큼 질병이 그렇게 빨리 이동되기는 더더욱 어려웠다.

전염병 확산에 공간과 시간이라는 장애물을 생각하지 않을 수 없다. 14세기 선박에 탑승한 사람이나 쥐를 통해 페스트가 이동할 수 있는 거리는 하루에 40킬로미터였다. 하지만 육로를 이용할 경우 이동거리는 2킬로미터 이하로 줄어든다. 선페스트 균이 배양될 수 있는 시

34) Benedictow, *The Black Death*, p.50.

간은 길면 3~5일 정도이고, 균에 전염된 감염자가 다른 사람에게 전염시킬 수 있는 시간은 하루 정도이다. 또한 감염자의 80%가 감염된 지 3~5일 이내에 사망한다는 상황을 모두 감안하면 페스트가 하루에 2킬로미터씩 이동하는 것도 쉬운 일이 아니다. 게다가 실크로드의 전 구간을 통과하면서 이러한 현상이 계속 반복된다는 것은 더욱 상상하기 어려운 일이다. 따라서 우즈베키스탄 또는 킵차크한국 내에 페스트의 원인이 있었을 가능성이 높다. 끝으로 기후도 고려되어야 한다. 벼룩은 자연 상태에서는 사망률이 높기 때문에 개체 수를 유지하기 위해 끊임없이 번식해야 한다. 하지만 온도가 낮아지면 번식이 어려워진다.[35] 1344~1353년이 원에서 가장 추운 시기였다는 사실은 페스트 벼룩이 장거리 이동하기에는 대단히 열악한 환경이었음을 말해준다.

원 말의 전염병이 페스트라는 주장은 명 말에 유행했던 전염병에도 동일하게 적용되었다. 인구사학자인 조수기曹樹基(1956~)는 1587년과 1639년에 발발했던 전염병이 모두 페스트였다고 주장했다. 그는 발병의 첫 번째 원인을 1571년에 부활한 몽골과의 국경 무역으로 보았다. 또한 한족 농부들이 몽골 초원으로 이주함에 따라 페스트의 전염원인 모래쥐의 서식지에 큰 변동이 생겨난 것도 발병의 또 다른 원인으로

35) Benedictow, *The Black Death*, pp.18, 26, 49-51, 229-231, 235. 이 책에 제시된 자료는 선페스트(벼룩을 통해 전달되는 것)이지, 폐페스트(감염된 환자의 입김에서 나온 작은 물방울이 직접 타인의 폐로 전달되는 것)가 아니다. 베네딕토우는 페스트가 유행하던 시기에 폐페스트는 거의 발생하지 않았다고 주장한다. 이와 유사하게 이백중(李伯重), "Was There a 'Fourteenth-Century Turning Point'?" p.138 에서도 1344년에 유행했던 병이 페스트였는지에 대해서 회의적인 입장이다.

제시했다. 더불어, 산서 지역에서 전염병이 처음 발생했던 1580년 무렵 모래쥐의 세균이 인간에게 전염되었을 것으로 추정했다. 전염병이 돌자 명 조정은 마시馬市를 폐쇄했지만, 이는 너무 늦은 조치였다. 전염병은 1582년 북경에 도달했고, 이후 몇 해 잠복기를 거친 뒤 1587년과 1588년 북경에서 발발했다.[36)]

17세기로 전환되는 시점에 북경에 사는 복건 출신 저자(사조제를 지칭함. –역주)는 당시 북경의 비참한 거주 환경이 전염병 창궐의 원인이라고 생각했다. 그는 이렇게 푸념했다. "경사京師의 가옥들은 공간이 전혀 없을 정도로 밀집되었고, 시장은 배설물과 오물로 넘쳐난다. …… 각 지방에서 몰려온 사람들이 무질서하고 혼란스럽게 모여있고, 파리와 모기가 많다. 날이 더워지면 정말 견디기 힘들어진다." 시원한 비가 내려도 문제가 해결되는 것은 아니었다. "비가 조금만 오래 내리면 홍수 피해를 입게 되고 말라리아성 고열과 이질, 그리고 전염병들이 반복적으로 발생한다."[37)] 이 내용은, 같은 원인균인지는 모르겠지만, 1349년 영국에서 페스트가 발생했을 때 에드워드 3세가 런던 시장에게 묘사했던 글과 놀랄 만큼 유사하다. "사람들이 지나가는 길과 골목이 사람들의 배설물로 더러워졌고 공기 역시 사람들을 크게 위협할 정도로 오염되었다." 1361년에 보낸 다른 편지에서 에드워드 3세는

---

36) 曹樹基의 가설은 Hanson, "Inventing a Tradition in Chinese Medicine", pp.97-102에 긍정적인 관점으로 요약되었다. 북경에서 발생했던 1582년과 1587년의 전염병은 张廷玉, 『明史』, p.443에 기록되었다.

37) 謝肇淛, 『五雜組』, p.26. 번역은 Dunstan, "The Late Ming Epidemics", p.7에서 가져왔다.

"도로에는 썩은 피가 흘러가고 …… 공기는 부패하고 감염되어 끔찍하고 지독한 악취가 번지고 있다. 질병과 사악한 기운이 이 도시의 체류자들을 덮치고 있어, 조만간 더 큰 재앙이 닥칠까 두렵다."라고 불평을 늘어놓았다.[38)]

명의 만력제는 영국 왕과 달리 수도의 도로를 시찰할 기회가 없었다. 하지만 1587년 6월 11일 내각대학사 신시행申時行으로부터 수도 북경에 창궐한 전염병에 관한 보고가 올라갔다. 신시행은 다음과 같이 보고했다. "날씨는 덥고 건조한데 비는 거의 내리지 않습니다. …… 역병의 기운이 감지되는 곳마다 전염병이 창궐합니다." 신시행은 유사한 상황에서 공립 약방의 운영을 지원했던 홍무제와 가정제의 선례를 언급하면서 만력제에게도 같은 방식을 제안했다. "예부禮部를 통해 태의원太醫院에서 약의 배급을 늘리고, 정선된 관인을 도성 안팎으로 파견해 병자들에게 약을 배급하여, 조정이 백성의 삶에 큰 관심을 갖고 있음을 보여주어야 합니다."[39)] 만력제는 신시행의 의견을 따랐으나, 자신이 빈자 구제비로 오래전부터 규정된 액수를 초과했음을 머지않아 알게 되었다. 조상들이 정해놓은 규정을 함부로 어길 황제는 없었다. 만력제는 자기 할아버지 때 병자들의 약값 지출을 허락했던 사례를 언급하면서 상황을 우회적으로 넘어갔지만, 이 정도의 노력으로 사망률을 내리는 데는 한계가 있었다. 조수기는 당시 북중국의 사망률이 40~50%에 달할 것이라고 평가했다. 이를 근거로 계산하면

38) Benedictow, *The Black Death*, p.4에서 재인용.

39) 明『神宗實錄』卷186, 2a.

산서, 북직예, 하남성의 세 북부 지역 인구는 1580년 2,560만 명에서 1588년 1,280만 명으로 줄어든다.

이 무렵 양자강 유역에도 악성 전염병이 돌았다. 대운하를 따라 병세에 대한 기록들이 보고된 것을 보아 아마도 이번의 발병은 대운하를 따라 북쪽에서 시작되었던 것 같다. 또 다른 추측도 가능하다. 1587~1588년 기근 때문에 전반적으로 건강이 악화된 상태에서 발병한 장티푸스와 이질 같은 풍토성 수계감염 질병water-borne diseases을 원인으로 보는 것이다.[40]

아이들은 특히 전염병에 취약했다(그림 5). 그런데 1588년 진씨陳氏 부인이 남긴 시에서 양자강 유역에 돌던 전염병에 관해 흥미로운 증언을 찾을 수 있었다.

> 여러 해 가뭄과 홍수로 재난이 발생하니
> 역병疫病이 두려워 집집마다 문을 걸어 잠그네.
> 아녀자들은 죽粥밖에 없는 것을 마다하지 하고
> 눈앞에 살아있는 것만으로도 하늘에 감사하네.[41]

이 시를 보면 사람들은 병에 감염된 사람들과 접촉하는 것에 명백히 위험 의식이 있었으며, 따라서 자기를 보호하려고 격리 생활을 했음

---

40) Hanson, "Inventing a Tradition in Chinese Medicine", p.109.

41) 談遷, 『棗林雜俎』, p.280. "年來水旱作災屯, 疾疫家家盡掩門, 兒女莫嫌全食粥, 眼前不死亦天恩."

그림 5.「관음(觀音)」
자비의 신 관세음보살(Avalokiteśvara)을 중국식으로 표현한 것. 역귀(疫鬼)가 아이를 죽음으로 데리고 갈 때, 관음이 개입하여 아이를 구하는 장면이다. 1640년대 초의 전염병 이후 작품이다. 캐나다 토론토 로열 온타리오 박물관 소장.

을 알 수 있다. 특히 같은 병에 걸렸지만 부모는 죽고 자식은 살아남았다는 언급은 대단히 흥미롭다. 대개 아주 어리거나 나이 많은 이들이 전염병의 첫 희생양이 되는 것을 볼 때 이는 예외적인 현상이었다. 영양실조가 아니라 전염병이 이번 죽음의 진짜 원인이었다면, 몇몇 아이들에게 부모를 죽음으로 이르게 한 병에 대한 내성이 생겼다고 추정할 수 있다.

기근

원-명 시대 기근은 지속적이지는 않았지만, 주기적으로 반복되었다. 특히 원에 이러한 현상이 심했는데, 초기 빈곤 시기(1268~1272)와 말기(1357~1359)에는 평균 2년마다 대규모 기근을 경험했다. 최악의 시기는 1320년대였다. 점점 어리고 힘없는 황제가 연달아 5명이 등극하는 정치적인 혼란 때문에 이러한 재난 상황은 더욱 악화되었을 것이다. 물론, 역으로 연속적인 기근이 정치적 불안정을 야기했다고 해석할 수도 있다. 하지만 조정 내부의 갈등이 줄어들었던 1340년대에도 날씨는 여전히 격렬하게 요동쳤다.

원에 발생했던 최악의 기근이 약 200년 뒤에 재현되었다. 1539년 양자강 유역의 해염현海鹽縣이 기근으로 황폐해졌는데, 해염현은 1283년 용왕과 그 아들이 나타나면서 가뭄이 해갈되었던 진산이 있던 곳이다. 기근을 맞이하자 해염현의 노인들은 1305년 있었던 최악의 기근을 떠올렸다. 한 노인은 "해염현에 심각한 가뭄이 들어 사람들이 서로 잡아먹기에 이르렀는데, 이 정도로 농산물 수확이 실패한 것은 근 200년 만의 일"이라고 회상했다.[42] 2세기가 지났건만, 처참한 기근의 기억은 지워지지 않았던 것이다.

명 초기 첫 50년 동안 단기적인 흉년이 발생했다. 그러나 심각한 수준의 기근은 1434~1435년 처음 발생했다. 이후 1530년대까지 명은 몇 차례 심각한 생존 위기를 경험했다. 1450년대는 기근과 함께 다른 환경적인 위기가 더해지면서 상황은 더욱 나빠졌다. 이외에도 1465~1473, 1477~1487, 1501~1519(1515년 잠시 회복됨)에는 장기간 기근이 이어졌다. 이러한 기근은 굶주린 백성뿐 아니라 수도의 관리들에게도 큰 고통을 주었다. 한 병부상서는 1492년 황제에게 올린 상주문에서 "굶주린 자들이 기근을 구실로 반란을 일으킬 수" 있기 때문에, 지방관들은 기근 상황이 포착되면 즉시 대처할 수 있어야 하고, 군대 역시 "보이지 않는 상황을 대비"하여 출전 준비를 해야 한다고 주장했다. 황제는 이에 동의했다.[43] 오랜 기근 상황은 1519년이 되어야 진정되었다.

1544년 엘니뇨 현상과 함께 가뭄이 몰아닥치자 이듬해 기근이 발생했다. 1545년의 기근은 광범위하게 영향을 미쳤다. 절강성에는 "호수가 완전히 말라붙어 붉은 땅이 드러났다." 곡물 가격은 천정부지로 치솟아, 운 좋게 쌀 한 되를 사더라도 저물어 집에 돌아가는 길에 습격당

42) 『海鹽縣志』(1876) 卷13, 5a.

43) 明『孝宗實錄』卷65, 5a.

할 위험이 컸다. 거지들은 무더기로 죽었다. 정부는 곡창을 열어 비축 곡물을 풀었지만 수요에 턱없이 부족했고 배급도 더디게 진행되었다. 많은 사람이 곡창에 가는 도중에 굶어 죽었고, 곡식의 분배를 기다리다가 사망한 사람도 많았다.[44]

그다음 심각한 기근은 1587~1588년에 발생했다.[45] 1587년 8월 12일 호부시랑戶部侍郎이 올린 상주문에 따르면, 황하 북부의 백성들은 잡초와 야생 식물로 연명했고 섬서 동남부의 주민들에게는 먹을 것이 모래밖에 없었다.[46] 가뭄이 1588년 봄과 여름까지 지속되자 1587년의 기근에서 벗어났던 지역마저 다시 기아에 허덕였다. 1588년 4월 30일 광서 지역으로 파견된 순무는 동남 지역에서도 비슷한 위기가 발생했으며, 상황이 남쪽으로 확산되는 것을 막으려면 도움이 절실하다고 강조했다. 3주 뒤 지방관이 올린 후속 보고문에 따르면 기근 상황은 비참한 수준에 도달해 있었다. "사람들이 서로 잡아먹고 있으며 굶어 죽은 시체가 방치된 채 여기저기 굴러다닙니다. 아무리 실력이 좋은 화가라 하더라도 도성과 향촌의 이러한 풍경을 감히 화폭에 담아낼 수 없을 것입니다." 같은 시기 남경의 한 관리는 양자강 북쪽에 사는 사람들이 "굶주림에 지쳐 서로를 잡아먹고" 있고, 양자강 남쪽에서는 "미곡 가격이 치솟고 있다."라고 보고했다. "백성들에게 돈도 곡식도 나누어줄

44) 『紹興府志』(1586) 卷13, 32b.

45) 1588년 발생한 대기근에 대해서는 아직 본격적인 연구가 진행되지 않았다. 다만 이에 대한 초보적인 설명이 Dunstan, "The Late Ming Epidemics", pp.8-18에 담겨있다.

46) 明『神宗實錄』卷188, 4a.

수 없는 관리를 임명하는 것이 도대체 무슨 필요가 있단 말입니까?"라는 그의 말처럼, 그 책임은 분명 관리들에게 있었다.[47]

명의 마지막 기근은 1632년에 시작되어 1639년에 심각한 상황으로 악화된 다음 2년 더 지속되었다. 원-명 시대에 이 정도로 심각했던 재난은 일찍이 없었다. 이는 이 책의 마지막 장의 주제이기도 하다.

아홉 번의 늪

원-명 시대에 재난은 파도처럼 끝없이 밀려왔다. 재난은 대부분 길어야 한 계절을 넘어가지 않았으나, 어떤 경우에는 2~3년에 걸쳐 지속되기도 했다. 그나마 계절적인 재난은 견딜 만했으나 여러 해에 걸친 재난은 이야기가 달랐다. 이처럼 장기간의 재난을 개념화하기 위해 나는 '슬라우slough(여기서는 늪이라고 번역했다. -역주)'라는 고어古語를 끄집어냈다. 슬라우란 거름을 모아두는 곳으로 나그네가 빠지기 쉬운 웅덩이 또는 저지대를 지칭하는 용어다. 1678년 존 버니언John Bunyan이 『천로역정*The Pilgrim's Progress*』에서 '낙담의 늪Slough of Despond'이라는 말을 사용한 뒤, 이 용어는 종종 절망의 구렁텅이에 빠진 곤란한 상황을 묘사하는 은유로 사용되었다. 버니언에게 늪은 은유였지만, 내게는 최악의 시절을 살아가는 삶을 문자 그대로 묘사한 직설에 가깝다.

47) 明『神宗實錄』卷197, 3a, 11a; 卷198, 2a.

이번 장에 나오는 여러 자료를 근거로 나는 원-명 시대에 아홉 번의 늪이 있었음을 확인했다. 세 번은 원에서, 여섯 번은 명에서 발생했다. 각 늪의 이름은 해당 시기의 황제 연호를 이용했다(p.519 참조).

쿠빌라이 칸은 원의 첫 번째 늪을 간신히 피했다. 하지만 그의 후계자 테무르가 권좌에 올라간 바로 그 해부터 '원정元貞의 늪(1295~1297)'이 시작되었다. 테무르가 할아버지인 쿠빌라이 때만큼 열정적인 활동을 보여줄 수는 없었겠지만 날씨가 악화되기 시작한 해에 제위를 계승한 것은 기막힌 불운이었다. 테무르는 재위 3년 차인 1297년, 자기의 불운을 바꾸고 싶은 간절한 마음을 담아 연호를 원정에서 대덕大德으로 바꾸었다.

쿠빌라이의 5번째 계승자(30년 사이에 5회나 교체되었다)가 권좌에 오를 때 '태정泰定의 늪(1324~1330)'이 닥쳤다. 당시 정치적 불안정은 환경적인 불안정 속에서 더욱 악화되었고, 몽골 지배층은 재난에 효과적으로 대처하지 못했다. 나는 태정의 늪이 1330년까지 진행된 것으로 보았으나, 여러 측면에서 볼 때 1330년은 진정한 끝이 아니었다. 재난의 물결이 겨우 2년 정도 멈추었을 뿐, 1333년을 시작으로 기근은 매년 반복되었다.

엄청난 가뭄과 홍수로 시작된 '지정至正의 늪(1342~1345)'은 1344~1345년 홍수 및 심각한 전염병으로 이어졌다. 다가올 명 태조는 바로 이 시기부터 세상에 두각을 나타내기 시작했다. 주원장에 대한 공식적인 전기에 나오는 문장, "1344년 가뭄과 메뚜기 떼의 습격, 그리고 대기근과 역병이 발생했다."[48]라는 언급을 보면, 그의 초기 세력 형성 과정에서 '지정의 늪'이 큰 영향을 미쳤음을 알 수 있다. 당시 16세였던 주원장은 이러한 늪 상황에서 반란을 일으켰다. 그 후 원은 20년 더 지속되었으나, 여러 도전자들 사이의 내전으로 왕조의 몰락이 연기되었을 뿐이었다. 주원장이 권좌에 올랐던 1368년 몽골은 더는 위협적인 존재가 아니었다.

새로운 왕조, 명이 세워진 뒤 간헐적으로 작은 문제만이 이어졌다. 그러나 1433년 추위가 닥치기 시작해, 이후 2년 동안 기근, 전염병, 메뚜기 떼의 피해가 잇달아 발생했다. 1437년 반복되는 홍수와 함께 1448년까지 추위가 이어졌고, 그 결과 1438~1445년 기근이 멈추지 않았다. 이처럼 간헐적인 재난은 결국 1450년부터 5년 동안 최악의 생태 위기로 이어졌고, 15세기 최악의 해였던 1455년 절정에 달했다.[49] '경태景泰의 늪(1450~1455)'은 몽골군에 인질로 사로잡힌 의붓형제(정통제正統帝인 주기진朱祁鎮을 가리킴. -역주)를 대신해 제위에 오른 경태제景泰帝의 재위 기간과 정확히 일치했다. 그 의붓형제는 돌아왔고 '경태의 늪'이 막 종료된 1456년 왕권을 되찾았다. 경태제의 재위 기간은 비참한 상황의 연속이었다.

우리는 정덕 연간(1506~1521) 용이 출현했다는 사실로부터 그의 재위 기간에 문제가 많았음을 짐작할 수 있다. '정덕正德의 늪(1516~1519)'은

---

48) 张廷玉, 『明史』, p.1. "至正四年, 旱蝗, 大饑疫."

49) 1434~1448 열악해진 자연환경에 대해서는 Twitchett and Grimm, *The Cambridge History of China*, vol.7, pp.310-312에 정리되었으나, '경태의 늪'에 대한 언급은 빠져있다.

정덕제의 치세 기간은 물론 그 이후까지 줄곧 그를 무능력하고 정치에 무관심한 황제로 낙인찍는 사건이 되었다.

그로부터 사반세기 이후 재난의 집중 현상이 다시 발생했다. 다만 '가정嘉靖의 늪'은 특별히 정치적 위기와 연결되지는 않았다. '가정의 늪'은 그저 3년간 전국적으로 지속된 전염병과 기근에 그쳤다.

48년간 제위에 오른 만력제는 명의 황제들 가운데 가장 오래도록 나라를 다스렸다. 재위 기간이 길었던 만큼 그는 두 번의 큰 재난을 맞이했다. '만력萬曆의 첫 번째 늪(1586~1588)'으로 부르는 심각한 기근과 치명적인 전염병에 대해서는 앞서 언급했다. 이에 비해 '만력의 두 번째 늪(1615~1617)'은 전염병이 없었으므로 피해는 덜했지만, 역시 힘든 시기였다.

명의 마지막 재난은 엄청난 규모의 '숭정崇禎의 늪(1637~1643)'에 해당한다. 이는 이 책의 마지막 장 주제이기도 하다. 나는 이 시기를 가뭄이 지속되었던 1637년부터 7년 동안으로 잡았지만, 단순히 본다면 숭정제의 즉위 후 2년째인 1629년으로 올려 잡을 수도 있다. 그때부터 기온이 하락하고 재난 상황이 조성되면서 사실상 통제 불능이 되었기 때문이다. '숭정의 늪'은 왕조의 멸망 직전 수개월 동안 완화되었으나 완전히 회복되기에는 시간이 너무 부족했다.

도덕 기상학

사람들은 세상의 질서가 올바른지 여부를 세 가지 힘의 조화에서 판단했는데, 그 세가지 힘은 각각 하늘, 땅, 인간이었다. 황제로부터 가장 비천한 백성에 이르기까지 이상 기후를 단순히 날씨의 변화로 이해하는 사람은 없었다. 나쁜 날씨는 세 가지 힘의 부조화를 말해주는 징후였다. 이러한 부조화를 해석하는 데는 두 가지 방식이 있었는데, 하나는 하늘 및 땅과의 관계를 회복하는 인간의 역할을 적극적인 것으로, 다른 하나는 소극적인 것으로 두는 것이었다.

적극적인 해석에 따르면, 하늘과 땅의 부조화는 인간의 잘못된 행동에서 비롯된 것이다. 이러한 '도덕 기상학moral meteorology'은 황제를 난처한 입장에 빠트렸다. 왜냐하면 황제는 천자로서 하늘에 가장 가까운 인간이므로, 좋든 나쁘든 절대적인 힘(인간을 대표하는 힘을 말함. –역주)을 발휘하여 결정적인 영향력을 행사해야 했기 때문이다.[50] 기상이 악화될 때마다 황제의 자격이 도마에 오를 수 있었다. 따라서 날씨의 변화 때문에 발생한 '늪'은 황제에게 큰 부담을 주었다. 비판적인 신료가 황제에게 할 수 있는 일이란 이상 기후에 관해 보고를 올리며 경고하는 것뿐이었다. 정덕제에게 극적으로 기상 보고를 올렸던 팽여실彭汝實의 사례가 대표적인 경우였다. 팽여실은 세상이 "황토 바람과 검은 안개, 때 이른 봄과 겨울의 낙뢰, 지진과 말라버린 샘물, 모래와

50) Elvin, "Who Was Responsible for the Weather? Moral Meteorology in Late Imperial China."

흙이 섞인 비바람" 등에 시달렸다고 보고했는데, 이는 곧 "위에서는 하늘이 변하고, 아래에서는 땅이 변하며, 그 가운데에서 사람이 변하는 것"을 의미했다. 황제는 이러한 상황을 개선하기 위해 무슨 조치든 취해야 했다.[51)]

정덕제 바로 이전의 홍치제 때는 다행히 이러한 '늪'이 없었다. 그러나 홍치제 때도 좋지 않은 날씨가 끊임없이 이어졌고, 용의 잦은 출현으로 상황은 더욱 악화되었다. 무엇보다 가뭄이 큰 문제였다. 홍치제가 제위에 오르기 6년 전부터 광범위한 지역에 가뭄이 시작되었고, 이후 가뭄은 20년 동안 거의 한 해도 거르지 않고 계속되었다. 또한 이 기간은 한랭한 시기와도 겹쳤다. 통치 5년째인 1492년은 우울하리만큼 심각한 환경이 전개되었다. 광범위한 가뭄 속에서 북중국의 강에 심각한 홍수가 겹쳤다. 그해 처음 몇 달 동안 홍수와 한랭한 날씨 탓에 가을 수확에 문제가 있을 것이라는 상주문이 북중국 각지로부터 올라왔다. 홍치제는 1491년부터 체납된 조세를 면제해주는 것이 마땅하다는 사실을 알아차렸다. 현과 성의 조세를 체납한 과거의 기록을 볼모로 잡는 것은 당해 연도의 세금 납부를 더욱 어렵게 할 뿐이었기 때문이다. 홍치제는 세 차례의 조세 면제로 총 3백5십만 리터의 밀 납세를 면제해주었다.

황제를 곤란하게 만든 것은 재난으로 발생한 재정적 비용보다 도덕적 비용이었다. 재정적 비용과 달리 도덕적 비용은 계산할 수 없었기 때문이다. 도덕적 비용에 관한 인식은 1492년 3월 왕실의 천문관원이

51) 张廷玉, 『明史』, p.5503.

올린 보고 가운데 하늘이 대단히 불안정하다는 내용에서 시작되었다. 그 보고문에는 청색 혜성azure comet이 세 개의 작은 별을 이끌고 남쪽 지역에 곤두박질친 일, 달이 엉뚱한 별자리 속으로 이동한 일, 제단자리Altar Star(남쪽 하늘의 별자리. 전갈자리와 남쪽삼각형자리 사이에 위치함. -역주)로 접근하는 목성Wood Star에 관한 내용이 포함되었다. 땅에서도 마치 하늘에 호응이라도 하듯 멀리 북서쪽에서 소란스러운 천둥을 동반한 지진이 발생했다. 이러한 현상은 모두 불길한 징조였다.

홍치제는 스스로 하늘 앞에 엎드려 재난이 누그러지기를 간구할 수도 있었으나, 그렇게 하지 않고 신료들에게 조언을 구했다. 천자로서 하늘과 땅을 달래려면 무엇을 할 수 있는가? 홍수의 피해 상황을 조사하기 위해 파견되었던 한 어사는 3월 7일, 피해 지역 구제를 위해 북경과 남경을 오가는 조운漕運 곡물의 용도 변경을 건의하는 제안서를 올렸다. 다음 날 다른 어사는 비용 절감을 위해 각종 축일祝日에 거행되는 행사를 1년간 일시 정지할 것을 건의했다. 남경의 한 급사중給事中(황제의 측근에서 상주문을 심의하고, 육부의 일을 감찰하고, 관리에 대한 탄핵의 업무를 맡았던 직책 -역주)은 홍치제에게 황제가 직접 지방 관료들에게 맡은 임무에 좀 더 충실하도록 지시하고 극형은 완화하도록 해야 한다고 제안했다. 신료들은 하늘이 이러한 행위를 보고 "재난을 축복으로 변화"시킬 수 있다고 표현했다. 다시 말해, 황제 스스로 도덕적인 모범을 보여야만 세 가지 힘(하늘, 땅, 인간)의 관계가 놀라울 정도로 변화될 수 있다는 뜻이었다. 하지만 이는 결코 쉬운 일이 아니었다. 그날 밤 달은 자기 자리를 이탈해 다른 별자리로 이동했고, 청색 혜성 또한

다음 날 밤에 다시 나타났다. 제국이라는 거대 함대의 진로를 크게 바꾸는 데는 시간이 필요했다.[52)]

백성들은 대부분 황제와 달리 하늘이 변하기를 기대하지 않았다. 백성들은 세 힘의 부조화가 주기적인 현상이라는 수동적인 해석을 대체로 받아들였다. 하늘과 땅의 중심축은 정기적으로 흔들리기 마련이고, 이때 인간이 할 수 있는 최선이란 고난의 시기가 지나갈 때까지 참는 것뿐이라고 판단했다. 주기적으로 찾아오는 혼란에 일반인이 취할 수 있는 유일한 대처 방식이 있다면 그것은 점을 치는 것이었다. 하늘의 재난을 피할 수 없다면, 적어도 그 재난을 미리 예측하고 대비할 수는 있었다.

명 말 출판업의 번영은 흉일凶日을 알려주는 달력과 미래를 예측하는 휴대용 점복서占卜書의 출간 등 점술에 대한 높은 욕구에 부응한 결과이기도 했다. 이때 유행했던 달력이 일부 호광성 자리현慈利縣의 지방지(1574년 출간)에 실렸다. 자리현의 점복서에 실린 음력 정월의 첫 8일은 각각 닭, 개, 돼지, 염소, 소, 말, 사람, 곡물의 운명을 지배하는 날로 배정되었다. 만약 첫째 날인 닭의 날에 날씨가 맑으면 닭이 번성하고, 날씨가 흐리면 닭은 재난을 당할 것이다. 같은 규칙이 둘째 날에는 개, 셋째 날에는 돼지에 적용되는 식이었다. 사람들에게 가장 중요한 날은 분명 일곱째와 여덟째 날이었을 것이다. 그날 날씨에 따라 그 해 사람과 곡물의 운명이 결정된다고 믿었다.

또한 자리현의 점복서에는 연중 특별한 날이 지역 속담과 함께 그림

52) 明『孝宗實錄』卷84, 2b-4a.

으로 표시되었다. 가령 음력 3월 3일 정오 이전에 개구리의 울음소리를 듣게 되면 고지대의 곡물이 잘 여물 것이고, 정오 이후에 들으면 저지대의 곡물이 잘 익을 것이다. 그 마지막은 대단히 추운 날과 덜 추운 날을 알려주는 날짜로 되어있으며, 음력 달력의 마지막 장에 해당한다. 대단히 추운 날은 거의 매번 음력 12월에 배정되고, 이를 양력으로 계산하면 보통 1월 11~12일 혹은 21일이 된다. 또한 덜 추운 날은 종종 음력 11월에 배정되며, 양력 12월 26~27일 혹은 1월 5~6일이 된다. 그중 하나가 음력 12월에 배정되고 그날 바람이 불거나 눈이 내리면 가금류와 가축에 손실이 발생할 전조였다. 이 책의 편집자는 이러한 점복과 예측이 모두 경험에 근거한 것이라고 책 말미에 기록했다. 물론 이 책의 정보를 명이 매년 반포하여 달마다 따르도록 하는 지침 같은 '정통正統' 지식이라고 보기는 어렵지만 편집자의 생각은 달랐다. 편집자는 이 책을 읽는 독자라면 "홍수나 가뭄, 재난이나 풍년 등을 예측하는 일이 농사에 도움이 되고, 그런 면에서 이 책이 놀랄 만큼 정확하다는 사실"을 깨달을 것이라고 주장했다.[53)]

만력제 때 시장에 흘러넘쳤던 가정용 백과사전(일용류서日用類書라고 함. -역주)에도 언제 재난이 발생할 것인지를 알아내는 다양한 방법이 담겼다. 많은 작품을 남겼던 복건 사람 여상두余象斗는 『만용정종萬用正宗』(1599년 출간)에서 자연재해 발생을 계산하는 방식을 제시했다. 이 방식은 달력과 연동되었다. 중국 달력의 모든 날은 두 글자의 조합으

53) 『慈利縣志』(1574) 卷6, 4a-6a. 이와 유사한, 상해에 관한 점복은 『上海縣志』(1588) 卷1, 10b-11b 참조.

로 구성되는데, 첫 글자는 십간十干이라 불리는 10글자(갑甲 · 을乙 · 병丙 · 정丁 · 무戊 · 기己 · 경庚 · 신辛 · 임壬 · 계癸 ―역주)에서, 둘째 글자는 십이지十二支라고 알려진 12글자(자子 · 축丑 · 인寅 · 묘卯 · 진辰 · 사巳 · 오午 · 미未 · 신申 · 유酉 · 술戌 · 해亥 ―역주)에서 나온다. 십간과 십이지는 반복되는 60일의 조합을 만들어낸다.[54] 예측 방식은 입춘立春에 해당하는 날의 60갑자 가운데 첫 글자가 무엇인지 확인하는 것이다. 입춘은 중국의 음력으로 계산하며 양력으로는 1월 26~27일 또는 2월 5~6일에 해당한다. 만약 입춘이 십간 가운데 병丙이나 정丁으로 시작되면 그해는 심각한 가뭄이 발생할 것이고, 임壬이나 계癸로 시작되면 홍수가 발생할 것이다. 입춘이 무戊나 기己로 시작되면 토지를 잃을 것이고, 경庚이나 신辛으로 시작되면 평화와 번영을, 갑甲이나 을乙이 들어가면 대풍작을 기대할 수 있었다.[55]

이러한 방식을 『만용정종』이 출간된 이후 20년, 즉 1600~1619년에 적용해보면, 그 결과는 그다지 설득력이 없다.[56] 만일 이 방식이 맞는다면 1600년에는 큰 가뭄이 들어야 했지만, 복건에는 큰 비가 내려 성곽이 무너지고 교각이 붕괴되었다. 운 좋게 여상두의 예측이 적중한 시기도 있었다. 가령 1603년은 홍수의 해였는데, 큰 해일이 발생하여 복건성 연해의 남쪽 지역이 침수되고 만여 명이 넘는 사람들이 익사했

54) 수학적으로 십간과 십이지는 모두 120가지 조합을 만들어낼 수 있지만, 중국인의 계산법은 그 반인 60가지로 날수를 제한했다.

55) 余象斗, 『萬用正宗』 卷3, 4b. 『萬用正宗』에 실린 또 다른 예언 방식에 관심 있는 독자들은 Brook, *The Confusions of Pleasure*, pp.163-167 참조.

56) 입춘에 해당하는 60갑자는 王雙懷 主編, 『中華日曆通典』, pp.3845-3864 참조.

다.[57] 이를 제외하고 여상두의 예언은 모두 빗나갔다.

내가 이러한 대조 작업을 한 것은 명 사람들의 미신적 경향을 조롱하려는 의도가 아니다. 나의 관심은 당시 사람들이 예측 불허의 자연에 어떻게 노출되었는지 보여주는 것뿐이다. 불안정한 날씨와 기근의 공포에 시달리던 원-명의 백성들은 최악의 상황을 대비할 수 있고 최소한이라도 통제할 수 있다는 희망을 주는 것이라면(설사 통제 불가능해 보이더라도) 어떠한 방책이든 관심을 기울였다.

호시절

원-명 4세기 동안 나쁜 기후와 이상 저온 현상이 계속되었지만, 항상 재난만 있었던 것은 아니었다. 나쁜 날씨 탓에 홍수와 재난이 발생했고, 앞날을 예측할 수 없다는 불안감이 일면서 부정적 기류가 흐른 것은 사실이지만, 좋은 시절도 있었다. 특히 명에 이르러 인구가 크게 증가했고, 명 말의 사반세기 동안 변경 지역에서 여러 차례 전쟁을 치르며 재정이 악화되기 전까지 명의 국가 운영비는 넉넉한 수준이었다. 개인의 재산이 늘어났으며 큰 부자가 나오기도 했다. 보통 수준의 발전에도 그 혜택은 다수에게 돌아갔다. 세월이 늘 좋았던 것은 아니었지만, 그렇다고 늘 나빴던 것도 아니었다.

호시절을 찾으려면, 앞서 보았던 재난의 연대기를 뒤집어보면 된

57) 张廷玉, 『明史』, p.453, 475.

다. 호시절과 재난의 비교는 시사하는 바가 많다. 세계적으로 기온이 떨어지는 와중에 원 제국이 시작되었지만 쿠빌라이가 1294년 사망할 때까지 대체로 호시절로 볼 수 있다. 그 직후 시작된 '원정의 늪(1295~1297)' 기간에 호시절은 잠시 멈추었지만, 이는 아홉 번의 재난 중 가장 미미한 수준이었다. 따라서 원의 첫 반세기 동안의 환경은 꽤 좋은 편이었고, 나라는 상대적으로 번영을 구가했다. 이로부터 1세기 후에 살았던 섭자기葉子奇는 『초목자草木子』라는 저서에서 "쿠빌라이가 전국을 통일한 뒤 60~70년 평화가 이어졌다."라고 기록했다. 또한 "살아있는 자는 보살핌을 받고 죽은 자에게는 장사葬事를 지내준다."라고 하면서 이 시기는 "진실로 성세盛世라 불릴 만하다."라고 했다.[58] 섭자기 이후 2세기 뒤, 초횡焦竑(1541~1620)이라는 사람도 『옥당총어玉堂叢語』에서 "오랑캐인 원이 다스렸던 9대代 가운데 세조世祖(쿠빌라이)가 가장 현명했는데 그 일대一代의 치세가 이를 충분히 증언한다."라며 비슷한 평가를 내렸다.[59] 이러한 상황은 '태정의 늪(1324~1330)'이 시작되면서 변화했다. 그나마 1330년대와 '지정의 늪(1342~1345)'이 끝난 직후인 1350년대는 재난과 홍수가 지속되었음에도 불구하고 비교적 상황이 좋았던 시기였다. 그러나 점차 풍작을 기대할 수 없는 환경이 이어지면서 원 전반기의 번영은 사라졌고 백성들 사이에 불만이 만연했다. 결국 곳곳에서 무장 봉기가 일어나 왕조가 무너지게 되

58) 葉子奇, 『草木子』, p.47. "元朝自世祖混一之後, 天下治平者六七十年, … 生者有養, 死者有葬, … 誠所謂盛也矣."

59) 焦竑, 『玉堂叢語』, p.93. "以爲胡元受命九世, 世祖最賢, 其一代之治, 有足稱者."

었다.

명이 개국될 무렵은 축복받은 시기였다. 원 전반기에 있었던 호시절보다 훨씬 오랜 기간 좋은 날씨가 이어졌다. 물론 1411년 강력한 전염병이 돌았고 1434년 심각한 기근이 찾아왔지만, 모두 신속히 회복된 편이었다. '경태의 늪(1450~1455)'이 시작되기 전까지 왕조의 초반 90여 년간 전국을 강타한 재난은 없었던 셈이다. 주요 왕조 가운데 명처럼 시작부터 축복받은 경우는 전무후무하다고 해도 과장이 아닐 것이다.

'경태의 늪' 이후에도 10여 년 동안 상황은 나아지지 않았다. 그러나 1470년대에 들어와 많이 좋아졌고, 이 분위기는 1490년대 홍치제 스스로 용의 출현과 다른 크고 작은 소요騷擾들을 대처한 시기까지 이어졌다. '정덕의 늪(1516~1519)'이 되어서야 상황은 진실로 심각해졌다. 이 시기 경제 발전은 둔화되었으나 완전히 궤도에서 이탈한 것은 아니었다. 이후 다시 온화한 시기로 돌아왔고, 이 상황이 1580년대까지 이어졌다. 물론 그 중간에 몇 차례 단절이 있었는데, 가장 대표적인 사례가 '가정의 늪(1544~1546)'이었다. 이러한 재난을 제외한다면, 가정~융경隆慶 연간(1522~1572)은 상당한 호시절의 연속이었다고 할 수 있다. 이후에 살펴보겠지만, 이 시기 명의 경제는 전 세계 지역 경제와 비교해도 손색이 없을 정도로 크게 발전했다.

나라의 구석구석까지 위기로 몰아간 첫 번째 '만력의 늪(1586~1588)'과 함께 호시절은 끝이 났다. 위기는 회복되었지만 이후에도 날씨는 여전히 불안정했다. 1590년대 악화되었던 상황이 회복되긴 했으나,

다시 두 번째 '만력의 늪(1616~1617)'에 빠졌다. 1620년대 좋은 날씨가 찾아왔지만, 궁정 정치와 이민족의 잦은 변경 침략으로 백성들의 삶이 개선될 긍정적인 여지는 모두 물거품이 되어버렸다. 이 점에 대해서는 앞으로 살펴볼 것이다. 1620년대 말 행운의 가능성은 점차 사라지다가, '숭정의 늪(1637~1643)'과 함께 완전히 없어졌다.

아홉 번의 늪은 원-명에 극적인 위기를 가져왔지만 이는 전반적인 상황은 아니었고, 다만 좋은 시기가 나쁜 시기보다 더 많았던 4세기 가운데 일종의 쉼표를 찍은 사건이라 할 수 있다. 지속적인 재난이 없었던 두 번째 세기(명의 시작부터 지속된 약 90여 년의 호시절을 말함. -역주)를 제외하면, 대체로 두 왕조의 백성들은 8년에 1년꼴로 재난을 경험했다. 100년으로 계산할 때, 13년은 좋지 못했지만 나머지는 괜찮았다. 원-명의 백성들이 걸어갔던 길에는 곳곳에 어두운 그림자가 드리웠으나 그때마다 그들은 다시 빛 가운데로 나아갔다. 예외라면 명의 마지막 시기였는데, 그때는 모든 만물이 어둠 속에 빠져버렸다.

4

| 칸과 황제 |

원-명 시대는 황제권과 관련해 중대한 정치적 전환기였다. 수세기 동안 중국의 황제는 관습적으로 하늘의 아들, 즉 천자로 인식되었다. 중국의 종법 질서에 따라, 황제는 제사를 통해 하늘에 접근하여 사람들의 소망과 필요를 전달할 자격이 있는 유일한 인간이었다. 그러나 아무리 황제가 하늘의 통치권을 위탁받은 자로 군림했다지만, 인간 세상과 너무 멀리 떨어진 하늘의 도움을 기대하기는 사실상 어려웠다. 따라서 황제는 잘 조직된 사람들의 도움에 더욱 기댔다. 학식이 뛰어난 사람(과거제로 선발된 관료)과 군사적 기술이 출중한 사람(무관과 군병)은 물론, 거세로 선발된 사람(왕실의 부계 상속을 어지럽히지 않으면서 궁에서 일할 수 있었던 환관)도 황제의 통치를 도왔다. 이들 집단 사이의 이해관계는 일치할 때가 거의 없었으며, 심지어 각 집단 내부에도 여러 당파가 형성되어 치열히 경쟁했다. 각 당파의 힘이 워낙 강하다 보니, 당파에 맞서 강한 통치력을 발휘한 황제는 드물었다. 게다가 황제는 자격(이전 황제의 장남이 우선권을 지님)이나 처신 면에서 수세기에 걸쳐 형성된 각종 의례 제도에 속박되었다. 아무리 힘 있는 황제라 해도 오늘날, 이른바 합법적인 제도constitutional arrangement라고 표현할 수 있는 규칙의 틀을 벗어날 수 없었다. 그 틀은 개정하기도 어렵고 회피하기는 더더욱 어려웠다.

몽골의 칸은 중국의 황제가 아니었다. 칸의 위상은 이전의 중국 황제들과 달랐고, 피지배자들과의 관계도 마찬가지였다. 칸은 무인武人을 중용했고 군사적 지지 세력과 협력자를 선발하기 위해 다양한 방식을 동원했다. 그러나 관료 조직에 의존하지 않았고 왕실 내부의 일도 환관에게 맡기지 않았다. 칸 시대에도 자식의 출생이나 서열은 여전히 중요했지만 이전의 황제 때 같지는 않았다. 왕위 계승에 장자 상속제가 여전히 유효했으나, 다른 요소도 개입할 수 있었다. 칸(쿠빌라이의 경우에는 칸 중의 칸이라는 뜻의 카간 혹은 대칸)은 경쟁자와의 경쟁에서 승리해야 했을 뿐만 아니라, 이후에 '쿠릴타이'라고 부르는 귀족들의 회합에서도 선거로 지배권을 비준받아야 했다.[1] 칸이 죽으면 계승권을 놓고 그의 여러 아들이 서로 싸우는 것은 물론이었고, 때로는 칸의 형제들까지 그 싸움에 합세했다. 부친을 계승하려고 형제들이 경쟁하는 관습을 '테니스트리tanistry'(아일랜드, 스코틀랜드 지방에 거주하

1) 칸과 대칸 사이의 구분에 대해서는 Allsen, "The Rise of the Mongolian Empire", p.332, 367 참조. 폴로는 이 두 용어를 유럽 언어로 소개했는데, 이는 *The Travels*, p.113 참조. 칸의 의미를 잘 설명한 것은 Fletcher, "The Mongols: Ecological and Social Perspectives", pp.21-28 참조.

던 고대 게일Gael인의 계승 제도를 가리키는 말로, 가장 능력 있는 사람이 재산과 지위를 계승하는 관행을 일컫는다. 우리말로는 '적임자 계승제'라고 해석되는데, 이에 대해서는 김호동, 「고대 유목 국가의 구조」, 『강좌중국사Ⅱ』, 지식산업사, 1989, p.303 참조. -역주)라고 부르는데, 중국 황제들에게 장자 상속이 합법적이었던 것처럼 몽골인에게는 테니스트리가 정당하게 받아들여졌다. 이 과정에서 형제간의 살육은 비일비재했으며, 이를 '유혈의 테니스트리'라고 부른다.[2)]

장자 상속제는 안정성을 추구한다는 점에서, 황제 체제의 이상적인 제도일 뿐 아니라 정주하는 농업 사회가 선호하는 방식이라 할 수 있다. 반면 테니스트리는 기존 체제의 답습을 거부하고 새로운 활력을 불어넣는 것을 추구한다. 유목 경제에서 활력의 재충전은 초원 지역의 불안한 생태 환경을 극복하는 열쇠이기도 했다. 칸의 계승이 예측 가능할 때도 종종 있었으나 질서 정연하게 이루어지는 경우는 드물었다. 세대마다 권력의 배합이 동일하게 재생산되기를 원했던 황제 계승과 달리, 테니스트리는 권력을 새롭게 조직하려는 방식이었기에 그 과정에서 어쩔 수 없이 정치적 혼란이라는 대가를 치러야 했다.

칭기즈 칸이라는 호칭으로 널리 알려진 쿠빌라이의 조부 테무친은 테니스트리의 위력이 자기가 건설한 거대 제국을 찢어놓을 수 있을 만큼 위협적이라는 사실을 잘 알고 있었다. 그래서 임종 전인 1227년, 자기 아들들을 불러들여 한 우화를 들려주었다. 그 우화에는 두 마리 뱀

---

2) 테니스트리에 대해서는 Fletcher, "The Mongols: Ecological and Social Perspectives", pp.24-26, 36-38 참조.

이 등장하는데, 하나는 천 개의 머리와 하나의 꼬리가 있었고, 다른 뱀은 하나의 머리와 천 개의 꼬리가 있었다. 마차가 다가오자 첫 번째 뱀은 천 개의 머리가 모두 다른 방향으로 피하려고 하는 바람에 깔려 죽은 반면, 다른 뱀은 문제없이 마차를 피해갈 수 있었다.[3] 아들들은 테무친의 제안을 받아들여 셋째 아들 우구데이(칭기즈 칸의 아들은 위에서부터 차례로 주치, 차가타이, 우구데이, 톨루이가 있었다. –역주)가 칭기즈 칸을 이어 대칸에 오르는 것에 동의했다. 이 과정에 경쟁은 없었다. 그런데 이 경우는 대단히 예외적인 계승 사례였다. 우구데이 사후 사촌들 사이에 일련의 투쟁을 거쳐 1251년 대칸에 오른 사람은 우구데이의 아들이 아니라 그의 조카 몽케였다.(우구데이가 1241년 사망한 뒤 대칸에 오른 이는 우구데이의 장자 구육이며, 구육이 1248년 사망한 뒤 대칸에 오른 이가 구육의 사촌 몽케였다. 비록 구육의 재위 기간이 3년으로 짧았지만 우구데이에서 바로 조카 몽케로 제위가 계승된 것은 아니었다. –역주) 몽케 이후의 대칸 역시 그의 아들이 아니라 형제인 쿠빌라이에게 넘어갔는데, 쿠빌라이는 정치력과 군사력은 물론 행운까지 거머쥐면서 다른 두 형제(훌레구와 아릭 부케를 말함. –역주)를 앞질러 1260년 몽골의 대칸으로 선출되었다.

중국의 황제는 자기 형제들을 꺾어야 할 필요가 없었고, 따라서 경쟁할 생각은 꿈도 꾸지 않았다. 그러한 경쟁은 사실상 불가능했을뿐더러 황제의 관점에서 볼 때 황위를 찬탈하려는 야만적인 행위로 간주되었다. 적어도 이론상으로는 군사적 힘보다는 의례적 우선권ritual

---

3) Ratchnevsky, *Genghis Khan: his life and legacy*, p.140.

precedence이 우위에 있었다. 물론 예외도 있었는데 특히 원 이후 그러한 일이 발생했다. 명의 황제들은 몽골 칸 전통의 후계자이기도 했으므로 당–송 시대와 같은 황제일 수는 없었다. 명 말의 대표적 학자인 황종희黃宗羲(1610~1695) 같은 정치 철학자들은 원을 기원전 221년 중국을 통일한 진나라 이후 가장 중대한 단절rupture로 구별해서 취급했다. 황종희는 진과 원에 의한 두 차례의 격변을 거친 뒤, "옛 성왕聖王이 측은지심으로 백성을 사랑하여 경영한 것들이 모두 사라졌다."[4]라고 언급했다. 물론 이를 중국 황실에 대한 객관적인 평가라고 볼 수는 없으나, 황종희에게는 다른 의도가 있었다. 그는 이전 시대 내륙 아시아의 정복자들(몽골족을 말함. –역주)을 비난함으로써 또 다른 내륙 아시아의 지배자 만주족을 깎아내리려 했던 것이다.

황종희의 정치적 입장과는 상관없이, 몽골의 침입을 주요한 단절로 파악한 그의 의견이 과히 틀리지 않았다는 점은 오늘날의 학자들도 인정한다.[5] 하지만 그 단절이 명의 시작과 함께 끝난 것은 아니었다. 좀 더 정확히 말하면, 몽골을 몰아냈던 이들이 오히려 몽골의 전통을 일부 계승함으로써 중국 역사에 변화를 가져왔다. 한때 중국 전통과는 양립할 수 없었던 방식(가령 테니스트리)이 완전히 노골적인 형태는 아니었지만, 중국의 규범으로 자리 잡았다는 말이다. 왕조의 교체로 카리스마 넘치는 몽골의 칸 자리를 중국의 전통적인 황제가 다시 차지

4) de Bary, *Waiting for the Dawn*, p.99. (黃宗羲, 『明夷待訪錄』, 「原法」에 실린 "經此二盡之後, 古聖王之所惻隱愛人而經營者蕩然無具'에 해당한다. -역주)

5) Dardess, "Did the Mongols Matter?"

하면서, 황제에게도 몽골의 칸처럼 황제로서의 규범에 구애받지 않고 행동할 수 있는 잠재적 권한이 이어졌다. 초대 홍무제와 3대 영락제 같은 몇몇의 황제가 이러한 잠재력을 발휘했다. 그러나 그 외의 황제들은 최고 통치자의 정치적 늪이라고 할 수 있는 궁정 정치의 벽을 넘어서지 못해 강력한 정치력을 발휘하지 못했다.

원의 황제 계승

테니스트리 방식 때문에 원의 황제 계승은 외관상 대단히 혼란스러워 보였다. 쿠빌라이 칸은 1260년 몽골의 대칸에 오르고 1271년 중국 황조인 원의 개국을 선포하면서 중국식 연호인 지원至元을 채택했다. 1294년 쿠빌라이가 사망할 때는 세조世祖라는 중국식 묘호廟號까지 받았다. 쿠빌라이가 장수함에 따라 제위 계승은 한 세대를 건너뛰어, 그의 손자 테무르(성종成宗, 1265~1307)가 황제에 올랐다.(이하 몽골 칸의 발음은『라시드 앗 딘의 집사3 – 칸의 후예들』(김호동 역주)에 실린 대칸 계승도를 참조했음. –역주)

테무르는 장남이 아니었지만 형인 카말라(1263~1302)와 타르마발라(1264~1292)를 이기고 쿠릴타이에서 대칸으로 추대되었다. 테무르가 사망하자 제위는 그 직계로 내려가지 않고, 다시 형 타르마발라의 아들 카이샨(무종武宗, 1281~1311)에게 옮겨졌다. 카이샨이 사망하자 제위는 그의 동생 아유르바르와다(인종仁宗, 1285~1320)로 이어졌고,

다시 아유르바르와다의 아들 시데발라(영종英宗, 1303~1323)로 계승되었다. 그러나 시데발라가 1323년 모살謀殺된 뒤 제위는 다시 한 세대를 거슬러 올라가, 테무르의 형 카말라의 아들, 즉 시데발라의 숙부에 해당하는 이순 테무르(1293~1328)에게 건너갔다. 5년 동안 다스리던 이순 테무르가 사망하자 제위는 1328년 가을 어린 아들 아리기박(천순제天順帝, 1320~1328 추정)으로 이어졌으나, 아리기박이 제위에 오른 지 단 2달 만에 사망하자, 제위는 다시 타르마발라의 가계로 넘어갔다. 이후 5년 동안 타르마발라의 후손들이 2대에 걸쳐 대칸에 오르기 위해 다투었다.(타르마발라의 손자 툭 테무르(문종文宗, 재위 1328~1329, 1329~1332)와 코실라(명종明宗, 재위 1329), 그리고 증손자 이린지발(영종寧宗, 재위 1332) 사이의 복잡한 제위 계승을 말함. -역주) 그리고 1333년 드디어 원의 마지막 황제이자 가장 오랜 기간 제위에 머물렀던 토곤 테무르가 황제가 되었다(p.520 참조). 테무르의 마지막 해인 1307년부터 토곤 테무르 원년인 1333년까지, 27년 동안 모두 10명의 칸이 원의 권좌에 앉은 것이고, 툭 테무르가 두 번 제위에 오르지 않았더라면 모두 11명의 칸이 등장했던 셈이다.

소용돌이처럼 격변하던 제위 계승의 배경에는 쿠빌라이와 대부분 한인漢人으로 구성된 측근 대신들이 중국식 제도를 따라 만들었던 원 고유의 체계가 있었다. 원 제국이 세워지기 전, 쿠빌라이의 부친 우구데이는 무역과 조공 수입에 의존하던 기존 몽골족의 관행(그의 부친 칭기즈가 세운 방식)을 멀리했다. 우구데이는 직접 지배와 직접 과세를 하는 것이 더욱 유리하다고 보았고, 쿠빌라이는 이러한 동향을 확고히 다졌다. 쿠빌라이가 유목 방식을 약화시키고 중국 방식을 도입한 것은 갑작스러운 변동이라기보다는 이전부터 진행했던 '국가 만들기'의 발전된 결과에 불과했다. 행정 비용이 부담스러웠던 데다가, 오직 보상금에만 눈이 먼 탐욕적인 몽골 귀족 사회 때문에라도 쿠빌라이는 중화제국과 비슷한 체제를 만들어야 했다. 결국 그가 송을 정복한 것은 나라의 유지를 위해서였다.

이에 따라 쿠빌라이는 먼저, 이전 몽골의 수도였던 카라코룸을 포기하고 남쪽으로 수도를 이전하는 작업에 착수했다. 1256년 쿠빌라이는 승려이자 조언자였던 자총(유병충)에게 상도(영어로는 제나두Xanadu라는 근사한 이름으로 불림)라고 불리는 새로운 수도 건설을 계획하도록 명했다. 일단 정치적 경쟁자들이 제거되자, 9년 뒤 쿠빌라이는 다시 유병충에게 새로운 수도(상도)에서 남쪽 300킬로미터 지점, 즉 요와 금의 남경南京(정확히는 요의 남경이자 금의 중도中都)이었던 북경에 새로운 수도를 세우라는 두 번째 임무를 주었다.[6] 이후 북경은 명 초 50여 년을 제외하고 지금까지 중국의 수도로 부동의 자리를 지켰다. 쿠빌라이는 모슬렘 건축가 예하이티얼Yeheitie'er에게 아무도 모방할 수 없을 만큼 거대한 규모의 수도를 건축하도록 명했고, 예하이티얼은 군사적 과시가 담긴 몽골적 요소와 전통적인 중국 건축 방식을 혼합해 이 명령을 완수했다. 그 결과 송의 건축 방식과는 다르지만 몽골-중국 혼합형이 탄생했고, 이는 훗날 전형적인 '중국풍'으로 받아들여지게 된다. 수도 이전으로 쿠빌라이는 칸이자 황제가 되려는 의지를 더욱 확고히

6) Chan, "Li Ping-chung", p.252, 258.

군혔다. 매년 여름, 그는 여름 수도인 상도로 돌아가 화북 평원의 더위를 피하면서 사냥을 즐겼다. 이러한 사냥은 왕실에 먹거리를 공급해주었을 뿐만 아니라, 친위 부대에는 군사 훈련의 기회를, 쿠빌라이에게는 몽골인 기수騎手이자 수렵가로서의 실력을 과시하는 기회를 제공해주었다. 1280년 유관도劉貫道는 그러한 황제의 의중을 잘 포착하여 사냥하는 쿠빌라이의 모습을 화폭에 담았다(그림 6).

북경의 새로운 건축 양식처럼, 북경 천도 이후 한족 방식에 몽골 요소가 혼합되기 시작했다. 제국의 정무는 중서성中書省이 담당했고, 관청들은 쿠빌라이의 거처인 황궁皇宮의 남문 외곽에 위치했다. 중서령中書令은 정치적 사안에 관해 황제에게 조언하는 한편, 법령을 기초하면서 전통적인 육부六部(이부, 호부, 예부, 병부, 형부, 공부)를 관할했다. 이부吏部는 관리의 선발 및 평가, 그리고 고과考課를 통한 관리의 진급 및 강등을 담당했다. 호부戶部는 인구 조사와 세금 징수를 담당했다. 예부禮部는 왕실의 막중한 의례적 규정과 (과거 제도가 회복된 이후에는) 과거 시험을 관리했고, 대외 관계에 관한 임무도 수행했다. 병부兵部는 군사 기관이 아닌 일반 행정 기관으로, 군대의 조직, 군수 조달, 훈련, 역참제의 운영을 담당했다. 형부刑部는 법 집행을, 공부工部는 성城, 운하, 왕실 무덤과 같은 공적인 건설 등을 책임졌다. 중앙 부서에는 군사 업무를 총괄하는 추밀원樞密院도 포함되었다. 쿠빌라이는 모든 사안에 관해 수도에서 치밀한 감시가 가능하다고 확신하면서도, 지방에서 몽골의 권익이 손상되지 않도록 각 행성行省에 '다루가치'라고 하는 몽골인 특사를 파견했다.

그림 6. 유관도의 「원세조출렵도(元世祖出獵圖)」
1280년 작. 당시 쿠빌라이의 나이는 64세로 그림에 보이는 것처럼 거구였을 것이다.
대만 고궁박물원 소장.

쿠빌라이는 관리를 선발하는 과정에서도 중국의 전통적인 과거제보다 추천제를 선호하는 등 몽골족이 장악한 권력이 한족에게 넘어가지 않도록 세심한 주의를 기울였다. 개인적인 의무 관계를 매개로 성립되는 추천제가 오직 시험 성적만으로 관리를 선발하는 과거제에 비해 익명성을 배제하므로 훨씬 더 안전하다고 판단했다. 동시에 그는 피정복자들을 회유하기 위해 온건하면서도 자비로운 태도를 취하려고 노력했다. 뚜렷한 증거는 없지만, 1263~1269년 사이에 사형이 단 91차례만 집행됐다는 관리의 보고가 있는데, 이는 오늘날의 기준으로 볼 때 형 집행이 상당히 절제되었다고 말할 수 있다.[7] 후대는 이러한 태도를 기억했다. 명 초의 기록인『초목자』의 저자 섭자기는 쿠빌라이의 치세 기간을 "형벌이 가볍고 세금이 적으며, 군대 징발이 그치고 거의 동원되지 않았던" 시대로 칭송했다.[8]

예상과는 달리 쿠빌라이는 어사대御史臺라는 기관을 없애지 않았다. 어사는 관료뿐 아니라 황제의 행위를 감시하기 위해 선발된 조직으로 정체政體가 무너지거나 변질되지 않게 유지하는 기능을 했다. 때로 어사의 직분은 대단히 위험했지만, 실권이 없는 경우도 있었다. 원의 황제들은 어사대에 실질적인 권한을 부여하지 않으려 했다. 파견된 어사에게는 단지 황제의 명령대로 관료들이 움직이는지 감시하라는 의무만 부여했다. 5대 황제 시데발라만 예외였다. 1323년 2월 시데발라는 적대적인 몽골 세력의 힘을 약화시키기 위한 정책의 일환으

7) Rossabi, *Khubilai Khan*, p.130.

8) 葉子奇,『草木子』, p.47.

로, 다수의 한족 관료를 행정 부서에 충원하여 어사들이 관료 내부의 부정부패를 척결하도록 일련의 조치를 공포했다. 그로부터 7개월 뒤, 시데발라를 암살한 쿠데타의 주범은 다름 아닌 몽골인 어사대 수장이었다. 이로써 한족에 친화적이었던 시데발라의 노력은 수포로 돌아갔다.[9)]

내륙 아시아의 연구자 니콜라 디 코스모Nicola di Cosmo는 쿠빌라이가 중국 통합에는 성공했지만 결국 '근본적으로 결함 있는' 체제를 낳았는데, 다시 말해 "민족 간 구분을 제도화하여 민족적으로 조화를 이루지 못했고, 게다가 수도의 행정부에 황제와 그 측근들만을 위한 기관을 두는 등 대단히 낭비적이면서 중앙 집권적인 행정이 만연했기 때문"(이러한 특징은 마르코 폴로처럼 쿠빌라이의 행정부 밖에 있는 사람이 내부를 보고 남긴 수많은 자료에서 공통적으로 지적했던 사항이다)이라고 지적했다. 또한 "몽골족은 행정에 관련해 변덕스럽고 부주의했으며, 일부 내륙 아시아의 정치적 전통 ― 가령 상속의 원칙, 가문과 혈통에 따라 분배한 특권, 중앙 정부와 상인 조직 사이의 결탁 등 ― 또한 상당수 섞여있었다."라고 덧붙였다.[10)] 이러한 체제가 제국에서 장기간 지속되기 위해서는 중국인 관리들의 변함없는 협조(하지만 몽골족은 중국인 관리들을 충분히 신뢰하지 않았다)와 더불어, 권력이 형성되고 전승될 수 있는 통치의 안정성이 필수적이었다(이러한 안정성 또한 이끌어내지 못했다). 그래서 원은 무너졌으나, 그래도 거의 한 세기 동안은 유지되었다.

---

9) Hsiao, "Mid-Yuan Politics", pp.531-532.

10) Di Cosmo, "State Formation and Periodization in Inner Asian History", p.34.

명의 전제 정치

1368년 이전까지 양자강 유역을 따라 전투에 전념했던 주원장은 드디어 몽골의 지배를 몰아내고 홍무제로 등극했다. 그는 왕조의 이름을 '명'(밝다)으로 정했는데, 오행이라는 우주론에 따르면 불을 상징하는 '명'이 물을 상징하는 '원'(중요 근본)을 계승하는 셈이 된다. 인간사와 마찬가지로 물질세계 역시 쇠[金], 나무[木], 땅[土], 물[水], 불[火]의 순환 구조로 이해되었다. 또한 '명'이라는 이름에는 주원장이 세력을 확장해가던 초기 시절, 그가 몸담았던 반란 집단의 종교적 이데올로기의 하나인 마니교의 우주론(어둠에 맞선 빛의 싸움)이 반영되기도 했다.

주원장은 중국에서 몽골 지배의 잔재를 없애고 송의 모델을 회복하는 것이 자기 임무라고 천명했다. 물론 이러한 조치가 유학 사상에 젖은 조언자들에게 위로가 되었고, 한족 중심의 국수주의를 동원하는 데도 도움이 되었지만, 주원장은 새 정권에서 그동안 자기에게 익숙했던 원의 관행을 종종 재생산하곤 했다.[11] 그 결과 20세기의 저명한 역사가 프레더릭 모트Frederick Mote가 '전제 정치專制政治, despotism'라고 부른 것, 즉 몽골의 칸과 송의 황제 전통을 혼합한 새로운 형태의 지배가 탄생했다. 모트는 이러한 중국 전제 정치의 시작점이 송이라고 생각하면서도 이른바 몽골의 '야만화brutalization' 때문에 기존 제국이 보유했던 '구속력이 상당수 파괴되었고' 이를 통해 명의 전제 정치가 열렸다고 지적했다. "원의 야만화된 세계가 의미 있는 것은 명의 지배층

---

11) Hucker, *The Ming Dynasty: Its Origins and Evolving Institutions*, p.33.

과 백성들의 첫 세대가 모두 그 세계에서 성인으로 자라났고, 또한 그런 환경에서 명의 특색과 성격이 형성되었기 때문이다."[12]

모트는 중국의 전제 정치가 송과 원으로부터 기원한다는 가설을 가지고 1950~1960년대 풍미했던 카를 비트포겔Karl Wittfogel(1896~1988) 등의 냉전 시대 중국학에 맞섰다. 비트포겔은 아시아가 아주 오랜 고대부터 현재까지 변함없이 전제 정치라는 상황에 속박되었다고 주장했다. 이러한 개념은 17세기 유럽의 지식인들이 서아시아와 남아시아의 정치 체제를 규정하면서 고안해냈다. 그러다 18세기가 되자 중국이 이러한 전제 정치의 개념에 포함되기 시작했고, 결국에는 가장 극단적인 전제 정치의 단계로 중국이 지목되기에 이르렀다.[13] 유럽은 저들의 제국주의를 정당화하는 제국의 패권 이념을 구축하기 위해 중국을 평가 절하했고, 그 여파가 지금 중국에 관한 우리의 생각과 기대를 형성했다.

명사明史 연구자로 그다음 세대에 해당하는 에드워드 파머Edward Farmer(1924~1993)는 명에 관한 논의를 기존의 '전제 정치despotism'에서 '독재 정치autocracy'로 전환하며, 독재 정치를 "제국의 제도 가운데 강화된 권력의 집중"이라고 정의했다.[14] 다시 말해, 파머는 명의 독재 정치를 제도로서 구현된 정치 조직의 체계라고 보았다. 이는 쿠빌라이 칸이 보여준 몽골의 습속이나 주원장의 사나운 성격에서 기인한 결과

12) Mote, "The Growth of Chinese Despotism", p.18.

13) Blue, "China and Western Social Thought in Modern Period", pp.86-94.

14) Farmer, *Zhu Yuanzhang and Early Ming Legislation*, p.100.

가 아닐뿐더러 중국 사회의 권위적인 본질과도 관련이 없으며, 다만 그들이 권력을 유지하려고 고안해낸 제도에 불과하다는 것이다. 이 용어(명의 독재 정치)는 조정의 의례나 백성의 기대 가운데 형성된 각종 제약에서 황제의 권력이 빠져나오는 상황을 설명하는 데 유용하다. 하지만 실제 역사에서 홀로 통치했던 지도자는 거의 없었다. 모트가 지적한 것처럼, 명에서 가장 의지가 강했던 황제들에게도 '현실적인 한계'는 분명 존재했다.[15)]

독재 정치를 가로막는 제도 가운데 하나로 꼽을 수 있는 것이 법이었다. 명 태조 주원장은 재위 첫해에 명률明律을 반포했다. 하지만 그 법령들은 관료와 일반인을 규제하려고 제정된 것이지, 황제 자신이 그 법령에 구속된 것은 아니었다. 주원장 역시 자기가 명률에 속박된다고 생각하지 않았다. 그는 극악한 범죄에 대해서 명률이 생각하는 만큼 가혹하지 않다는 점에 불만을 품고, 자칭 '법률을 능가하는 법률'을 만들어냈다. 1380년대 중반 주원장은 초법적인 판결을 모아 「대고大誥」라는 이름의 문서를 내놓았다. 「대고」는 실제로 제2의 법률이 되었다. 그는 관리들에게 「대고」의 정신을 따르도록 명령했지만, 사실상 자신을 제외한 어느 누구도 형벌 선고의 지침을 마음대로 사용하지 못하도록 했다. 「대고」에 따라 죄를 물으려는 사법 관리는 반드시 그 형벌을 한 단계 낮추어야 했다.[16)]

---

15) Mote, "The Growth of Chinese Despotism", p.32.

16) 陸容,『菽園雜記』, p.123. "大誥, 惟法司擬罪云有大誥減一等云爾. 民間實未之見, 況復有講讀者乎?"

새로운 형벌들이 지나치게 가혹하다는 사실을 주원장이 모른 것은 아니었으나 자기가 집권하고 있는 타락한 시대에는 이런 형벌이 필요하다고 믿었다. 주원장이 사망하기 1년 전 형부로부터 명률의 처벌 수준을 대고 수준으로 높이자는 요청이 올라왔으나, 황제는 이를 거부했다.[17] 황제에게 법률적 제도를 압도하는 칸의 판결 권한을 행사할 수 있는 순간이 왔으나, 주원장은 이를 행사하지 않았다. 그럼에도 불구하고, 주원장이 시행했던 규제와 제도에는 유교에서 선정善政의 기본 원리로 떠받들던 군주와 신하 혹은 통치자와 백성 사이의 호혜주의互惠主義, sense of reciprocity가 현저히 빠져있었다. 주원장이 생각하는 정부란 유교에 근거한 도덕적 전통을 도려내고 그 자리에 오직 정치의 건전성만을 유지하기 위해 처벌을 채워 넣는 주체였다. 이듬해 주원장이 사망함으로써 중국사에서 가장 특이한 시대, 즉 독재주의 혹은 전제주의가 사실상 실현되었던 시기가 종료되었다. 주원장은 이후 자기의 명령 가운데 '한 글자도' 변경해서는 안 된다고 강조했으나, 후손들은 주원장이 강요하려 했던 독재 체제를 유지할 수 없었다.[18]

왕조의 시조가 만든 제도는 신성불가침이었지만, 이후의 황제들은 주원장의 법률 체계에 손을 대기 시작했다. 정치 체제에서 바람직하지 않은 상황이 생기면서 결국 그러한 변화가 발생했다. 가령 황제가 자신의 의무를 거부하거나 전쟁에서 포로로 잡힐 때, 혹은 아들 낳기

---

17) Brook et al., *Death by a Thousand Cuts*, p.116. (박소현 역, 『능지처참: 중국의 잔혹성과 서구의 시선』, 너머북스, 2010, pp.221-222)

18) 주원장의 명령인 「황명조훈(皇明祖訓)」은 Farmer, *Zhu Yuanzhang and Early Ming Legislation*, pp.114-149에 번역되었으며, 인용구는 p.118에 있다.

그림 7.「주원장의 초상화」
명의 태조를 그린 16세기의 백묘화(白描畫). 호의적으로 표현된 것 같지는 않다. 작가의 의도는 무엇일까? 주원장을 우스꽝스럽게 묘사하고 싶었던 것일까? 아니면 그 특이한 성격을 포착하려 했던 것일까? 대만 국립고궁박물원 소장.

에 실패할 때가 그러했다. 물론 이러한 위기는 임시변통이나 유추를 통한 법률 해석으로 극복될 수 있었다. 그러나 법은 유연성이 전혀 없어서, 모든 위기 상황이 황위 계승의 위기로 바뀌었고, 그때마다 내린 최종 결정은 체제의 역량에 흠집을 내며 향후의 위협에 대처하는 능력을 파괴하는 쪽으로 이루어졌다. 우리는 명의 정치를 이해하기 위해 일상적인 시기의 정치 운영 과정보다는 5차례의 중대한 위기라는 맥락에서 고찰하고자 한다. 첫 번째 위기는 태조가 통치한 지 겨우 12년 만에 발생했다.

호유용의 변

이제 막 13년이 지난 새 왕조에 첫 번째 정치적 위기가 닥쳤고, 이는 온 나라에 크나큰 충격을 주었다. 주원장은 재상 호유용胡惟庸이 자기를 암살할 음모를 세우고 적대적인 외국 세력(일본은 확실하고, 베트남과 몽골도 연결되었을 가능성이 있다)과 공모해서 주씨의 제국을 탈취하려 한다는 혐의를 발견하고 처벌했다. 이후 호유용에 관한 모든 자료가 조작되거나 파기되었으므로, 이러한 혐의가 사실인지 날조된 것인지 분별하기는 불가능하지만, 어느 정도의 추론은 가능하다. 호유용이 실각했던 결정적인 사건은 그가 참파(베트남)에서 온 조공단 보고를 누락한 일이었다. 조공단을 영접하는 것은 왕실의 특권이지 재상의 권한은 아니었다. 작은 실수와 오해가 얽혀있고 분명 사연이 있었겠지만, 이 사건은 이제 막 황제에 오른 자를 피해망상에 시달리게 하기에 충분했다. 『명사』에는 의외로 이에 관한 자세한 언급이 빠져있는데, 아마도 명 초 이 사건과 관련한 자세한 정보가 완전히 차단되어 『명사』를 기록하던 청의 역사가들이 이용할 자료가 거의 없었을 것이다.[19)]

하지만 이 사건의 배후에는 재상 권력에 관한 본질적인 문제가 깔려있다. 관료제의 우두머리로서 재상은 관리 임용에 관하여 최고 권한을 쥐고 있었다. 따라서 재상은 자기 지지자들을 중요한 관직에 포진시킴으로써 황제와는 무관한 인원들로 행정 체계를 새롭게 재건할 가능성이 있었다. 호유용에 관한 혐의가 사실이었다 하더라도, 조공단 영접에 관한 일을 제외하고 그가 권한을 남용했다고 보기는 어렵다. 하지만 주원장으로서는 제국을 자기 손아귀에 넣었다 해도, 제국의 통치에서 재상에게서 소외될 가능성을 간과할 수 없었다. 결국 주원장은 호유용뿐만 아니라 당시 그와 조금이라도 연관된 인물을 모두 처형했다. 이 사건에 관련되어 처벌받은 인원이 약 1만 5,000명에 달한다고 주원장 스스로 언급했다. 이와 관련한 숙청 작업은 이후로 14년이나 지속되었고, 제국의 관료들 가운데 약 4만 명이 추가로 처형되었다. 1380년대 발생한 호유용의 변은 당시까지 전쟁을 제외하고 가장 끔찍한 대학살로 기록될 만큼, 지식인들에게는 몽골의 지배로 받은 상처보다 훨씬 강한 정신적 충격trauma으로 각인되었다.

재상제의 폐지로 제국의 체제가 재편되었다. 이제 정부 운영은 황

19) 张廷玉, 『明史』, pp.7906-7908.

제의 지능과 능력에 전적으로 의존하게 되었다. 재상이 맡았던 중서령의 직위가 사라지고 이후로도 재건되지 않았으므로 육부를 총괄하면서 각종 업무를 중재하고 조정하는 황제의 대리인이 사라진 셈이었다. 도지휘사사와 도찰원都察院 역시 일관된 방향성 없이 작은 단위로 분해되어 황제의 대리인으로 권력을 조정하는 역할을 박탈당했다. 역사가 찰스 허커Charles Hucker(1919~1994)는 그 결과를 다음과 같이 요약했다. "1380년 이후 명 조정은 구조화되어, 그 결과 황제의 신임을 받은 한 사람이 홀로 군사, 행정, 감찰을 총괄적으로 통제할 수 없게 되었다. 권력의 집행권은 오직 황제의 손에 달려있었다."[20]

호유용의 변에 관한 허커의 평가는 대단히 신랄했지만 가장 현실적인 평가일 수 있다. 호유용의 변 이후 명 조정은 상당 기간 삐걱거렸고 관리들은 20여 년 동안 극도의 긴장감 가운데 지냈다. 그런데 효유용의 변을 다르게 해석할 수도 있다. 즉 편집증에 사로잡힌 황제가 자신의 주도권을 빼앗기면 권력도 위태로워진다고 판단하여 보복성 공격을 감행한 것으로 볼 게 아니라, 원 조정의 오명汚名으로 지목된 당파적 행정과 정실주의라는 관행에서 벗어나려는 황제의 결연한 의지로 볼 수도 있지 않을까? 이러한 해석은 관련 자료가 부족하여 논의를 발전시키기는 어렵다. 그렇지만 원-명의 연속성을 고려할 때, 호유용의 변을 단순히 칸 이상의 칸이 되고 싶은 황제의 집착으로 보기보다는 원의 유산을 조정調整한다는 차원에서도 생각해봐야 할 것이다.

황제 한 사람에게 행정이 집중되는 것은 주원장처럼 용의주도한 인

20) Hucker, "Ming Government", p.76.

물도 감당하기 벅찬 일이었다. 이에 임시 변통적인 형식이긴 했지만, 주원장은 조정 역할을 감당하는 대리인을 재기용하지 않을 수 없었다. 호유용의 변이 발생한 1382년에서 2년이 지난 뒤 아주 중요한 변화가 생겼는데, 주원장이 한림원에서 지위가 낮은 관리들을 선발하여 조칙詔勅을 기초하는 임무를 맡긴 일이 그것이었다. 주원장은 그들을 '대학사大學士'로 임명하여 각종 조언을 받았는데, 이러한 조언은 집단이 아니라 개개인별로 이루어졌다. 대학사라는 이름은 점차 내각의 한 형태로 발전해갔다. 대학사는 이전 시대의 중서령을 대체할 만큼 조직 구조에 안정적으로 편입되지 못했으나, 1420년대가 되면 사실상 정권의 고위 대리인executive agency으로서의 권위를 획득하게 된다. 이후 수석 대학사는 황제에게 밀접한 위치에서 자문하는 형태로 사실상 재상처럼 제국 행정을 책임졌으나, 호유용이 누렸던 권위와 독립성은 얻지 못했다.

정난의 변

1398년 정력적인 태조 주원장이 사망하자마자 즉각은 아니었으나 머지않아 황위 계승의 위기가 찾아왔다. 주원장은 일찍이 자기 장자를 황태자이자 계승자로 결정했지만 황태자가 1392년 일찍 사망하면서 장자 상속제의 원칙에 따라 황태자의 장자인 주윤문朱允炆을 황위 계승자로 지명했다. 1398년 주윤문이 건문제로 황위에 오르자 아버지를 이어 황제가 되려 했던 주윤문의 많은 삼촌들은 크게 낙심했다. 그들은 주윤문 측근들이 황제를 유교적 모델로 이끌고 창업 가문의 용맹한 전통에서 멀어지게 할 것을 염려했다. 그것은 당연한 일이었다.

삼촌들 가운데 가장 강력한 도전자는 주원장의 넷째 아들 주체朱棣(1360~1424)였다. 주원장은 1368년 수도를 새로운 제국의 경제 중심지 남경으로 옮겼으나 북방에도 강력한 방어 세력이 필요했다. 이에 넷째 아들 주체가 몽골 세력을 막아내기에 적합하다고 생각하고는 그를 옛 몽골의 수도인 대도大都, 즉 지금의 북경의 왕으로 분봉分封했다. 건문제가 즉위한 지 채 1년이 지나기도 전에 주체는 북방 지역의 군사적 독립을 선포하고 3년 동안 조카와 내전을 시작했다. 건문제에 충성하던 관리들은 정권을 지키기 위해 연합했는데, 특히 두 세력의 접전지였던 산동성에서 저항이 강했다. 하지만 그들은 주체의 강력한 군사력을 넘어서지 못했다.[21] 주체의 군대는 남경까지 진격하여 거의 저항을 받지 않고 수도를 함락했다. 황성은 불에 탔고 건문제 역시 이 화재에 사망했을 것으로 추정했다. 그럼에도 불구하고 수십 년간 건문제가 살아남아 탈출했다는 소문이 돌았다.

주체는 이 사건을 남북南北 논리를 내세워 '정난靖難의 변變'이라 부르며 정당화했다. 즉 남쪽이 어지러운 국면에 빠져들자 자기가 이기적인 관리들의 그릇된 운영에서 제국을 구했다는 것이다.(저자는 정난

21) 건문제를 방어하기 위해 저항하다 사망한 관리들에 대해서는 『山東通志』(1533) 卷25, 10b-11a 참조. 영락제가 건문제를 위해 충성심으로 끝까지 저항하다 살아남은 이들을 선처(善處)했다는 사실은 이후의 기록인 陸容, 『菽園雜記』, p.28. 참조. 이 밖의 기록에서는 주체의 군대가 패전자들을 잔혹하게 처리했다고 한다.

의 변의 정난靖難(어지러움을 평정하다)을 같은 중국어 발음의 정남靖南(남쪽 지역을 평정하다)으로 오해한 듯하다. —역주) 덧붙여 그는 (때마침) 건문제가 죽은 것은 불행한 일이지만 자기가 시해를 주도한 것이 아니라고 주장했다. 황궁이 불에 타버린 지 나흘 뒤 영락제로 등극한 주체는 자기가 조카의 계승자가 아닌 부친의 계승자임을 분명히 했다. 또한 건문제의 재위 기간을 역사 기록에서 삭제하도록 명했다. 영락제가 제위에 오른 1402년에 대해서도 공식적으로 건문 4년이 아니라 홍무 35년이라 칭했는데, 부친은 이미 홍무 31년에 사망한 상황이었다. 이렇게 계산한 것 역시 자기의 즉위 과정에 쿠데타는 없었으며, 자기는 부친을 정상적으로 계승한 아들이라는 의미였다. 1595년에 가서야 건문제의 4년간의 재위가 명사의 공식적인 연대기로 회복되었다.

주체는 건문제의 최측근 조언자였던 방효유方孝孺(1357~1402)를 회유할 수 있을 것이라 생각했으나, 이는 오산이었다. 방효유는 확고한 보수주의자로 세상을 바로잡으려면 현실의 추세를 따라서는 안 되고 오직 고대의 방식을 회복해야 한다고 확신한 사람이었다. 그는 조카의 황위를 삼촌이 계승한 것을 지지하기는커녕 한때 자기가 섬겼고 합법적으로 황위에 오른 황제가 그런 식으로 바뀌었다는 사실을 도저히 받아들일 수가 없었다. 영락제의 부친이 제정한 규정에 따르면, 건문제의 계승자는 오직 건문제의 자식에서만 나와야 했다. 영락제는 방효유가 자기에게 복속하는지를 테스트하려고 자신의 계승을 정당화하는 칙유를 작성하도록 명령했으나, 방효유는 거절했다. 방효유는 들고 있던 붓을 바닥에 내던지며 차라리 죽음을 택하겠다고 선언했고, 영락제는 이를 받아들여 능지처참을 명했다.[22] 영락제는 "짐은 나라를 다스림에 있어 오직 오경五經만을 사용하겠다."라고 장엄하게 선언했으나 그의 재위 때 유교 윤리의 핵심인, 통치자와 피통치자 사이의 도덕적 호혜주의를 발견하기는 어려웠다.[23] 영락제의 권위가 절대화되자 건문제에게 충성하던 지식인들이 하나둘 권력에 영합하기 시작했다. 그러나 많은 조정 신료들은 순식간에 권력을 장악한 주체에게 영합하지 않고 유교 제국에 충성하는 길을 선택했다. 방효유도 이들 편에 속한 인물이었다.

정난의 변에 희생된 자가 방효유만은 아니었다. 정난의 변 이후에도 효유용의 변에 버금갈 정도로 수만 명이 학살되었다. 명 태조가 황제로 등극하던 길을 그의 아들이 고스란히 답습한 형국이었다. 물론 중국 정치가 전제주의로 전환된 기초는 원의 몽골 황제 때 세워진 것이라 볼 수 있다. 그렇다 해도, 명 시대에 고대 제국의 체제를 회복하여 의무와 호혜주의라는 유교적 가치를 육성할 수도 있었으나, 홍무제와 영락제는 그렇게 하기는커녕, 오히려 그러한 가치를 도려내버렸다.

영락제는 수도를 다시 옛 몽골의 수도 북경으로 천도하여 정권의 개조 작업을 마무리했다. 1416년 도성 건축이 본격적으로 시작되었고, 1420년 10월 28일 북경이 명의 공식적인 수도로 지정되었다. 남경은

22) 张廷玉, 『明史』, p.4019. 방효유의 보수성에 대해서는 같은 책 pp.4053-4054 참조.

23) 余繼登, 『典故紀聞』, p.107. "朕所用治天下者五經耳."

부도副都로 강등되었다.

정난의 변으로 정통성이 도마에 올랐기 때문에, 영락제는 이를 불식拂拭시키려고 온갖 방법을 동원했다. 수도를 남경에서 북경으로 옮긴 것 역시 그 일환이었다. 북경 천도는 정치 중심지를 황제의 본거지로 바꾼 조치였지만, 암암리에 명을 송의 사대부 전통보다 원(몽골족) 혹은 금(여진족)의 전사戰士 전통과 맞닿도록 추진한 결과이기도 했다. 영락제는 쿠빌라이를 자신의 모델로 삼았다. 그리하여 쿠빌라이처럼 자기가 해양 세계의 황제임을 선언하기도 했다. 영락제는 신뢰하는 환관들에게 외교적 임무를 맡겨 동남아시아의 여러 조공국에 수차례 파견했다. 그중 가장 널리 알려진 환관은 여섯 차례나 임무를 수행했던 정화鄭和(1371~1433)였다. 정화는 첫 번째 파견 때(1405~1407) 인도의 서남 해안까지 다녀왔다. 이후 거대한 규모로 다섯 차례의 파견(1407~1409, 1409~1411, 1413~1415, 1417~1419, 1421~1422)이 이루어졌고, 이는 명에 큰 재정적 부담을 안겨주었다. 이와 동시에 북경성이 건설되고 있어서 재정적 부담은 더욱 가중되었다. 1421년 북경에 새로 건설된 세 개의 궁전에 화재가 발생하자(이는 전통적으로 하늘이 인정하지 않는다는 징조였다) 영락제는 7번째로 정화를 해외로 파견하려던 계획을 중단했고, 결국 7차 파견이 이루어지기 전에 사망했다. 영락제 이후의 황제들은 재정 분야를 책임진 관료들의 조언에 따라 거대하고 값비싼 보선寶船 같은 선박 제조를 중지했고, 더불어 명의 위상을 조공국에 과시하거나 진귀한 물품을 구매하는 데 사용하던 재정을 줄이고

부족한 분야의 재정을 좀 더 늘렸다.[24)]

정화를 이탈리아의 크리스토퍼 콜럼버스Christopher Columbus(1450~1506)의 선례로 보아야 한다는 촉구가 인 적이 있었는데, 이는 흥미로운 현상이다. 만약 명의 관료들이 긴축 재정을 추구하며 정화의 항해를 중지시키지만 않았더라도 불굴의 탐험가 정화는 콜럼버스보다 먼저 아메리카 대륙을 발견했을 것이라는 해석이기 때문이다. 이런 해석이 아마추어 역사가들의 공상을 자극했을지는 몰라도, 이는 정화와 콜럼버스의 항해에 관한 근본적인 오해로 빚어진 결과에 불과하다. 콜럼버스는 탐험가가 아니었고, 다만 중국과의 직접 무역을 성사시키려는 상업 투자의 일환으로 항해에 뛰어들었을 뿐이다. 그는 폴로의 『동방견문록』을 근거로 하여 항해 계획을 세우고 후원자를 물색했다. 그런 다음 중국에 직접 도달할 것으로 믿고 서쪽으로 출항했다. 콜럼버스의 주된 후원자는 에스파냐의 왕과 여왕이었는데, 그들은 1492년 에스파냐계 유대인을 대거 추방하면서 몰수한 자금 일부를 콜럼버스의 항해에 지원해주었다. 에스파냐 왕실이 장거리 항해에 투자한 동기는 재정적인 관심이었을 뿐 외교나 정치, 혹은 지적 관심과는 거리가 멀었다. 콜럼버스는 이후 지속적인 항해의 발판을 마련하기 위해 일부 선단을 방문지에 남겨두었으나, 이 역시 식민지 개척이 아니라 무역이 목적이었다.

---

24) Church, "The Colossal Ships of Zheng He", pp.174-175. 처치(Church)는 보선의 규모에 대한 사료를 합리적으로 조정했는데, 가령 『明史』(pp.160-162)에서 언급한 선박 길이는 3분의 1로, 적재량은 10분의 1로 평가했다. 이 유명한 항해에 관한 적절한 설명은 Tsai, *Perpetual Happiness*, pp.197-208 참조.

콜럼버스를 (아메리카 대륙을 '발견'하여 세상을 변화시킨 영웅적 탐험가로 보지 않고) 이러한 각도에서 본다면, 정화를 콜럼버스의 화신으로 볼 수 없고 오히려 그 반대 인물로 볼 수 있다. 정화의 목적은 외교적인 데 있었다. 즉 조공국으로 알려진 모든 나라를 방문하여 영락제가 새 황제로 등극했으니 영락제에게 조공을 바쳐야 한다는 사실을 선포하는 사명을 완수하는 것이 그의 목적이었다. 영락제는 조공국이 이러한 요구를 거절하지 못하도록 정화에게 상당한 군사력을 동원해주었지만, 정복할 뜻이 있었던 것은 아니었다. 중국은 아시아의 해양 세계로 연결된 상업망을 더욱 활성화하는 데 관심이 있었고, 정화의 함대 덕에 중국 상인들이 무역을 확대하는 데 득이 된 것은 사실이지만, 정화의 파견에 경제적 투자 목적이 있었던 것도 결코 아니었다. 또한 콜럼버스가 에스파냐의 국왕 페르난도 2세와 이사벨 1세에게 황금을 가지고 돌아오겠다는 약속을 번번이 지키지 못한 것과 달리, 정화에게는 그러한 부담이 전혀 없었다. 결국 정화의 선단은 중국 관리로는 처음으로 아프리카의 동편에 닻을 내렸다. 그러나 그 항해는 모슬렘 상인들이 인도양에서 오랫동안 이용해 오던 해로를 따라 이동한 결과였을 뿐이었다. 중국 선원들에게 어떤 지역은 새로운 곳이었으나 새 지역을 '발견'한다는 인식은 없었다. 그저 명의 주권을 인정해야 할 국가의 명단에 새 지역을 추가하는 게 전부였다. 정화는 세계를 발견하기 위해 바다로 뛰어든 탐험가도 사업가도 아니었다. 다만, 무력으로 황위를 찬탈한 영락제의 명에 따라 외교적 인정을 얻으려고 파견된 제국의 신하에 불과했다. 정화의 항해는 정치적인 제스처였고, 그런 점에서 매

우 중요한 사건이었다.[25)]

정화의 항해에 관해, 건문제가 화재에서 살아나 해외로 도주했다고 믿은 영락제가 그를 찾기 위해 정화를 파견했다는 설이 있었다. 믿기 어려운 소문이지만 사람들은 이를 솔깃하게 생각했다. 영락제가 조카(건문제)에 관한 보고에 늘 주목했으며, 그러한 보고가 몇 년간 계속 이어졌으니 그럴 만도 했다. 그 마지막 보고는 1447년 90세 넘은 노승老僧이 운남성과 광서성의 접경지대에서 자기가 강제 폐위된 황제라고 주장했던 일이었다. 그 소문이 지역 관리들에게 알려지자 이 노승은 체포되어 수도로 압송되었다. 노승은 갖은 고문 끝에 자기는 1384년 출가한 평범한 승려이지 건문제가 아니라고 자백했다. 『만력야획편』에 이 이야기를 기록한 심덕부는 관리들이 승려를 심문하기 전에 나이를 계산했어야 한다고 꼬집었다. 1377년생 건문제가 1447년까지 살았다면 70세인데 반해, 그 노승은 90세였기 때문이다. 따라서 이 사건은 "(관리들의) 사기 행위였음이 틀림없다."라고 심덕부는 신랄하게 비난했다.[26)] 노승은 감옥에 갇힌 지 4개월 만에 사망했다. 그와 연루되었던 12명의 승려들은 승직을 박탈당하고 먼 북방에서 변경을 지키는 비참

25) Geoff Wade는 "The Zheng He Voyages: A Reassessment"에서 정화의 원정을 동남아시아를 향한 영락제의 팽창 정책의 일환이자 몽골이 남쪽으로 진출하려 시도했던 움직임의 연속으로 파악했다. 몽골이 대륙 아시아에 '팩스 몽골리카(Pax Mongolica)'를 실현하려 했던 것처럼 영락제 역시 해양 아시아에 '팩스 명'(Pax Ming, '명의 평화')을 실현하려 했다는 것이다. 그는 정화 함대의 거대한 군사 규모에 주목했으나, 위압용으로 동원된 목적을 정복용으로 잘못 본 것이다.

26) 沈德符, 『萬歷野獲編』 卷1, 「建文君出亡」, p.9; 余繼登, 『典故紀聞』, p.196.

한 삶을 살았는데, 바로 그 부근에서 그다음 정치 위기가 시작된다.

토목의 변

영락제의 뒤를 이은 장남 홍희제洪熙帝가 일찍 사망하자 제위는 곧 홍희제의 장남 선덕제宣德帝에게 넘어갔고, 이후 선덕제의 장남인 정통제로 이어졌다. 영락제 이후 세 번째 황제인 주기진朱祁鎮(정통제)은 영락제의 증손자로 1435년 8세의 나이로 황제가 되었다. 이처럼 황제가 이른 시기에 사망하여 어린 황제를 옹립해야 하는 상황은 제국의 안정성에 큰 약점이 되었다. 따라서 선덕제가 사망하고 새 황제가 집정하기 전까지 '삼양三楊'이라 불리는 세 명의 대학사(각각 양사기楊士奇, 양영楊榮, 양부楊溥 –역주)가 황제의 자리를 안전히 지키는 데 동원되었다. 그러나 정통제가 15세가 되어 친정親政을 시작하자 조정에 대한 '삼양'의 영향력은 사라졌고, 왕실의 환관 지도부인 사례감司禮監으로 주도권이 넘어갔다. 환관들은 황제 기분대로 국정을 이끌도록 부추겼고, 이는 재앙을 초래했다. 몽골이 장성을 급습하자 황제는 원정대를 직접 지휘하려고 나섰다. 친정親政에 대한 황제의 열망은 결국 아무도 예상 못했던 체제 위기로 이어졌는데, 황제가 외국에 포로로 잡혀가는 실로 난감한 사태가 벌어진 것이다.

몽골 세력의 재규합에 성공한 에센(몽골의 오이라트족의 수장으로 칸에 오름. –역주)은 세 방면에서 북중국을 침공하기 시작했다. 주기진은 자기 이복형제 성왕郕王 주기옥朱祁鈺(선덕제의 차자次子로 그의 생모는 한왕부漢王府의 시녀였다. 한왕漢王은 영락제의 둘째 아들 주고후朱高煦였다. -역주)을 감국監國(황제가 수도를 떠날 때 궁정의 업무를 처리하도록 수도에 남겨둔 태자太子 등 중요 인물을 말함. -역주)으로 북경에 남겨놓은 채 '명의 가장 치명적인 군사적 실패'[27]라고 불리는 원정을 감행했다. 몇 주일이 지나면서 사태는 악화되었다. 내부 장성과 외곽 장성 사이의 역참인 토목土木 부근에서 황제의 수행원들이 에센에게 사로잡히고 황제가 황급히 수도로 되돌아가야 할 상황이 전개될 때까지 명의 군대는 상황을 제대로 파악하지 못했다. 에센과 협상을 거부했던 명의 군대는 모두 몰살당했고 모든 장군의 시체가 완전히 소각되기에 이르렀다. 1449년 9월 3일 정통제는 포로로 붙잡혔다.

이제 체제 유지를 위해 조정이 선택할 수 있는 길은 두 가지뿐이었다. 몽골과 협상해 포로가 된 황제를 되찾을 것인지, 아니면 정통제를 포기하고 새로운 황제를 옹립할 것인지 갈림길에 섰다. 후자로 의견이 모아지자 다시 두 가지 선택이 생겼다. 정통제의 한 살짜리 아들인지, 아니면 이미 감국으로 정무를 수행하고 있는 이복형제인지. 나라의 최대 위기 상황에서 갓난아기를 황제로 옹립하는 것은 조정이 원하는 바가 아니었다. 결국 약간의 절충이 이루어졌다. 정통제가 사로잡힌 지 20일 만에 주기옥이 경태제로 황위에 오르는 대신 정통제의 갓난아기를 황태자로 세운 것이다. 따라서 1449년은 정통 14년으로 기

27) Twitchett and Grimm, "The Cheng-t'ung, Ching-t'ai, T'ien-shun Reigns", p.323.
이 원정의 군사적 결과에 대해서는 Waldron, *The Great Wall*, pp.87-90 참조.

록되었지만, 1450년은 경태 원년景泰元年이 되었다.

정통제에서 경태제로 황위가 계승된 일은 일종의 쿠데타로 여길 만했고, 정통제는 틀림없이 쿠데타로 생각했을 것이다. 이처럼 흔들리던 정치적 상황은 북경 거리의 부랑자들이 흥얼대던 노랫말에서도 확인할 수 있었다.

> 빗방울, 빗방울. [雨滴雨滴]
> 성황 신이여, 토지 신이여! [城隍土地]
> 만약 비가 다시 내린다면 [雨若再來]
> 토지 신에게 감사하리라. [謝了土地]

이 노랫말은 당시 상황을 잘 반영하고 있다. 지난 10여 년간 전국이 오랜 기근에 시달려왔기 때문에, 모든 이가 비를 염원하던 터였다. 하지만 이 노랫말은 말장난의 극치를 보여주기도 한다. 비를 뜻하는 우雨는 첫째 줄에서는 '주다'는 뜻의 여與로, 셋째 줄에서는 '황제'를 의미하는 어御로 바꾸어 읽을 수 있다(우雨, 여與, 어御는 중국어로 동음이의어). 마찬가지로 '적滴'은 아우를 뜻하는 '제弟'와 발음이 같고 '성황城隍'은 경태제의 칭호였던 '성왕郕王'과 유사하다. 이처럼 동음이의어를 활용하면 이 노래는 다음과 같이 황위 계승을 풍자하는 의미를 담게 된다.

> 동생에게 주었네, 동생에게 주었네. [與弟與弟]
> 성왕(경태제)이 토지를 점했네. [郕王土地]

만약 황제가 다시 온다면 [御若再來]

이 토지를 (그에게 다시) 주리라.[28] [卸了土地]

(감사한다는 '사謝'와 풀어준다는 '사卸'는 중국어 발음이 같다. −역주)

경태제가 등극하자 인질로 잡힌 주기진의 가치는 사라져버렸다. 이듬해 힘이 약해진 명이 국경 무역을 재개하기로 약속하자 에센은 쓸모없어진 인질을 되돌려주었다. 경태제는 주기진이 제위를 확실히 단념한다고 선언할 때까지 그의 북경 입성을 허락하지 않았다. 또한 이 기회에 황제 가문을 주기진의 가계에서 자신의 가계로 확실히 옮기려고 주기진의 아들이자 조카를 황태자에서 폐위하고 자기 친자를 옹립했다. 그로부터 1년도 채 못 되어 '경태의 늪' 기간에 황태자가 사망했고, 이는 하늘이 노여워한다는 명백한 신호로 받아들여졌다. 아들이 죽자 경태제는 1년 전 폐위했던 조카를 황태자로 복귀시켜야 한다는 압박에 시달렸다.

경태제 기간(1450~1456) 정세는 그리 좋지 못했다. 그도 그럴 것이 재위 내내 '경태의 늪(1450~1455)'에 시달렸기 때문이다. 비정상적인 추위 가운데, 초반 3년은 치명적인 가뭄에, 후반 2년은 끔찍한 홍수에 몸살을 앓았다. 1454년 한 관리가 공식적으로 불길한 날씨의 원인을 정상적으로 황위를 계승하지 않은 경태제에게 돌렸다. "왕자의 지위를 황태자로 회복시켜 제국의 근본을 지키십시오. 그리한다면 좋은 날씨가 제국을 감싸고 재난 또한 저절로 그칠 것입니다." 화가 난 경태

28) 黃瑜, 『雙槐歲鈔』, p.101.

제는 그 관리를 끌어내 사형에 처하라고 명령했으나, 바로 다음 날 모래폭풍이 수도를 뒤덮어버렸다. 이것이 하늘의 질책이라고 두려워한 경태제는 사형 집행을 철회했다.[29]

1456년에서 1457년으로 넘어가는 겨울, 경태제는 심한 병에 걸려 원단元旦(설날 아침)의 조회朝會마저 불참했다. 고위급 문·무 관원들이 연합하여 이 사태를 직접 해결하기로 하고 가택 연금 상태에 있던 주기원을 풀어내어 다시 황제로 옹립했다. 조회에 참석한 관원 모두 경악할 만큼 급작스러운 사태였다. 다시 황위에 오른 주기원은 '하늘의 뜻에 따른다.'는 뜻으로 천순天順을 새 연호로 선포했다. 이전의 정통 연호를 복원한다면 경태제를 역사책에서 지워버려야 했기 때문이다. 그의 증조부 영락제가 건문제의 존재를 부정했던 것처럼 말이다. 그해 3월 14일 폐위된 이복동생 주기옥(경태제)이 사망했지만, 사인死因이 병인지 타살인지는 아무도 모른다.

폐위되었던 정통제가 다시 천순제로 등극한 일에 사학계에서는 다양한 해석을 내놓았다. "명 역사에서 가장 대단한 쿠데타였다", "의례 질서를 심각하게 위반한 사건이었다", "부와 명예욕을 부추긴 정치적 기회주의의 소행이었다" 등 많은 평가가 있었다.[30] 하지만 몽골의 전통인 테니스트리를 상기해본다면, 경쟁자의 세력이 약해졌을 때 야망 있는 왕자가 이복동생의 권력을 빼앗는 방식은 있을 수 없는 일만은 아니었다. 황위에 오른 주기진은 계승 과정의 문제성을 불식시키려고

29) 陸容, 『菽園雜記』, p.37; 张廷玉, 『明史』, p.4411.

30) Twitchett and Grimm, "The Cheng-t'ung, Ching-t'ai, T'ien-shun Reigns", p.339.

4년 동안 자신을 폐위하는 데 공모했던 이들을 숙청했다. 사실상 천순제가 치세한 8년간 중국은 자랑할 만한 전통이 하나도 없었다.

대례의 논쟁

다음 찾아온 위기 역시 황위 계승의 문제였는데, 의례 질서를 크게 위반했다고 평가되는 사건이었다. 천순제 이후 성화, 홍치, 정덕제에 이르기까지 줄곧 적장자가 황위를 계승했다. 문제는 1521년 정덕제가 후사後嗣 없이 사망하면서 발생했다. 누가 정덕제의 뒤를 이을 것인가의 문제는 무엇보다 정덕제가 황제로서 적합하지 못했다는 평가와 얽히면서 더 복잡해졌다.

정덕제는 13세의 나이에 황위에 오르고 14세에 결혼했지만, 황후에게도 제국 경영에도 관심이 없었고, 치세 첫 6년간 정국 운영을 환관인 유근劉瑾에게 맡겨버렸다. 관료들은 제멋대로인 유근의 정국 운영에 분노했고, 유근은 그런 관료들에게 테러를 감행했다.[31] 결국 1510년 정덕제의 종증조부從曾祖父인 주치번朱寘鐇(작위는 안화왕安化王)이 반란을 일으키자 위기 국면이 시작되었다. 비록 이 반란은 무사히 진압되었으나, 이 일로 유근이 황제 암살을 모의하고 있다는 소문이 번졌다. 그러자 정덕제는 그동안 총애하던 유근을 사흘에 걸쳐 능지처참에 처하라고 명했고, 결국 유근은 능지처참이 집행된 지 둘째 날에 사망했다. 그

31) 유근에 관해서는 Geiss, "The Cheng-te Reign", pp.405-412.

후 10년 동안 정덕제의 치세는 더욱 악화되었고, 급기야 1519년 정덕제의 종조부從祖父인 주신호朱宸濠(작위는 영왕寧王)가 두 번째 반란을 일으켰다. 당시 철학자이자 정치가였던 왕양명王陽明(1472~1529)(본명은 수인守仁으로 주자학이 지배적이던 명의 유학적 기조 속에서, 명 중기 '지행합일知行合一'과 '심즉리心卽理'라는 주관적 관념론을 주장하여 후대의 심학心學 발전에 큰 영향을 끼쳤다. -역주)이 반란을 진압함으로써 불운했던 황제의 통치는 그나마 좀 더 연장될 수 있었다.

2년 뒤 정덕제는 중병에 걸렸다. 전하는 바에 따르면 이전 가을, 선박에서 만취한 상태로 물에 빠진 것이 병의 원인이라고 한다. 용이 움직인 것일까?(정확히는 1520년 북경에서 남경을 왕래하는 남방 여행을 떠난 정덕제가 귀경歸京하던 도중 양주와 회안淮安 사이의 대운하 구간에서 배에서 물에 빠졌다가 구조된 사건을 가리킨다. -역주) 그는 수백 명에 달하는 궁녀를 민간에서 차출했음에도 불구하고 후사가 없었다. 사실 궁녀를 차출한 것은 그 가족들로부터 돈을 뜯어내기 위한 교묘한 인질 전략에 불과했다.[32] 정덕제가 황태자뿐 아니라 계승 문제에 관해 아무런 조서를 남겨놓지 않고 세상을 떠나자, 조정 대신들은 그의 삼촌이나 사촌 가운데서 적당한 후보자를 물색하기 시작했다.

당시 조정에서 가장 영향력이 컸던 양정화楊廷和(1459~1529)가 지지한, 정덕제의 13세 사촌 주후총朱厚熜이 물망에 올랐다. 다만 황위가

32) Geiss, "The Cheng-te Reign", p.433. (가이스의 분석에 따르면 정덕 연간 환관들이 민간에서 궁녀를 강제로 대량 차출했던 이유는 두 가지인데, 하나는 말 그대로 황제를 즐겁게 해주기 위함이고, 다른 하나는 그렇지 못할 경우 궁녀를 풀어주는 대가로 그 가족들로부터 돈을 얻어내기 위함이었다. -역주)

사촌에게 계승되는 것이 의례상 허용되지 않았으므로, 예부는 주후총을 이미 오래전에 고인이 된 홍치제[孝宗]의 양자로 간주하는 대안을 제시했다. 이렇게 되면 주후총은 정덕제의 동생이 되는 셈이고, 동생으로의 황위 계승은 의례상 문제가 없게 된다.[33] 주후총의 부친(주우원朱祐杬(476~1519). 본래 작위는 흥헌왕興獻王이고 성화제의 넷째 아들 —역주) 역시 홍치제의 동생이었으므로, 조카가 숙부에게 입양될 수 있는 관례에도 어긋나지 않았다.

주후총의 황제 등극이 확실해지자 이번에는 주후총이 문제를 일으켰다. 그는 조신朝臣들이 전혀 생각하지 않던 방식으로 자신의 정통성을 확립하려 했다. 즉 자신을 삼촌의 후계자로 보기보다는 이미 고인이 된 친부를 황제로(친모 역시 황태후로) 추존追尊하려 한 것이다. 이리하면 그는 의례로는 물론, 생물학적으로도 부친의 계승자가 될 수 있었다. 하지만 이는 정치 체제의 계승에서 난제가 아닐 수 없었다. 가정제가 황제를 배출하는 왕실 가문의 직접 계승자 행세를 거부하고, 황제 가문을 아예 방계로 옮겨버린 일이었기 때문이다. 이러한 변동은 다른 주씨 가문에 불만을 야기할 수 있었고, 실제 두 명의 왕자가 반란을 일으켰다. 이러한 결과를 바란 사람은 아무도 없었다. 조정의 주요 세력은 어린 황제의 뜻을 꺾으려고 했지만 황제는 요지부동이었다. 이 문제는 결국 의례상에 있어 어린 황제가 생부를 아버지로 대할 것인가 아니면 삼촌으로 대할 것인가의 문제로 연결되었다. 이른바 '대

33) Waltner, *Getting an Heir: Adoption and the construction of kinship in late imperial China*, pp.1-3.

례의大禮儀'라고 불렀던 이 사안을 둘러싸고 이후 근 10년 가까이 관료들의 의견이 양분되었다.

'대례의' 때문에 벌어진 조정의 위기는 가정제가 집권한 지 3년째인 1524년 8월 14일에 극에 달했다. 수백여 명의 관료가 자금성의 오문午門 밖에서 시위를 벌였다. 황제 가문의 계통을 따지는 문제는 황제 개인의 일이 아니라 황위 계승의 핵심적인 사안임을 그들은 분명히 강조했다. 이 과정에서 모두 134명의 관료가 체포되었는데, 8명에게는 유형流刑이, 나머지에게는 유형보다 완화된 태형笞刑이 선고되었다. 태형을 당한 관료 가운데 16명이 사망했다. 이후에도 관료들의 저항이 이어지자 이번에는 3명이 유형을 당하고 1명이 태형으로 사망했다. 하지만 문제는 해결되지 않았다. 이듬해 봄 후정훈侯廷訓은 한 걸음 더 나아가 황제에 대한 비판을 문서로 유포했다. 그는 체포되어 고문을 당하다가 12세 아들의 청원으로 옥에서 풀려나 다시 관직에 복귀했으나, 부패 혐의로 면직되어 평민 신분으로 강등되었다.[34]

조정의 고위직이 모두 가정제를 반대한 것은 아니었다. 그중에는 가정제를 지지한 관료들도 있었다. 그런데 중요한 것은 그들이 권력을 탐하던 정치적 아웃사이더가 아니라, 다름 아닌 명 중기 사상가 왕양명을 추종하는 이들이었다는 점이다. 왕양명은 앞서도 언급했지만, 1519년 '영왕의 난'을 진압하면서 유명해진 인물이다. 하지만 그를 시기한 경쟁자들이 정덕 말기까지 그가 조정에 깊숙이 들어오지 못하도록 갖은 방법으로 차단했다. 가정제는 왕양명을 병부상서로 임명했지

---

34) 张廷玉, 『明史』, pp.5077-5078.

만 왕양명은 부임 첫해 부친이 사망하자 부득불 정우丁憂(3년 상喪)를 이유로 관직을 떠나게 되었다. 1524년 관료들이 가정제에게 대거 항거할 때도 왕양명은 주변부에서 조용히 지냈다. 1527년 6월 가정제는 다시 왕양명을 병부상서로 기용하고 베트남 국경 지대에서 발생한 광서의 반란을 진압할 것을 명했다. 왕양명의 출전은 즉각 효력을 발휘했는데, 그가 도착했다는 소식을 들은 반란군이 두려움에 사로잡혀 별다른 저항 없이 항복한 것이다. 하지만 귀환 길에 병이 들어 곧 사망하면서, 조정에 직접적인 영향은 미치지 못했다. 그러나 왕양명의 이 마지막 출병은 이듬해 그의 당파 및 제자들이 조정의 지도력을 확보하는 데 영향을 미쳤다.

가정제의 의례적 의무에 관해 왕양명이 직접 의견을 표출한 적은 없었다. 하지만 자연스럽게 발휘되는 효심이야말로 도덕적 행위의 진정한 기본이라고 믿었던 그로서는 황제의 효심에 대해 옹호하지 않을 수 없었다.[35] 가정제를 반대한 세력이 대체로 송의 신유학의 권위와 경전상의 선례를 존중했던 반면, 가정제를 지지한 세력은 올바른 도덕적 행위가 윤리적 직관에서 비롯된다고 믿었다. 따라서 가정제가 생부를 존중하려 했던 욕구는 그저 황위 계승에 국한된 주제가 아니라, 누구에게나 전례에 얽매이지 않는 도덕적 자율성이 있다는 점을 권력의 최상층에서 선언한 사례로 볼 수 있다. 태생적인 윤리적 직관을 중

35) Fisher, *The Chosen One*, pp.72-80, 163-167; Brook, "What Happens When Wang Yangming Crosses the Border?" 왕양명은 광서성으로 출병한 이후 황제에게 올렸던 세 번째 상주문에서 가정제를 "국가 통치에서 진정한 효심을 장려했던 황제"라고 찬양했다(『王陽明全集』, p.470).

시하는 왕양명의 철학 역시 더는 학문에 국한되지 않고 정치적 입장의 기초가 되었다. 왕양명의 제자들이 조정에서 주도권을 쥐고 가정제의 편이 되었지만, 물론 이것이 왕양명의 철학적 지위와 직결된 것이라 볼 수는 없다. 그러나 어찌 됐건 양명학이 왕성히 퍼진 것은 대례의와 관련한 정치적 판도와 밀접히 관련되어있었다. 제임스 가이스James Geiss가 지적했듯, 그 결과 "왕양명의 가르침은 단기간에 전국으로 전파되었고 17세기까지 논쟁과 관심의 대상이 되었다."[36)]

국본의 위기

황위 계승의 정통성은 정상적인 황태자 임명에 달려있었다. 이에 실패하면 곧 정치 체제의 위기로 이어졌는데, 바로 가정제의 손자인 만력제의 치세 기간(1573~1620)에 이 같은 문제가 발생했다. 만력제는 융경제(1537~1572. 묘호는 목종穆宗)의 살아남은 아들 가운데 장남이었고, 융경제는 가정제의 살아남은 아들 가운데 장남이자 후궁의 소생이었다. 융경제(재위 1567~1572)는 등극한 지 단 6년 만에 요절했으므로, 어린 만력제가 대신 황위에 오르게 되었다. 만력제는 성년이 되자 곧 황태자에 대해 고민하기 시작했고, 자기 장남을 황태자로 삼으려 하지 않았으므로 황제와 신료들 사이에 갈등이 발생했다. 만력제는 자기가 총애하는 후궁 정씨鄭氏의 소생이자 셋째 아들인 주상순朱常洵

36) Geiss, "The Chia-ching Reign", p.450.

에게 제위를 물려주려 했다. 이러한 만력제의 편애 때문에 정치적 혼란이 봇물처럼 터져 나왔다.

갈등은 1586년 만력제가 정씨에게 황귀비皇貴妃라는 존호를 부여하면서 본격화되었다. 만력제는 정씨의 아들을 황태자로 옹립하고 싶어 했다. 그러자 앞서 가정제의 생부 문제와 마찬가지로 조정의 의견이 나뉘었다. 황태자는 정통성을 확보함으로써 제국의 지속성을 담보할 수 있는 '국본國本'이었기에, 이번 갈등으로 빚어진 논쟁을 '국본 논쟁國本論爭'이라 불렀다. 다만 가정제의 대례의 때와 달랐던 점은 만력제의 지지자들이 내세울만한 도덕적 근거가 빈약했다는 것이다. 따라서 만력제의 이 문제는 단순히 현 집권자의 개인적인 선호도를 따를 것인지, 아니면 이에 저항할 것인지로 귀결되었다. 바꿔 말하면, 정상적인 의례 질서를 지킬 것인지, 아니면 계승의 순서를 바꿀 것인지를 결정하는 문제였다. 사실 문제는 황자들이 아니라, 자기 후궁만을 생각한 만력제에게 있었다.

정씨가 황제의 총애를 받자, 조정의 관료들은 물론이고, 정씨 역시 이를 적극 이용하려 했다. 경세 이론가로 유명했던 여곤呂坤(1536~1618)은 역사상 현숙했던 여인들의 사례를 모은『규범閨範』이라는 책을 출간했다. 이 책에 흥미를 갖게 된 정씨는 기존 내용에 12명의 현숙한 여인 이야기를 추가하고 그림까지 덧붙여 개정판을 출간하라고 주문했다. 물론 그 12명의 여인 가운데 마지막은 정씨 자신의 이야기였다. 개정판에는 정씨를 후원하는 숙부와 동생의 서문까지 추가되었는데, 이는 명백히 규방을 이용한 권력 남용이었다. 이 일로 여곤이 공격 대상으로 지목되었으나, 실상은 정씨를 향한 맹렬한 저항이었다.

이로부터 3년 뒤 만력제는 결국 신료들의 저항에 굴복하여 장남을 황태자로 옹립했다. 그런데도 자기 아들을 황태자로 세우려는 정씨의 야심은 식지 않았다. 다시 2년 뒤 정씨가 현 황태자에 대해 쿠데타를 감행하려고 9명의 고위급 관료를 발탁했다는 벽서가 북경성 내에서 발견되자 대대적인 정치적 탄압과 구금 사태가 발생했다.[37] 그럼에도 불구하고, 만력제는 정씨를 비호하고자 노력했다. 1594년 5월 기근이 일어난 하남성에 구휼 정책을 추진하던 가운데 정씨 명의로 구호품을 보냈고, 더불어 5품 이상 중앙 관료들의 급여를 보내게 한 일이 그 대표적인 사례였다.[38] 누가 했든지, 그 시점에서 구휼은 의례적으로 지당한 선택이었다. 그런데 역설적이게도 태창제泰昌帝(1582~1620. 묘호는 광종光宗)는 1620년 황제에 즉위한 지 9일 만에 병에 걸려 1개월 뒤 사망했다(병에 대한 잘못된 처방을 원인으로 본다). 이후 황위는 정귀비의 아들 주상순에게 넘어가지 않고 태창제의 대단히 무능력한 장자에게 문제없이 계승되었다. 강고한 관료 사회로 정착된 명에서 테니스트리 같은 경쟁적 후계자 선발은 발생하지 않았다.

만력제는 사랑하는 셋째 아들을 황태자로 옹립하려고 분투했지만 이전 시기와는 달리, 폭력을 사용하지 않았다. 오히려 그는 이 과정에서 조정 정치에서 완전히 손을 떼버렸다.[39] 북경성 중앙 관료들이 매일

---

37) 이 사건은 Hsia, *A Jesuit in the Forbidden City* 에 언급되었다.

38) 王錫爵, 「勸請賑濟疏」, 『明經世文編』 卷395, 7b.

39) 이러한 방식으로 전개된 만력제의 저항에 대해서는 Ray Huang(黃仁宇), *1587, a Year of No Significance* 의 첫 장에서 훌륭하게 묘사되었다.

아침 거행되는 조회에 규정에 따라 빠짐없이 참석하는 동안, 정작 황제는 나타나지 않는 날이 허다했다. 명 태조가 알았다면 당연히 당황하고 분개했을 행태였다. 그렇지만 황제 대신 환관이 영향력을 행사하고 내각대학사의 의견에 따라 임시방편으로 정책이 처리되면서 국가 운영은 그럭저럭 지속되었다.

만력제는 용의 지배자가 아니라 규방의 지배자였다. 재정사 연구자 레이 황Ray Huang, 黃仁宇(1918~2000)은 관료제에 속박되어 좌절하고 고립된 만력제라는 이미지를 강하게 부각시키며 만력 연간에 정치적 교착 상태가 발생한 요인을 다음과 같이 지적했다. "군주에게 매우 난감한 상황이 닥쳤다. 그 상황은 계획된 것이 아니라, 환경이 빚어낸 우발적인 일이었다. 전제 군주autocrat는 이름뿐이었고, 만력제에게 입법권은 없었다. 최종 결정권자라는 말도 사실상 허울에 불과했고, 그에게 명쾌한 결론을 내려주는 뚜렷한 법적인 근거도 없었다."[40] 이처럼 뒤범벅이 된 환경에서 만력제의 대응은 '무대응'이었다. 이로써 만력제는 관료들이 추진하려던 일에 제동을 걸려고 했으나, 그러다가 자기의 행동까지 제한하는 결과에 이르렀다.

황제 권력에서 소외된 관리들은 자신의 의지를 관철하려고 당파를 조직했다. 공백이 된 국가 경영의 리더십을 메꾼다는 이념으로 17세기 초 동림당東林黨이라는 당파가 형성되었다. 이 이름이 기원이 된 동림서원은 1604년 공론을 논하려는 목적으로 강남의 무석無錫에 건립되었다. 동림당은 공동의 목적을 이루려는 젊은이들의 강한 결집으로,

---

40) Huang, "The Lung-ch'ing and Wan-li Reigns", p.517.

왕실의 환관뿐 아니라 황제에 대해서도 견제 세력의 역할을 효과적으로 해냈다. 만일 만력제가 왕조 초기 황제들과 같은 정치적 기술과 도덕적 권위를 소유했다면 자기 스스로 교착 상태를 해결하고 무난히 지배력을 행사할 수 있었을 것이다. 그러나 평생을 자금성의 황궁에 갇혀 지내던 사람이 정치 기술을 익히고, 왕족이라는 핏줄 외의 다른 권위를 찾아내기는 힘들었을 것이다.

충성이라는 딜레마

황제를 자신의 독재 정치가 낳은 비극적 희생양이라 보는 것은 어불성설이다. 진정한 비극적 희생양이라면 도덕적으로 타협할 수 없는 문제에 대해 황제의 불만을 자초하면서 기꺼이 목숨을 바쳤던 방효유 같은 인물 정도를 꼽을 수 있다. 결국 명의 정치 문제는 그 원인을 비극적인 결함으로 보기보다는 '타협의 문제'로 보는 편이 적합할 것이다. 사람들은 대개 통치자와 고위 관료 사이에 독재 정치를 수긍하는 '충성' 조항이 있다고 이해한다. 따라서 잘못은 관료에게만 있다고 생각할 수 있다. 통치자가 처신을 잘하는지 못하는지는 중요한 문제가 아니라는 말이다. 사실 황제는 독재 정치 시스템의 본질이자 국가의 근본이었고, 그 왕조의 생존을 보증하는 확실하고도 유일한 담보였다. 황제는 권력의 한계를 뛰어넘고자 했으나 그 방법을 몰랐고, 관료들은 황제를 섬기는 일에 앞서 나라를 위해 지켜야 할 원칙이 있다고 믿었으면서도 그 원칙을 버리고 황제를 택했다. 이러한 관계에서 발생한 충성은 결국 통치자와 관료 모두를 딜레마에 빠뜨렸다.

15세기 중엽 혜간慧暕 스님은 이러한 제국의 딜레마가 관료들에게 어떤 의미였는지 정확히 이해했다. 이 내용은 육용이 『숙원잡기』에서 혜간을 면담한 글에 나온다. 혜간은 당시까지 알려진 모든 전적을 정리하여 편찬하는 『영락대전永樂大典』 편집을 위해 15세기 초 남경에 소집되었다. 1405년부터 1408년까지 이어진 이 대규모 편찬 작업을 위해 당시 제국의 최고 학자들이 동원되었다. 작업 이후 혜간은 육용의 고향에 머물렀다. 그의 나이 이미 여든을 넘은 때였다.

혜간은 집에 방문한 제자에게 다음과 같은 말을 남겼다. "홍무 연간 관료가 된 학위 소지자들[秀才]은 이루 헤아릴 수 없는 고통과 두려움 속에서 살았고 조정을 위해 모든 노력을 기울였다. 그럼에도 불구하고 사소한 잘못이라도 발각될 경우, 국경의 군대로 끌려갔다. 그나마 그것은 약한 처벌이었고 심한 경우는 부관참시剖棺斬屍를 면치 못했다. 끝까지 안심했던 이들은 열 명 가운데 두세 명에 불과했다." 홍무제를 섬겼던 관리들의 운명이 이와 같았다. 이후 혜간이 한 말은 우리에게 뜻밖의 교훈을 준다. 이 점은 육용에게도 마찬가지였을 것이다.

"당시 많은 사대부가 국가로부터 배신을 당했다. 하지만 국가를 배신한 사대부는 없었다." 황제가 관료들을 혹사시킨 것이 문제가 아니었다. 문제는 황제의 요구에 무조건 복종하려고 했던 사대부들의 자세였다. 그들에게 황제에 대한 복종은 비극이기는커녕 무조건적인 충성에 해당했다. 혜간은 당대 젊은이들에게 독재 정치의 이상理想이 없는 점을 한탄했다. 명 초에 비해 "황제의 성은聖恩이 관대寬大해지고 법의 기강이 소홀해진" 시대임에도 불구하고 젊은이들은 자기 한 몸의 안위만을 생각하며 관직에 나서기를 거부한다고 혜간은 생각했던 것이다.[41]

혜간의 세계관에 자율성autonomy은 없었다. 그렇다고 그 개념이나 이상이 아주 없었던 것은 아니다. 다만 자율성을 추구하고 싶다면 공직에서 초연해지거나 완전히 물러나 '얌전히' 추구하라는 게 그의 생각이었다. 따라서 당대의 수많은 기록의 이면에서 우리가 찾아낸 자율성도 매우 '얌전한' 수준이었다. 휘주 상인 가문의 문인 왕도곤의 이야기를 예로 들어보자. 그는 엄청나게 많은 글을 남긴 저자로도 유명하다. 1582년 광동성 향시 합격자 명단을 출간하는 책에 왕도곤은 서문을 써달라는 부탁을 받았다. 물론 이러한 청탁 원고는 충성 일색이어야 했고 한눈에 충성심이 드러나야 했다. 왕도곤 역시 명의 역사를 거슬러 올라가면서 몇몇 황제에게 특별한 찬사를 보탰다. 홍무제에 대해서는 "천명을 받아 나라를 일으켰다."라고 언급했다. 아무도 토를 달 수 없는 평가였다. 가정제에 대해서는 "가정제가 영도郢都(춘추오패春秋五霸의 하나인 초국楚國의 도성으로 오늘날 호북성의 형주荊州 북쪽 지역에 해당함. 가정제가 황제에 오르기 전 지배하던 봉지封地였던 승천부承天府 -역주)에서 나오자마자 나라에 광명이 비치고 온전해졌다. 그의 문덕文德과 가르침이 사방에 두루 미치니 그 광명이 온 나라에 가득했다."라고

41) 陸容, 『菽園雜記』, p.16. 『永樂大典』의 편찬에 대해서는 Tsai, *Perpetual Happiness*, p.133 참조.

묘사했는데, 수년 동안 명 조정을 합법성 논란으로 몰고 갔던 통치자임을 감안할 때 과찬이 아닐 수 없었다. 왕도곤은 "두세 명의 사대부가 귀한 재주를 품고 국가의 위광으로 성장했다."라는 언급을 덧붙였으나, 황제와 많은 신료들 사이의 형편없는 관계에 대해서는 자세히 조명하지 않았다.

왕도곤은 당대의 통치자 만력제에 대해서는 이렇게 묘사했다. "황제의 인정仁政이 만방에 미치고 문덕文德이 사방을 적시니, 여러 선비가 서로 격려하며 갑자기 두각을 나타냈도다. 바다를 타고 하늘로 비상하는 모습이나 하늘을 온통 뒤덮은 구름이 이와 다르지 않도다. 봉황도 이보다 뛰어날 수는 없으리!" 물론 광동성 출신의 선비들은 언젠가 이렇게 되기를 바랐음에 틀림없다. 왕도곤은 그들이 배출된 해인 1582년을 '천자의 은덕으로' 전에 없이 많은 인재가 두각을 드러낸 해라고 파악하며, "이러한 영광스러운 시기에 부응하여 지금 우리 고향에는 많은 학자가 배출되고 있다."라고 언급했다. 이 같은 놀라운 견해의 중심에 만력제가 있었다. "하늘의 시간을 조정하고 땅의 기초를 정돈하는 근본은 본래 황제의 덕에서 나오며, 그 결과는 인문人文의 흥성에서 찾아볼 수 있다. 많은 학자가 그런 혜택을 입은 것은 거의 천 년에 한 번 나올까 말까한 일"이라고 왕도곤은 마무리했다.[42]

가정제와 만력제에 대해 이보다 비겁한 해석을 상상하기란 쉽지 않다. 하지만 현실이 어땠는지는 모두가 알았던 사실이다. 따라서 이러한 고상한 표현에 속아서는 안 될 것이다. 봉황이 하늘로 웅비하는 것

42) 汪道昆, 『太函集』, pp.494-495.

과 같은 드라마의 주인공은 사실 황제가 아니라 학자였다. 학자들은 수많은 역경을 딛고 수십 년 동안 학문에 전념했으나, 단순히 통치자에 봉사한 것이 아니라 통치자의 통치 기반인 천지天地에 봉사한 것이다. 황제의 임무는 학자들이 실력을 발휘하여 통치 임무를 감당하게 하고 덕을 구현하게 하면서 자기는 그 체제에 안주하는 것이 고작이었다. 의례적 통치자에게 실제 통치력을 발휘하기를 기대할 수는 없었다. 적어도 왕도곤 같은 동시대의 영민한 학자들은 겉으로는 황제를 칭송했으나 속으로는 이러한 생각을 품고 있었다.

만력제는 지방의 선비들이 품었던 이러한 야망을 경계했다.[43] 하지만 그는 왕조의 의례적 규율에서 자유로워지려고 하는 자신의 야망이 오히려 자신의 권력에 걸림돌이 될 수 있음을 간파하지는 못했다. 그는 의례상 부적격한 아들을 황태자로 옹립하려고 노력하는 과정에서 이 점을 깨달았을 것이다. 결국 왕조의 합법성이 황제 개인의 바람보다 우세하다는 사실이 황제가 처한 딜레마였다면, 관료들의 딜레마는 유교의 숭고한 도덕적 가치보다 충신으로서의 의무에 더 복종해야 한다는 사실이었다.

43) 그다음 해인 1583년 만력제는 한림원 관리들을 각 성에 파견하여 향시를 감독하게 함으로써 지방의 독립적 분위기를 차단하고자 했다. 이에 대해서는 Elman, *A Cultural History of Civil Examinations in Imperial China*, pp.151-152 참조.

5

| 경제성장 |

마르코 폴로는 쿠빌라이가 통치하는 제국의 번영에 심히 매료되었다. 폴로가 보기에 인구는 '엄청났고', 농촌이 '평안하고' 도시는 '세련되었으며', 토지가 '잘 일구어졌고', 상품의 양 또한 '대단했다'. 대운하를 따라 배를 타고 내려가던 그의 눈에 다음과 같은 장면이 들어왔다. "수많은 도시와 마을, 그리고 흩어진 가옥들을 보면, 사람이 살지 않는 길목이 없다고 말할 정도였다. 어디를 가든지 쌀, 밀, 육류, 생선, 과일, 채소, 술 등이 널려있었고 모든 가격이 저렴했다." 도시의 주민은 "상업과 산업으로 살아갔다. 그들은 번창하는 상업으로 큰 수익을 얻었고, 선박도 많이 보유했다."[1] 유럽인의 상상을 초월하는 풍요로움이었다.

그로부터 2세기가 지난 1488년, 조선의 관리 최부崔溥가 폭풍에 휩

---

1) Polo, *The Travels*, pp.152, 156, 200-201, 204-205, 215, 306.

쓸려 절강성의 연안에 도착했다. 최부는 육로를 통해 고향으로 돌아가려던 참에 폴로가 지나갔던 대운하를 건너게 되었는데 그 역시 폴로처럼 자기가 본 현장에 놀라움을 금치 못했다. 양자강 하류 삼각주 지역을 관통하는 대운하의 선박에 탑승했던 최부는 다음과 같이 회고했다. "이곳은 학식 있는 사대부가 많습니다. 사라능단紗羅綾緞, 금은주옥金銀珠玉 같은 육해陸海의 진귀한 보물은 물론이고, 온갖 기술을 가진 장인들과 부상대고富商大賈들이 모두 이곳(소주)에 모입니다. …… 상점은 하늘에 떠있는 별처럼 촘촘히 늘어서 있고 …… 사람들의 생활수준이 사치스러우며 누각과 정자들이 서로 이어져 있습니다. 창문閶門(소주 성곽의 서북쪽에 위치한 문으로, 문 외곽으로 운하와 연결되어 물자 유통의 통로가 되었다. -역주)과 나루터 사이에는 …… 선박이 구름처럼 모여있습니다."[2] 이처럼 놀라운 광경은 당시唐詩에 등장하는 멋들어진 고대의 궁전에서나 볼 수 있었지, 실제 존재할 거라고는 짐작조차 못한 것이었다.

원을 묘사한 폴로의 기록은 과장이 심하다는 비난을 받고 있는 것과 달리, 최부는 명의 실상을 차분하고 세심하게 묘사했다는 평가를 받고 있다. 그렇지만 이들이 전하려는 메시지는 똑같이 중국은 대단히 번영했고, 질서가 있으며, 경제적으로 풍족한 나라라는 사실이었다. 자연재해 피해가 간헐적으로 이어졌지만, 경제가 파산될 지경에 이른 것은 아니었다. 중국의 잉여 생산은 정치와 사회의 수준을 높여주었

2) Meskill, *Ch'oe Pu's Diary*, pp.93-94 (최부 저, 박원호 역, 『표해록 역주』, pp.177-178)

고, 그것은 당시 고려나 조선, 혹은 베니스는 물론이고, 세계 어느 나라와 견주어도 높은 수준이었다. 그러나 유럽이 초기 근대 사회의 전환점으로 접어들던 명 말기, 상황은 바뀌어 중국에서는 그 결실이 훨씬 이후에나 나타난다.

농업 제국

원–명은 농업을 주축으로 한 제국이었다. 대개 북방에서는 기장, 수수, 밀을 경작했고, 남방에서는 쌀과 가을밀을 경작했다. 폴로의 눈에 가장 먼저 들어온 것은 '잘 일구어진 토지'였는데, "경작될 수 있는데도 놀고 있는 땅이 없다."는 인상을 받았다고 기록했다. 반면 최부는 '빽빽하게 늘어선 탑과 좌판', 그리고 부둣가의 '상인들과 상선'에 주목했다. 폴로 역시 같은 장면을 보았지만 그가 주목한 것은 '엄청난 양의 상품'과 '풍부한 선박'이었다. 이처럼 농업에서부터 제조업과 유통업에 이르는 모든 경제 활동이 제국을 유지하는 필수 요소였다. 농업과 상업은 상호 의존적으로 발전했다. 상업이 팽창할수록 농업은 더욱 번창했고, 결국 도시가 발전했다. 상업화는 일방적으로 진행된 것이 아니었으나, 그렇게 오해할만한 흐름이 있었고, 특히 명 후기에 이르러 그러한 생각이 팽배해졌다.

각 왕조는 농업 생산물에 상당한 양의 세금을 징수했다. 원은 1299년 거둔 세량稅糧이 1,200만 석(11억 5천만 리터)에 달했다.[3] 성인 남성이 1년 동안 6석(570리터)의 곡물을 소비한다고 볼 때,[4] 1330년 등록 인구 6천만 명을 먹여 살리려면 3억 6천만 석(340억 리터)의 생산물이 필요했다. 물론 모든 등록 인구가 성인 남성 수준의 곡물을 소비한 것은 아니었겠지만, 실제 인구는 등록 인구보다 대략 50% 이상 많았을 것이다. 이런 편차를 고려할 때 과세된 세량은 전체 생산량의 3.4퍼센트에 해당한다고 볼 수 있고, 이는 기존의 중국 왕조가 통상 부과했던 세량 수준과 일치한다.[5]

하지만 1393년의 징수액은 사정이 달랐다. 당시 명은 2,472만 9,450석(26억 5천만 리터)의 미곡과 471만 2,900석(4억 4,700만 리터)의 밀을 징세했다.[6] 이 둘을 합하면 징수한 총 세량은 31억 리터에 달하는데, 이는 1299년의 총 세량보다 2.5배 이상 증가한 수치다. 명의 곡물 수요가 대체로 원과 유사했다고 본다면, 명의 징수액은 전체 생산량의 9.1퍼센트에 해당하며, 이는 원 시대보다 현저히 증가한 수치다.[7] 이러한 증가

---

3) 梁方仲, 『中國歷代戶口 · 田地 · 田賦統計』, p.303. 이로부터 26년 뒤인 1325년에도 같은 수치의 세량이 기록된 것은 신빙성이 없다. 원의 경제적 상황에 관해 지속적으로 연구했던 오굉기(吳宏岐) 역시 『원대농업지리(元代農業地理)』에서 원의 농업 생산량에 대한 수량화 작업은 하지 않았다.

4) 이는 마문승(馬文升)의 언급으로, 張怡, 『玉光劍氣集』, p.73에 인용되었다.

5) Huang, "The Ming Fiscal Administration", p.107.

6) 梁方仲, 『中國歷代戶口 · 田地 · 田賦統計』, p.344.

7) Ray Huang(黃仁宇)은 농업 제국이 유지되려면, 최소한 전체 생산량의 10퍼센트를 세금으로 징수해야 한다고 주장했다. Ray Huang, *Taxation and Governmental Finance*, p.174, 183 참조. 홍무 연간의 재정 구조는 이러한

를 어떻게 설명해야 할까? 이러한 차이는 과세의 경우 명이 원보다 훨씬 효율적이었음을 반영하고, 실제로도 그러했을 것으로 본다. 인구 또한 등록 인구보다 더욱 늘어나 징수한 총 세액이 증가했을 가능성도 있다. 그리고 이전보다 경제 생산성이 향상되어 세량을 더욱 늘렸을 수도 있다.

명 초 조정은 왕조 교체기의 내전 때문에 휴한지休閑地로 변해버린 지역에 인구를 재배치하면서 농업 생산을 진흥시키기 위한 노력에 경주했다. 주원장은 모든 가정이 100무畝(6.5헥타르)의 땅을 소유하는 것이 이상적이라고 생각했는데, 이는 북방 지역의 대가족을 먹여 살리는 데는 필수적이었고, 집약적인 농업이 가능한 남방 지역에서는 풍족한 규모였다.[8] 16세기에 이르면, 북방 지역에서 가구당 소유하게 될 이상적인 토지 규모는 50무로 줄어든다.[9] "어찌 세상의 남아가 50무의 땅으로 먹고 살 수 있단 말인가?" 이는 1620년대 북방 출신의 한 과거 수험생이 부친으로부터 50무의 땅을 물려받고는 좌절하며 한탄한 말이었다. 그는 곧 땅을 팔고 군대에 입대했다.[10] 남부 지역에서는 많은 가정이 겨우 20~30무의 적은 토지로 근근이 살아갔다.

최소한의 조건을 구비한 듯싶다.

8) 朱元璋, 「大誥武臣序」, 楊一凡, 『明大誥研究』, 江蘇人民出版社, 1988, p.426에서 재인용. 여기서 주원장은 한 가족에 80무 이하의 토지로는 가족들을 충분히 먹여 살릴 수 없다고 지적했다.

9) 馬志冰, 「明朝土地法制」, 蒲堅 主編, 『中國歷代土地資源法制研究』, p.421에서 인용한 1568년의 유지(諭旨).

10) 張怡, 『玉光劍記集』, p.509. "焉有世上男子可祿以五十畝者耶?"

명 초의 재건기를 지나자 생산 경제는 곡물 생산력이 거의 최고치에 도달한 농부들이 주로 담당했고, 재정 경제는 거의 전적으로 곡물에 부과된 세량으로 채워졌다. 그러나 경제가 어느 정도 성장한 뒤에는 현물로 징수하던 세금을 돈으로 거두기 시작했다(이는 일조편법이라 알려진 개혁에 해당하며 나중에 다시 설명하겠다). 그러자 중앙으로 집중되던 곡물의 양이 줄어들었다. 이러한 변화는 북경 천도 이후 더욱 두드러졌다. 자급자족이 불가능한 북방 지역으로 수도가 옮겨지자 일단 정부는 수도에 곡물을 모으는 방안으로 대운하를 재건했다. 다른 한편으로, 수도와 북변의 모든 인구를 먹여 살리는 데 곡물을 모아서 조달하는 것이 사실상 벅차게 되면서 명은 돈으로 세금을 징수했고 그 돈으로 국가가 필요한 재화를 구입함으로써 민간 상업을 활성화하는 효율적인 방식을 취했다. 이러한 조치 덕분에 각 성에서 생산된 곡물 중 잉여를 부족 지역으로 분배할 수 있었다. 그 결과 북경에서 가장 멀리 떨어진 성(광서, 운남, 귀주)은 수도로 세량을 보낼 때의 엄청난 운송비를 아끼게 되었을 뿐만 아니라 현지를 위해 세량을 충분히 확보할 수 있게 되었다. 이들 성보다는 가깝지만 그래도 여전히 수도에서 멀다고 여겨지던 성(광동과 복건)은 대략 3분의 2가량의 세량을 보유할 수 있었다. 광대한 곡물 생산지였던 사천과 호광성은 세량의 60% 정도를 보유할 수 있었다.[11]

이처럼 명은 처음부터 정부 주도의 계획 경제로 시작했으나 민간 경

11) 각 성별(省別) 기운(氣運)과 존류(存留)에 관한 정보는 梁方仲, 『中國歷代戶口 · 田地 · 田賦統計』, p.375에 정리되었다.

제와도 협력을 이루었다. 하지만 명의 이러한 경제 조치를 소극적이라 단정할 수는 없다. 왜냐하면 정부가 생산과 무역을 활성화한 결과, 재정 및 독점 이익을 초과하는 수익을 확보할 수 있었기 때문이다. 같은 시기 유럽 정부와 대조적인 후기 중화제국의 특징을 꼽자면, 백성의 복지를 국가가 책임져야 한다는 신념을 들 수 있다. 유교의 호혜 원칙에 뿌리를 두고 있는 이러한 신념에 의해, 황제는 백성의 삶에 늘 관심을 보여야 했고, 관리들은 백성의 삶을 보호하고 향상하는 데 최선을 다해야 했다. 1518년 홍수 때문에 기근을 겪은 뒤 황제는 북경의 관리들에게 "감독하는 담당 관리들은 긍휼한 마음과 보살핌[撫恤]의 마음을 더하여, 잘못된 바가 생기지 않도록 하라."[12]는 조서를 내렸다. 이는 단순히 자비로움을 흉내 낸 제스처가 아니라 생존을 위한 도덕적 명령이자 노력이었다. 그럼에도 불구하고 많은 황제가 기대에 부응하지 못했고, 수많은 관리가 자신과의 약속을 저버린 채 자기 배를 채우는 데 급급했다. 그리고 이러한 실패의 모습은 백성을 제대로 먹여 살리지 못한 정부가 천명을 잃어버린 것임을 증명했다.[13]

원-명 시대의 경제 성장을 보면, 조직과 자본은 대체로 민간 영역에서 가져왔고, 운영은 정부 출연으로 설립된 기반 설비를 통해 공적으로 이루어졌다. 이런 현상은 명에서 특히 두드러졌다. 정부가 제공

12) 明『穆宗實錄』卷58, 4b. "其督有司加意撫恤, 毋致失所"

13) 중국 왕조의 통치 방식에서 발생하는 이러한 원칙에 대해서는 Wong, *China Transformed*, pp.135-149에 가장 잘 정리되었다. 물론 웡(Wong)의 주장은 청의 자료를 근거로 한 것이지만, 이전 왕조에서도 같은 원리가 정부의 통치 방식에 작동되었다.

한 교통 체제를 통해 상품이 유통되는 식이었다. 정부는 결국 세금을 은으로 납부하도록 명했고, 이는 물건의 교환 가치를 정하는 조건이 되었다. 소금과 귀금속의 전매 제도를 실시했고, 국가의 재정 활동이 민간 경제를 이끌고 백성들 스스로 생계를 꾸려갈 수 있을 만큼 세금을 징수했다. 정부는 곡물을 저장했다가 기근 시에 곡물 시장에 개입해 위기를 덜었다. 또한 강남의 경제 중심지에 직물 제조 작업장을 운영하여 왕실 살림을 충당했다.[14] 도자기 가마로 유명한 강서성 경덕진景德鎭과 벽돌 가마로 알려진 대운하 연변의 임청臨淸에도 특별 작업장을 운영하여 궁전의 건립 및 장식 비용을 마련했다. 결국 정부는 갈등을 완화하고 경제적 분쟁을 조정하는 데 필요한 행정적·법적 장치를 마련했다. 외형적으로 정부는 의존적으로 보였지만, 실제로는 경제 활성화에 크게 이바지했다.

운송 수단

다량의 물품을 운송하는 데는 육로보다는 수로가 저렴했다. 따라서 곡물 수송과 상품의 대량 유통을 위해서는 강과 운하가 중요한 수단이었다. 중국의 자연 하천은 대부분 서쪽 산맥에서 동쪽의 평야 지대로 흘러갔으므로, 물품 유통을 원활히 하려는 정부로서는 남과 북을 연

---

14) 명의 공적인 직물 생산에 대해서는 Schäfer and Kuhn, *Weaving and Economic Pattern in Ming Times* 참조.

결하는 수로를 어떻게 유지하느냐가 관건이었다. 7세기에 처음 만들어진 대운하가 원–명에 이르러 남북을 잇는 운송 전략의 핵심이 되었다.

쿠빌라이가 오늘날 북경에 해당하는 곳에 수도를 건립한 이후, 북쪽으로의 물자 운송은 해로를 이용했다. 그러나 산동 반도의 암석 해안을 돌 때 선박 사고의 위험이 있었고 해적의 공격에도 취약했으므로, 원 조정은 원활한 물자 공급을 위해 대안을 모색했다. 그중 하나로 산동 반도를 가로지르는 운하를 건설하려 했지만 몇 차례 시도하다가 결국 1280년대에 포기해야 했다(교래 운하膠萊運河를 가리킴. –역주). 다른 대안은 대운하를 부활하는 것으로, 송 때 끊어졌던 황하 북부 구간에서 북경까지 확장하는 것이었다. 그런데 준설비가 만만치 않았고, 유지를 위해서도 많은 비용이 필요했다. 결국 원은 왕조 말기까지 대운하를 제대로 유지하지 못했다. 침적물이나 홍수 혹은 전쟁의 여파로 운하가 막힐 때마다 원의 관리들은 다시 해로 수송으로 돌아갔다.

대운하를 북쪽으로 확장할 때 관건은 대운하가 지나면서 교차하게 될 황화의 수류水流와 조화를 이루는 문제였다. 범람이 잦았던 황하는 그 물길을 바꿀 때마다 운하의 기능을 마비시켰다. 황하를 다시 준설하려면 수많은 노동력이 필요했고 이는 대단히 비싼 대가를 치르는 일이었다. 1351년 요역으로 동원된 이들이 결국 원을 무너뜨린 민중 봉기의 발화점으로 언급될 정도였다. 추운 겨울 운하 준설에 강제 동원된 15만여 명의 노동자 가운데 홍건적紅巾賊으로 알려진 비밀 결사가 있었고, 그 우두머리인 한산동韓山童에게는 강력한 추종 세력이 있었다. 한산동은 체포되어 처형되었지만, 소명왕小明王이라 불린 그 아들 한림아韓林兒가 살아남아 훗날 주원장을 포함한 반란 세력의 우두머리가 되었다. 1366년 한림아가 사망하자 주원장에게 반란 세력을 장악할 기회가 열렸다. 주원장이 선택했던 왕조의 이름은 그가 홍건적의 반란 세력에 어느 정도 빚이 있음을 보여준 셈이었다.

주원장이 수도를 남경으로 정하자 대운하의 중요성은 사라졌다. 1391년 운하는 토사로 막히며 무용지물이 되었다.[15] 그러나 영락제가 몽골의 수도였던 북경으로 천도하기로 하면서 다시 대운하에 막대한 비용이 투입되었다.[16] 산동성을 가로지르는 어려운 구간에 운하 준설 토목 공사가 성공적으로 진행되어 명은 원보다 향상된 투자와 유지 능력을 보여주었다. 대운하는 1415년 재개통되었고 이후 몇 차례 황하가 물길을 바꾸면서 차단되었으나, 대체로 왕조 말기까지 그 기능을 유지했다. 이처럼 대운하는 제국과 그 경제를 통합하는 기반 시설로서 크게 이바지했지만 동시에 큰 부담이기도 했다. 대운하를 유지하는 일은 물순환 구조에 이미 엄청난 압력을 주었고 수로와 육로의 정상적인 기능을 흔들고 있었다. 홍수나 침적물 퇴적이 발생할 때마다 대운하의 유지는 한층 더 어려워졌다.[17]

대운하의 규모가 큰 만큼 이에 따른 노동력과 설비도 많이 필요했다. 15세기 중엽 1만 1,775척에 달하는 조운선과 12만 1,500여 명의

---

15) 陸容, 『菽園雜記』, p.66.

16) 吳緝華, 『明代海運及運河的研究』, pp.35-42; Brook, "Communications and Commerce", pp.596-605.

17) Sedo, "Environmental Jurisdiction", p.4.

운군運軍이 북경의 왕실 창고를 채우기 위해 대운하를 왕래했다. 실제 징수된 액수가 공식적인 할당량에 미치지 못할 때는 조운선에 탑승한 운군들이 개인 물품을 시장에 팔아서 그 부족량을 채웠다. 왕실에서는 궁정의 물품을 조달하는 선박을 따로 운영했다. 총 161척으로 알려진 왕실 선박 가운데 15척은 남방의 신선한 생선과 과일을 운송하는 얼음 배였다. 병부에서 관리하는 600여 척의 마쾌선馬快船(말처럼 빠른 선박)은 왕실 선박을 호송하며 물자 운송을 보호했다.[18] 하지만 대운하에서 관선보다 더 많았던 것은 수만 척에 달하는 민간 선박이었다. 명 중엽의 한 작가(이동양李東陽을 지칭함. -역주)는 대운하를 이렇게 묘사했다. "동남 지역으로부터의 조운漕運으로 매년 백만여 척의 선박이 왕래하여 비는 날이 하루도 없으며, 셀 수조차 없이 많은 민선民船과 상선商船이 이 길을 따라 줄지어 다닌다."[19] 재건된 대운하가 상업 유통망의 중추가 되면서 온 나라가 근본적으로 하나의 통합된 경제로 연결되었다.[20]

그럼에도 불구하고 상업 운송은 고된 일이었고, 그래서 상인들은 각종 액운을 피하려고 점복占卜에 의지했다. '양공기일楊公忌日'에는 출항, 결박, 교역을 피해야 하는 날짜가 기록되었다. 이 기록은 1635년

---

18) 談遷, 『棗林雜俎』 pp.39-40. 마쾌선에 대해서는 星斌夫, 『明清時代交通史の研究』, pp. 88-124 참조.

19) 李東陽, 「重修呂梁洪記」, 『明經世文編』 卷54, 19a. (封越健, 「明代京杭運河的工程管理」, p.50에서 재인용) "東南漕運, 歲百餘萬艘使船來往無虛日, 民船賈舶多不可籍數率此焉道."

20) Deng, *The Premodern Chinese Economy*는 명 때 이처럼 통합된 경제가 출현했다는 점에 대해서 의문을 제기했다.

출간된 상업서商業書 『객상일람성미客商一覽醒迷』에 실렸다.[21] 피해야 할 기일忌日은 음력 1월부터 시작하여 28일째마다 돌아왔는데, 가령 1월 13일, 2월 11일과 같은 방식으로 이어졌다. 반대로 출행出行하기 좋은 길일吉日을 알려주는 책력도 있었는데, 이 날은 10간干과 12지支로 구성된 60갑자甲子로 표시되었다. 다만 길일은 양공기일처럼 규칙성이 없었다. 가령 음력 6월에는 출항하는 길일이 10일이나 있었던 반면(병인丙寅, 신미辛未, 을해乙亥, 갑신甲申, 경인庚寅, 신묘辛卯, 계묘癸卯, 갑인甲寅, 을묘乙卯, 기미己未 -역주), 3월에는 2일밖에 없었다(병오丙午, 정미丁未). 상인들이 절대 출항하지 말아야 할 재난일도 있었다. 매달 사巳와 해亥가 들어있는 날이 재난일이었는데, 가령 1635년 2월에는 22일과 28일, 3월에는 6일, 12일, 18일에 출항이 금지되었다. 60일 주기로 볼 때 앞에 사巳가 있는 날은 출항하기에 그다지 좋은 날이 아니었다. 반면 앞에 해亥가 들어있는 날은 대단히 상서로운 날이었는데, 특히 오전 1~3시(축시丑時), 오전 7~9시(진시辰時), 오후 7~9시(무시戊時)가 그러했다. 하지만 같은 날에도 오전 11~오후 3시(오시午時~미시未時)에 출항해서는 안 되었다.

상인들이 이처럼 정교한 점복의 계산을 따랐던 것은 불안정한 경제에서 위험을 최소화하려는 의도였으며 상인들의 일반적인 성향이 그러했다. 위험을 피하려는 경향은 일상생활의 여러 측면에 침투했다. 가령 소주 상인들은 '번翻(뒤집히다)'이나 '주住(막다)'와 같은 용어를 사

21) 楊正泰 校注, 『天下水陸路程 · 天下路程圖引 · 客商一覽醒迷』, 山西人民出版社, 1992, pp.334-342.

용하지 않았다. 동음이의어가 많았으므로, 평상시 사용하는 말에서도 재치 있게 단어를 바꾸곤 했다. 예를 들어, 젓가락을 뜻하는 단어는 저箸(발음은 '주')인데, '막다'라는 뜻을 가진 주住와 완전히 다른 용어이지만 발음이 같았다. 상인들이 가장 두려워한 일은 자신이 유통하는 물건이 막히는 것이었기 때문에 소주 상인들은 이와 상반된 '빠르다'라는 뜻의 '쾌快'를 사용했고, 이로부터 오늘날 우리가 젓가락을 '콰이즈[快子](혹은 쾌자筷子)'라고 부르게 된 것이다.[22]

도시의 제국

경제가 성장하면서 기존의 도시는 시장이자 수공업 생산의 기지가 되었고, 상류층이 선호하는 주거지로 발전했다. 북경은 제국의 수도라는 이점도 있었지만, 북방 지역 내 상품 경제의 중심지로서 100만 명이 넘는 대도시였다. 명 초의 수도였던 남경 역시 비슷한 규모를 자랑했다. 한 연구는 1400년 무렵 남경의 인구를 70만으로 추정했다.[23] 양자강 하류의 삼각주로 내려가면 당시 최고의 도시들이 포진했다. 소주는 제국의 상업과 문화의 중심지 역할을 자랑했는데, 인구는 대략 100만 명에 가까웠을 것이다. 상해의 항구 또한 14세기 무렵 이미 대

22) 陸容, 『菽園雜記』, p.8. "民間俗諱, 各處有之, 而吳中爲甚. 如舟行諱「住」, 諱「翻」爲「快兒」."

23) Li Bozhong, "Was There a 'Fourteenth-Century Turning Point?'" p.145.

규모 면화 무역의 중심지로 성장하여 인근에 인구 100만 명의 자치구가 형성되었으며, 그중 적어도 4분의 1은 상해의 내·외곽에 거주했던 것으로 보인다.[24] 항주는 비록 남송 시대 수도로 전성기를 구가하다가 다소 쇠락했지만, 여전히 돈 많은 이들이 별장을 소유하고 싶어 했던 고적하고 부유한 도시였다.

이러한 주요 도시에서 상업과 행정은 모두 중요했다. 그러나 이보다 규모가 작은 도시에서는 대체로 행정적 필요에 의해 도시가 탄생했음에도 불구하고, 상업이 행정을 능가하여 도시 성장의 동력으로 작용했다. 산동성에서 북직예로 흘러가는 대운하의 길목에 위치한 임청이 대표적인 경우라 할 수 있다. 원이 대운하의 새로운 북쪽 거점으로 임청을 선택하기 전까지, 임청은 전혀 중요하지 않은 강변의 일개 현에 불과했다. 1289년 운하(회통하를 지칭함. -역주)의 연장이 완료되자 임청은 남방의 경제와 북방의 조정 사이를 이어주는 연결점이 되었다. 이후 대운하가 제대로 작동하지 않자 임청의 기능은 다시 애매해졌지만, 1415년 명이 회통하를 재개통하면서 임청은 다시 활기를 띠었다.

1369년 임청이 발전할 수 있는 계기가 마련되었다. 임청현치臨淸縣治(임청현 아문)가 임청갑臨淸閘 인근으로 이전했는데, 대운하와 동북쪽의 천진까지 흘러가는 위수衛水가 연결되는 중요한 지점이 바로 그곳이었기 때문이다. 또한 임청은 대운하를 통해 북쪽으로 운송될 조량漕

24) 원-명 시대에 면화가 중국의 주도적인 직물 상품으로 발전했던 점에 대해서는 Zurndorfer, "The Resistant Fibre", pp.44-51 참조.

糧을 비축해두는 5개의 곡창 가운데 하나로 선정되었다. 특히 1450년 이후에 임청창은 다른 4개의 곡창을 능가하게 된다. 곡물을 북방으로 운반하는 상인들이 개중법開中法으로 알려진 염운법에 따라 소금을 판매할 수 있는 염인鹽引을 접수하면서 임청이 곡물을 옮겨놓는 장소로 지정되었던 것이 그 계기였다. 남북의 상업을 위한 전략적 '인후咽喉'(숨과 음식물이 통하는 사람의 목구멍처럼 중요하다는 뜻 -역주) 지역으로 지목되던 임청은 1489년에 현에서 주州로 승격했다.[25)]

임청이 도시로 성장하게 된 데는 정부의 영향도 있었지만 민간 상인들의 영향도 무시할 수 없었다. 이런 분위기는 16세기에도 이어졌다. 북변으로 운송되어야 할 곡물뿐 아니라 공적으로나 사적인 일로 이동하는 사람들 모두 임청을 경유해야 했다. 교통의 흐름이 도시 발전을 가속화한 셈이었다. 성화成化(명 8대 황제. 헌종憲宗 주견심朱見深의 연호) 연간(1465~1487)에는 기존에 북경까지 가서 요역의 의무를 수행해야 했던 이 지역의 장인匠人들이 임청에서 요역을 대신할 수 있게 되면서 더는 수도에 일정 기간 볼모로 잡혀있을 필요가 없어졌다. 북경에서 물자가 여전히 필요했지만, 임청의 장인들은 외곽 지역의 가마에서 벽돌과 기와를 제작하면 되었지 이전처럼 수도에 직접 갈 필요가 없어진 것이다. 상황이 이렇다 보니, 임청 부근에는 물품 운송과 지역 내 물자를 공급하는 산업이 발달했다. 임청성의 서북쪽에 위치한 28곳의 조선소에서는 조선공들이 바쁘게 선박을 제조했고, 16세기 말에는 임

---

25) 陳建, 『皇明從信錄』 卷18, 18b; 张廷玉, 『明史』, p.946.

그림 8. 술을 제조하려고 곡식을 빻는 양조(釀造) 노동자
가루가 된 곡식은 오른쪽에 걸린 큰 통에서 발효된다. 증류(蒸溜)는 대규모로 진행된 작업이었다. 여기 보이는 11명의 노동자는 이 작방(作坊)에서 고용한 전체 인력 중 일부에 불과했을 것이다. 명 공방(工房)의 모습을 묘사한 회화가 얼마 남지 않았다는 점에서 특별히 귀중한 자료다. 당시는 이러한 회화 장르가 보편적이었지만, 순수 예술 작품 수집가들은 간과하는 경향이 있었다. 하버드 대학교 예술박물관 소장.

청에 직물 상점이 105개에 이르렀다.[26] 이러한 시장 규모로 보건대, 이는 더 이상 가내수공업이 아니라 공장형 생산의 수준으로 확대된 것이었다(그림 8).

민간 상업의 발달에도 불구하고, 임청의 민간 경제는 근본적으로 조정이 투자한 기반 설비에 의존했다. 이러한 추세는 대운하 연변의 여러 도시에서도 발견할 수 있었다.[27] 하지만 그 반대의 도시도 있었다. 즉 민간 상업이 경제 발전을 주도하고 조정이 뒤따르는 식이었다. 자연 하천인 양자강은 대운하와 달리 국가가 투자할 필요가 없었고, 따라서 항구 도시의 발전도 다른 양상을 띠었다. 그 예를 사두시沙頭市, 즉 사시沙市에서 살펴보도록 하자.

사시는 호광湖廣 지방의 서쪽에 위치한 강릉현江陵縣에서도 양자강으로 길게 뻗어나간 모래톱에 위치했다. 강릉현 아문은 양자강으로부터 10킬로미터가량 떨어져있었기에 사실상 무역의 주도권을 사시에 넘겨줄 수밖에 없었다. 사시를 번성케 했던 주된 무역품은 사천에서 오가던 곡물이었다. 사시를 왕래하던 상인과 선부들 상당수가 사천 출신이었지만 전국에서 상인들이 몰려들었다. 명 말, 사시에는 전국 각지에서 온 상인 및 장인 조합guild이 99곳이나 있었다고 한다.[28] 국가가 더는 사시를 무시할 수 없게 되었지만 그렇다고 사시를 현으로 승

---

26) 楊正泰, 「明淸臨淸的盛衰與地理條件的變化」, pp.117-119.

27) 임청에서 200킬로미터 남쪽에 위치한 제녕(濟寧)은 이러한 발전 양태를 보여주는 좋은 모델이다. Sun, "City, State, and the Grand Canal" 참조.

28) Heijdra, "The Socio-Economic Development of Rural China during the Ming", p.511.

격시키기는 곤란했다. 그렇게 된다면 기존에 높은 세수를 거두던 강릉을 포기해야 하는 문제가 있었기 때문이다. 이럴 수는 없었기에 정부는 사시에 순검사巡檢司를 설치했다. 또한 세금을 거두는 파견소를 두고 공공건물도 세웠다. 가령 왕궁 건설의 목재 운송을 책임지는 공부에서 사시에 사무소를 설치하여 양자강을 이용하는 황목皇木을 검사하고 세금을 징수했다.[29]

사시는 상업 도시로서 행정 도시에 비하여 무역의 불황 및 호황에 크게 영향을 받았다. 시인 왕계무王啓茂는 숭정의 늪에 해당하는 불황기에 사시로 돌아와 사시의 그러한 약점을 기록하며 자신의 젊은 시절 호황기를 회고했다.

> 그 옛날 푸른 양자강의 모래톱을 거닐던 때를 떠올리니
> [記得當年踏碧沙]
> 사시의 나루터에는 풍성하지 않았던 것이 없었다네.
> [沙津無物不繁華]
> 선박에 밤새도록 1천 병 넘는 술이 공급되었고
> [舟船夜貰千門酒]
> 누각의 기녀들이 십 리에 걸쳐 꽃 뒤에 숨어있었다네.
> [樓閣春藏十里花]
> 세상이 어지러워지자 사천에서 오는 상인과 객인들은 줄어들고
> [世亂蜀江稀賈客]

29) Huang "Ming Fiscal Administration", p.147.

민생이 궁핍해지니 이제 비파 소리를 듣는 풍속도 사라지는구나.

[民窮今俗減琵琶]

과거 훌륭했던 이곳에 다시 오니 슬픈 상실감이 더하고

[重來勝地增惆悵]

텅 빈 숲을 바라보며 앉노라니 해질 무렵 까마귀만 나는구나.

[坐對空林數暮鴉][30]

사시의 성장(그리고 일시적인 쇠락)은 몇몇 도시가 어떻게 국가의 개입 없이도 상업 경제의 힘만으로 형성되고 성장할 수 있었는지를 말해준다. 이처럼 모든 종류의 도시가 국가의 개입 없이 자체적으로 문제를 해결해나가야 했다. 다만 과세처럼 국가의 이해관계에 직결된 문제라고 판단될 경우, 국가는 도시의 공무 독점권을 놓지 않으려 했다. 즉, 중앙 관리들이 도시의 상류층들과 협력하여 비정상적으로 이루어진 일들을 수습하려고 한 것이다. 기존의 촌락 모델(이갑제를 가리킴. −역주)로는 수백 명이라면 모를까 수십만 명이 요구하는 사안을 처리하기가 곤란했다.

도시의 화재 예방 문제가 대표적인 경우였다. 1341년 5월 4일 항주에서 큰 화재가 발생하여 74명이 사망했는데, 1만 5,755칸에 달하는 건물이 전소된 전체 피해에 비하면 사망자 수는 그리 많지 않은 편이었다. 그러나 1342년 6월 4일 화재로 그 모든 것이 파괴되었다. 1366년 어느 개인의 기록은 이렇게 전한다. "이러한 재해는 과거에는 없었다. 수

30) 『荊州府志』(1880) 卷4, 2b.

백 년 동안 번영을 구가하던 지역이 하루아침에 황폐해졌다."[31] 행정의 중심지였던 항주의 화재조차 국가가 막아주지 못하는 체제였다.

항주에서 남쪽 해안을 따라 내려가면 복건성 연평부延平府의 행정 중심지가 나오는데, 여기서도 국가 권력의 존재감은 미미했다. 지부가 지역 내에서 어떤 일이건 수행하려면 지역의 핵심 상인층과 협력해야 했다. 연평은 항주처럼 밀집된 도시는 아니었지만, 한 지방지 기록에 따르면 "역사상 …… 엄청난 화재가 발생해 성곽의 많은 부분이 계속해서 타들어갔다." 연평은 "야트막한 언덕에 사람들이 빽빽이 붙어 사는 비좁은" 지리적 위치 탓에 화재에 더욱 취약했다. 1575년 지부는 방화벽 건설을 명했다. 방화벽을 건설한다는 것은 소중한 도시 자산의 몰수를 뜻했으므로, 지부는 5명의 부유한 도시민을 선발하여 토지를 사들이게 함으로써 자신이 토지를 몰수했다는 오명을 피해갔다. 7개의 방화벽이 건설되었고, 그중 하나는 지부의 아문 앞에 세워졌다. 하지만 3년 뒤 아문 건물을 포함해 100여 채의 도시 가옥이 불타버리는 화재가 발생할 때 방화벽은 제 기능을 수행하지 못했다. 그다음으로 부임해온 지부는 방화벽을 확장하고 연결할 것을 명하면서 자신의 급료까지 기부했지만 역부족이었다. 지부는 기존의 토지 기부자들을 찾아가 새로운 방화벽 건설에 필요한 협조를 요청해야 했다. 기존의 7개 방화벽은 9개로 확대되었다. 훗날 이 방화벽이 시민에 의해 파괴되는 일이 없도록 지부는 불만이 있으면 직접 자신을 찾아와서 호소하라고 선포했다. 그의 계획은 성공했고, 이후 성곽 안에서 화재 발생률이

31) 陶宗儀,『南村輟耕錄』, p.116.

하락했다.[32]

연평의 방화벽 건설은 얼핏 지부가 거둔 업적으로 보이지만, 자금 조달에서나, 어쩌면 방화벽을 최우선적으로 설계하는 데서도 결정적인 역할은 도시의 상류층이 맡았다. 지방지에서는 백성의 복지를 위해 여러 지부가 헌신했다고 지부에게 그 공을 돌렸으나, 실제 이 사업을 주도한 측은 평민들(연평의 핵심 상인층이었을 것이다)로 보인다. 지부 혼자로는 도저히 실행할 수 없는 사업이었다. 엄밀히 말하자면, 도시의 문제점이 명 조정에 포착되는 체제가 아니었으므로 도시의 문제는 그 도시의 엘리트들이 자체 해결해야 했다. 물론 당시 중국의 도시 엘리트가 근대 초기 유럽 도시의 엘리트들과 사회적으로 같은 책임을 졌다고는 섣불리 단정할 수 없는 일이다.

도시사학자 비사언費絲言은 '향촌의 제국에서 도시의 제국으로의 전환' 현상에 관해 '국가의 압제적인 속박에 대한 상업 권력의 저항이자 우세함을 보여주는 승리'라고만 볼 수 없음을 강조했다. 그는 이러한 전환이 "한편에서는 제도적인 개혁이, 다른 한편에서는 명 초의 촌락 모델과 명 말의 도시화를 결합한 문화적인 절충이 동시다발적으로" 진행된 과정에서 드러난 현상으로 설명했다.[33] 도시민들은 더는 촌락이 아닌 도시라는 현실에 어떻게 행정 규칙을 적용해가면서 도시를 운영해야 할지를 정확히 이해했다.

32) 『南平縣志』(1921) 卷2, 16-17a.

33) Fei, Si-yen, *Negotiating Urban space*, p.1.

은납화

군사적 점령은 일반적으로 재원이 필요한 일인데, 원 조정은 농촌 공동체에 대한 접근성이 취약했다. 농촌에 세금을 징수하기 위해 원은 일정한 할당량을 강제하는 방식을 취했고, 가장 많은 세금을 거두겠다고 약속한 도급업자에게 이 임무를 맡겼다. 세금 도급업자들은 정해진 할당액을 조정에 바치는 조건으로 일정 지역에 대한 징세권을 얻었다. 그런데 그들은 항상 할당량을 초과하여 세액을 징수했고 초과액은 자기가 챙겼다. 이는 충분히 예상 가능한 일이었다. 원은 특히 요역에 대해서 가혹했는데, 노동력이 필요할 때면 계절에 상관없이 농촌에서 농부들을 차출했다. 소주의 여류 시인 정윤단鄭允端(1327~1356 추정)은 이러한 요역의 부당함을 다음과 같이 시 몇 소절로 표현했다. 남편이 돌아오기를 기다리다 결국 망부석이 된 아내의 이야기는 옛 중국 시인들이 즐겨 사용하던 소재이기도 했다.

> 노역에 징집되어 떠난 남편은
> 가장 먼 곳으로 소집되었구나.
> 삼 년이 지나면 돌아오기로 계획했건만
> 남편이 떠난 뒤 이미 많은 겨울이 지나갔다네.
> 아내는 가파른 산을 올라 꼭대기에 서서
> 목을 길게 빼고는 돌아오는 배를 지켜보건만

기다리던 배는 눈에 들어오지 않네.[34)]

명은 무분별한 요역 징발과 세량의 할당이 비도덕적일 뿐 아니라 효과적이지도 않다고 판단하여 중단했다. 무분별한 요역 징발은 계절에 따른 농작의 흐름을 방해했을 뿐만 아니라 이해할만한 수준을 넘어서는 일이었다. 세량의 강제 할당 또한 적정한 세수를 확보하기는커녕 세금 도급업자들에게 백성을 착취하고 개인적인 착복의 기회를 제공할 공산이 컸다. 이러한 방식은 사회의 기반을 흔들고 지역 사회의 재산 증식을 방해했으며, 나아가 공적인 자금이 개인의 주머니로 흘러드는 것을 방임하는 꼴이나 다름없었다. 두 방식 중 어느 하나라도 장점이 있고 이를 분명히 확신했다면 원은 징세 행정의 비용을 낮춰서라도 이를 유지했을 것이다. 그러나 명은 다른 대안이 있었다. 즉, 요역과 세량 징수에 관한 행정을 지역 사회의 연장자들에게 위임하는 방식을 택했다. 이는 주원장이 내세웠던 이갑제里甲制라는 등록 방식의 기본 원리이기도 했다. 누구를 징발할 수 있고 누가 얼마의 토지세를 낼 수 있는지 가장 잘 파악하는 곳은 지역 사회였기 때문이다.

이갑제는 지주들의 착취에서 벗어나 자급자족하는 사회를 지향하는 제도였고, 이러한 사회는 주원장 개인의 이상향이기도 했다. 따라서 이갑제는 국가의 투자를 받아 부를 양산하고 축적하는 경제의 기본적인 속성과는 거리가 멀었다. 여기서 야기된 갈등이 15세기가 되

34) 鄭允端, "On Husband-Longing Rock", trans. Peter Sturman, in Chang and Saussy, *Women Writers of Traditional China*, p.134.

면서 결국 재정적 혼란으로 이어졌다. 왜냐하면 생산을 부추기는 상업망이 농촌에 긴밀히 침투되고 있는 현실에서 자체적으로 세금을 거두는 자족적인 공동체 모델은 더욱 괴리감을 줄 수밖에 없었기 때문이다.[35]

과세 제도는 현실을 제때 반영하지 못했다. 1566년, 59세라는 많은 나이로 지현이 된 귀유광歸有光(1507~1571)이 첫 부임지에 도착했을 때도 이 같은 사실을 발견할 수 있었다(귀유광은 1565년까지 줄기차게 과거제의 회시會試에서 떨어졌다). 귀유광은 지부에게 보고하기를, "세금 제도가 정한 세액이 있어도 실제로 각 호戶는 여전히 홍무 연간 조상들의 명의를 사용하고 있어서 징수할 때가 되면 사람들은 납부의 의무자가 자기가 아니라며 타인을 지목합니다."라고 했다. "그중 최악은, 한 토지 소유자에게 인근의 땅이 병합되었어도 실제 그가 소유한 땅은 불과 몇 무만으로 기록된 것"이었다. 또한, 주민들은 자기 재산이 세금 납부를 위한 최저 기준에도 미치지 못한다고 주장했다. 심지어 "대호大戶 가운데 해가 끝나도록 납세를 거부하며 어떠한 구속에도 말을 듣지 않는 자"도 있었다.[36] 귀유광은 현의 인구 조사 기록이 절망적인 수준임을 깨달았다. 대단히 상업화된 현임에도 불구하고 1488~1522년 사이에 인구가 20퍼센트 감소했고 단 한 사람도 태어나지 않았다. 게다가

35) 15세기 중엽 발생한, 이갑제라는 체제와 실제 사이의 분절 현상은 Nimick, *Local Administration in Ming China*, ch.2의 주제다.

36) 歸有光, 『震川先生集』, pp.922-923 "田制雖有定ㅁ其俗以洪武祖名爲戶, 徵收之際, 互相推調. … 又有田阡陌, 而戶止數畝者, 又有深由大戶, 終歲下聽拘ㅁ者."

여성은 전체 인구의 20퍼센트에 불과했다.[37] 체제가 현실을 전혀 반영하지 못하고 있었다. 1368년에 고착된 농업 경제의 모델에서 상업 투자와 자본의 집중으로 표현될 수 있는 '실물' 경제가 완전히 이탈함에 따라 과세되지 않는 재산이 생겨난 것이다.

해결책은 교환 제도에 있었다. 다시 말해, 농업 경제의 주요 재원인 곡물과 요역을 동등한 가치의 화폐로 전환하고 운영하는 것이다. 결국 은으로 세금을 걷어서 행정에 필요한 비용을 충당하기에 이르렀다. 강제로 동원된 요역보다 돈으로 산 노동력이 훨씬 효과적이었다. 가령 문지기를 고용할 때 두꺼운 요역 장부를 뒤져 사람을 찾아 소환하고 내보내는 것보다 1년에 은 약 4냥으로 사람을 사는 편이 훨씬 수월했다. 게다가 영문도 모른 채 요역으로 차출된 이들은 어떻게 문을 잠그는지조차 몰랐고 일을 하다가 사라지기 일쑤였다. 16세기 경제에 이러한 흐름이 확산되면서 특히 과세의 기준이 은으로 단일화되었다.

명 초의 농촌 경제에서 16세기 화폐 경제로 전환됨에 따라 징세 방식도 은납화銀納化로 바뀌었다. 이는 산업 혁명 이전 중국 경제의 가장 중요한 변화였다. 서양에서는 이러한 변화를 '하나의 채찍single whip'이라는 낯선 용어로 표현하고 있는데, 이는 중국어 '일조편법一條鞭法'을 번역한 것이다. 여기서 '편鞭'은 '전환하다' 혹은 '개혁하다'라는 의미이지만, 동시에 '채찍'이라는 뜻도 있어서, '하나의 항목'을 '하나의 채찍'이라는 이름으로 바꾼 재치가 돋보인다. 이러한 변화는 15세기부터 서서히 진행되다가 1570년대 내각의 수보首輔(명 내각을 구성하는 대

37) 『長興縣志』(1805) 卷7, 3a-b.

학사 가운데 우두머리 –역주) 장거정의 치하에서 공식화되고 확대 실시되었다. 장거정은 1580년 제국의 모든 경작지 조사인 장량丈量을 실시했다. 당시 장거정은 국가의 지배력을 확충하는 데 광적인 집착을 보였고 특히 재정 문제에 관해서는 더욱 그러했다. 만력 연간에 쓰인 각종 개인 기록에도 그 영향이 빠지지 않고 언급되었다. 심덕부는『만력야획편』에서 "장거정은 국정을 맡았을 때 법 집행에 조금의 틈새도 허락하지 않았다."라고 하면서, "탈세액이 400냥을 넘으면 즉시 처형했다."라고 기록했다.[38] 현재 장거정은 농경 사회의 과세 체계를 상업 모델로 바꿈으로써 근대 경제의 기초를 다졌다는 점에서 통찰력 있는 행정가로 평가되고 있다.[39]

장거정의 개혁 중 최고는 화폐의 유통이었다. 명 태조는 백성의 번영을 폐쇄된 농민 공동체 안에서 찾았고, 각자 생존에 필요한 만큼의 농작물과 직물을 자급자족할 수 있는 토지를 소유하는 것이 최선이라고 보았다. 비록 원–명의 경제가 실제로 이렇게 운영되지는 않았으나 그러한 경제 개념에서 화폐는 거의 의미가 없었다. 화폐가 사용된 때가 있었지만, 그때도 가운데 구멍이 뚫린 작은 동전뿐이었고, 이는 이미 전국 시대 이후부터 통용되던 형태였다. 간단한 생필품은 몇 푼되지 않았으므로 굳이 높은 가치를 지닌 통화가 필요하지 않았던 것

---

38) 沈德符,『萬曆野獲編』, p.481. "江陵當國時, 持法不少假. 如盜錢糧四百兩以上, 俱非時誅死." 심덕부는 소주의 은 세공인 관방주(管方洲)에 관한 이야기의 서두에서 이렇게 언급했다. 관방주에 대한 이야기는 9장에 소개된다.

39) 정치가로서 장거정에 대해서는 Huang, *1587, a Year of No Significance*, 1-3장 참조.

이다.

하지만 이러한 생각은 이론일 뿐, 머지않아 현실이 이를 뒤집었다. 농업 생산물의 잉여분이 축적되고 상품이 화폐로 교환되는 현상이 늘면서 상거래에서 줄로 묶인 천 개의 동전[貫]을 사용하는 일이 많아졌다. 하지만 이러한 동전은 휴대하기에 번거로웠을 뿐 아니라, 동전을 녹여 다른 물건을 만들거나 불순물을 섞는 일이 종종 벌어지는 등 동전 자체에 약점이 많았다. 이러한 약점 때문에 동전은 만성적으로 부족했고, 매년 동전으로 세금을 걷는 일은 악몽이 될 정도였다. 원이 개국하기 20여 년 전 구리 부족 현상을 경험했던 몽골인들은 송과 금에서 통용되었던 지폐를 모방해 '관貫'이라는 이름의 지폐를 발행했다. 1350년까지 원은 곡물 비축량을 지폐 보유량과 맞추면서 지폐 정책을 뒷받침했다. 하지만 1350년대 막대한 군사비가 절실해지자 곡물 비축량을 훨씬 초과하는 지폐를 찍어냈다. 1356년 원의 지폐는 가치가 떨어지면서 유통이 멈추었다.[40]

명은 원의 전례를 따라 대명보초大明寶鈔라고 알려진 지폐를 발행했다. 하지만 이 역시 유통되지 않았고 가치를 담보할 곡물이 제대로 비축되지 않아 곧 가치를 잃어버렸다. 따라서 매일 구매하는 물건보다 단위가 큰 물건을 구입할 때 휴대할 수 있는 화폐가 필요하게 되었는데, 은이 그 대안으로 떠올랐다. 은의 단위는 냥兩이었고 37그램에 해당했다. 은은 동전처럼 주조되지 않은 채 은괴 형태로 보관되어 무게와 순도에 따라 평가되었다. 1601년 "외국인이 서양에서 가져온 은이

40) Hsiao, "Mid-Yüan Politics", pp.552, 575, 585.

동전 모양이고 동전의 양면에 세련된 글씨가 새겨져 있는지" 찾아내려고 비밀리에 한 관리가 파견되기도 했다.[41] 은으로 계산할 때는 은괴의 무게와 순도에 따라 가치가 결정되어 문자 그대로 일괄 처리되었다. 이러한 이중적인 통화 체제에서 은전비가銀錢比價(은에 대한 동전의 교환 가치)는 동전의 상대적인 유용성, 순도에 대한 소비자의 신뢰(동전은 대체로 저평가되었다), 그리고 화폐 시장에 대한 국가 권력의 개입 등에 따라 끊임없이 변동했다.[42] 동전 가치가 하락된 데는 다양한 동전이 같은 시장에서 서로 다른 교환 비율로 동시에 유통된 원인도 있었다. 가장 높은 가치로 유통되었던 동전은 홍무 연간에 주조된 동전이었다.[43] 이 동전은 동아시아로 유통되었고, 특히 일본에서 통화 가치가 높았다. 1647년 상해 남부의 주산舟山 열도에서 만주족에 항거하던 반만反滿 세력이 일본인 후원자로부터 동전을 실은 선박을 받았는데 모든 동전이 홍무 연간에 주조된 홍무통보洪武通寶였다. 대체로 일본인들은 중국 동전인 경우 녹여서 다른 형태로 주조했지만, 홍무통보는

---

41) 王臨亨, 『粵劍編』, p.92.

42) Von Glahn, *Fountain of Fortune*은 명의 통화 정체에 대한 전반적인 자료를 제공한다. 특히 은전비가의 변동에 대해서는 pp.157-160, 동전의 저평가에 대해서는 pp.187-197 참조.

43) Kuroda, "Copper Coins Chosen and Silver Differentiated," pp.67-74에서는 이른바 '표준 동전'(송과 명 초에 주조된 동전으로, 사람들은 매매보다는 저장의 수단으로 선호함)과 '통용 동전'(나중에 저급한 품질로 주조된 동전으로 일상 거래에 사용됨) 사이의 중요한 분기가 발생하고, 후자는 명문 가치보다 상당히 낮은 가치로 유통되었음을 지적했다. 홍무 연간의 '표준 동전'은 이 책의 원서, 즉 하버드 출판본 표지에 그려져 있다.

예외로 비축할 가치가 있다고 판단한 것이다.[44]

경제가 발전하면서 거래되는 물품의 가치도 높아졌고 은의 필요성 또한 증가했다. 1436년 명이 선택적으로 일부 지역의 세금을 은으로 납부할 수 있도록 허용하자 은납화는 더욱 가속화되었다. 하지만 귀금속이 개인의 수중에 들어갈 경우 국가 재정에 타격이 있을지 모른다고 우려한 조정은 국내의 은광 개발에 대해서는 보수적인 입장을 견지했다. 그러자 은 부족 현상이 더욱 심각해졌다. 16세기 후반, 일본과 페루에서 막대한 은이 유입되기 시작하면서 비로소 은 부족 현상은 해소되기 시작했다. 외국의 은이 없었다면 명 경제가 세계 무역에 극적으로 편입되는 일은 없었을 것이다. 이는 뒤에서 자세히 다루도록 하겠다.

경세제민

농업 경제의 주 생산품은 곡식이다. 이갑제를 실시했던 주원장처럼, 자족적인 농촌 경제를 꿈꾸는 이들은 아주 작은 단위의 공동체까지 각 가정에 경작할 수 있는 토지가 있다면 그 수확물로 필요한 모든 것을 소비할 수 있다고 믿었다. 곡물이 농업 경제의 주 생산품이긴 했으나 유일한 생산물은 아니었던 이유이다. 곡물은 이를 경작하는 농민들에게는 식품이었지만, 다른 이들에게는 상업적인 유통 분야에서

44) 黃宗羲,『黃宗羲全集』卷2, p.220.

거래되는 상품이기도 했다.

원에서 명으로 시간이 흐를수록 이러한 추세는 경제의 중심 주제가 되었다. 특히 도시에 거주하거나 돌아다니며 물건을 파는 상인, 혹은 농촌에 살면서 다른 농산물을 생산하거나 시장에 수공예품을 내다 파는 사람들이 점점 많아지면서 그러한 현상은 더욱 가속화되었다. 처음에는 제한적이었던 이러한 유동 인구가 갈수록 늘어났다. 이들에게 곡물 등의 식량은 자기가 경작한 것이 아니라 구입한 것이었다. 주원장이 남긴 자족 경제라는 이상이 여전히 강하게 작용하고 있는 상황에서 이러한 현상은 당시 경세론자經世論者들에게 전혀 뜻밖의 일이었다. 위기 국면이 전개될 정도로 곡물 공급량이 갑작스럽게 변동하는 현실에 손 놓고 있을 수밖에 없게 된 곡창 관리들에게도 이는 완전히 새로운 국면이었다. 이는 농업 경제가 상업화된 결과이자 대가로서 장인과 경제 보수주의자들을 모두 당황하게 만들었다.

명의 관리들은 수요와 가격 경쟁이라는 논리에 의해 수요가 있는 지역에서 다른 지역으로 곡물이 멀리 이동하는 현상을 도무지 이해할 수 없었다. 물론 곡물이 결핍 지역으로 이동해 굶주림을 막는다면 그것은 마땅한 일이라고 보았다. 그러나 반대의 경우, 즉 판매 가격이 더 높은 지역으로 결핍 지역의 곡물이 빠져나갈 때 그런 거래는 마땅히 비난받아야 했다. 각자 자신의 이윤을 추구하는 인간 성향과 마찬가지로, 이 경우 가치 법칙law of value이 작동하는 것으로 이해할 수 있지만, 그 결과가 어느 지역의 결핍으로 드러날 경우, 관리들은 가치 법칙에 따른 경제를 도덕적으로 바람직스럽지 않다고 간주했다.

그럼에도 불구하고, 기근을 당하면 마땅한 대책을 찾기 어려웠다. 극심한 기근이 일어날 때면 "구황救荒에는 선책善策이 없다."는 말이 나돌 정도였다. 하지만 이런 말은 반대파의 논리에 맞서려는 관리들의 입에서 흘러나왔다. 훌륭한 관리라면 어떠한 상황에서도 대규모 기아 사태로 이어지는 식량 부족을 막을 방안을 찾아낼 수 있다는 반대파의 주장을 반박하려는 의도였다. 한 노련한 지현은 『견문잡기見聞雜記』라는 글에서 이렇게 말했다. "기근을 구하는 데 기발한 방책이 없음을 염려하지 말고, 오직 진심眞心이 없음을 염려하라. 진심만 있다면 기발한 방책은 저절로 생길 것이다."[45] 이러한 견해는 명 말 유행하던 주관적 유심주의唯心主義(불교의 영향을 받았던 남송의 유학자 육구연陸九淵을 이어 명 중엽 왕양명이 강조했던 심학心學 계열의 흐름 –역주) 사상을 반영하는 것이기도 하지만, 동시에 예부터 내려오는 고전적 신념과도 일맥상통한다. 다시 말해, 진심에서 나오지 않는 노력은 절대 성공할 수 없는 반면, 일시적으로 식량 문제가 발생하더라도 정말 진심만 있다면 다 극복할 수 있다는 의미다.

'좋은 정책'의 가장 중요한 원칙은 풍년에 곡물을 관창官倉에 저장해 놓았다가 흉년에 사용하는 것이었다(그림 9 참조). 명 태조는 이러한 정책에 따라 각 현마다 4곳의 예비창豫備倉을 짓도록 명했다. 지현들은 대부분 예비창을 지었지만 후임자 대부분이 창고를 채우지 못하거나 보수하지 않은 채로 방치하는 등 상부의 명령을 지키지 않았다.[46] 곡

45) 李樂, 『見聞雜記』 卷7, 5a. "救荒不患無奇策, 只患無眞心 眞心卽奇策也."

46) 余繼登, 『典故紀聞』, p.289. 명의 糧倉에 대해서는 星斌夫,

그림 9. 기근 시에 관창(官倉)을 열어 곡식을 분배하는 지방관
14세기 희곡 『비파기(琵琶記)』를 소설화한 명 후기의 작품 속에 들어있는 삽화다.

물 저장고가 자리를 잡지 못한 것은 무관심이나 무능력, 혹은 부패만의 문제가 아니었다. 물론 이 세 요소도 어느 정도 영향을 끼쳤겠지만 이보다는 곡물 저장에 관련된 정치 경제학적 본질과 더 밀접한 관련이 있었다. 홍무제가 예비창을 지은 것은 지역에서 잉여 농산물이 발생하면 비축될 것이라는 단순한 생각 때문이었다. 풍년에 정부가 곡물

『中國の社會福祉の歷史』, pp.51-81 참조.

을 비축하라고 명령하고, 농민들은 흉년에 이를 꺼내 쓰면 된다고 생각했다. 그러나 상인들에게 다른 지역 곡물을 사는 사람들이 점점 많아지자, 흉작에 의한 식량 위기뿐 아니라 상업적인 이유에 의한 식량 위기도 발생하기 시작했다.

상업 경제에서 비축된 곡물은 자금의 형태를 띠며 가난한 이들에게 기근의 보상으로 지급될 수 있었다. 외부에서 사들인 곡물 덕분에 뛰었던 곡물 가격이 정상화되는 현상을 이용한 것이다. 하지만 이러한 '좋은 정책'도 곡물 상인이 대처할 수 없을 만큼 심각한 기근 상황이라면 어쩔 수 없었다. 1307년 산동성에서 발생했던 성급省級 재난이 이러한 상황이었다. 원 조정은 돈을 풀어 이에 대처하려 했지만 굶주린 자들을 위해 사들일 곡물 자체가 없었을 뿐 아니라 곡물이 곧 도착할지도 장담할 수 없는 형편이었다. 이 경우는 다행히, 어느 정력적인 관리가 개입하여 자금을 통한 구제에서 정부미 구제로 정책을 전환하며 위기를 넘겼다.[47]

돈의 형태로 된 구호품은 이를 분배하는 과정에서 관리들이 쉽게 착복할 수 있는 위험이 있었다. 산동성에서 재난이 일어났던 1307년 절강성 연해 지역에서 유행병이 시작되었는데 이때도 마찬가지였다. 1308년까지 유행병은 거대한 재난으로 확대되었고, 병에 고생하던 이들이 굶주리기 시작했다. 선위동지宣慰同知(각 주와 부에 할당된 관직으로 부의 장관인 지부나 주의 장관인 지주의 부관副官. 범인 체포, 식량 조달, 수리 등의 업무를 분담했다. –역주) 탈환찰脫歡察은 이에 대응하여 조정에 진휼

47) 余文龍,『史觿』卷25, 45b; 宋濂,『元史』, p.4004.

賑恤을 요청했다. 그러자 조정에서는 지역의 부자들에게 구제비를 출연出捐하여 탈환찰에게 전달하도록 했고, 부자들은 이 명령을 충실히 따랐다. 진휼 기금을 받고 감시하는 것 모두 지방 차원에서 이루어졌으므로, 탈환찰은 잇속을 챙길 기회를 노릴 수 있었다. 그는 진휼 기금을 작은 단위로 쪼개어 지방관들에게 맡긴 뒤 필요할 때 찾아가는 수법을 사용했다. 일정한 시간이 지난 뒤 돌아와서는 기부금 지급 서류를 위조한 뒤 돈을 챙겼다.

하지만 탈환찰은 한 현(태주로台州路 영해현寧海縣에 해당함. -역주)에서 전체 비용의 6분의 1이나 되는 액수를 주부主簿(현에서 지현의 업무를 보좌하는 정 9품의 하급 문관으로, 호적戶籍 등 문서 행정을 담당함. -역주) 호장유胡長孺에게 맡겨버리는 실수를 저질렀다. 호장유는 송의 유명한 관리 호거인胡居仁의 아들이며 쿠빌라이 칸의 수하에서 봉직한 관리였는데, 이후 권세가들의 이익을 반대한다는 이유로 현의 주부라는 낮은 직책으로까지 내려오게 되었다. 그는 진휼 기금을 착복하려는 탈환찰의 의도를 알아채고는 자기가 받은 돈을 지역 사회의 어려운 이들에게 나누어주었다. 기금을 수령한 이들에게는 영수했다는 서명을 받았다. 탈환찰이 한 달 뒤 돌아와 맡겨둔 돈을 찾으려고 하자 호장유는 영수증을 모은 서류를 제출했다.

"당신의 돈이 여기에 있습니다."라고 호장유는 차분하게 말했다. 그러자 탈환찰은 격노했다. "네가 어찌 감히 이렇게 할 수 있느냐? 어찌 내 명령을 이처럼 무시할 수 있단 말이냐!" 호장유는 조금도 동요하지 않으며 답했다. "하루만 더 굶으면 죽게 될 백성이 매우 많았습니다.

따라서 백성이 굶어 죽었다는 사실이 조정에 보고되지 않도록 이런 조치를 취한 것입니다. 공문서는 모두 갖추어져 있으니 확인해도 됩니다." 탈환찰은 분을 삼키기만 할 뿐 아무 말도 할 수 없었다.[48)]

이처럼 부패 가능성이 항상 도사리고 있는데도, 15세기까지 경세가들은 대부분 기근에 대한 대처 방식으로 곡물 저장고 체제가 부적합하다는 입장[49)]을 반박해왔다. 그러나 구준이 1487년 홍치제에게 제출했던 개혁안의 핵심은 구호 식량을 재분배하는 데 국가보다 상업 경제가 더 효과적이라는 생각이었다.[50)] 같은 맥락에서 16세기에 기근 정책을 새로 만드는 데 참여했던 임희원林希元(1480~1560 추정)은 국가가 진휼을 제공해야 한다는 생각을 반박했다. 그리고 대안으로, 이미 존재하는 민간의 상업 능력을 최대한 이용하는 방식을 주장했다. 상인에게 다른 지역에서 싸게 구매한 곡물을 기근 지역에 가져와 팔도록 하고, 이들 상인들에게는 운송비와 수수료를 포함해 동전 2닢을 대가로 챙기도록 허락해주자는 것이었다. 새로운 정책이니만큼 초기 자금은 국가가 제공하도록 했다. 하지만 일단 비축된 분량이 팔리고 돈이 회수되면 정부가 부담해야 하는 비용은 없는 것이나 다름없었다.[51)] 정부는

---

48) 余文龍, 『史臠』 卷25, 59a-b; 宋濂, 『元史』, p.4332.

49) 가령 장무章懋(1437-1522)처럼 진지한 철학가도 명 태조의 이상적인 곡창 제도를 포기해야 할 필요가 있다고 생각했다. 한때 그는 송 철학가들이 이미 기록한 것에 더 이상 덧붙일 것이 없기 때문에 자신은 더 이상 저술하지 않겠다고 선언한 바 있었다. Goodrich and Fang, *Dictionary of Ming Biography*, p.97.

50) Will and Wong, *Nourish the People*, pp.11-13.

51) 陸曾禹, 『欽定康濟錄』(近代中國史料叢刊3編), 3a, 48a-b.

이 과정이 잘 진행되도록 종종 동전을 지원하여 수요를 늘리는 방식으로 개입하긴 했지만, 그렇지 않을 경우에는 시장에 의존해 생계 위기를 해결했다.

그러나 아홉 번의 늪 상황에서는 국가도 시장도 속수무책이었다. 정말 이런 상황에서 백성들에게 식량을 공급할 '좋은 정책'이란 존재하지 않는 것 같았다. 가정 연간의 늪을 경험한 하남성의 한 지방지 주석가는 "과거 사람들의 운명은 (그들을 위해 양식을 비축한) 군주君主에게 달려있었지만, 요즘 사람들의 운명은 오직 하늘에 달려있다."라고 언급했다.[52] 하늘이 황제의 모습으로 나타나 굶주린 자에게 진휼을 명령할 때는 세상만사가 다 잘 돌아가는 것 같았다. 하지만 하늘이 시장으로 탈바꿈한 뒤에는 사람들을 죽음에서 보호해주는 방패막이 따위는 상상하기 어려웠다.

명의 마지막 세기인 17세기에 관리들은 국가와 경제 사이에 애매하게 놓인 회색지대에 관해 새로운 정책적 실험들을 계속해나갔다. 어떻게 해야 국가와 경제가 최대의 잠재력을 발휘할 수 있는지 실제로 조합해본 것이다. 그중 좀 더 진보적인 관리들은 구황을 단순히 특정한 위기에 대처하는 개입으로만 보지 않았다. 그들은 구황을 백성의 삶의 질을 개선하는 방대한 계획으로 보고는 이를 '경세經世', 즉 '세상을 바로잡는 것'이라 불렀다. 이 말은 본래 '세상을 바로잡고 백성을 돕는다.'라는 뜻을 지닌 '경세제민經世濟民'의 첫 두 자에서 따온 것이었다. 이러한 도덕적 헌신을 받아들인 이들을 서양에서는 '국가 운영 능

52) 『蘭陽縣志』(1545) 卷3, 16a. "懸於君後之民命懸於天"

력이 있는 자statecraft'라고 일컫는데, 경세가들은 국가가 사용할 수 있는 모든 자원을 동원하여 백성이 어려운 시기에 쇠하지 않고 좋은 시기에 번영할 수 있게 하는 것이야말로 국가에 헌신하는 자신들의 소임이라고 이해했다. 공적 활동에 헌신하는 이런 현상은 명 중기부터 표면화된 유학의 행동주의에서 그 뿌리를 찾을 수 있다. 그들의 관심은 백성에게 있었고, 그 실천은 경제로 드러났다. 이러한 헌신의 힘이 워낙 강했기 때문에 19세기 '이코노미economy'라는 유럽의 개념을 번역하는 새 용어가 필요할 때, '경세제민'으로부터 '경제'라는 새로운 단어가 탄생하게 된다.

정신적 혼돈

경세제민의 활동가들statecraft activists은 생존이 위태로울 때 경제에 개입해야 한다고 주장했다. 그런데 그들의 의견이 빛을 발한 때는 경제가 무너질 때가 아니라 오히려 성장할 때라는 사실이 의미심장하다. 이러한 반전의 진실은 상업화가 소득을 증대시킬 수 있는 것과 마찬가지로 생존을 위협할 수도 있다는 인식을 말해준다. 이는 또한 사람들의 기대가 변화되었음을 말해주기도 한다. 농촌의 자급자족은 더는 목표가 아니었고, 이제 많은 사람이 기대하는 것은 상업적인 번영이었다. 경제가 성장할수록 뜻밖의 결과도 발생했지만, 국가는 대체로 경제적 번영이라는 목표로 기울어져 있었다. 가령 사회적 유동성,

전통 관습의 쇠퇴, 그리고 도적질서의 침식 등을 염려한 관료들이 있었으나 국가의 기조에는 큰 변화가 없었다.

이러한 변화를 가장 먼저 감지한 사람 가운데 고청顧清이라는 관리가 있었다. 그의 고향은 고도로 상업화된 양자강 하류 삼각주의 동쪽 끝에 있던 송강부松江府로, 상해 주변의 면화 산업 지역에 속한 곳이었다. 부친이 사망하자 그는 정덕 연간에 정우 때문에 27개월간 고향으로 돌아와야 했다. 고향에 머무르는 동안, 그는 송강부의 첫 번째 지방지 편찬에 참여하게 되었고, 그 결실이 1512년『송강부지』라는 책으로 출간되었다. 송강부 지방지의 풍속에 대한 장을 '변變', 즉 변화라는 주제로 시작한 것으로 보아, 그는 그 지역의 풍속에 대해서 달갑지 않게 생각했음이 분명하다. "변화를 관찰해보면 세상의 흐름을 알 수 있다."라고 그는 기록했다. 그런데 그 흐름은 그가 바라는 흐름이 아니었다. 그는 도덕이 붕괴했다고 보고 그 요인을 부유하고 권세 있는 자들의 탓으로 돌렸다. 그들이 의례 및 의복 등에 과도하게 지출하면서 그 수하에 있는 자들도 비정상적인 소비를 일삼게 되었고, 그런 가운데 예의, 겸손, 타인의 정신적 행복에 관심을 기울이는 유교의 핵심 가치가 사라졌다고 보았다. 고청은 특히 부강富强한 자들과 신사紳士를 구분했는데, 이를 보아 그가 지적하고 싶었던 이들은 송강부의 거대한 상업 가문이었음을 알 수 있다. 고청은 부유한 그들이 양자강 삼각주 지역의 삶에 큰 변화를 가져왔다고 보고 이러한 변화상을 하나하나 꼼

꼼히 기록했다. 정확히 헤아리면 23가지에 달하는 변화였다.[53)]

고청이 거북해했던 23가지 변화를 여기서 모두 열거할 필요는 없고, 몇 가지만 살펴보고자 한다. 우선 결혼할 때 신랑과 신부 가족이 교환하는 선물의 수준이 엄청나게 높아졌다. 장례식 또한 필요 이상으로 화려하게 여러 날 동안 진행되었다. 인간관계에 도움이 되는 작은 선물 역시 큰 뇌물로 바뀌었다. 저녁 회식은 채소와 과일로 된 소박한 상에서 값비싼 자기 그릇에 담긴 고기와 생선 요리로 바뀌었다. 게다가 모두의 탄성을 자아내는 거한 상차림이어야 했다. 명 태조 주원장은 남성에게 장식 없는 사각 모자를 쓰도록 명했으나 지금은 화려하게 장식된 모자를 쓰고 있고, 심지어는 여성들의 머리장식으로나 사용될 것을 어색하게 덧붙이기도 했다. 단순한 헝겊신도 맵시 있게 수놓인 신발로 바뀌었다. 가마의 가리개천도, 놀잇배[畵舫]의 디자인도 모두 바뀌었다. 평범한 문방구류는 사라지고 금테 두른 편지지가 유행했다. 심지어 염료의 색깔도 유행을 탔다. 붉은색은 도홍색桃紅色 대신에 다홍색 빛깔의 여지홍색荔枝紅色을 즐겨 사용했다. 파란색도 비취색 대신 하늘색이 유행했다. 갈색 계열에서는 침향沈香색(황갈색)이 적갈색을 밀어냈다. 이외에도 많은 변화가 있었다. 고청은 이렇게 열거한 변화 목록을 망측한 폭로로 마무리한다. 부자들이 사적으로 고용한 희극단원 소년들에게 자주색 망사옷을 입혔다는 것이다. "변화

53) 顧淸, "俗變", 『松江府志』(1630) 卷7, 23a-32a. "觀其變而世可今." 고청에 대한 약력은 『松江府志』(1630) 卷39, 27b-29a; 张廷玉, 『明史』, p.2432 참조.

를 관찰해보면 세상의 흐름을 알 수 있다."

고청은 23가지에 달하는 지역 사회의 사치를 고발하는 글에서 비슷한 문법 구조를 사용했다. '처음에[初]' 사람들이 어떠했는데, '지금은[今]' 혹은 '근래에는[近]' 어떤 현상이 시작되었다는 형식이었다. '지금은'이나 '근래에는' 뒤에 나오는 말은 본래 그렇게 되면 안 된다는 뜻이 담겨있다. 그가 과시적 소비를 도덕적으로 비난한 점은 적절한 일이었는데, 이러한 현상이 16세기 말로 갈수록 더욱 심해졌기 때문이다. 다만, 고청이 이 글을 쓴 1512년에는 그다지 심각한 상황은 아니었다. 그가 문제 삼았던 점은, 좋은 돈으로 한낱 '이목을 끄는 장식'에 불과한 것을 사느라 낭비하는 어리석은 행태였다. 백합에 금칠을 한다고 해서 백합의 가치가 높아지는 것도 아닌데, 남들의 사치를 좇으려다 평범한 가정이 파산할 우려가 있었다. 그리고 경쟁적으로 남의 눈치를 보는 이런 행태는 양초 하나 사기 힘든 하층민을 더욱 잔인하게 짓눌렀다.

고청은 이 점을 명확하게 언급하지 않았지만, 과소비를 충동질한 동력은 분명 사치품의 공급과 수요의 성장에서 나왔다. 한때 고를 수 있는 염료의 색은 도홍색, 비취색, 적갈색이 전부였다. 그러나 1512년 무렵, 염료 생산자는 기존의 색상을 다홍색, 하늘색, 황갈색으로 바꾸고 좀 더 비싼 가격으로 공급했을 것이다. 이에 발맞춰 소비자의 기대치도 한층 높아졌다. 사람들은 '처음에' 갈색 염료가 필요하면 적갈색을 골랐을 뿐 좀 더 세련된 색상은 상상조차 하지 못했다. 그러나 '지금은' 열성적인 소비자들이 황갈색을 선택할 수 있게 되면서 색상을 바꾸고 싶어 하고 이러한 변화를 즐겼다. 고청이 비난한 그런 변화 덕분에 소비가 활성화되었다면, 그것은 단지 사람들이 유행의 홍수에 참여할 수 있어서였다. 고청은 이러한 변화를 서서히 퇴락해가는 징후로 해석했지만, 반대로 16세기로 접어드는 명의 경제가 새로운 번영의 단계로 진입했다는 명백한 증거로도 볼 수 있다.

이러한 번영을 두고, 일부 역사학자들은 과연 중국 전체의 부가 개개인의 높은 삶의 수준을 말해줄 수 있는지 의문을 품었다. 1625년 광동성 연안에 난파되었던 예수회 선교사 아드리아노 데 라스 코르테스Adriano de las Cortes는 그렇지 않다고 생각했다. 라스 코르테스는 중국 경제의 생산성에 크게 감명받았지만, 이 생산성과 일반 백성들의 생활 수준은 엄연히 다르다고 분명히 선을 그었다. "중국인들은 어마어마한 물품을 소유하고 있지만, 그렇다고 해서 그들이 매우 부자라는 말은 아니다. 그와 반대로 백성들은 대체로 대단히 가난하다."라고 지적했다.[54] 라스 코르테스가 머물렀던 곳이 광동의 먼 해안선이며 강남의 웅장한 도시가 아니었음을 감안해야 한다. 그의 평가는 자기 고향에서 경험했던 부와 가난을 근거로 한 상대 평가였다. 지구의 양 끝을 경험했던 그의 판단을 미루어 짐작하건대 명의 시골 사람들은 유럽의 시골 사람들과 비슷했거나, 아마 조금 더 못살았던 것 같다. 어떤 경우든 사

54) Girard, *Le Voyage en Chine d'Adriano de las Cortes*, p.239. 다른 곳(p.165)에서 라스 코르테스는 "중국인들의 식생활은 매우 형편없다."고 지적했는데, 이는 육류 위주의 식단을 기대한 평가였다. 라스 코르테스에 대해서는 Brook, *Vermeer's Hat*, pp.87-113 참조. Pomeranz, *The Great Divergence*, pp.127-152에서는 18세기 삶의 수준은 영국보다 중국이 높으며, 빈부 격차도 그다지 크지 않았다고 주장한다.

회 최하층민의 삶은 크게 다르지 않았을 것이다. 사회 밑바닥에 있던 사람들은 대부분 먹을 것만 있으면 충분했기 때문이다.

사라진 호랑이

라스 코르테스의 조심스러운 평가에도 불구하고, 명의 경제는 과거 어느 때보다 더욱 번영했다. 오늘날의 비정상적인 기준에 비하면 당시의 경제 성장이 그리 대단해 보이지 않으나, 크게 늘어난 인구 때문에 더 많은 식량을 산출해야 하면서 경제도 크게 성장했다. 성장하던 경제는 천연 자원을 압박하기 시작했다. 경작 가능한 토지를 늘리려고 농부들은 호수와 하천의 가장자리에 제방을 쌓고 물을 빼냈다. 내륙으로는 가파른 산허리까지 계단식 논을 지었다. 이렇게 개조한 결과, 본래 경작지가 아닌 영역에서 성장에 필요한 곡물 생산을 증대시킬 수 있었지만, 여기에는 상당한 대가가 뒤따랐다. 간척지는 주변의 수위를 높였고, 따라서 홍수의 위험 역시 증대되었다. 계단식 논이 들어서자 여러 식물과 동물의 자연 서식지가 줄어들었고 고운 흙이 언덕에서 씻겨 내려갔다. 고지대에 벌목을 행하고 배수 시설을 설치하며 중국식 농업 체제를 이루는 과정에서 고지대 공동체의 생식에 필수적인 생물군이 대규모로 줄어들기 시작했다.[55]

시대와 장소를 불문하고 사람들은 대체로, 특히 현대 사회의 도시

55) Scott, *The Art of Not Being Governed*, pp.12-13.

민들은 자연 세계가 실제보다 더 크고 풍부하다고 생각하는 경향이 있다. 부유한 문화 애호가였던 장대張岱는 1638년 남경 교외의 어느 언덕에서 겨울 사냥을 하여, 사슴 한 마리, 사향노루 세 마리, 꿩 세 마리, 산토끼 네 마리, 여우 일곱 마리를 포획했다. 하지만 장대는 사냥의 즐거움을 위한 오락이 생태 환경을 도태시킬 수 있다는 인식을 전혀 하지 못했다.[56]

동물에 비해 나무의 개체 수 증가 속도가 느린 데 반해, 산림의 감소세는 동물에 비해 훨씬 두드러졌다.[57] 중국의 산림이 벌거숭이가 된 지 족히 천 년이 되었다. 그로부터 천오백여 년 전에 사상가 맹자孟子는 열악한 환경이 사람을 악하게 만든다는 이야기를 하면서 우산牛山이 벌목 때문에 침식되고 불모의 땅이 되었다고 묘사한 바 있다.[58] 원-명 시대의 어린 학생들은 모두 이 구절을 알고 있었다. 그들 모두가 벌목의 부정적인 효과를 알았지만, 그렇다고 해서 그들 모두가 자기 동네 산도 그런 민둥산이 될 거라고 생각한 것은 아니었다.

목재 수요가 증가하자 인구가 밀집된 중국의 동부뿐 아니라 인구 중심지로부터 멀리 떨어진 지역에서도 벌목이 자행되었다. 화북 평원 인근에 위치한 여러 산에서 수목들이 사라지자, 야심 찬 궁궐 건설

---

56) 張岱, 『陶菴夢憶』, p.110. 장대의 생애에 대해서는 Spence, *Return to Dragon Mountain*에 흥미롭게 서술되었고 장대의 사냥 기사는 p.30에 등장한다. (이준갑 역, 『룽산으로의 귀환』, 이산, pp.47-48 참조. -역주)

57) Bray, *Technology and Society in Ming China*, pp.2-3.

58) Lau, *Mencius*, pp.164-165. (『孟子』, 「告子章句 上」에 등장하는 "우산지목(牛山之木)" 이야기를 하고 있다. -역주)

을 그 원인으로 돌리며 비난하는 이들이 많았다. 구준은 1487년 황제에게 행정 개혁의 청사진을 상소하면서, 궁궐 건설에 쓰일 목재를 북직예에서만 조달하지 말고 공평하게 전국 각지로 확대할 것을 건의했다. 아울러 변경 지역의 재산림화를 위해 통합된 정책이 필요하다고 주장했다. 산림 역사학자인 니콜라스 멘지즈Nicholas Menzies는 이러한 권고가 산림의 회복에 일부 기여했지만, "벌목 금지는 산림을 보호하는 데 그리 만족스러운 방식이 아님이 증명되었다."라고 언급했다. 지역 당국의 생각이 달랐고, 중앙 정부도 목재를 긴급히 필요로 할 때가 많았기 때문이다.[59]

한 가지 대안은 궁에 필요한 목재를 더 먼 곳에서 가져오는 것이었다. 명은 멀리 서남쪽의 운남성 고지대에서 목재를 채벌해 운송케 했다. 1537년 무렵, 운남성에 파견된 어사御史가 황제에게 "이 지역 산림이 완전히 채벌되고, 더불어 나무 기름도 사라져 대단히 황폐해졌다." 라고 보고하면서, 중앙에서 목재 소비를 줄여줄 것을 요청했다. 그는 벌목 자체보다는 그 때문에 가중된 노역 부담에 관심을 기울였지만, 우리는 그의 관심에서 환경 문제를 엿볼 수 있다.[60]

17세기의 필기 자료 가운데 가장 방대한 것으로 박학다식한 담천談遷의 『조림잡조棗林雜組』를 꼽을 수 있는데, 그는 무분별한 산림 벌목에

---

59) Menzies, "Forestry", pp.658-662. 명은 북변 지역에 재산림화 작업에 착수했는데, 그 목적은 자원의 재생이 아니라 방어 수단의 강화에 있었다. 이에 대해서는 邱仲麟, 「明代長城沿線的植木造林」, 『南开学报』(哲学社会科学版) 2007-3 참조.

60) 明『世宗實錄』 卷202, 2b.

관해서도 흥미로운 논리를 전개했다. '고목古木'이라는 소제목 아래 각 성省과 현縣별로 연원을 확인할 수 있는 고목 리스트를 정리해놓았다. 서두는 우울한 어조로 시작된다. "사통팔달한 지역에는 여러 사람이 손을 맞잡아야 안을 수 있는 거목巨木이 있어도 목수들의 도끼를 피해 제 수명을 다하는 나무는 열에 하나도 안 된다. 깊고 어두운 계곡과 좁고 기울어진 산속에는 나무가 오랫동안 살 수 있으나, 그곳에도 사람들이 부득이하게 들어가 둘레를 재기 시작하니 다행이라 할 수 없다." 이어서 그는 자신의 고목 리스트가 아쉽게도 불완전하다는 점을 고백하는데, 특히 최근에 벌목이 심하게 이루어진 지역이 그러했다. "섬서, 사천, 복건, 광서, 운남, 귀주 지역은 깊고 험준하여 채벌하는 사람들이 역대로 종종 진기한 목재를 얻는 곳"이지만, 벌목 기록은 전혀 남겨진 것이 없다.[61] 사라진 기록과 사라진 나무들 사이에서 그의 고충은 더욱 깊어졌다.

명 말까지 산림 파괴가 가장 심한 지역은 남직예였다. 양자강 하류 삼각주 지역에서부터 북쪽으로 회수가 흘러가는 지역에는 담천의 '고목' 리스트에 열거된 나무가 한 그루도 없었다. 산림 파괴가 심했던 또 다른 지역은 광동성으로, 명 인구가 급증하면서 생태 상황이 악화된 경우였다. 그나마 고목이 좋은 상태로 남아있는 지역은 서북쪽의 산서와 섬서성 그리고 서남쪽의 운남성이었다. 섬서성 북부 지역에는 천 년 넘은 고목이 가득한 신령한 숲이 있었는데, 벌목할 경우 재앙이

61) 談遷, 『棗林雜俎』, p.426, 453. "通都交區, 巨材連抱, 匠石積睨其下, 十不壽. 溪谷昧深, 巄坻戻阨, 木雖専其年, 民無得而稱焉, 亦未始幸也."

닥친다는 금기禁忌 신앙 덕분에 파괴를 면할 수 있었다. 이러한 금기 신앙이 없는 경우 오래된 목재는 쉽게 채벌되었다. 운남성에 가야 사당이나 궁전의 기둥, 혹은 서까래에 사용될 만큼 둘레가 충분한 목재를 구할 수 있었다. 마크 엘빈은 "물론 양자강 하류 삼각주 지역의 위기는 기원이 더 오래되었지만, 중국에 보편적으로 산림 위기가 닥친 것은 겨우 300년 전의 일"[62]이라고 지적했다. 그러나 담천의 견해에서 볼 때 이런 견해는 지나치게 낙관적인 판단이다. 목재 부족이 경제의 목을 조이는 수준까지 다다랐던 것은 아니나, '고목 리스트'에 비춰보면 산림 파괴의 위기는 이미 도를 넘어섰다. 명 말에 이르면 인구 밀집 지역에서 그럴듯한 산림 자원은 찾아보기 어려워지고, 서부의 변경 지역에서는 수목이 너무나 빠르게 사라져 일일이 기록하지 못할 정도가 된다.

산림 파괴는 단순히 나무가 사라지는 것 이상을 의미했다. 이는 동물 서식지의 실종을 더욱 가속화하는 결과를 낳았다. 당시 멸종 위기의 동물 가운데 주석가들이 가장 큰 관심을 기울인 대상은 호랑이였다. 먹이 사슬의 최고봉에 있는 호랑이를 로버트 막스Robert Marks는 남중국의 '최고의 종種'이라고 부른 바 있다. 어쩌면 지금도 중국 남부 변경의 산악 지대에 호랑이가 몇 마리쯤 살아있을 수 있다. 원-명 시대에 남중국과 시베리아 사이에서 호랑이가 발견되곤 했지만, 인구가 불어나고 식량 수요가 늘자 농부들이 한계 지역을 넘어 경작지를 넓혀가면서 발견 횟수가 줄어들었다. 경작지가 확대될수록 인간과 동물의

---

62) Elvin, Mark. *The Retreat of the Elephants*, p.85.

서식지가 점점 더 겹쳐졌다. 호랑이가 서식하려면 최소 100평방킬로미터의 미개척 지역이 필요했다. 그런데 이처럼 광대한 자연 지대가 줄어들면서, 명의 작가들은 호랑이의 출현에 집요한 관심을 가졌다. 용의 출현만큼 드문 것은 아니었으나 기록할만한 가치는 충분했다.[63]

호랑이는 북부 지역에서 먼저 사라지기 시작했다. 『명사』에는 여행 작가 교우喬宇(1484년 진사)가 섬서성에 위치한 화산華山 정상에서 호랑이와 맞닥뜨린 이야기가 실렸다. 호랑이의 출현이 이처럼 북쪽에서 발생한 것도 특이하지만, 더 놀라운 것은 그 결말이다. 교우의 노복들이 두려움으로 땅바닥에 엎드러진 가운데, 교우는 자리에 앉아 호랑이를 노려보면서 미동조차 하지 않았다. 그러자 호랑이는 꼬리를 내리고 조용히 사라져버렸다.[64] 『명사』의 편자들이 이 이야기를 실은 것은 독자들에게 어떤 교훈을 주려고 했던 의도는 아니었지만 시사하려는 바가 있었다. 즉, 교우처럼 강한 정신력을 갖춘다면 아무리 적대적인 자연(호랑이)이라 하더라도 함부로 공격할 수 없다는 점을 강조하려는 의도였다. 인간 앞에 순종한 호랑이 이야기는 널리 퍼져나갔다. 인간의 정신력에 굴복한 자연이라는 역할에 호랑이가 뽑힌 것이다.

호랑이와 맞닥뜨린 사건이 모두 평화롭게 끝난 것은 아니었다. 양자강 남부에 위치한 휘주부徽州府는 명 시대에도 여전히 산림이 울창한 지역이었다. 또한 호랑이가 자주 출몰하여 종종 인가를 덮쳐 인명

63) Marks, Robert. *Tigers, Rice, Silk, and Silt*, Cambridge University Press, 2006. p.43.

64) 张廷玉, 『明史』, p.5134. 교우는 1520년대에 이부상서(吏部尚書)로 봉직했다. 이 이야기는 아마 1500년 전후에 발생했을 것이다.

피해를 입히는 것으로도 악명이 높았다. 지방지에 호랑이는 '독毒', '해害', '재앙', '재난' 등으로 묘사되었다. 1410년 한 지현은 호랑이를 포획하려고 314개의 덫을 묻게 했다. 그러자 한 달도 안 되어 46마리나 되는 호랑이가 덫에 걸렸고 이들을 모두 죽였다. 이러한 호랑이 제거 작업은 야생 동물을 길들이는 긍정적인 신호탄으로 여겨졌다. 그렇지만 이후에도 휘주부에는 다시 호랑이가 나타났다. 1600년 무렵 호랑이들이 더욱 위협적으로 출몰하자 다른 지현이 두 번째로 호랑이 퇴치를 위한 활동을 펼쳤다.[65)]

민간 종교의 관행에 대단히 부정적인 것으로 유명했던 예부상서 곽도霍韜(1487~1540)는 강서에서 그의 고향인 광주로 돌아오는 도중에 유교 정신으로 호랑이 문제를 해결하려 했다. 곽도가 광동성의 중간 지점인 청원현淸遠縣에 도착했을 때 지역민들이 그에게 와서 하천 골짜기에 출몰하는 호랑이 때문에 고생이 이만저만이 아니니 어떻게든 도와달라고 부탁했다. 그러자 곽도는 호랑이 박멸 계획을 내놓는 대신 의례를 통한 해결법을 선택했다. 즉 산신山神에게 호랑이를 억제해 달라는 간청의 글을 올린 것이다. 그 결과 호랑이들은 사라졌다.[66)] 곽도가 호랑이 퇴치에 성공했던 것은 사실 타이밍이 절묘했기 때문이다. 그가 산신령에게 호랑이를 몰아내달라고 호소하던 순간은 생태계에서 인간과 호랑이 사이의 환경적인 티핑 포인트(일정한 기간 동안 작은 변화들이 쌓여 작은 변화만으로도 별안간 큰 결과를 초래할 수 있는 상태에 이른

---

65) 『祁門縣志』(1873) 卷36, 4a-b, 6a-7a.

66) 焦竑, 『玉堂叢語』, p.266.

것을 가리킴. -역주)가 막 지난 때였다.

불교도들도 호랑이 문제에 대해 유사한 방식으로 대처했다. 선사禪師 지봉志逢은 967년 항주 외곽에 호랑이의 자연 서식지인 운서산雲棲山에 운서사雲棲寺라는 사찰을 세웠다. 호랑이를 잘 다스려 '복호선사伏虎禪師'로도 알려진 지봉은 호랑이들을 한 줄로 세우고 고기 사료를 사다가 먹였다고 한다. 그런데 이 사찰은 1494년 홍수로 파괴되었고, 1571년 연지대사蓮池大師 주홍袾宏(1535~1615)이 이곳에 사찰을 재건하려 할 때 호랑이가 아직 서식하고 있었다.[67] 주홍은 호랑이 문제를 불교의 논리로 접근하여, 포악한 생물은 전생前生에 엄청난 폭력을 행사했기 때문에 고생을 받아 환생한 존재이며 그 업보를 표출하기 위해 다시 태어났다고 해석했다. 따라서 호랑이는 문제가 많은 신령이자 '굶주린 귀신[餓鬼]'이며 환생으로 자신을 표출했을 뿐이고, 그 영혼을 달래주면 문제는 사라지기 마련이었다.

하지만 업보의 부담을 달래려고 주홍이 거행한 예불 의식은 별다른 효과를 거두지 못했다. 그러자 1596년 11월 그는 5일 동안 다시 성대한 위무의 예불 의식을 거행했다. 그는 의례를 집전하면서 다음과 같은 글을 올렸다. "저는 인간이나 호랑이나 본성은 본질적으로 동일하다고 믿습니다. 파괴의 원인은 전생으로부터 계승된 미움에 있습니다. 만약 우리가 호랑이를 잡는다면 다른 이에게 해를 끼치는 것이 됩

---

67) 이 시기 양자강 남부 지역에서 호랑이를 목도한 사건은 桑喬, 『廬山紀事』 卷1, 31b에 등장하는데, 1551년의 사건이었다. "(嘉靖)三十年春山南北虎多群行破山之下, 有獸似虎而大毛披拂被體如馬鬣, 喙尖削與虎異, 蓋彪也, 二日而殺十七人"

니다. 또한 호랑이를 내쫓는다면 우리는 다른 이들과 다를 바가 없습니다. 이에 우리는 금식하면서 덕을 쌓아 호랑이들이 얌전해지고 해로움이 조용히 사라지기를 소망해야 합니다." 그는 곽도와 마찬가지로 "예로부터 호랑이를 길들이던 모든 군자가 …… 이러한 기원을 방방곡곡 산신과 지신地神에게 가져다주기를" 바라며 신령한 도움을 구했다. 주홍은 인간과 호랑이가 서로 화합해야 한다고 인식하면서 "전생에 호랑이에게 해를 가했던 이들에게 그 호랑이의 화와 원한을 풀어주어 호랑이가 이생에서 보복을 꾀하지 않기를" 간청했다. 사람을 죽인 호랑이는 구원받을 수 없었지만, 인간은 원한다면 '자비'를 베풀 수 있고, 또 그래야만 했다. 주홍은 그 기원문을 끝맺으면서, 호랑이가 "빠른 시일 내에 현재의 환생을 끝마치고 고난의 수레바퀴에서 빠져나올 수 있을 것"이라고 밝혔다.[68]

1571년 주홍이 사찰을 재건했을 때, 그 지역에 가뭄이 닥쳤다. 그러자 운서산을 잠식하면서 농경지를 개간했던 농민들이 그에게 찾아와 비를 내려달라고 호소했다. 그가 비를 내리게 하자, 이에 대한 보응으로 그는 사찰 재건에 도움을 받을 수 있었다. 여기에 호랑이를 근절시킬 수 있는 최선의 방법이 있었다. 즉 야생 서식지를 경작지로 바꾸는 것이었다. 호랑이는 인간들의 침입에 저항할 힘을 잃어버렸다. 명 말이 되면 호랑이들은 남부 지방에 국한되어 서식했고 18세기 말이 되면 그나마 있던 호랑이도 거의 사라졌다.[69] 밀렵꾼들이 사냥으로 중국의

68) Yü, Chün-fang, *The Renewal of Buddhism in China*, p.20.

69) 광동과 광서 지역에서 호랑이가 마지막으로 목격되었다는 기록은 1815년에

야생 호랑이를 잡아먹은 것은 2009년이 마지막이었다.

인구 증가와 상업화, 그리고 경제의 확대와 함께 자연 자원은 이전 보다 더 빠른 속도로 사라지기 시작했다. 미개척지가 경작지로 바뀌었고 거대한 포유류는 사냥으로 멸종 위기에 놓였다.[70] 경제가 성장하면서 야생 동물의 서식지가 사라지고 산림이 줄어들면서, 환경과 인간의 관계 역시 더욱 악화되었다. 1642년 남경 외곽에 위치한 주원장의 황릉에 심겨있던 300년 된 나무가 베어져 그 뿌리는 땔감으로 사용되었다. 이 나무는 양자강 삼각주에 마지막 남은 고목이었다. 2년 뒤 명이 망했을 때, 많은 이가 이러한 신성 모독이 왕조를 붕괴시켰다고 믿었다.[71] 아마 그들의 생각이 옳았을 것이다.

있다. Marks, *Tigers, Rice, Silk, and Silt*, p.325.

70) 가령 대만에서 일본사슴(sika deer)의 모피에 대한 수요가 너무 많아 17세기 중엽에 이르면 거의 멸종되었다. 이에 대해서는 Andrade, *How Taiwan became Chinese*, pp.134-138, 149-150 참조.

71) 張岱, 『陶菴夢憶』, p.8.

6

| 가족 |

1612년 9월 21일, 사천 분지와 동남연해를 연결하는 양자강의 가운데쯤 위치한 사시라는 마을에서 이광화李光化는 생을 마감했다. 사시에서의 죽음은 그가 의도했던 바와는 전혀 다른 그림이었다. 그는 어린 학생 시절 전도유망했고, 23세에는 모두가 선망하는 생원이 되었다. 현학縣學의 학위 소지자에 해당하는 생원은 시험을 통해 관료가 될 수 있는 성공의 첫 단계였다. 그러나 그가 꿈꾸었던 성공은 매번 그를 비껴갔다. 여러 번 시험에 응시했으나 그의 성적은 늘 합격자의 수준을 밑돌았다. 이광화가 공부에 매진하는 동안 그의 동생 이광춘李光春은 양자강 상류로 올라가 장사를 시작했고, 형이 이루지 못한 성공을 성취했다. 결국 이광화는 가족(네 명의 아들과 정확한 수를 모르는 딸들이 있었다)을 부양해야 할 책임감을 절감하고 사시에서 동생의 사업에 합류했다. 그리고 47세에 그곳에서 생을 마감했다.

이광화의 사망 소식이 그의 가족에게 전해지자 맏아들인 이화李曄가 사시로 가서 부친의 시신을 고향으로 가져왔다. 3월 6일 이화가 부친의 시신을 고향으로 가져왔을 때 조상묘가 안치된 동산에 그의 산소가 이미 준비되어있었다. 지형의 기맥氣脈 감지에 능숙한 풍수風水 전문가가 동원되어 후손들의 사업 성공을 보장한다는 땅을 찾아주었다. 다음 날 이광화의 가족들은 생원 신분을 획득한 망자에게 합당한 의례에 따라 장례를 집행했다. 안장된 이튿날 그를 기리는 비석이 세워졌는데, 비문에 따르면 이때 그의 효성스런 세 아들은 피눈물을 흘렸다고 한다.

일반 사람들처럼 이광화의 이야기도 1613년 봄에 이처럼 끝날 뻔했다. 관직을 희망했던 한 인물이 상업에 뛰어들어 죽을 때까지 잘 살았다는 평범한 스토리였다. 그의 위패位牌는 종사에 안치되어 조상에게 드리는 정기적인 제사의 대상이 되었을 것이다. 그는 이후 몇 세대 동안은 가족들 사이에 기억되었을 것이고, 그의 이름은 가족 사당에 오래도록 간직되었겠지만, 결국 족보의 한 페이지를 제외하면 완전히 잊혔을 것이다. 그런데 그의 비석이 일상 용품 시장에 휩쓸려 나오면서, 그의 이야기는 여기서 끝나지 않고 계속되었다. 이광화 생전에 상상조차 하지 못한 일이 일어난 것이다. 그의 비석은 한국의 서울에 있는 어느 대형 골동품 시장에 등장했다가 캐나다 토론토의 한 가구점에 정원 장식으로 팔려나갔다. 나는 2002년에 이 비석을 정원에서 구출하여 지금까지 밴쿠버의 내 연구실에 놓아두고 있다.

이 비석은 정교하게 세공된 상태가 아니었다. 큰 석판에서 뚝 잘라

낸 표면에 고르지 않은 서체로 비문이 새겨져 있었다. 오랜 풍파의 영향으로 일부는 해독이 불가능했지만, 이광화의 평범한 성공담을 재조명하기에는 충분했다. 가장 인상적인 요소는 비석의 상단에 새겨진 두 글자로, 왼쪽에는 '일日'자, 오른쪽에는 '월月'자가 있다. 이 두 글자를 합하면 밝다는 뜻의 '명明'이 되는데, 바로 그가 살았던 왕조의 이름이다. 해와 달을 무덤에 표시하는 것은 고인을 망자亡者의 세계 속으로 들이고 보호해달라는 염원을 나타낸다. 생전의 황제를 보호했던 것처럼 말이다. (궁전 예복의 문장紋章을 보면 왼쪽 어깨에는 붉은 태양이 있고 오른쪽 어깨에는 흰 달이 그려져 있다. 제1장 그림 2 참조)[1] 황제는 자신이 원하는 만큼 보호와 관심을 충분히 받을 수 있었다. 그러나 이광화에게는 오직 이 비석만 남았고, 그래서 그 가족에게 이 비석은 더욱 소중한 물품이었다. 이 비석이 이광화가 실제 어떤 사람이었는지 알려주는 것은 아니지만, 그의 삶을 규정하는 것, 즉 그와 생사를 함께했던 친족들이 어떤 사람이었는지는 짐작케 해준다.

1) 명 시대 해와 달 문양이 있는 옷은 황제만 착용할 수 있었다(『明會典』 卷62, 1a). 용, 봉황, 사자, 일각수, 코끼리 등의 문양도 마찬가지였다. 황제의 수장(袖章)에 대해서는 Li, He and Knight, Michael, *Power and Glory: court arts of China's Ming dynasty*, San Francisco, Calif: Asian Art Museum, 2008, p.259 참조. 이 책의 전시 목록에는 명 황제들의 공식 초상화가 실렸는데, 15세기 중엽 이전에는 이러한 수장이 달리지 않았던 것 같다(위 책, p.264).

친족망

원-명의 백성들은 자신이 통제할 수 없는 행정망administrative matrix에 순응하며 살아야 했지만, 다른 한편으로는 원하는 삶을 꾸려갈 여지도 있었는데, 그것을 가능케 한 것이 바로 친족망kinship matrix이었다. 개인의 정체성과 위상은 국가가 아니라 그 개인과 얽힌 사람들에 의해 결정되었다. 누구에게나 가장 중요한 자산은 아버지였다. 아버지는 식량을 생산하거나 획득하여 자식을 부양했고, 자산을 모아 자식에게 물려주기도 하고, 그렇지 못하기도 했다. 무엇보다 아버지는 형제들과 사촌 형제를 잇는 관계망의 첫 번째 고리로서, 인류학자들이 '혈통lineages'이라고 부르는 친족망의 중심 고리가 되었다. 아버지를 중심으로 부계 혈통이 형성되었고, 여기서 자식들의 성씨姓氏가 나왔다. 자식들은 남계친男系親(남자로 이어지는 친족) 및 그의 가족들과 함께 공통의 조상을 두었고, 이를 통해 의례적 정체성ritual identity을 부여받았다. 좋을 때는 땅이나 돈이 나오고, 어려울 때는 위로와 보호를 제공하며, 최악의 경우 장례와 제사를 거들어주는 곳이 바로 친족망이었다.

그런데 혈통이라는 것이 아주 끈끈한 유대로 묶이긴 했어도, 폐쇄적이지 않았고, 또 그럴 수도 없었다. 혈통은 외부로 무한정 뻗어나갈 수 있었는데, 보통 여성이 시집을 가거나 오면서 다른 혈통과 관계를 확장해갔다. 남계친의 혈통은 개인에게 뿌리 정체성을 제공한 반면, 결혼으로 형성된 인척 관계는 개인을 다른 세상으로 연결시켰다. 인척 관계에 있는 사람들은 배우자, 이웃, 친구, 그리고 거래 파트너를 제공했고, 남계친 혈통의 사람들을 연결해주는 통로가 되었다. 이러한 관계망은 대단히 중요해서, 만약 아들이 미혼에 죽을 경우, 그의 부모는 최근 미혼 상태로 사망한 다른 가족의 딸과 사후 결혼식을 주선하고 장례 이후 성대한 망자 부부의 결혼식을 마련해줌으로써, 인척 관계망을 형성할 기회를 놓치지 않았다.[2)]

이러한 관행이 모두 원-명에 시작된 것은 아니었지만 상당수가 이 시기에 시작되었다. 원-명은 가족의 사회적 성격이 변화되는 시기였다. 당의 오래된 귀족 가문은 사라졌고, 송의 왕실 가문 역시 사멸하고 있었다. 명 때는 조상의 연원을 원 이전이라고 주장할 수 있는, 이른바 뼈대 있는 가문이 드물었다. 원-명에도 훌륭한 가문은 계속 출현했지만, 그들은 과거의 명문가들보다 빠르게 사라졌다. 가령 복건성의 한 지현은 1572년 무렵 남긴 자료에서, 부유한 남방의 현에서는 '선조先祖가 오래된 가문'이 여전히 있으나 그 수가 많지 않으며, 그나마 자신의 현에서는 발견할 수 없다고 했다.[3)]

가족은 자기들이 참여할 사회적 공간이 점점 비좁아지는 것을 보상이라도 하듯 좀 더 광범위한 친족망에 편입해 조직의 힘을 얻고 각종 자원을 공유하고자 했다. 가장 성공한 혈통은 경작지와 창고를 소유하고 묘지를 제공했으며, 사당을 지었을 뿐 아니라 장사에도 참여했

---

2) 陸容, 『菽園雜記』, p.62. 육용은 이 관습을 산서성(山西省)의 특징으로 파악했으나, 좀 더 광범위하게 시행되었을 것이다.

3) 葉春及, 『惠安政書』 卷4, 6b.

다. 어떤 경우는 친족 자제들을 위한 학교를 세웠고, 총명한 아이들이 과거 시험을 잘 준비하도록 개인 교사를 지원하는 등 재정적인 뒷받침 또한 아끼지 않았다. 각 종족에서는 구성원과 그들의 자산을 꼼꼼히 기록했으며, 특히 명에 들어와서는 이러한 기록을 간추려 족보를 편찬하고 잠재적인 상업 거래처나 배우자 후보들과 공유했다.[4]

이광화의 비명碑銘에는 이러한 요소가 다수 반영되었다. 시간의 흐름에 따라 축적된 정보를 담는 족보와 달리, 비명은 어느 한 시점에 있는 가족의 상황을 포착한다. 하지만 세심하게 읽어보면, 이광화의 비명에는 많은 정보가 담겨있다. 그의 조부와 부친의 이름도 기록되었는데, 이를 통해 부친의 가계를 확인할 수 있다. 모친에 대해서는 장張이라는 성씨만 기록되었는데, 이는 남편의 가문이 여성을 언급할 때 성씨 외의 이름을 생략하는 관습을 반영한다. 이광화는 삼 형제 가운데 맏이였다. 둘째 아들 이광춘은 이광화를 사시로 데려왔고, 셋째 아들 이광환李光煥은 결혼했으나 젊은 나이에 세상을 떠났다. 비명에는 누이 한 명도 언급되었다. 따라서 이광화가 태어난 핵가족은 부모와 세 아들, 그리고 한 명의 딸로 구성되었으며, 그중 두 아들과 한 명의 딸이 성인까지 살아남았음을 알 수 있다.

이광화의 비명에는 그의 가족의 출생 기록까지 있었다. 그의 첫 번째 아내인 주周씨는 알 수 없는 이유로 사망했고, 둘째 부인 추鄒씨는 네 명의 아들을 출산했다. 첫째 아들 요曜는 유아기에 죽었고, 나머지 세 아들(화曄, 청晴, 선暄)은 장성했다. 이 외에도 이광화가 사망할 무렵

4) Hazelton, "Patrilines and the Development of Localized Lineages."

에는 시집가지 않은 딸이 한 명 혹은 그 이상이 있었다. 비명에는 부인 추씨가 11도都(도마다 번호가 달려있음. -역주)에서 왔다고 기록되었는데, 이는 곧 이광화가 11도 사람이 아님을 암시한다. 명문가는 종종 자기가 속한 현 밖에서 배우자를 찾음으로써 가문의 영역을 확장하려 했던 반면, 평범한 가문은 자기 지역에서 배우자를 찾았다.

가족들의 이름에는 관계와 세대를 말해주는 요소가 있었다. 이광화의 네 아들은 모두 해 일日 부수의 글자를 이름에 사용함으로써 형제임을 나타냈다. 이것이 일반적인 작명 방식이라면, 항렬이 같은 자식들의 이름 중간에 같은 글자를 넣어주는 방식도 있었다. 이광화의 부친이 아들들의 이름을 광화, 광춘, 광환이라고 작명할 때 이런 방식을 사용했다. 이 두 방식 모두 출생 순서를 표시하는데, 종종 이름은 서열을 나타내는 수단으로 선택되었다. 한 종족 안에서 서열을 나타내기 위해 이름을 붙이는 방법도 있었다. 항렬이 같은 자손들의 이름에 일정한 문자를 넣고, 여러 사촌들에게는 나이에 따라 번호를 붙이는 방식이었다. 보통 비명에는 이런 방식이 잘 나타나지 않지만, 이광화의 비명에는 모든 친족의 위치가 이 방식에 따라 표기되었다. 가령 이광화와 그의 형제들은 정整 항렬에 속했는데, 이광화는 '정이二', 이광춘은 '정팔八', 이광환은 '정구九'로 표기되었다. 이광화의 자식들은 예睿 항렬로 불렸다. 요절한 그의 첫아들 요는 '예삼三'이었데, 이는 곧 요가 태어나기 전에 이광화의 항렬에 속하는 사촌 한두 명이 이미 2명의 자녀를 낳았음을 알려준다. 비명에서 알 수 있는 또 다른 사실은 '조롱祖壟'이라 부르는 종족의 공동묘지가 있었다는 점인데, 이 부분이 기록된 표면이 심하게 부식되어 전체 문장을 복원하기가 곤란했다.

이광화의 비명에는 일부 인척 관계에 대한 정보도 담겨있는데, 두드러지게 눈에 띄는 성은 주周씨다. 이광화, 이광춘, 그리고 그들의 누이는 모두 주씨 가문과 결혼했다. 아마 이들 주씨는 모두 같은 종족에 속했을 것이다. 결혼 관계는 가족의 생존에 대단히 중요했으므로, 아주 신중하게 맺어졌다. 이광환만이 다른 가문, 즉 이씨(이광화 가족과는 다른 종족)와 결혼했는데, 그녀는 이광환이 사망하자 사謝씨와 재혼했다. 다음 세대에서 이광화의 살아남은 아들 중 맏아들 이화는 진陳씨와 결혼했다. 이화가 후사 없이 사망하자 이씨 가문은 그녀를 주씨 남성과 재혼시켰다. 또한 비명에는 이광화의 누이가 낳은 아들이 주씨라고 언급되었다. 이처럼 이씨와 주씨가 결혼으로 계속 뒤얽힌 관계는 이 두 가문이 상호 연결되어 지역 사회에서 안정적인 지위를 차지했음을 짐작하게 한다.

여성의 삶

친족망이 원-명 사람들의 삶에 기반이 되었다고 한다면, 성性의 구별은 친족망을 구성하는 원칙이었다고 할 수 있다. 성의 위계는 여성보다 남성에게 유리한 방식으로 형성되었다. 가까운 예로 여아 살해를 들 수 있다. 가족은 규모를 작게 유지해야 했기 때문에, 아들보다는 딸을 살해하여 남성 노동력을 확보했고, 더불어 제사를 지낼 사람이 끊이지 않기를 바랐다. 제사는 먼 훗날까지 남성들이 맡아야 할 의무라 생각했기 때문이다. 그러면서도 성은 상보성complementarity의 의무를 부과하기도 했다.[5] 여성은 여러 측면에서 남성과 마찬가지로 가족의 재생산에 꼭 필요한 존재였다. 남성은 밭에 나가고 여성이 집안에서 실을 짜는 식으로 가족의 삶은 남녀로 구별된 노동으로 꾸려졌다. 가족 내에서 노동의 분업은 다양한 형태로 나타났다. 가령 북부 지방에서는, 여성이 제분 등 곡물의 가공 과정을 맡으면서 농업 생산에 투입되었다(그림 10). 상업 경제가 발달함에 따라 성별에 따른 노동력에도 큰 변화가 있었다. 가령 비단이 가내의 수요를 채우는 것을 넘어 시장에 팔려가는 상품이 되자 남성들이 집 안으로 들어와 여성의 노동을 대신해 주 수입원이 되었다. 청淸 말기에 비단 생산이 산업화되자 직물 생산의 업무가 다시 여성에게 되돌아왔다.[6]

원–명 시대의 여성에 관한 정보는 대체로 그들의 결혼 기록을 통해 확인이 가능하다. 결혼은 여성에게 불균형적인 부담을 지웠다. 남성과 달리 여성은 결혼 후 양가를 왕래해야 했으며, 한 명의 배우자만 허용되었고, 과부가 되어도 재혼이 불가능했다. 앞서 언급했던 이광화가 첫 번째 부인의 사망 후 재혼한 것과는 비교되는 점이다. 물론 여성에게 가한 이러한 제약은 희망 사항에 불과했다. 여성이 과부가 될 경

5) Bray, *Technology and Gender*, pp.175-181.

6) 성별로 분화된 노동에 대한 그림은 Sung Ying-hsing, *T'ien-kung K'ai-wu; Chinese Technology in the Seventeenth Century*, trans. E-tu Zen Sun and Shiou-chuan Sun. University Park: Pennsylvania State University, 1966, p.46, 101 참조.

그림 10. 송응성(宋應星)의 「천공개물(天工開物)」(1637)
석곤(石磙, 돌 분쇄기)을 이용해 기장을 탈곡하는 두 여자. 삽화 상단에는 기장(millet)의 네 가지 종류[량(粱), 속(粟), 직(稷), 서(黍)]가 나열되었고 "이런 종류의 곡물은 모두 이 분쇄기를 사용한다."라는 설명이 붙어있다. 작가는 그림 앞쪽에 우아한 의자들을 배치하여 두 여인의 작업이 농업 노동이 아닌 가사 노동임을 보여주려 한 것 같다. 왼쪽 여인의 주름진 얼굴과 오른쪽 여인의 우아한 머리 모양에 두 여인의 나이 차가 드러나는데 오른쪽 여인이 며느리로 보인다.

우, 국가는 남편 사후에도 재가하지 않는 여성을 도덕적인 모범자로 숭상하면서 '정숙한 부인[貞婦]'으로 남도록 유도했다. 29세 이전에 과부가 된 여성이 49세가 될 때까지 재혼하지 않는다면, 그 여성은 국가로부터 표창과 정절을 알리는 기旗를 받을 수 있는 자격을 충족한 것이었다. 국가가 여성에게 부여하는 유일한 영예라는 점에서, 이는 대단히 중요했다. 남편의 가문은 정절을 증명할 수 있는 자료를 준비해서 승인을 요청했는데, 성공할 경우 그 숭고한 노력을 할 수 있도록 과부 며느리를 부양했다는 영예를 획득할 수 있었다. 물론 대부분 과부 며느리에 대한 경제적 부양은 대단히 인색했고, 그 보상은 본래 그녀의 친정에 돌아갔어야 했다.[7)]

과부의 재가는 정절보다 훨씬 보편적이었고, 많은 여성이 한 번 이상 결혼했다. 이는 여아 살해가 많은 상황에서 충분히 예상되는 결과인데, 남성 인구가 여성보다 많고 아내가 가임기可姙期일 때 남편이 사망하는 확률이 높았기 때문이다. 물론 전통적인 도덕관념으로는 배치되는 일이었다. 명 초 사상가인 조단曹端(1376~1447)은 다른 남성과 간통했다고 의심되는 과부에게 칼과 끈을 주고 외양간에 가두어 자살하게 해야 한다고 주장했다.[8)] 실제 과부가 재혼하지 않고 남는 경우는 극히 드물었다. 사망한 남편의 가족들은 가임기의 과부에게 정절을 지키기보다는 5년 이내에 다른 가문으로 재혼할 것을 권유했는데, 이는

7) Farmer, *Zhu Yuanzhang and Early Ming Legislation*, p.161; Birge, "Women and Confucianism from Song to Ming".

8) 曹端, 「家規輯略」, 『曹月川先生集』(多賀秋五郎, 『中國宗譜の硏究』, p.168에서 재인용).

그녀를 부양해야 하는 경제적 부담이 너무 과중했고, 혹시라도 과부가 가난 때문에 정숙하지 못한 길을 택할까 염려했기 때문이다.[9] 이광화의 비문은 이러한 관습을 잘 보여준다. 그의 동생 이광환이 사망했을 때, 부인 이씨는 사씨에게 다시 시집갔다. 그리고 그의 아들 이화가 사망했을 때 역시 며느리 진씨는 주씨와 재혼했다.

과부는 자기에게 아들이 있는 경우 재혼을 거부할 권리가 있었는데 죽은 남편의 친족들이 아들을 직계로 인정하지 않으려 하는 경우 그런 선택을 하곤 했다. 물론 이런 경우라도 남편 친족들이 그녀에게 죽은 남편의 재산을 물려주어 혼자 살아갈 수 있게 한다는 보장은 없었다.[10] 15세기 초 양주에 살았던 구묘정邱妙貞이라는 여성은 황씨黃氏와 결혼했으나 26세에 아들 하나를 둔 과부가 되었다. 그녀는 재혼하지 않기로 했고, 남편의 친족들도 그녀에게서 죽은 남편의 재산을 빼앗으려고 하지 않았다. 하지만 그녀의 재산에 욕심을 품은 한 시숙媤叔이 그녀에게 재혼을 강요했다. 그러자 구씨는 시댁 사람들을 불러 모은 뒤 술을 올리는 의식을 행하면서 자기는 죽은 남편을 절대 버리지 않겠노라 맹세했다. 그녀의 일대기를 읽어보면, 그녀는 정절을 지킨 대가로 3중의 보상을 받았다. 우선, 89세까지 장수했고 다음으로, 손자가 1484년 전시殿試에 합격해 최종적으로 시랑侍郎에까지 올랐으며(의진인儀眞人 황찬黃瓚(1455~1532)을 지칭하며 그의 최종 직위는 남경병부우시랑

9) 『河間府志』(1540) 卷7, 4b. "守節婺婦, 過三年或一二年者, 父母兄弟恐其貧困不能終志, 多勸之改節, 此甚惡也."

10) Dardess, *A Ming Society*, p.97, 122-123.

南京兵部右侍郎이었다. —역주) 끝으로, 그로 인해 보통 정삼품正三品 관리의 부인에게 수여되는 '숙인淑人' 품계까지 받을 수 있었다.[11] 구묘정은 대단히 운이 좋은 사례였다. 최악의 경우, 정절을 선택한 과부들에게는 자살 외에 다른 선택이 없었기 때문이다.[12]

지방지에는 정절을 지킨 과부들의 일대기가 담겨있다. 여기에서 찾아볼 수 있는 공통된 정보는 여자의 결혼 연령, 남편의 지위와 연령, 과부가 되었을 때의 연령, 자녀 수, 그리고 과부로서 지낸 시기 등인데, 이는 정숙한 여인으로 인정받는 데 필요한 정보이기도 했다.[13] 이를 보면 여성들의 결혼 연령은 15~19세 사이이며, 대부분은 17세였다. 앞서 정절을 지키지 못한 과부에게 칼을 주고 외양간에 가두어야 한다고 조언한 조단은 여성의 결혼 가능 연령을 13~14세부터 고려해야 한다고 보았다.[14] 심지어는 12세의 어린 나이에 결혼한 여성도 없지 않았는데, 결혼이 가능한 최저 연령이 12세였기 때문이다. 원의 법률에 따르면, 12세 미만의 여성과 성관계를 맺을 경우, 설령 양자의 합의

---

11) 『揚州府志』(1733) 卷34, 11b. "邱氏名妙貞, 儀徵黃士賢妻, 年二十七亡夫, 初其家有趙氏子入贅(데릴사위로 들어가다), 久合兩姓爲一族. 趙欲幷其産, 給邱改節, 邱聞而哭誓, 且擧酒酹地曰, 所不能入先廟而更圖者有如此酒, 趙乃氣沮邱撫孤守節至九十歲, 孫瓚歷官侍郎, 贈淑人"

12) 가령 『漢陽府志』(1546) 卷8, 5b의 사례 참조.

13) 이하의 언급은 9개의 지방지에 실린 정절 과부에 대한 전기 자료를 근거로 하고 있다. 『保定府志』(1607), 『大名府志』(正德), 『鳳翔府志』(1766), 『富寧州志』(1593), 『廉州府志』(1637), 『南昌府志』(1588), 『青州府志』(1565), 『青州府志』(1618), 『揚州府志』(1613). 중국의 음력 나이(태어난 해를 1세로 세는 나이)는 서양의 나이 계산법으로 바꾸어 표시했다.

14) 多賀秋五郎, 『中國宗譜の硏究』, p.169.

가 있었다 하더라도 강간죄로 간주했다.[15] 이러한 통계는 1530년 복건성의 연해 지역 지방지의 기록과도 대체로 일치하는데, 이 기록은 여성이 13~19세 사이에 결혼하는 것이 바람직하며 19세가 넘어 결혼하게 되면 출산 시 합병증을 일으킬 위험이 증가한다고 설명한다.[16] 결혼에도 남과 북의 차이가 존재했다. 남부 지방이나 내륙에 사는 여성의 결혼 시기가 북부의 여성보다 1년 정도 빨랐다.

명의 여성은 평균적으로 네 명의 아이를 낳아 유아기까지 양육했고, 그중 성인기까지 살아남는 경우는 2~3명을 넘지 못했다.[17] 남아를 출산해야 한다는 압박이 강했으므로, 출산이 여성의 생명을 위협하는 경우도 많았다. 이일화는 1610년 8월 20일 자기 며느리인 심씨沈氏가 사망한 사건을 기록하면서 이러한 현실을 여실히 보여주었다. 임신 중인 며느리 심씨가 '자궁 열병[胎疟]'을 앓게 되자 이일화는 의원을 불렀다. 10여 차례 약을 처방받고 나자 심씨의 열이 사라졌다. 이후 산통이 일찍 시작되어 쉽게 출산했고, 출산 직후 일어나 갓 태어난 자기 딸을 씻기기까지 했다. 그러나 미음을 먹은 뒤, 심씨는 곧 정신을 잃고 쓰러졌다. 이일화는 며느리의 처소로 뛰어 들어가 무언가 응급 조치를 취하려 했으나, 이미 사망한 뒤였다. 16세에 시집와 18세에 사망

15) Franke, "Women under the Dynasties of Conquest", p.41. 『大明律』도 이러한 제한 규정을 계승했는데, 이에 대해서는 Jiang, *The Great Ming Code*, p.214 참조.

16) 『惠安縣志』(1530) 卷9, 6b-7a.

17) Dardess, *A Ming Society*, p.81은 강서성의 자료를 활용했다. 劉翠溶, 『明清時期家族人口與社會經濟變化』, p.97.

한 것이었다.[18]

이후 출산에 관심을 갖게 된 이일화는 1년 뒤 자기 지역에서 다섯 쌍둥이가 태어난 두 건의 일화를 일기에 기록했다. 그중 한 산모와 아기들은 모두 사망했고, 다른 산모와 아기들은 모두 살아남았다. 이일화는 어떻게 이처럼 많은 아기를 한꺼번에 임신할 수 있는지 도무지 이해할 수 없었다. “쌍둥이는 그리 특이한 경우가 아니지만, 한꺼번에 다섯 명이나 배는 것은 개, 돼지나 가능한 일이다. 더구나 이런 일이 한 지역에서 두 건이나 발생한 것은 뭔가 상서로운 징조가 아니겠는가?”[19]

이러한 상황에서 여성이 결혼이나 출산으로부터 벗어나는 유일한 방법은 비구니가 되는 것뿐이었다. 여성이 남성의 혈통을 이어주어야 한다는 엄청나게 부담스러운 통념을 고려할 때, 이는 절대 평범한 선택이 아니었다. 게다가 유교적 편견까지 가세하면서 사찰에서 독신을 선택한 여성들은 성적으로 문란하다는 의심을 받았다. 청원현에서 호랑이를 쫓아낸 적이 있는 예부상서 곽도는 비구니에 대한 부정적 의식이 유달리 강했다. 1537년 황제에게 올린 상소문에서, 그는 남경에서 비구니들이 역겨운 간통 사건을 벌인다고 주장했다. “남편도 가족도 없고, 아버지도 어머니도 없고, 돌보아야 할 아이도 없는 그들이 과연 가련한 이들일까요? 명목상으로 그들은 수양을 한다고 하지만, 사실

18) 李日華, 『味水軒日記』, p.113. 명의 조산술(助産術)과 여성에 대한 처방에 대해서는 Furth, *A Flourishing Yin*, 4-5장 참조.

19) 李日華, 『味水軒日記』, p.173 “孪子不足爲異, 累數至五, 幾同犬豕, 又俱見于一邑, 不知何祥也.”

상 도덕을 파괴하고 있습니다. 그들은 스스로를 더럽힐 뿐 아니라 다른 유부녀들까지 타락시키고 있습니다.” 사찰에 기도하러 온 부인들에게 다른 남자와 만나는 기회를 알선했다는 말이다. “어찌 이런 여자들이 끔찍하지 않다 하겠습니까?” 가정제는 곽도의 의견에 동의하고, 그의 건의에 따라 남경 지역에 있던 78개 비구니 사찰을 몰수하여, 그곳을 학교나 국가 유공자들의 사당 같은 공적 용도로 사용케 했다. 그리고 50세 이상의 비구니는 본래의 가정으로 돌려보내거나 노인 요양시설에 보냈다. 50세 미만의 비구니들에게는 3개월간 남편을 구할 수 있게 했고, 이 기간에 결혼하지 못하면 미혼 병사들의 아내가 되게 했다.[20)]

청 초의 한 풍자 작가는 이 사건에 관해 승려들이 나중에 복수했다고 언급했다. 그러면서 곽도가 사찰을 몰수 항목에 넣은 것은 그것을 자기 개인의 거주지로 빼앗으려는 속셈이었다고 주장했다. 그 사찰을 마지막으로 떠난 승려는 벽에 다음과 같이 써놓았다고 한다. “어떤 학자의 가족이 승려들의 집으로 이사한다. 이제 그의 부인은 나이든 승려의 침대에 눕게 될 것이다. 안 그런가?” 도덕적인 역공이 시작되자, 수치심을 느낀 곽도는 자기 계획을 포기했다.[21)] 도덕적 공격이 공개적인 담론이 될 법도 했지만, 이 사안의 핵심이 재물이라는 사실은 누구나 뻔히 아는 사실이었다. 불교 승려들과 비구니들은 재물을 주무를

20) Chaoying Fang(房兆楹), “Huo T’ao(霍韜)”, Goodrich and Fang, *Dictionary of Ming Biography*, p.681.

21) 趙吉士,『寄園寄所寄』卷. 1, p.30.

수 있는 기관에 속한 이들이었고, 경제적으로 토지의 가치가 높이 평가되는 가운데, 승려들의 공동체 역시 토지에 눈독을 들인 지주들의 위협에 늘 노출되었던 것이다. 성性 문제는 이를 문제 삼은 자를 제외하면, 아무도 관심 두지 않았다.

결혼이나 비구니 외에 여성이 선택할 수 있는 또 다른 삶의 방식으로 첩이나 몸을 파는 기녀妓女가 있었다. 첩과 기녀는 수요가 높은 서비스 사업이었고, 특히 경제가 상업화되고 부가 축적됨에 따라 그 수요는 더욱 증가했다. 첩을 들이는 것은 주로 아들을 낳는 데 실패한 돈 있는 남성들이 선택할 수 있는 일부다처제의 합법적인 방식이었다. 이는 대단히 값비싼 방식이었으며 가정의 안정을 위협하기 쉬웠다. 첩이 들어오면 본처(아들을 낳지 못한다는 이유로 이혼당할 수 있었다)는 남편의 사랑뿐 아니라 아내라는 신분과 재산권마저 박탈될까 봐 전전긍긍했다.[22] 여러 부인을 거느리는 것은 남자들의 일반적인 환상이었고 명 말 소설에 단골로 등장하던 주제이기도 했다. 그중 가장 유명한 소설이 북방 지역의 부유한 상인의 방탕한 삶을 그려낸 『금병매金瓶梅』라는 연애 소설이었다.[23]

기녀를 찾는 남성은 극빈층부터 최고 부유층까지 거의 모든 부류에 해당했다. 극빈층의 남성들은 신부 집에 보낼 결혼 지참금을 마련할 수 없었을 뿐 아니라 독립적인 가계를 세울 경제적인 능력도 없었다. 따라서 그들에게는 마을의 뒷골목에서 몸을 파는 기녀를 찾는 것이 성

22) 이혼의 위협은 陸容, 『菽園雜記』, pp.47-48에 실린 이야기로 알 수 있다.

23) 『金瓶梅』는 최근 David Roy에 의해 영어로 번역되었다.

적 욕구를 해소하는 유일한 방법이었다. 부유한 이들은 차원이 다른 고급 사창가에서 숙련된 기녀들을 접촉했는데, 성적인 서비스가 제공되지 않는 경우도 더러 있었다. 이 일에 종사하는 여성으로서는 추악한 세계였지만, 그중에는 고향으로 돌아갈 기회가 주어져도 이 세계에서 손을 떼지 않는 여성들이 있었다.[24] 또한 드문 경우였지만, 교육 수준이 상당히 높고 문화적인 소양도 풍부한 기녀들이 강남 지역의 남성 인재들 사이에서 흠모의 대상이 된 사례도 있었다. 상류층의 첩들이 소설에서 성적인 소재로 등장했다면, 다재다능한 고급 기녀들은 귀한 집 젊은 자제들의 평등한 감정적 동반자로서 낭만적으로 묘사된 이야기가 많았다.[25] 이는 멋진 생각일 수는 있지만, 현실에서 대단히 드문 경우였다.

남성의 삶

남성에게 명은 완전히 딴 세상이었다. 남성이 각종 의례와 사회적인 지위에서 주도권을 잡으며 남성 지배가 실현되었다. 하지만 이러한 의례상의 우위는 가족의 특이한 구조로 인해, 역으로 남성 지배의

---

24) 沈德符, 『萬曆野獲編』, pp.459-460에 홍치 연간 만창아(滿倉兒)라는 딸을 기녀로 팔아넘긴 부친에 대한 복잡한 이야기가 실렸다. 그 부친이 사망한 후 그의 모친과 오빠는 그녀가 있는 곳을 찾아가 구해오려 했지만, 그녀가 거절했다. 이 이야기는 뇌물과 그에 대한 대가를 소재로 다룬다. 그리고 결론은 홍치제가 만창아를 거두어 조정의 완의국(浣衣局)으로 보내는 것으로 마무리된다.

25) Chang, *The Late Ming Poet Chen Tzu-Lung(陳子龍)*

발목을 잡기도 했다. 무엇보다 가족에는 아들이 있어야 했다. 오직 남자 상속자만이 조상의 영혼을 받들 수 있었으므로, 아들이 없는 부모와 부친의 조상들은 제사를 받을 수 없었다. 어느 사회나 원칙이 있으면 편법도 있는 법, 중국 역시 이 문제를 극복하는 방안을 찾아냈다. 즉, 상속자가 없을 경우 형제의 아들이나 사촌으로 하여금 대를 잇게 한 것이다. 혹은 사위를 상속자로 삼을 수도 있었는데, 이를 모처혼母處婚이라고 한다. 독실한 불교 신자로서 아들이 없는 경우, 승려에게 자신과 조상을 위한 제사를 부탁할 수도 있었다.

의례상 남성의 우위는 무엇보다 여성들에게 무거운 짐으로 다가왔다. 갑작스러운 재난이나 경제적 어려움이 닥치면 가정의 규모를 줄여서라도 가문을 이어야 했기 때문에, 결국 여아를 팔거나 죽이는 등 여아 희생을 감행하곤 했다. 여아 살해는 명률明律에서 처벌 대상으로 규정했지만, 법령은 이를 근절시킬 정도로 강하지 않았고, 대다수의 지현들은 이러한 현실을 눈감아주었다. 우리는 인구 데이터로 여아 살해의 규모를 가늠해볼 수 있는데, 그 규모가 엄청났던 것으로 추정된다. 아무리 인구 데이터의 수치가 왜곡되었고 믿기 어렵다 해도, 남녀의 성비는 꾸준히 불균형해졌다. 처음에는 남성 100에 여성 90이던 비율이 점차 하락하여 여성이 50 이하로 내려갔다.[26] 이러한 불균형은 통계상의 허상일 수도 있지만, 정상적인 상황이라면 존재했어야 할 상당수의 여성이 사라진 것은 분명한 사실이다.

여아 살해로 인구 조절을 한 결과, 직접적인 피해는 죽은 여성에

---

26) Brook, *The Confusions of Pleasure*, pp.97-99. (『쾌락의 혼돈』, pp.135-138)

게 돌아갔지만, 남성 역시 대가를 치러야 했다. 여성의 수가 절대적으로 부족했기 때문에 장기적으로 독신을 피할 수 없었던 것이 그러했다. 그 결과 특이한 편법들이 성행했다. 여러 형제가 한 여성과 결혼하는 풍습도 그중 하나였는데, 인류학자들은 이를 일처다부제一妻多夫制, fraternal polyandry라고 부른다. 절강 연안에 위치한 '수건오手巾嶴'라는 마을은 순전히 이러한 전통 때문에 악명이 높았다. 이 마을의 이름도 그러한 풍습에서 유래되었는데, 한 형제가 아내와 잠자리를 하고 싶으면 아내의 문지방 위에 자기 손수건을 걸어 다른 형제들의 접근을 차단했다. 가난한 여성은 한 남성과 결혼하는 것보다 재정적인 안정이 더욱 보장된 일처다부제를 선호했다고 한다. 어떤 이들은 일본이 이러한 풍습을 중국에서 도입했다고 주장하지만, 이러한 주장은 특이한 관습의 연원을 외국에게 돌리려는 단순한 심리에서 나온 것일 뿐이다. 일처다부제는 원양 어업에 잠재된 높은 위험성 때문에 발생한 풍습일 수 있고, 따라서 일본의 선원들 사이에도 이러한 관행이 있었을 것이다. 이 관습은 1491년, 친척 간의 간통을 금지하는 명률 392조를 유사 적용하여 금지되었다.[27]

수건오 지역에서 아내를 공유하는 방식은 금지되었을지 모르나, 이외에도 결혼하지 못한 남성들이 성적 욕구를 해소할 방법은 있었다. 흔치는 않았지만 광동과 복건 일부 지역에서 시행되던 남성끼리의 결혼이 그것이었다. 남자를 뜻하는 한자, 남男은 밭 전田 자 아래에 힘 력力 자가 배치된 형상이다. 그런데 남자와 결혼하는 남자에 대해서는 력力

27) 陸容, 『菽園雜記』, pp.141-142; Jiang, *The Great Ming Code*, p.215와 비교.

자 대신에 계집 녀女를 쓰고, 여기서 남색男色한다는 기嬰 자가 나온다. 이 관습 역시 항해와 관련된 것으로 보이는데, 장기간 여성과 격리된 뱃사람들이 서로 성적 욕구를 해소한 것으로 볼 수 있다. 물론 여성의 부족 현상이 이러한 관계를 확대시키는 데 어느 정도 기여한 것은 사실이다.[28)]

이성과 결혼하는 남성의 평균 연령은 일반적으로 여성보다 5년 정도 높았다.[29)] 연상의 여성과 결혼하는 것은 대체로 북부 지역에 한정된 관습이었다. 1530년 한 복건 사람의 기록에 따르면, 남자의 결혼 적령기는 15~24세 사이로 여성보다 현저히 높았다.[30)] 이 또한 여성이 부족하여 생긴 결과로 보인다. 신부를 차지할 경쟁률이 높은 데다가 신부 측에 의무적으로 주어야 할 지참금 부담이 더해져 남자의 결혼 시기가 자꾸만 늦춰졌던 것이다. 그러다가 평생 독신으로 사는 남자도 더러 있었다. 미혼 남성은 기혼 남성에 비해 공식적으로 기록될 확률이 낮았기 때문에 그 수치는 정확히 알 수 없지만, 대략 전체 남성의 20%가량이 미혼 남성이었을 것으로 추산된다.

부본傅本의 가족은 원-명 시대 결혼한 가정의 다양한 특징과 예외적인 현상을 잘 보여준다. 부본은 평범한 농부였다. 1398년 작성된 황책의 일부를 『조림잡조』에 옮겨 기록한 담천의 수고가 없었다면 우리

---

28) 沈德符, 『萬歷野獲編』, p.902; 謝肇淛, 『五雜組』 卷8, 4b; Szonyi, "The Cult of Hu Tianbao".

29) 劉翠溶, 『明淸時期家族人口與社會經濟變化』, pp.53-55.

30) 『惠安縣志』(1530) 卷9, 6b.

로서는 알 수 없는 인물이다.[31] 부본은 하남성 중부의 황하 유역에서 농사를 지었는데, 호적 조사가 실시되기 얼마 전에 그곳으로 입적入籍했다. 그의 호첩戸帖(각 가정마다 재산과 인구를 기록한 장부 -역주)은 그가 방 3칸이 딸린 기와집과 200무의 산지를 소유했음을 알려준다. 1398년 당시 부본 가족은 3대가 함께 살고 있었다. 첫 세대는 부본(51세)과 그의 아내(41세)였다. 두 번째 세대는 아들 추아醜兒(19세)와 이름을 알 수 없는 며느리(22세), 그리고 형쌍荊雙(12세)과 소덕昭德(8세)이라는 두 딸이었다. 마지막 세대는 추아 내외의 막내아들로 아직 이름이 없는 갓난아기였다. 그 아기는 소봉퇴小棒槌라는 아명으로 등록되었다. 소봉퇴를 '차남次男'이라고 등록한 것으로 보아 첫째 아들은 출산 후 사망한 것으로 짐작된다. 이러한 호첩 내용을 통해 부본이 늦게 결혼했음을 알 수 있는데, 그 원인은 가난이거나, 건국 초기의 어려운 나라 상황이 될 수 있고, 아니면 왕조 교체기에 젊은 병사로 복무했기 때문일 수도 있다. 2세대인 추아 내외는 모두 10대 후반에 결혼했다. 부본은 아내보다 열 살 많았으나, 그의 아들 추아는 아내보다 세 살 어렸고 19세에 벌써 두 아이의 아빠가 되었다. 끝으로 부본에게는 두 딸이 있었다. 형쌍은 아직 시집보내기에 이른 12세였고, 소덕은 언니보다 네 살이 어렸다. 주목할 점은 부본이 이미 아들을 낳았지만 이후 태어난 두 딸을 희생시키지 않고 키웠다는 점이다. 이 가정에 손자 소봉퇴는 대단히 소중한 존재였다. 그는 부본 가문의 4대손이 될 가능성이 컸고, 앞선 3대가 세상을 떠나면 제사를 드리는 주체가 되어야 했기 때문이다.

31) 談遷, 『棗林雜俎』, p.5. 중국식 음력 나이는 서양식 양력 나이로 바꾸었다.

집안을 의례뿐만 아니라 경제적으로도 부양하는 것이 남자의 책임이자 의무였다. 원-명의 남성들이 식량과 재산을 마련해 가족을 부양하는 것은 엄청난 부담이었다. 부본은 200무(12.5 헥타르)의 땅으로 이를 해결했다. 규모로만 보면 상당한 수준이지만, 땅이 산지에 위치한 것으로 보아 경제적으로는 가장 생산성이 낮은 농지였다고 판단된다. 부본이 부자는 아니었다는 말이다. 어쨌거나 부본과 추아가 힘을 합쳐 7명의 가족을 먹여 살리기에는 충분한 재산이었다. 가족의 재산을 증식시키는 의무는 이제 추아와 그의 아들 소봉퇴의 몫이 될 것이었다.

직업 세습호

몽골족은 중국을 정복한 뒤, 인종을 4계층으로 구분하여 사회 질서를 영구히 묶어두려 했다. 가장 높은 계층은 몽골인이었다. 그 다음은 색목인色目人이라 불린 무리로, 대체로 몽골인과 중국인을 제외한 부류였다. 세 번째는 중국 북부에 거주하던 한인漢人으로, 이 한漢이라는 명칭은 약 천 년 전 존재했던 한漢나라의 한이 아니라 4세기 무렵 북중국에 할거하던 16국 가운데 한나라의 한에서 비롯된 것이다.[32] 가장 낮은 부류에는 과거 남송의 백성이었던 남인南人이 있었는데, 몽골인이 가장 신뢰하지 않은 이들이었다.

이러한 구조 속에서 몽골은 남자에게 고정된 직업을 갖게 하여 필요

32) Elliott, "Hushuo: The Northern Other and Han Ethnogenesis."

한 상품의 생산과 요역을 충분히 확보하고자 했다. 정복기에 어느 정도 지속했던 일이 있다면 그 이후에도 무조건 그 일을 해야 했다. 가령 활을 만들던 궁장弓匠이라면 대대손손 영원히 활 제조 일을 하도록 가업을 물려줄 의무가 있었다. 그 가문은 영원히 궁장으로 등록되어 아들은 법에 따라 아버지의 일을 계승해야 했는데, 거기에는 몽골족을 위한 활 제작의 의무도 포함되었다. 이러한 직업 세습호는 한 순간의 인구 분포를 파악하여 이를 그대로 유지하려 했던, 단순하지만 치밀한 제도였다. 몽골인이 사회학적으로 수준이 낮았던 게 아니었다. 그들은 다만, 자기들의 주도하에 주문하는 대로 상품이 공급되는 제조업 체제를 확보하려 했을 뿐이었다. 직업 세습호는 필요한 물자와 노동력을 언제든지 징발할 수 있는 제도로, 이 제도에는 기본적으로 사회적인 고려는 전혀 없고 재정적인 고려만 있을 따름이다. 하나의 가구가 어떻게 '가족'을 만들어가는지에 대해 몽골인들은 전혀 무관심했다.

몽골의 통치 기간에 조정이 작성한 정확한 직업 세습호 목록은 없다. 1970년대 역사학자 황칭련黃清蓮은 원의 호구 정보를 알려줄만한 기록을 모두 모아 세습호의 행정망을 정리해보려 했다. 그 결과 83가지 목록으로 정리되었는데, 몇몇 목록은 민족을 나타냈지만, 대부분은 직업을 나타냈다. 첫 네 가지 목록이 규모가 가장 크며, 각각 민호民戶, 군호軍戶, 장호匠戶, 참호站戶에 해당한다. 그 하위 항목에는 많은 목록이 있다. 가령 군호는 포군炮軍, 노군弩軍 등 12개의 하위 군인으로 구분된다. 그 이후로는 생강 생산자인 강호薑戶처럼 대단히 특화된 직업

군도 등장한다. 직업적인 종교인을 위한 항목도 구분되었다. 유학자들로서는 경악할만한 일이지만, 그들을 칭하는 유호儒戶는 도호道戶(도사), 니호尼戶(승려), 여관호女冠戶(비구니), 용화회선우호龍華會善友戶(미륵불 신앙자)와 똑같은 부류에서 찾을 수 있다.[33]

권좌에 오른 주원장에게도 이와 비슷한 욕구가 있었다. 그 역시 백성들을 명확하게 구분하려 했으나, 그의 단순화 작업은 이전과 달랐다. 주원장은 대통합자로서 몽골의 민족적 구분법을 사용하지 않았다. 그가 통치하는 백성은 대부분 어떠한 경우든 '한인漢人'이었기 때문이다. 주원장 역시 백성을 네 가지 직업군으로 구분했으나 그 기준은 고대의 현자賢者가 주장한 고전적인 전통에 따른 것이었다. "백성을 사士·농農·공工·상商으로 구분해 왕국을 통치할 것이다. 이 네 직업군이 제국에 바르게 분포하면, 나라에는 부족함이 없을 것이다."[34]

이 네 가지 직업군이 모든 직업을 포괄한 것은 아니었고, 초기의 관리들 역시 모든 백성을 이 네 부류에 끼워 맞추려고 하지 않았다. 그들은 몽골족처럼 직업을 정교하게 구분하면서도 이를 과신하지는 않았다. 다만 조호竈戶(소금 생산업자)처럼 전문 직역職役은 그대로 유지시켰다. 하지만 명 중엽에 이르면, 소금 생산의 경우 세습 가문에서 의무적으로 생산하는 것보다 고용 생산의 경우가 비용 면에서 훨씬 효과적인

33) 黃淸蓮, 『元代戶計制度硏究』, pp.197-216. 목록 말미에 저자는 자기가 발견하지 못한 몇몇 호구 목록이 더 있을 것이라고 언급하면서, "이후에 다시 보충하겠다."라는 말을 남겨놓았다.

34) 葛寅亮, 『金陵梵刹志』 卷1, 33b. 주원장은 사농공상의 네 부류가 모든 사회적 범주를 충족시킨다고 생각하지는 않았는데, 가령 이 네 부류 외에 승려와 도사를 두 가지 '전문가' 집단이라고 언급했다.

것으로 드러났다. 명 사회에는 유동성이라는 특징이 뿌리를 내렸음에도 불구하고, 이념적으로는 여전히 현실과 괴리된 사농공상이라는 고전적 구분이 이어지고 있었다. 어떤 이들은 세상이 사농공상만을 들먹이다 위기에 빠졌다고 한탄하며 과거로부터 건강한 대안을 마련할 수 있다고 생각했지만, 현실은 그러한 생각을 반영하지 못했다.

당시까지 계속 남아있던 직업 세습호로 군호軍戶가 있었다. 조정은 군대가 필요했고, 한때 최소 백만 명의 군인을 보유하기도 했다.[35] 군인은 그리 매력적인 직업이 아니었지만, 다른 직업에는 없는 안정성이 있었다. 무엇보다도, 군인은 사후에도 국가로부터 봉록俸祿이 지급된다는 점이 중요했다. 홍무 연간에 정해진 규정에 따르면, 군인이 죽으면 그 아내는 비록 줄어든 급액이지만 계속 연금을 받았다. 군인 아버지가 군호로 복무하던 첫 10년 이내에 태어난 아들은 무과武科 시험에 통과하기만 하면, 아버지의 군호와 급여를 세습했다. 비록 아들이 신체 결함이 있어서 군호 직을 수행하지 못한다 해도, 일정 부분 삭감된 아버지의 봉록을 받을 수 있었다.[36] 이러한 혜택에도 불구하고 원하는 수준의 군사력은 확보되지 않았다. 무예가 가치 절하되면서 군호의 자제들은 과거 공부를 하면서까지 좀 더 전망 좋은 직업을 얻으려고 했기 때문이다. 조정은 군호의 대거 이탈 현상을 막기 위해, 군호의 자제가 진사進士에 합격한다 하더라도 세습 군호에서 면제될 수 없다

35) 명의 군인 세계에 대해서는 Clunas, *Empire of Great Brightness*, pp.160-182 참조.

36) 陸容, 『菽園雜記』, p.134. 영락 연간 황제 자리를 찬탈하기 위한 '정난의 변'에 참여했던 무관의 자식에 대해서는 이런 제한을 적용하지 않았다.

고 못을 박았다. 단 병부상서가 될 경우에 한해 신분의 변동을 허락해 주었다.[37] 하지만 실제로 이러한 세습 군호 직은 군 복무를 이탈하려는 야심 찬 젊은이들을 효과적으로 막지 못했다.

사농공상 가운데 홍무제를 가장 불편하게 했던 계층은 사대부였다. 7,000만 백성을 관리하려면 사대부의 문서 능력과 지식이 필요하다는 것을 주원장은 잘 알고 있었다. 그러면서도 사대부들이 나라보다는 자기의 이익을 먼저 추구함으로써 백성들에게 부담을 줄 것을 경계했다. 경제가 발전하면서 사농공상의 질서도 변동했다. 농민은 바닥으로 떨어졌고, 상인이 시대의 영웅으로 떠오르면서 사대부가 상인에게 밀려날 때도 있었다.

신사 사회

15세기에 이르면 경제부터 의례에 이르기까지 지역 사회를 지배하는 엘리트로서 신사紳士(관직 경력자인 신금紳衿과, 아직 관직 경험이 없으나 학위가 있던 사인士人을 통칭하는 명칭. 명 중엽 이후 하나의 동류 의식을 가지고 지역 사회를 유교적 이념으로 지배했다. —역주)가 점점 증가하기 시작했다. 이들은 자식이 관직에 진출하도록 뒷바라지했고, 그 자금은 대체로 소유한 토지에서 마련했다. 신사의 가장 큰 특권은 과거 시험에

37) 陳文石,「明代衛所的軍戶」, 吴智和 編,『明史研究論叢』2輯, 臺北, 大立出版社,1982.

응시할 수 있는 자격을 얻은 것이었다. 이론상 과거 시험은 모든 남성에게 열려있었지만, 실제 시험에 합격하려면 경전과 작문에 통달해야 했고, 이에 필요한 수준 높은 문학 교육을 받아야 했다. 그뿐만 아니라, 모든 경전에 내재한 문화 역시 포괄적으로 이해해야 했다. 과거 제도는 양날의 칼과 같아서, 신사층으로 진입하는 관문이기도 했지만, 다른 한편으로 신사의 지위를 위협하는 주된 요인이기도 했다. 신사 가문을 유지하려면 적어도 두 세대에 한 번씩은 과거 합격자가 나와야 했는데, 이는 실제 대단히 어려운 일이었기 때문이다.

원 시대, 지역 사회에서 과거 시험에 통과하여 사회 지도층이 될 가능성은 희박했다. 우선, 과거 시험 자체가 거의 없었기 때문이다. 또한 몽골인은 과거제처럼 자율적이고 예측 불가능한 인사人事 방식보다는 자기들이 신뢰하는 사람을 바로 선택하는 방식을 선호했다. 황제로 등극한 주원장은 신사를 하나의 사회 계층으로 인정해도 될지 확신이 없었으므로, 과거 제도를 복원하는 데 많은 시간이 걸렸다. 어쨌든 주원장 말기에 과거 제도는 완전히 정상화되었고, 그 후 과거 시험을 독점하던 가문이 지역 사회의 지배 세력으로 성장하는 것은 시간 문제였다.

관직에 들어가는 경로는 다양했지만, 과거 시험이라는 전국적인 고시에 합격해서 획득하는 신분은 다른 경로로는 얻을 수 없었다. 과거 시험의 경쟁률은 대단히 높았는데, 갈수록 응시자가 늘어나는 만큼 경쟁률 또한 점점 치솟기만 했다. 예를 들어 1630년 전국에서 가장 큰 남경 공원貢院(시험장)에는 모두 7,500칸의 수험실이 있었다. 모든 수험실이 다 찼다면 수험생 15명 가운데 겨우 1명만이 이듬해 북경에서 실시되는 회시에 응시할 수 있었다는 의미다.[38]

과거 제도의 정점에는 대학사大學士가 있었는데, 통상 4~5명으로 구성된 대학사 소집단이 황제에게 간언하고 모든 궁정 사무를 감독하는 임무를 수행했다. 그 가운데 상로商輅(1414~1486)라는 대학사가 있었는데, 그의 초상화(그림 11)를 보면 그의 공식 직함이 연달아 기록되었다. '증태자태부전사진사삼원급제이부상서겸근신전대학사추증시문의贈太子太傅前賜進士三元及第吏部尙書兼謹身殿大學士追贈謚文毅' 태자태부라는 명예를 수여받고 앞서 세 차례의 과거에서 1등으로 진사에 급제한 이부상서 겸 근신전대학사이자 '문의文毅'라는 시호를 추증받았다는 뜻의 직함이다. 이러한 장황한 직함은 그가 나라에서 가장 훌륭한 문관이었음을 입증해준다.

1479~1544년 사이에 태자태부라는 명예를 수여받은 이부상서 겸 근신전대학사는 상로 외에 12명뿐이었다.[39] 그중 2명은 사후에 받은 시호에 '문文'자가 빠져있다. 악명 높은 엄숭嚴嵩(1480~1567)도 그런 경우였는데, 그는 가정 연간 권력을 휘둘렀으나 결국 82세에 불명예스럽게 모든 재산을 몰수당했다. 상로는 평판이 좋았지만, 겨우 2년간만 대학사로 머물면서 별다른 두각을 보이지 못했다. 상로의 명예를 드높인 일은 그가 과거제의 세 단계, 즉 향시, 회시, 전시에서 모두 장원을 차지한 것으로, 명 시대에 이러한 영예를 획득한 사람은 오직 상로

38) Elman, *A Cultural History of Civil Examination*, pp.140-143, 178.

39) 张廷玉, 『明史』, pp.3336-3379.

그림 11.「상로의 초상화」

그림 상단에는 "태자태보라는 명예를 수여받고 앞서 세 차례의 과거에서 일등으로 진사에 급제한 이부상서 겸 근신전대학사이자 '문의'라는 시호를 추증받은 상공(商公)의 영정"이라는 글귀가 적혀있다. 하버드 대학교 아서 M. 새클러 박물관 소장.

뿐이었다.[40)]

과거 시험에 합격한 뒤 대학사까지 오르는 경우는 대단히 드물었다. 관료제는 매우 방대했고, 경쟁자는 너무 많았다. 명 말의 한 필기 기록에 따르면, 16세기에 접어들 무렵 급여를 받은 관료는 문관 2만 400명, 무관 1만 1,000명, 감생 3만 5,800명이었다.[41)] 보수적으로 계산해서, 각 현의 현학마다 150명의 생원이 있다고 가정하고 여기에 현의 수를 곱하면, 최소한 15만 명 이상의 젊은이가 과거 제도의 바닥에서 성공하기 위해 몸부림쳤다는 이야기가 된다. 게다가 학교에 입학하려고 경쟁하는 수험생까지 고려하면, 경쟁은 더욱 치열했을 것이다.

과거제는 관료 양성 외에도 다양한 기능을 수행했다. 과거제를 통해 젊은 학자들은 사회적 배경과 성공하려는 야망이 비슷한 전국 각지의 인물들과 접촉했다. 향시에 응시한다는 것은 외롭게 학문을 연마하고, 시험장에 입장하고, 폐쇄된 수험실에서 답안지를 작성한 다음 귀가하는 것 이상의 의미를 지녔다. 그 과정에서 출세를 꿈꾸는 수험생들은 몇 주씩 같은 숙소에서 같이 먹고 마시는 가운데 깊은 유대감을 형성하곤 했다. 그것은 대단한 경험이었다. 만약 과거 시험에 합격한다면, 함께 합격한 문생門生들은 서로 동류同類 의식을 가지고 교제할 수 있었고 평생토록 도움을 주고받는 사이가 되었다.

과거 시험을 준비하는 동안 언어 면에서도 큰 변화를 경험했다. 고

40) 상로에 대해서는 张廷玉, 『明史』, pp.4687-4691; Goodrich and Fang, *Dictionary of Ming Biography*, pp.1161-1163에 있는 Tilemann Grimm이 쓴 전기 참조.

41) 李樂, 『見聞雜記』 卷1, 43a. 관직의 수는 적었지만, 관직의 순환률은 높았다. 이에 대해서는 Parsons, "The Ming Dynasty Bureaucracy" 참조.

향 학교에서 '관어官語'라는 부자연스러운 언어를 배우는 경험이 그것이었다. 유럽인은 관어를 '만다린mandarin'이라고 부르는데, 책사策士라는 뜻의 힌두어 '만투루mantru'를 차용한 포르투갈어를 따른 것이다. 만다린은 여느 방언과는 다른 문어文語로 구성되었지만, 실제로는 남경 지역의 발음을 크게 반영했다. 명 초 정권의 중심지가 남경이었으니 그럴 만도 했다. 만다린에 유창해지는 것이 신분 상승에 도움이 되었지만, 일부 관리는 여전히 방언에서 벗어나지 못했다. 곽도는 예부상서가 되기 전인 1527년, 가정제 때 경연經筵을 위한 강관講官 직에서 물러났는데, 남방 출신인 "그의 말에는 이해할 수 없는 단어가 가득"했다는 것이 그 이유였다.[42] 관어 사용에 미숙한 것이 관직 경력에 치명적인 사유가 되지는 않았지만, 곽도처럼 유머 감각이 없는 것으로 유명한 이들에게는 대단히 괴로운 일이었다. 복건 지방의 발음은 특히 이해하기 어려운 것으로 정평이 났다. 1430년대 2명의 대학사가 복건 출신이었는데, 『명사』에 따르면 "그들의 말은 너무 이해하기 힘들어 200년이 지나서야" 황제가 복건 출신을 다시 대학사에 임명했다고 한다.[43]

과거 합격의 가능성이 낮아지면서, 교육받은 젊은이 대다수가 과거를 포기하는 대신 지역 사회에서 부와 지위를 얻으려 했다. 그중에

42) 明『世宗實錄』卷78, 6a "講大學衍, 韜自以南人, 語音多訛辭, 免日講"; Coblin, "Brief History of Mandarin", p.542.

43) 두 명의 대학사는 양영(楊榮, 1371-1440)과 진산(陳山,1365-1434)이었다. 张廷玉, 『明史』, p.5741; Goodrich and Fang, *Dictionary of Ming Biography*, p.1569 참조.

는 지식인 지주 부류가 있었고, 이광화처럼 장사에 뛰어든 부류도 있었다. 제3의 길로 전문가의 길을 선택하기도 했는데, 당시 가장 존경받는 전문 직종은 의원醫員이었다. 원 시대에 과거 시험이 잘 시행되지 않아 다른 출로를 모색했던 지식인들에게 의원은 각광받는 좋은 대안이었다. 그러면서 의원의 사회적 신분 역시 동반 상승했다.[44] 휘주 상인 가문의 왕도곤은 상인의 미덕을 마음껏 칭찬했던 것처럼 훌륭한 의원에 대해서도 찬사를 보냈다. 그는 당시 훌륭한 의원이 모두 휘주 출신이라고 자랑하며, "우리 휘주부에서는 유자儒者를 귀하게 여기듯 의가醫家를 귀하게 여긴다."라고 했다. 좋은 의원은 의술을 배우기 이전에 유학을 공부한 것으로 알려졌다. 휘주 출신의 의원 오산보吳山甫는 유학을 공부한 방식이 의술에도 바로 적용된다고 왕도곤에게 설명했다. "유자儒者는 먼저 경술經術(경서에 관한 학문)을 익히고 다음에 백가百家(경서 외의 여러 학문)로 나아가는데, 이래야 비로소 학문에 성취가 있을 것입니다. 의자醫者 역시 이와 같아야 합니다."라고 하면서, 의원이라면 먼저 헌기軒岐(황제 헌원씨軒轅氏와 그 신하 기백岐伯을 함께 부르는 말로, 중국 의약의 시조로 알려짐. -역주)를 배우고 그 이후에 금-원에 유명했던 사씨四氏(금-원(1115~1368)에 활동했던 네 명의 저명한 의학가醫學家로 유완소劉完素, 장종정張從正, 이고李杲, 주진형朱震亨을 말한다. '금원사대가金元四大家'라고도 부른다. -역주)의 의술을 배워야 한다고 했다. 하지만 헌기와 사씨를 통달해도 열에 넷 밖에 고칠 수 없으며, 나머지 여섯을 치

44) Shinno, "Medical Schools and the Temples of the Three Progenitors in Yuan China"; Furth, *A Flourishing Yin*, pp.156-157.

료하려면 '도道'를 터득해야 한다고 보았다. 그는 자기 자신을 가리키며 "도가 여기에 있다. …… 나는 처방이 필요할 때에 도를 향해 나아간다."라고 했다.[45)]

무엇을 하든, 지역 신사층은 지역 사회에서 자신들의 엘리트 지위를 보호하는 것을 가장 우선시했다. 부와 사회적 연줄을 동원하고, 지역 관리들과 돈독한 관계를 맺으며, 자선과 후원에 참여해 자신들의 공적 이미지를 관리했다. 이러한 작업에 성공할 경우 굳이 자식이 과거 시험에 응시하지 않아도 지역 사회에서 존경받는 지위를 획득하는 데는 문제가 없었다. 다만 이 경우, 자식 또는 사위의 지위가 나아지는 것은 아니었다. 출생 때부터 상류층이라는 지위를 획득했던 이전 시대와는 달리, 신사가 바로 귀족이 되는 것은 아니었다.

명에 유일한 귀족은 창업자인 주씨 가문뿐이었다. 주씨 후손들은 세상과 격리된 곳에서 홀로 특권을 누렸다. 그렇다고 해서 신사 가문이 쉽게 생겨나거나 몰락했던 것은 아니었다. 신사들도 자신의 명성과 연줄, 그리고 재물을 이용해 여러 세대에 걸쳐 순조롭게 자신의 지위를 유지할 수 있었다. 혈연에 의존하지 않으면서도 상류층이 상류층을 낳는 이른바 '귀족 발생설aristogeny'이라 부를만한 상황이 전개되었던 것이다.[46)]

---

45) 汪道昆, 『太函集』, pp.492-493. "吾郡貴醫如貴儒. … 儒者上治經術, 下治百家, 於是乎始有成業. 醫家上軒岐而下四氏, 意亦如之. … 始吾求之軒岐, 什或得一, 繼求之四氏, 什或得三, 冒然心語曰, 道在是矣. … 願就有道而正焉." 왕도곤은 분명 학자였지만, 동시에 직업 작가이기도 하여 "돈으로 살 수 있는 최고의 글"을 써주기도 했다. Clunas, *Superfluous Things*, p.14 참조.

46) Brook, "Xu Guangqi and His Context", *Statecraft and Intellectual Renewal in*

그림 12. 명 시대 신사의 초상화
이 그림에서 직함이나 지위를 나타내는 표지(標識)는 전혀 보이지 않는데, 이 사람에게는 학위가 없다는 의미다. 그러나 머리에 쓴 당(唐)나라 스타일의 두건을 보면 그가 신사층에 속했음을 짐작할 수 있다. 하버드대학교 아서 M. 새클러 박물관 소장.

15세기 이후 전국 각 지역의 신사들이 안정적인 지위를 유지했다는 것은 이들이 상류층의 재생산에 성공했다는 의미다. 신사 가문은 학위 취득이 없더라도, 보통 가문이 하지 않는 상류층만이 하는 활동에 지속적으로 참여하고, 그런 가문들과 사회적·군사적 관계망을 잘 형성하기만 해도 2~3세대까지는 그 지위를 유지할 수 있었다. 그럼에도 불구하고, 결국 과거 시험의 학위가 엘리트 신분을 나타내는 실질적인 지표였기에, 여건만 된다면 누구든 아들에게 공부를 시켰다.

'4계층'으로 분류하는 전통으로 보면, 신사 아래에 농부, 장인, 그리고 상인이 위치했다. 공식적으로 농부는 신사 다음으로 칭송받았다. 이유는 간단했다. 농부의 노동으로 곡물이 생산되고, 곡물은 나라의 기초였기 때문이다. 농경 사회의 정치 경제학으로 말하자면, 농업은 경제의 뿌리인 것과 마찬가지로 정치의 뿌리이기도 했다. 물자 생산이든 무역이든 농업 외의 다른 모든 활동은 '가지[枝]'로 간주되었다. 어디까지나 뿌리가 튼튼해야만 무성하게 자라날 수 있는 가지 말이다. 적어도 관념적으로는 그러했다. 그러나 원-명 시대에 농부의 지위는 사실상 사회에서 가장 낮았다. 장인들의 지위는 16세기 자유로운 생산을 가로막는 법규가 최종 사라질 때까지 제한되었지만, 만력 연간에는 신사들과 자유로운 친교를 즐길 수 있을 정도로 상승했다. 이에 대해서는 뒤에서 살펴보겠다.

실제 지위와 공식적인 지위의 괴리가 가장 컸던 계층은 상인이었다. 상인 계층에는 보잘것없는 시골 행상인부터 소금 등 국가 전매품

Late Ming China, p.80.

의 유통업에 참여해 거부가 된 대상인 가문까지 모두 포함되었다. 주원장이 집권 초기에 사농공상의 신분 질서를 고집했던 배경에는, 과거 원 시대 상인들이 다른 이들의 희생을 발판으로 거대한 부와 권력을 획득한 데 대한 대중적인 분노도 부분적으로 작용했을 것이다. 지방지 기록을 보면, 원의 거만한 상인들이 인과응보를 받은 이야기가 적지 않다. 내가 발견한 자료에도 그런 이야기가 있었는데, 용의 출현 기록을 보면, 1292년 양자강 삼각주의 태호에서 강을 건너는 부자 상인 이야기가 담겨있다. 강을 건너는 도중 배가 갑자기 무언가에 좌초되었고, 빠져나오려 했지만 노가 꼼짝하지 않았다. 상인이 하인을 시켜 물에 들어가 배를 밀어보라고 하여 확인해보니, 배가 용의 척추에 걸렸고 노는 용의 비늘에 꽂혀있었다. 공포에 질린 상인은 배에서 뛰어내렸지만 헤엄을 칠 수 없었다. 그러나 다행히 종자의 도움으로 겨우 육지에 닿았다. 그런데 집에 돌아오자마자 일행이 모두 병에 걸렸고, 부자 상인은 죽었다.[47] 부자의 이 같은 최후는 백성들의 마음에 쏙 들었다.

상인들의 부는 관료 계층으로 들어가기 위한 디딤돌이 될 수 있었다. 상인은 보통 결혼이나 후원으로 신사 가문에 침투하는 방식을 이용했다. 상업이 막 발전하던 15세기 후반, 『숙원잡기』의 저자 육용은 "미천한 바닥에서 성장한 요즘의 부자 가문들은 종종 명문가에 빌붙으려 한다."라고 비판하면서, 그들이 명문가의 자손들과 어떻게든 얽혀 상류층으로 진입하려고 갖은 노력을 다한다고 했다. 이러한 노력

47) 『湖州府志』(1874) 卷44, 10a.

중에는 자신의 가족을 신사 가문에 이식시켜 그들의 성씨姓氏를 획득하는, '족보 결합'이라는 방법이 있었다. 이러한 관행으로 악명 높았던 곳은 양자강 삼각주 지역이었다. 육용이 소개한 공자의 55세손인 공사학孔士學(공극양孔克讓의 아들) 이야기가 그 대표적인 사례다. 공사학의 조부는 원의 세금 감독관이었으나 결국 학문에 전념하여 이후 교육자가 되었다. 하지만 당시 가르치는 일은 가난의 보증 수표였던 터라, 공씨 가족은 점점 가난에 찌들어갔다. 마침 이웃에 살던 부자가 기회를 엿보다가 접근하여 협상안을 내놓았다. 공사학은 처음에 단호하게 거절했으나 굶주리는 가족들을 생각해 결국, "한 배 분량의 쌀과 족보를 바꾸었다." 이를 근거로 육용은 "성현聖賢의 후손 가운데 소인배들의 계략에 넘어가서 세상을 기만하는 자가 많다."라고 결론을 내렸다.[48]

형식적으로는 신분 개념이 여전히 우세했지만, 그 형식을 채우는 내용은 점차 돈이 전부가 되었고, 상업은 그러한 돈을 만들어내는 영역으로 자리매김하게 되었다. 명 말처럼 신사 가문과 상인 가문을 구분하는 장벽이 줄어든 적은 과거에 없었다. 부유한 가문이 장기간 성공을 유지하는 전략은 자식들을 두 방향으로 나누어 투자하는 것이었다. 하나는 가족의 부를 늘리는 쪽이었고, 다른 하나는 가문의 지위를 강화하는 쪽이었다.

48) 陸容, 『菽園雜記』, pp.85-86. "今世富家有起微賤者, 往往依附名族, 誣人以及其子孫, 而不知逆理忘親, 其犯不韙甚矣. … 富家乃以米一船易譜去. 以此觀之, 則聖賢之孫, 爲小人妄冒以欺世者多矣."

의례와 재산

원-명의 사회를 들여다보면, 행정망과 친족망에 둘러싸인 백성들이 생존하기 위해, 혹은 더 잘 살기 위해 분투하는 형국이었다. 이런 삶이 가능했던 것은 가문을 다음 세대로 계승하려는 일관된 목표 때문이었다. 아내이자 어머니인 여성의 삶도 이러한 목표로 나아갔고, 가정에서 여성의 지위는 후손을 잘 낳을 수 있느냐에 달려있었다. 남성의 삶도 마찬가지였다. 학생이건, 농부건, 혹은 상인이건 이들의 삶 역시 가문의 계승이라는 목표에 맞춰졌다. 남성은 아내 혹은 첩이 후손을 잘 낳을 수 있도록 부 또는 지위를 확보하고 자손들에게 잘 계승해야 했다.

부계 사회 유지에 알맞은 친족 관계를 확립하기 위해 사회적으로 네 가지 의례(관혼상제)가 인정되었다. 송의 신유학 창시자 주희朱熹(1130~1200)의 『가례家禮』에서 뽑아낸 의례가 그것이었다. 『가례』는 명 중엽이 되어서야 광범위하게 유통되기 시작했는데, 처음에는 절제된 행동으로 일반 대중과 구별되기를 바랐던 신사층 사이에서 유행했다가 결국에는 대중화되었다. 18세기 초 예수회 선교사들의 증언이 맞다면, 『가례』는 『논어論語』 다음으로 중국인의 집에서 발견하기 쉬운 책이었다.[49)]

첫 번째 의례는 '관冠'으로, 소년이 청소년기로 접어들어 후손을 배

49) Brook, "Funerary Ritual and the Building of Lineages", p.480. 『家禮』는 Patricia Ebrey의 번역이 있다.

출할 능력이 있음을 선포하는 의식이다. 이러한 관례冠禮는 이미 낡은 것으로 치부되곤 했으나, 일부 신사 가문에서 그 명맥이 유지되었다. 두 번째 의례는 '혼昏'으로, 남자에게 출산에 필요한 여성을 짝지어주는 의식이다. 세 번째는 '상喪'으로, 종족 단위에서 대단히 성대하게 집행된 의례였다. 네 번째 의례는 '제祭'로, 망자를 조상 가운데 모신 뒤 위로의 제사를 바치는 의식이다. 이러한 제사가 없으면 망자는 사후 세계에서 아귀餓鬼로 고생하게 된다고 믿었다.

이러한 관혼상제 의례가 정례화되면서 부계의 지배력은 더욱 강화되었다. 하지만 이 모든 의례의 바탕에는 모든 가족의 기반이 되는 재산이 자리 잡고 있었다. 다음의 이야기는 가족에 관해 살펴보는 6장의 마지막 일화가 될 것인데, 의례와 재산이 얼마나 긴밀히 연관되었는지, 상류층에 간신히 편입한 사람들이 이 두 가지를 유지하려고 얼마나 많은 공을 들였는지를 보여주는 사건이다. 이 사건은 1499년 11월 29일 홍치제에게 보고된 법정 다툼과 관련이 있다.[50] 살인 사건이 아니라면 통상 지현 수준에서 해결되었던 만큼, 아주 특이한 경우였다. 지역 사회 차원에서 해결하기에는 사안이 너무나 복잡했던 것이다.

왕진王珍은 강서성江西省의 성도 남창南昌의 외곽에 야산을 소유하고 있었다. 야트막한 산이 많은 양자강 이남의 이 지역은, 인구는 많고 경작지가 적어 지역민들이 자주 타지로 장사 혹은 경작을 위해 이주하곤 했다. 남창현의 한 저자는 '산이 많고 밭이 적은[山多田少]' 까닭에 이

50) 이 사건은 Brook, *The Chinese State in Ming Society*, pp.1-9에서 재인용했다.

지역 사람들이 빈궁한 것이라고 해석했다.[51] 하지만 야산은 경지보다는 묘지로 이용되면서 품귀 현상을 일으켰다. 전문 풍수사風水師들이 기맥氣脈이 모인다고 진단한 산지를 사람들은 가장 탐을 냈다. 이런 곳에 장사를 지내야 죽은 영혼이 후손들에게 행운을 가져다준다고 믿었다. 강서에서는 서로 더 좋은 묘지를 얻으려는 종족 간 경쟁이 치열했다. 남보다 더 큰 행운을 차지하려고 사기나 폭력도 서슴지 않다 보니, 강서에서는 명-청 시대 내내 묘지를 둘러싼 갈등이 끊이질 않았다.

사건은 장응기張應奇가 왕진의 허락 없이 왕진의 땅에 죽은 조상을 매장하면서 발생했다. 장응기는 남창 현학의 늠선생원廩膳生員(급료를 받는 학생)이었다. 이 사건은『명실록明實錄』에 요약되었으나 이 두 사람에 대한 정보는 거의 없다. 다만, 장응기는 계층 상승 욕구가 강한 하층 신사 출신인 듯하다.[52] 토지 소유자 왕진은 학생이 아니었고 신사 계층이 될만한 조건도 전혀 없었다. 평민도 소송을 제기할 수 있었기에 왕진은 이 문제로 남창부에 소송을 제기했다.

강서 사람들은 소송을 좋아하는 것으로 악명이 높았다. 홍무제도 1398년의「교민방문教民榜文」에서 강서 사람을 가리켜 "사소한 일에도 잘 참지 못하고 직접 경사京師에 와서 소장訴狀을 제출한다."라고 질타한 바 있다.[53] 명 말 강서성의 한 평론가는 남창 사람들에 대해 "부지런하지만 베풀기에 인색하고, 의무감은 적은데 쟁론을 좋아하며 교활하

51)『靖安縣志』(1565) 卷1, 18a.

52) 明『孝宗實錄』卷155, 4b-5a.

53) Edward Farmer, *Zhu Yuanzhang and Early Ming Legislation*, p.203에 인용된「教民榜文」.

게 말을 잘하고 송사와 중상모략을 좋아한다."라고 평가했다.[54] 왕진도 그런 부류였던 셈이다.

판결을 맡은 지부는 왕진에게 유리한 판결을 내렸다. 그 결과에 승복하지 않은 장응기는 동료 생원인 유희맹劉希孟에게 상부에 힘을 써달라고 청탁했다. 유희맹은 이전에 안찰부사按察副使 오경吳琼의 아들에게 개인 교습을 한 경험이 있었다. 따라서 오경의 환심을 사려고 선물을 전달했는데 이는 성공적이었다. 이로써 유희맹은 청탁인에게 도와줄 자를 이어준 유능한 중개인 역할을 담당한 셈이었다. 안찰부사는 지부보다 직위가 높았으므로, 장응기의 목표에 적합한 연줄이었다. 돈은 손을 바꾸어 들게 했다. 유희맹의 청탁이 오경 집안사람에게 전해진 결과, 장응기에 대한 왕진의 승소안은 뒤집어졌다.

장응기는 이번 승리에 안심할 수 없었다. 문제의 시신이 아직 그 자리에 묻혀있는 가운데 언제 다시 왕진이 반격해올지 몰랐으므로, 왕진에 대한 소송을 준비하며 제학첨사提學僉事 소규蘇葵(1487년 진사)를 찾아갔다. 본래 소규는 사적인 청탁을 거절하는 것으로 명망이 높았던 사람인지라, 장응기의 뇌물을 받고는 당황해했다. 장응기는 분명 자신이 선의의 피해자라고 소규를 설득했을 것이다. 장응기가 다른 관료에게 청탁하는 것을 알고는, 왕진 역시 또 다른 권력의 원천인 환관이라는 연줄을 동원했다. 진수태감鎭守太監 동양董讓이라는 그 환관은 각지의 안전 문제를 감독하도록 파견된 관리였다. 왕진이 어떻게

54) 趙秉忠, 『江西輿地圖說』, 2b. "勤生嗇施, 薄義喜爭, 彈射騰口, 囂訟鼓舌"

동양과 연줄이 닿았는지는 모른다.[55] 다만, 출구를 안 이상 그 문을 여는 돈을 아끼지는 않았을 것이다. 왕진이 자신의 사건을 동양에게 가져간 결과, 동양은 장응기와 유희맹을 감옥에 수감시켰고, 고문을 가하여 장응기의 모든 권리를 포기하게 만들었다.

동양이 두 명의 생원에게 겁을 준 것은 사태를 원상 복귀시키려는 의도였을 뿐이지만, 고문 과정에서 뜻하지 않은 결과가 발생했다. 그 두 명이 소송에서 승소하려고 관리들에게 뇌물을 썼다는 사실을 자백한 것이다. 이러한 사실이 밝혀지자, 일개 지역의 재산 분쟁 사건이었던 것이 관료 사회의 부패 문제로 확산되었다. 이제 이 안건은 행정 절차의 위계에 따라 처음에는 순안어사巡按御史, 그 다음에는 형부刑部, 그리고 마지막으로 황제에게까지 보고되었다. 동양의 처신은 도를 넘은 것이었기에, 결국 황제가 나서서 이 사건을 주목했고 형부에게 조사를 명령하게 이르렀다. 대수롭지 않은 지역 사회의 뇌물 사건이 모세관 현상처럼 상층부로 빨려 올라가면서 국가 권력을 위협하는 심각한 사건으로 변질된 것이다.

조사 결과, 환관 동양은 왕진의 청탁을 받기 이전부터 제학첨사 소규와 적대 관계였던 것으로 밝혀졌다. 뇌물은 두 사람의 경쟁심에 불을 당겼을 뿐이었다. 동양은 이전의 다른 일로 소규에게서 모욕을 당했다고 느꼈던 터라, 왕진의 입장에 선뜻 동의하게 되었다. 알고 보니, 환관 동양을 싫어한 이가 소규만은 아니었다. 다른 관리들도 평소 왕

55) 진수태감(鎭守太監)에 대해서는 Tsai(蔡石山), *Eunuchs in the Ming Dynasty*, pp.59-63 참조.

실을 위한다는 명분으로 고압적인 만행을 일삼던 동양에게 반발하여 그를 탄핵했지만, 모두 무위로 돌아갔다.[56] 소규보다 높은 위치에 있었던 동양은 그를 부패 혐의로 감옥에 가두었다. 이에 남창 현학의 학생들은 격분했고, 백여 명의 학생들이 감옥을 둘러싸고 소동을 일으키자 소규는 석방되었다. 소규는 혐의를 벗었고, 훗날 진급한 뒤에도 동양을 건드리지 않았다.[57]

홍치제는 사건의 두 당사자가 크게 손상 입지 않았다고 판단하고는 이번 분쟁을 마무리 지었다. 동양과 소규는 각자에게 주어진 임무를 벗어나 판결에 개입했다는 견책을 받았고, 소규와 안찰부사 오경은 뇌물 수수에 대해 질책을 받았다. 관리들은 사실상 판결의 모든 책임에서 벗어났고, 결국 두 명의 생원이 그 책임을 물게 되었다. 장응기와 그 친구 유희맹은 학생 신분과 더불어 학비 지원을 박탈당했다. 이러한 처벌은 그리 무거워 보이지 않을 수 있지만, 신분 경쟁이 극심했던 명 중엽의 상황을 고려한다면, 신사가 되는 자격을 영구히 박탈한 것은 실로 가혹한 처벌이었다.

왕진의 땅에 매장된 장응기의 조상에 대해서 홍치제는 전혀 언급하지 않았다. 관료제의 최고봉에 있는 황제로서 까마득한 아래에서 발생한 사건을 정확히 파악하기란 쉬운 일이 아니었다. 1499년 1월에 하

56) 관리 정악(鄭岳)이 환관 동양을 탄핵하는 상소를 올렸다가 오히려 홍치제로부터 징벌을 받았던 경위에 대해서는 张廷玉, 『明史』, p.5351 참조. 정덕 연간 관리 유대하(劉大夏)가 동양을 공격했으나 성공하지 못했던 사건에 대해서는 『明史』, p.4848 참조.

57) 中央圖書館, 『明人傳記資料索引』, p.944; 焦竑, 『國朝獻徵錄』 卷90, 9a.

달한 조서詔書에서 홍치제는 "구중궁궐九重宮闕의 깊은 곳에 거처하는 짐은 천하를 두루 염려해도 짐의 이목耳目이 미치지 못하거나 은택이 베풀어지지 않는 곳이 있다."라고 고백했다.[58] 물론 광활한 영토도 문제였지만, 황제가 신경 써야 할 범위가 어디까지인지의 문제이기도 했다. 관료제 안에서 부패 문제는 대단히 중요한 사안이었다. 황제가 제국의 여러 상황을 보고하는 관리들을 신뢰하지 못하게 되면 공정한 통치를 할 수 없었기 때문이다. 장응기의 조상이 어디에 매장되었는지 황제는 관심이 없었다. 이 사안은 지부의 관아에서 처리해야 했다.

사건은 여기서 종결된다. 우리는 장응기가 조상의 시신을 다른 곳에 이장했는지는 알 수 없다. 황제가 내린 부정적인 판결(학생 신분 박탈)이 무거운 부담이 된 장응기는 조상의 시신을 옮겼을 것이고, 왕진은 자신의 토지를 되찾았을 가능성이 높다. 흥미로운 점은, 장응기와 왕진의 엇갈린 이해관계 가운데 가장 큰 쟁점은 재산 문제였다는 사실이다. 이는 명의 핵심적인 사회 원리라고 해도 과언이 아니다. 장응기는 선조를 좋은 곳에 장사지냄으로써 그 영혼이 후손에게 복을 내려주기를 기원했다. 왕진도 자기 자신을 위해 복을 바랐다는 것은 의심할 바 없지만, 조상이 아닌 다른 누군가가 자기 재산을 지켜주기를 바랐다는 점은 달랐다고 할 수 있다.

의례는 국가에 중요한 문제였다. 국가는 개인과 가족 및 사회가 스스로 의례를 준수함으로써 질서가 잡히기를 기대할 수밖에 없었다. 실제로 황제가 할 수 있는 일은 예외적인 사례에 간섭하는 정도였다.

58) 明『孝宗實錄』卷145, 9b. "朕深居九重, 雖慮周天下, 而耳目有不逮, 恩澤有未宣."

만약 그러한 사건이 주원장 때 일어났다면, 그는 관련자 모두를 처형했을 것이다. 홍치제는 작은 목표물을 박살내려고 큰 망치를 집어 드는 황제가 아닌 것이 장응기에게는 다행스러울 뿐이었다.

어떤 경우에도 중요한 것은 개인 재산의 존엄성이었다. 이 존엄성이 지켜지지 않았다면 당시 사회 체제는 유지될 수 없었다. 묘지를 둘러싼 소송에서도 마찬가지였다. 그 경우, 의례보다 재산을 기준으로 삼았어야지, 재산을 의례의 부산물 정도로 취급하는 것은 상식적인 해결책이 아니었다. 의례는 사회 공동체를 유지하는 데 도움을 주었지만, 가족을 살리는 것은 재산이었다. 왕진은 이 경쟁에서 이겨야 했고, 결국 이기고야 말았다.

7

| 믿음 |

원-명의 사람들은 우주가 세 가지 힘 또는 영역으로 이루어졌다고 믿었다. 그 세 가지란 위에 있는 하늘과 밑에 있는 땅, 그리고 땅과 하늘 사이에 있는 사람들을 가리킨다. 하늘은 모든 것을 감찰할 수 있는 창조적인 힘이지만 사람과 너무 멀리 떨어져있었다. 따라서 하늘에 직접 능력을 구할 수 있었던 이는 하늘의 아들, 곧 황제뿐이었다. 하늘은 여러 신이 모인 신들의 영역이었다. 도교의 사제와 불교의 승려는 물론이었고, 사실상 기도할 수 있는 사람이라면 누구나 하늘을 찾았다. 관음觀音은 특히 여자와 아이들의 보호자로 불교의 여러 신 가운데 하나였다(그림 5 참조). 하늘 아래에는 땅이 있고, 땅은 사람이 사는 영역이었다. 땅에도 저급한 신들이 있었는데, 조신竈神(부엌신)이나 문신門神처럼 사람들의 일상을 간섭하는 심술궂은 존재라 할 수 있다. 또한 조상신도 있어서, 정기적인 제사와 함께 이들을 섬기지 못할 경우 자손들이 비참해질 수 있었다. 게다가 땅은 사람들이 경작하거나 파낼 수 있는 표면이 전부가 아니었다. 땅의 깊은 곳에는 광활한 지옥이 있어서 죽은 자는 27개월 동안 지옥의 염라대왕 앞에서 속죄 받기를 기다렸고, 이어서 지옥을 감시하는 시왕十王(사후 세계에서 인간들의 죄의 경중輕重을 가리는 열 명의 심판관 –역주)에 의해 다음 생에서 환생하기를 기다려야 했다.

이러한 하늘과 땅의 힘 사이에 사는 것이 사람의 운명이었다. 중국인은 수백 년간 믿음, 조직, 예법으로 짜인 세 가지 가르침(도교, 불교, 유교)을 발전시킴으로써 삶의 곤경을 해결했고, 나아가 더 나은 삶을 모색했다. 세 가지 가르침 가운데 도교는 노자를 개조開祖로 숭배하며 주술과 주문 및 처방 같은 자연주의적인 기술을 제공하여 세상의 물리적 환경에 적응하도록 인간을 도왔다. 풍수지리(지표면 아래에 흐르는 기운을 고려해서 건물을 짓는 것)는 이러한 기술 가운데 하나였다. 불교는 고통을 야기하는 집착에서 해방될 수 있도록 풍부한 경전과 조직을 제공했다. 죽음의 문제를 다룬다는 점에서 불교는 신앙이었고, 승려와 사찰은 산 자들에게 의례를 공급하여 그들이 죽은 자를 도와 저승길을 무사히 찾아갈 수 있게 했다.

유교는 공자의 가르침에서 파생된 교리 체계에 해당하는 것으로 색다른 가르침을 제공했다. 유자들은 도goodness에 이르는 데 신을 통하는 것보다 도덕적인 훈련과 타인과의 윤리적 관계가 훨씬 유리하다고 보았다. 송의 유교는 도학道學이라는 이름으로 그 가치가 한층 향상되었고, 오늘날에는 주로 신유학이라 불린다. 신유학은 심오한 철학적 영향을 받아 강화되었고, 부분적으로는 명에 이르러 진정한 결실을 맺었다. 그렇지만 유교는 일반 백성의 삶을 이끌 수 있다는 믿음을 주지는 못했다. 요컨대, 백성들에게는 유교, 도교, 불교의 세 가르침이 모두 필요했다.

몽골은 중국을 정복한 뒤 종교적 지형이 이전보다 더욱 복잡해졌음을 깨달았다. 몽골의 종교적 기원은 샤머니즘으로 표현하는 것이 가장 알맞을 것이다. 이리하여 그들은 삼교(유-불-도)보다 티베트 불교(라마교)에 더 관심을 가졌지만, 신비로운 지혜에 도달할 수 있다는 그 어떤 종교적 주장에도 존중을 표할 만큼 신에 대한 경외심이 풍부했다. 불교 승려와 도교 도사들 사이에 몽골의 후원을 차지하려는 경쟁이 치열했는데, 가장 대표적인 사건이 1258년 조정에서의 논쟁이었다. 하지만 몽골 조정은 누구든 자기들의 가르침이 행운을 불러온다는 사실을 논증하는 한, 어느 한쪽을 두둔하지도 억압하지도 않았다.[1) 원 사람들이 자기들의 믿음 체계에서 근본적인 통일성을 볼 수 있었던 것은 어쩌면, 중국 사람이 몽골 사람에게 자기들의 다양한 전통을 설명하려 했던 노력 덕분이었을지 모른다. 그게 아니라면, 역으로 몽골 사람들이 자기들의 이해 체계를 중국인들에게 투영한 결과였을까? 어쨌거나 삼교는 세 가지 범주로 구분되지 않았고 하나의 범주 안에 있었다. 오직 분파적인 신봉자들만이 서로 다른 전통을 가지고 국가의 공인과 특혜를 얻으려고 다투었을 뿐, 열렬한 신도가 아닌 이상, 삼교의 모든 전통을 절충적으로, 심지어는 변덕스러울 정도로 자유롭게

1) Liu and Berling, "The 'Three Teachings' in the Mongol-Yüan Period."

취사선택했다.

중국의 세 가지 믿음은 전통적으로 하나이며 표현만 다를 뿐이라고 생각하는 것을 삼교 합일三敎合一이라고 하는데, 이는 원–명에 형성된 두 가지 큰 관념 체계 중 하나였다. 명 중기의 정치가였던 왕양명, 즉 왕수인(1472~1529)과 관련된 유학이 그 두 번째 관념 체계였다.[2] 왕양명은 제4장에서 광서성 경계에서 발생한 토착민들의 반란을 진압했던 사령관으로 등장한 바 있다. 또한 가정제가 자신의 생부와 생모를 전임 황제(홍치제)보다 높이 추존하려고 시도했던 일을 비판한 최고 엘리트 집단과는 반대 입장을 취한 인물이기도 하다. 왕양명은 도덕적 지식은 사람에게 내재된 것이지 배움을 통해 얻는 것이 아니라는 새로운 개념을 내놓았다. 이러한 신 개념이 나오자 유자들의 믿음에 근본적인 변화가 일어났다. 성인聖人들의 글을 공부해야 하는 것은 맞지만, 그것은 우리가 이미 직관적으로 알고 있는 사실을 확인하는 행위일 뿐이라는 믿음이 생긴 것이다. 좀 더 급진적으로 해석하면, 도덕적 지식을 얻는 데는 경전 공부보다는 묵상과 도덕적 성찰이 훨씬 유용하다는 이야기도 되었다. 공부가 직관으로 바뀌었다는 것은 못 배우면 무지하다고 간주하는 전통적인 교육관으로 볼 때 크나큰 도전이었다.

두 가지 관념 체계(도덕적인 사고 및 행동이 사람의 내면에 깊이 뿌리박혀 있다는 생각과, 유–불–도의 가르침이 본질적으로 하나라는 생각)의 출현은 송나라의 해체만으로는 이룰 수 없었던 깊은 열망의 결과라고 볼 수 있는데, 그것은 바로 '통합'에 대한 열망이었다. 통합이 중요하다는 신

2) Brook, "Rethinking Syncretism."

념은 시대적 흐름의 결과였다. 통합은 원의 으뜸가는 정치 원칙이었고, 명에서도 중요한 원칙이 되었다. 이러한 상황 가운데 명의 백성들 역시 통합을 종교적·철학적 원칙으로 삼았다. 통합은 과거의 역사가 분리시켰던 것을 다시 이어주고, 기존에 깨어진 것을 하나로 만들어 주는 이념이었다. 즉, 통합이란 원래 있던 상태로 돌아가는 것에 불과했다. 앞으로 살펴보겠지만, 명이 들어설 때, 일부 신유학자들은 불교 관습을 적극적으로 수용했으며, 유교의 도덕적 실천과 불교의 종교적 실천 사이에서 근본적으로 전혀 모순을 느끼지 않았다. 이는 모든 가르침이 본질적으로 통합을 내포한다는 개념을 반영하며, 이후 유럽인과 교역하던 초창기에 그리스도교라는 가르침을 받아들일 때도 이러한 통합 개념이 기본이 되었다.

원-명의 사상을 살펴볼 때, '종교religion'나 '철학philosophy'보다 '믿음belief'이라는 개념을 사용하는 것은 그리 전통적인 방식이 아니지만, 나는 당시 사람들이 세상을 이해한 방식 그대로 접근하기 위해서 이 개념을 선택했다. 그들이 진리라고 여겼던 바가 단지 믿음의 문제에 불과했다는 사실을 놓치지 않으려는 의도 때문이다. 물론 진리는 그들의 생각대로 반드시 존재했고, 진리와 믿음 사이의 모순을 발견할 때 역시 그들은 충분히 구분할 수 있었을 것이다. 믿음은 보통 종교적 헌신, 개인적 신뢰, 신빙성 있는 사실 같은 요소를 포함한다. 그들도 우리처럼 믿음에 의지하며 살았고, 그래서 믿음이 도전과 변화에 직면할 수 있음 또한 이해했다. 가령 사조제의『오잡조』에 나오는 이야기를 보면, 81년을 자궁에서 지냈다는 노자에 대해서 "이는 실로 미덥지 않다."[3]라고 언급했다. 우리는 사조제의 이러한 지적에 공감하지만, 그의 신념에는 미심쩍은 점도 많았다. 우리가 그들의 믿음이 사실인지 진리인지 판단하는 것은 핵심에서 벗어나는 일이다. 우리는 다만, 어떤 믿음을 가진 사람이 얼마였는지에 따라 당대의 지배적인 이념을 알 수 있을 뿐이다. 앞으로 이야기하겠지만, 당시 많은 부분에서 사람들의 의견이 엇갈렸다. 사후 세계가 어떠한지, 물질세계의 본질은 어떻게 규정되는지, 지구는 평평한지, 도덕적인 삶은 어떤 것인지에 대해 다양한 의견이 있었다. 사람들의 견해란 얼마든지 엇갈릴 수 있는 것이고, 그 사안들 또한 충분히 그럴만한 것들이었다. 특별히 16~17세기에 이르는 동안, 사람들은 세상을 탐구하고 책을 참조하며 고정관념을 바로잡았고, 나아가 자기들의 경험을 해석하는 최고의 방법이 무엇인지 끊임없이 확인하는 가운데 정신적인 질문과 답변을 주고받았다. 우리는 그들의 믿음을 우리의 생각으로 제한해서는 안 되고, 그들의 믿음이 무엇이었는지 있는 그대로 보아야 한다.

그래서 다음은 철학가의 이야기보다는 홍무제에 대한 이야기로 시작하려고 한다. 그는 자신의 뿌리 깊은 믿음을 거침없이 표현했을 뿐 아니라 이를 타인에게도 당당히 강요한 황제였다.

3) 謝肇淛, 『五雜組』, p.95 "世又言老子八十一年而產, 此固不足信."

영혼에 대한 생각

1372년 2월 17일 새벽, 홍무제(주원장)는 여러 관료를 이끌고 남경 황궁을 빠져나와 동쪽으로 5킬로미터 떨어진 장산사蔣山寺로 발걸음을 옮겼다. 장산사는 원 시대 남경에서 최고의 사찰이었다. 원의 6대 황제 태정제泰定帝(이순 테무르)도 1325년 이곳을 방문하여 기부한 바 있는데, 이는 훗날 사찰 재건 사업에서 막대한 모금의 물꼬를 튼 계기가 되었다. 5년 뒤 그의 조카 문종文宗(툭 테무르)은 주지승에게 의전용 법복을 선물함으로써 황실의 후원 전통을 이어갔다. 주원장 역시 이런 전통을 따랐다. 주원장은 홍무제로 등극하기 이전부터 이후까지 여러 차례 장산사를 방문했지만 이번에는 그 목적이 달랐다. 정권을 장악하는 과정에서 전사한 영혼을 위로하는 수륙법회水陸法會에 참여하는 것이 이번 장산사 방문의 목적이었다.

법회를 주관한 이는 저명한 선승禪僧 청준淸浚(1328~1392)이었다. 황제의 행렬이 다가오자 청준은 천여 명의 승려를 인솔하여 사찰의 정문 앞으로 나아가 꽃과 향으로 황제를 맞이했다. 황제는 '만금萬金'에 달하는 특별한 선물을 바친 뒤, 대웅전大雄殿으로 걸음을 옮겼다. 그곳에서 북쪽을 향해 돌아서서는 신료들과 함께 부처상 앞에서 절을 했다. 황제는 하늘에 제사할 때를 제외하고는 늘 남쪽을 향해 섰으므로 이는 자못 충격적인 장면이 아닐 수 없었다. 이때 악대는 준비한 7곡의 찬불가 가운데 첫 번째 「선세곡善世曲」을 연주했다. 두 번째 절이 끝나자, 황제는 무릎을 꿇고 공양을 드렸다. 황제가 무릎을 꿇는 대상은

그림 13. 나한(羅漢) 혹은 아라한(阿羅漢)의 모습을 한 불승
나한은 정신 수련을 통해 열반에 이르렀기 때문에 더는 환생하지 않는다. 이 목상(木像)은 원의 마지막 50년 사이에 조각되었고 원래는 색이 입혀져 있었다. 캐나다 토론토, 로열 온타리오 박물관 소장.

오직 하늘뿐이었므로 이 역시 놀라운 일이었다. 승려 28명이 무리 지어 등불, 보석, 연꽃을 들고 홍무제 앞에서 춤을 추었고, 승무僧舞가 끝나자 황제는 다시 무릎을 꿇어 두 번째 공양을 드렸다. 몇 차례 찬불가에 맞추어 승무가 이어졌고, 이 행사가 끝나자 황제와 신료들은 줄지어 밖으로 나갔다. 이후 황제는 정문 안으로 50걸음 떨어진 단壇에 올라 남쪽을 향해 좌정했고, 신료들은 황제를 향해 고개를 숙이고 엎드렸다. 저녁 어두워질 무렵 ,황제는 행렬을 자금성으로 돌렸다.

다음 날 새벽, 눈송이가 내렸고 상서로운 붉은 빛이 하늘을 가득 채웠다. 모든 사람이 경외심을 가지고 하늘을 응시했다. 원로 유학자이자 독실한 불교 신자였던 송렴宋濂(1310~1381)은 홍무제의 책사로서 통치 체제를 설계한 인물인데, 그는 당시의 의례에 대해 "황제가 부처의 자비를 얻는 데 성공했고, 이에 하늘이 기적으로 호응해주었다."라고 기록했다.[4)]

당시 사람들은 이러한 기적으로 무슨 말을 하고 싶었던 걸까? 아마도 이러한 기적은 사실이 틀림없고 새로운 황제의 우주적인 힘을 경외해야 한다는 말을 하고 싶었을 것이다. 당시는 홍무제가 제위에 오른 지 막 5년이 되는 무렵이었으니, 황제는 실로 새로운 인물이었다. 왕조의 초창기이자 흔들리기 쉬운 이때, 어떤 사건이라도 발생한다면 나라는 수렁에 빠지기 십상이었다. 새로운 정권의 출현과 유지에 군사력과 철저한 행정, 그리고 유교적인 도덕이 근간이 되었지만, 홍무

4) 葛寅亮, 『金陵梵刹志』 卷3, 23a-26b. 64b. 원 왕실의 후원에 대해서는 同書, 卷1, 17b 참조. (四庫全書存目叢書 史部 지리류, 244)

제와 그의 책사들은 또 다른 무기인 종교를 이용해서 국가 만들기state-making에 나선 것이다. 예술사가인 퍼트리샤 버거Patricia Berger는 1407년 같은 사찰에서 거행된 또 다른 황실 법회를 다음과 같이 묘사했다. 이번 의식에 하늘의 징조가 있었는데, 그것은 "대단히 조화로우면서도 교묘하게 발생했으며, '교감된 환영幻影'의 순간이 오랫동안 펼쳐졌다."[5] 만약 새로운 왕조가 하늘의 축복을 받지 못했다면, 어느 누구도 이렇게 언급할 수 없었을 것이다.

홍무제가 수륙법회를 열기로 한 것은 죽음의 문제를 다루는 불교의 종교적 전통 때문이었다. 법회가 있던 날 부처에게 절하라고 모든 백성에게 포고했던 상유문上諭文에서도 홍무제는 불교 교리를 전혀 언급하지 않았다. 다만, 자신이 고아였던 10대에 사찰에서 잠시 살았다는 사실만은 언급했다. 홍무제가 전하려고 했던 메시지는 종교보다는 속세의 개념에 가까웠다. 즉, 종교 너머에 우리가 사는 빛의 세계가 있고, 그 아래에는 죽어서도 용서받지 못한 자가 아귀餓鬼로 떠돌아다니는 어둠의 세계가 있다는 것이었다. 그러나 유교에서는 이와 같은 사후 귀신의 세계를 부정할 뿐 아니라 지옥이라는 세계 자체를 인정하지 않았다. 사람은 죽어서 공중 영역에 속한 혼魂과 땅의 영역에 속한 백魄으로 나뉘는데, 백은 땅으로 가라앉아 사라지고, 혼은 하늘로 올라가 공기 중에 흩어진다는 것이 유교의 생각이었다. 즉 인간은 사후에 몸도 영혼도 다 사라진다는 것이다. 사후 세계에 대한 이러한 관점은 너

5) Berger, Patricia, "Miracles in Nanjing: An Imperial Record of the Fifth Karmapa's Visit to the Chinese Capital", Weidner, Marsha eds. *Cultural Intersections in Later Chinese Buddhism*, Honolulu: Univ. of Hawaii Press, 2001, p.161.

무나 매정하여 광범위한 지지를 얻지 못했다. 사람들은 죽은 자가 지옥에 가건, 혹은 이승의 경계 언저리에서 영혼으로 떠돌건, 영원히 존재한다고 믿고 싶어 했다.

홍무제 역시 마찬가지였다. 사람들이 왜 선을 선택하는가? 그는 죽은 영혼을 달래주지 못한다면 도덕도 법회도 의미가 없다고 생각했다. 홍무제는 장산사 법회를 선포한 칙령에서, 이 법회는 내전에서 사망한 죄 없는 영혼들을 위로해주고, 또한 아직도 전쟁의 부담이 있는 서민들의 수고와 아픔을 인정해주는 의식이라고 밝혔다. 홍무제는 집권 과정에서 벌어졌던 내전에 대한 기억을 어루만지고자 심혈을 기울였다. 그가 불교 의식에 의지했던 것 역시 전쟁의 참상과 치유의 필요성을 알았기 때문이다.[6]

홍무 연간의 유교 조언자들은 대부분 이에 찬성하지 않았을 것이다. 그들은 죽은 자가 빛의 세계와 어둠의 세계 사이를 잠깐 스쳐가는 유령 같은 존재에 불과하다는 상소문을 올렸고, 홍무제는 그 답에 해당하는 글에서 영혼을 믿지 않는 유학자들의 회의적인 관점을 설명했다. 홍무제는 자신의 글을 읽은 뒤 조언자들에게 어떻게 생각하느냐고 물었다. 유학자의 반응은 뻔했다. 그들은 홍무제의 믿음을 외면했고, 유교적 교리에 따라 앵무새처럼 두 가지 조언을 드렸다. 우선은 영혼(귀신)을 존중하지만 멀리해야 한다[敬而遠之]는 조언이었고, 다음으로 영혼이 실제 존재하는지는 관심을 둘 필요가 없지만, 제사 지낼 때

6) 葛寅亮, 『金陵梵刹志』 卷3, 5a-7a. 「御制蔣山寺廣荐佛會文」(洪武4年11月21日)

는 영혼이 있는 것처럼 해야 한다는 조언이었다.[7] 그런데 한 관리가 그만 홍무제의 미끼에 걸려들고 말았다.

"그것은 터무니없는 말씀입니다." 홍무제가 기대했던 답변이었다. "어째서 그렇다는 말이냐?"라고 황제는 응수했다. 이에 그 신료는 공자의 관점을 바로 설명하지 않고, 인간의 물리적인 본성에 관해 짧게 연설했다. 황제가 내놓은 답에 깃든 사상이 틀렸음을 말하려는 의도였다.

> 사람은 하늘과 땅의 기氣를 가지고 이 땅에 태어납니다. 이것은 신체적으로 그들이 왜 어린아이에서 성인으로, 성인에서 장년으로, 장년에서 노인으로, 노인에서 노쇠한 자로 변하고, 그리고 죽는지를 설명해줍니다. 사람이 죽게 되면, 혼魂은 하늘로 올라가고 백魄은 땅으로 내려갑니다. 혼은 영적인 물질로 이루어져 있으나 최고천最高天(고대 우주론의 오천五天 중에서 가장 높은 하늘 -역주)에 닿으면 사라져버리고, 네 방향의 바람에 날아가 버립니다. 반면 백은 뼈, 살, 머리카락으로 이루어져있습니다. 백이 땅에 닿으면 썩어서 먼지가 되고 흙에 섞입니다. 그래서 공자께서 귀신에 대해 언급을 피했던 것입니다.

하지만 홍무제의 생각은 완전히 달랐다. 회수 유역에서 가난한 어린 시절을 보내는 동안 그에겐 영혼에 대한 믿음이 싹텄고, 그런 믿음이 있었기에 선과 악이 어디서부터 오는지를 이해하게 되었다. 영혼

7) 『論語』 3 「八佾」, 12. "祭如在, 祭神如神在."

을 제대로 존중하지 못하면 세상은 시체와 아귀로 가득해질 거라고 그는 믿었다. 홍무제는 자기에게 발언한 신료에게 이런 사실을 정확히 상기시켰다. "혼이 있다는 것을 믿지 않는 사람은 하늘과 땅을 두려워하지 않고, 조상들을 공양하지도 않을진대, 너는 이런 사람을 어떻게 생각하느냐?" 믿음에 관해 홍무제와 신료가 보이는 이러한 차이는 학식 있는 유교 엘리트와 대다수 보통 사람 사이에 드러나는 인식 차이를 그대로 반영하고 있으며, 홍무제는 후자의 입장에 서있었다. 생자와 망자는 넓게 보아 같은 세계에 공존하고 있을 뿐 아니라, 서로 아주 가까이 있어서 종종 마주치기도 한다는 것이 홍무제와 보통 사람들의 생각이었다.

이러한 생각은 1361년 11월 체결된 토지 계약서에도 잘 드러난다. 섭풍숙葉豐叔이 무왕이武王夷에게 토지를 구매했다는 이 서류를 자세히 들여다보면, 놀랍게도(적어도 우리에게는) 구매 당시 섭풍숙은 이미 사망한 상태였고, 그 땅은 섭풍숙의 묘지 터라는 사실을 알 수 있다. 계약서의 서명은 섭풍숙이 아니라 그의 아내 이정도李定度가 대신했다. 이정도의 서명에 이어 매도자인 무왕이와 중개자 아인牙人의 서명이 이어졌다. 그 뒤에 다음 4행의 서약이 있었다.

> 누가 서명했는지 천상의 학(은 알고 있으며)
> 누가 서명했는지 수중의 물고기(는 알고 있으니)
> 백학白鶴이 이를 읽고 푸른 하늘로 올라가고

물고기가 이를 읽고 깊은 바다로 내려가네.[8]

이러한 문장은 계약서의 표준적인 표현이 아니었다. 이정도가 계약서에 이 구절을 삽입한 것은 빛의 세계에서 남편을 대신해 체결한 계약이 어둠의 세계에서도 존중되기를 기대했기 때문이었다. 이승처럼 저승에도 법정이 있다고 믿고, 저승에서 이 매매 계약을 둘러싸고 분쟁이 생길 경우를 대비한 것은 아주 당연한 일이었다. 따라서 이정도는 계약서의 부본(종이에 쓰면 부식될 수 있으므로 도자기에 새겨 넣었다)을 무덤에 함께 매장하여 나중에 섭풍숙이 그 땅의 주인임을 증명할 때 사용할 수 있도록 했다. 사후 세계에서 법정 싸움이 가열될 경우, 마지막 심판자로 시왕 가운데 최고인 염라대왕이 나설 것이다. 그때 섭풍숙에게는 이 계약서 부본이 결정적인 증거가 될 터였다.

사람이 죽으면 지옥에 간다는 믿음은 일반 백성들만의 것이 아니었다. 청렴했던 내각대학사內閣大學士 섭향고葉向高(1559~1627)가 도어사都御史 추원표鄒元標(1551~1624)에게 한 말에서도 그러한 사상이 드러난다. 섭향고는 만약, 이생에서 올바른 행실을 하지 않는다면, 나중에 지옥에서 벌을 받을지 모른다는 생각이 든다고 고백했다.

섭향고가 추원표에게, "공은 공맹孔孟을 논하지만 소신은 오직 염라대왕에 대해서만 말한답니다."라고 말하자, 추원표는 "왜 그렇소?"라고 물었다. 그러자 섭향고가 이렇게 답했다. "제가 쓸모없는 노인이 되

8) [中]鄭振滿 · [美]丁荷生 編纂,『福建宗教碑銘彙編: 泉州府分册』, p.961. 「葉氏買地券」. "何人書了天上鶴, 何人書了水中魚, 白鶴讀了上青天, 魚書讀了入深海"

었기 때문이지요. 이 몸이 관 속에 들어갈 날이 머지않았습니다. 제가 만약 군주를 속여 나라를 도탄에 빠트린다면, 아니면 사람을 해하거나 남의 재물에 손상을 입힌다면, 혹은 권세 있는 자에게 아부하거나 뇌물을 받는다면, 염라대왕의 전전殿前에서 제 눈으로 이런 행실을 똑똑히 지켜보게 되겠지요. 그래서 그런 일을 감히 못 하는 겁니다."[9]

추원표는 이 말을 그저 웃어넘겼다. 하지만 섭향고의 이 말은 단순한 농담만은 아니었다. 예수회 선교사들이 지옥에 관련된 종교관을 설명했을 때 섭향고가 깊은 관심을 보였다는 사실에서도 이를 알 수 있다. 섭향고는 유교의 가르침과 지옥을 동시에 받아들이는 것이 어렵지 않았다. 추원표도 마찬가지였다. 다만 두 사람은 그 시대의 특징적인 신념과 회의론skepticism의 범주 안에서 살아갔을 뿐이다.

유-불-도

원-명의 사람들은 대부분 잡다한 믿음을 받아들였다. 그들은 하나의 현실을 파악하는 데 불교, 도교, 유교라는 각기 다른 방식을 사용할 수 있다고 인정했다. 그러나 세 가르침이 모두 같은 수준에 있던 것은 아니었다. 믿음을 다층 구조라고 생각하고 섭향고의 이야기를 살펴보면, 대중적인 불교가 가장 밑바탕에 있었음을 알 수 있다. 일부 엄격한

9) 談遷,『棗林雜俎』, p.222. "葉臺山相國, 見鄒南皐先生論學, 曰, 公講孔孟, 予只講閻羅王. 鄒問其故, 曰.. 不佞老矣, 塡溝壑之日近. 苟有欺君誤國, 傷人害物, 招勸納賄等事, 於閻羅王殿前勘對不過者, 皆不敢爲. 鄒笑而是之."

유학자들은 동의하지 않겠지만, 부처는 최고의 신으로 많은 신도를 두었고 폭넓게 받아들여졌다. 믿음 체계에서 어떤 믿음이 더 크고 높으냐는 개인의 선택과 경험의 문제였다. 일반 백성들은 많은 불상 앞에서 향불을 태우고 기도하면서 부처의 관심과 자비를 염원했다. 때로는 신사들도 전국의 경치 좋은 산자락에 산재하는 큰 사찰에 모여 예불을 드렸을 뿐만 아니라, 경전을 읽고 멋진 경관을 감상하며 영감을 얻기도 했다.

이러한 경향은 14세기 지식인들에게 큰 영향을 끼쳤다. 가령, 도종의陶宗儀(1316~1369)(원 말, 명 초의 절강 황암黃巖 사람으로 진사 시험에 응시했지만 떨어져, 이후 학문에 열중했다. 1366년『철경록輟耕錄』을 완성했는데, 원의 법령 제도, 예술, 민속, 농민 기의農民起義에 대한 기록이 풍부하다. -역주)는 유, 불, 도 세 가지를 서로 비교하면서 삼교의 개념 구조를 정립하려고 했다. 그는 삼교의 통일성을 인식했는데, 이러한 인식은 1366년에 출간된『철경록』에 생생히 드러난다. 책의 말미에는 그가 그린 세 가지 도표가 나온다. 각 도표마다 하나의 교리를 설명하는데, 그 교리의 8가지 주요 개념과 서로의 관련성을 보여주면서 삼교가 서로 일치한다는 사실을 증명하려 했다. 분석의 요점은 간단했다. 삼교는 엄격히 따지면 서로 차이점이 있지만, 근본적으로는 통일성을 띠고 있다는 것이다.

홍무제는 집권 초기에 삼교의 통일성 관점을 수용해 삼교 모두의 정통성을 선포했다. 다만 불교를 조금 더 선호했다. 아마도 어린 시절 기근으로 부모를 잃은 뒤 살아남으려고 사찰의 보호에 의존했던 경험이 집권 초기 승려들과 사찰에 대한 적극적인 후원으로 이어졌을 것이다. 그렇지만 그는 불교가 국가 신앙이 되거나 자신이 불교의 입장에 너무 경도되지 않도록 조심했다. 호유용의 변 이후, 홍무제는 자신이 구축한 체제의 위기를 경험했다. 그는 이제 아무도 믿을 수 없게 되었으며, 이 점은 황실에서 후원했던 불교 승려에 대해서도 마찬가지였다. 1380년 이후 그는 승려도 일반 사람처럼 이기적인 행동을 한다고 의심했다. 승려도 개인의 만족을 추구하고, 세금을 회피하며, 어쩌면 반란을 꾀할 수도 있다고 생각했다. 따라서 홍무제는 불교 승려들을 확실히 통제할 수 있는 일련의 강력한 법령을 반포했다. 1391년 가장 극단적인 조치가 내려졌다. '백일유령百日諭令'이라는 그 조치로 홍무제는 전국의 수많은 사찰을 각 현마다 몇 안 되는 사찰로 통합하도록 명령했고, 새로운 사찰의 설립을 영원히 금지했다. 이 모든 변화가 100일 안에 이루어져야 했다. 3년 뒤에는 '피추조례避趨條例'라는 법령이 반포되어 승려들은 자신의 사찰 내에만 머물러야 했고, 일반인과 섞일 수 없게 되었다. 이로써 불교에 대한 규제가 마무리되었다.[10)]

이러한 규제는 홍무제 사후 완화되었지만 상당수의 사찰이 다시 회복되지 못했다. 후대의 황제 가운데 불교 또는 도교의 후원자로 나서는 경우가 있었으나(가정제는 도교의 여러 연금술사를 후원하며 영생을 꿈꾸었으나 결국 실패했다), 불교는 공식적인 제도로서 원, 그리고 명 초만큼 권위를 얻지 못했다. 제도권 종교로서의 성격이 약했던 도교는 더더욱 사회적 권위를 누리기 어려웠다. 1403년 즉위한 영락제에게 누군

10) Brook, *The Chinese State in Ming Society*, pp.141-146.

가 도경道經을 바치자, 황제는 "짐은 천하를 통치하는 데 오경五經만 사용하거늘 도경이 무슨 소용이 있겠느냐?"라며 물리쳤다. 14년 뒤 한 도교 도사가 영락제에게 장생불사한다는 금단金丹을 바쳤으나, 오히려 영락제는 그 사람에게 그 약을 먹도록 명령하고는 그의 책(방술方術을 기록한 방서方書를 말함. -역주)을 모두 없애버렸다.[11] 명 조정은 도교를 금지하지 않았으나 도교의 이념적 후원에 기대지도 않았다.

불교 승려들은 장례 등 사회가 요구하는 각종 종교 의식을 제공했기에 일반적으로 사회에서 환영받았다. 관리들도 이 점을 알고 있었다. 궁정의 한 관리는 다음과 같이 말했다. "불교와 도교는 한-당 이래로 민속民俗으로 전해오고 있으므로 모두 없애는 것은 어렵습니다. 다만 규제와 규율을 더욱 엄격히 하여 더는 확산되지 않게 하는 것이 최선책입니다."[12] 현마다 승려의 수를 20명으로 제한한다는 1418년의 칙령이 시행되었다면, 불교는 더욱 제한되었을 것이다. 하지만 이 칙령은 시행되지 못했다. 국가는 부역을 피해 출가出家하는 사람이 늘수록 불어나는 경제적 손실을 걱정할 수밖에 없었지만, 일반 백성들은 종교생활이 제한되고 장례를 집전해줄 승려가 줄어드는 것이 더욱 걱정이었다.

엄격한 유학자들도 궁정의 관리들과 같은 우려를 가지고 있었다.

---

11) 余繼登, 『典故紀聞』, pp.107-108 "永樂初有獻道經者, 成祖曰.. 朕所用治天下者五經耳, 道經何用, 斥去之."; 张廷玉, 『明史』, p.97. "甌寧人進金丹, 帝曰.. 此妖人也, 令自餌之, 毁其方書."

12) 이 언급은 1587년 출간된 『大明會典』 卷104, 2a-b에 있다. "釋道二教, 自漢唐以來, 通於民俗, 難以盡廢. 惟嚴其禁約, 毋使滋蔓. 令甲具在, 最爲詳密."

1373년 북중국 출신의 한 학자는 다음과 같이 주장했다. "유자들은 부처와 노자에 대해 말하지 않는다. 부처나 노자는 업보니 복이니 윤회輪回 같은 말을 내세워 우매한 풍습을 바꿔보려 하지만, 이는 태양과 밝기를 경쟁하는 촛불에 불과하다."[13] 유교의 지혜가 태양이라면, 불교의 가르침은 흐릿한 촛불이라는 말이다. 이 같은 주장이 나온 때는 북중국에서 몽골을 몰아내고 명이 건국된 지 5년째 되던 해였다. 따라서 이처럼 강한 어조로 말한 것은 유교가 더는 원 시대처럼 여느 종교로 취급되어 국가의 후원을 받으려는 경쟁에 뛰어들 필요가 없어야 한다는 소망의 표현으로 볼 수 있다. 자신을 포함한 유학자들이 새로운 질서를 선도하는 이론가이자 이념의 수호자가 되기를 바란 것이다.

16세기 후반, 신사층에서 사찰을 후원하는 일이 다시 많아지면서 보수적인 유학자들의 반발을 샀다. 보수주의자들은 한편으로는, 유교와 불교를 교리적으로 한데 엮으려는 것에 반대했고, 다른 한편으로는 개인의 복을 구하며 사찰에 기부하는 것을 문제 삼았다. 두 번 발생한 '만력의 늪'으로 경제적 손실이 늘어나자 지역 차원에서 사찰에 기

13) 이것과 이후에 인용되는 지방지 자료는 Brook, *The Chinese State in Ming Society*, pp.219-221의 각주 번호 21(『涿州志』, 1373) "儒家不言釋老, 佛家以宣講原罪 · 輪回化俗, 無異燭火與日光爭明", 27(『懷柔縣志』, 1604, "今天下貧窮已極, 議節省則莫如裁冗費矣, 冗費莫侈于宮室, 宮室莫侈于寺觀."), 52(『臨漳縣志』, 1506, "爾輩之惑不可解矣. 內不敬父母而外敬神佛, 一惑也; 明不懼憲典而幽恐違佛法, 二惑也; 近不修眼前而遠思修來世, 三惑也; 較刀錐于父母兄弟而施十百于衲子緇流, 四惑也. 彼愚夫愚婦, 豈無一二陰誘其明而歸之正者乎?"), 72(『南宮縣志』, 1559, "近世 … 縫掖之徒, 往往托慕于二氏且援其空寂以自高 … 可慨也夫!") 73(『丘縣志』, 1576, "況佛老所建梵宇琳宮于崇深谷山之間, 又足以供藏修遊息之士之所眺覽, 且刻印具官, 持教祝壽, 亦制典之所不廢者.") 순서이다.

부금을 내는 것에도 많은 우려를 쏟아냈다. 1604년 북중국의 한 지현은 "지금 천하의 빈궁貧窮이 극에 달했다."라고 하면서 "절약이라면, 낭비를 줄이는 것 만한 것이 없고, 낭비라면 궁실宮室을 짓는 것보다 더 큰 것은 없으며, 궁실이라면 사관寺觀을 짓는 것보다 심한 낭비가 없다."라고 지적했다. 그 지현은 순전한 유교 원리에는 대중 불교와 달리 죽음과 멸망 같은 매혹적인 판타지가 없음을 정확히 통찰했다.

> 이 세대의 미혹됨은 정녕 이해할 수 없도다. 먼저, 이들은 안으로 부모를 공경하지 않으면서 밖으로 신령과 부처를 공경한다. 또한, 나라의 법과 규정을 두려워하지 않으면서 속으로는 불법佛法에 위배될까 두려워한다. 셋째로, 눈앞에 있는 문제는 다스리지 않으면서 멀리 내세의 다스림을 생각한다. 끝으로, 부모형제와는 재물을 놓고 다투면서도 승려들에게는 많은 돈을 보시한다. 어찌 어리석은 백성 중에 한두 명이라도 이러한 미혹을 바로잡아 옳은 길로 돌아오게 할 자가 없단 말인가?

그러나 일상에서는, 많은 유가 지식인이 불교를 인정했고 종종 불교의 종교적 의례에 참여하기도 했다. 그중에는 자신의 어머니나 아내의 성화를 이기지 못해 불교 의식에 참여하는 경우도 있었다. 저명한 승려들이 지식인 불자들을 육성하겠다는 사명감으로 신사들의 지적 세계에 들어가려고 노력한 점 또한 유가 지식인들에게 불교에 대한 관심을 높이는 데 한몫했다. 항주에서 호랑이를 진압했던 주홍이라는 승려도 그런 부류였다. 그는 만력 연간 강남 지역의 뛰어난 인재들을 끌어모아, 사로잡은 동물을 야생으로 돌려주는 '방생放生' 의식을 가르쳤는데, 마침 조정에서 당쟁이 발생하자 이를 피하려고 많은 지식인이 불교로 돌아섰다.[14)]

불교는 북방보다는 남방 지역의 신사층 사이에서 더욱 위세를 떨쳤다. 북방의 신사로서 불교 신자는 수적으로 열세였고, 정체성도 약했으며, 재정적인 후원에도 소극적이었다. 불교가 신사층에 파고들기 시작할 무렵인 1559년, 한 북방인은 남방인들이 불교에 열렬히 빠져든 현상을 보고 경악을 금치 못했다. "최근에[近世] 있었던 일인데, 봉액縫掖을 입고 다니던 유생들이 이씨二氏(부처와 노자)를 흠모할 뿐 아니라 공적空寂을 논함으로써 탁월한 척하고 있다. 얼마나 개탄스러운 일인가!"라고 한탄했다. 물론 모든 유자가 이렇게 생각한 것은 아니었다. 그로부터 20여 년 뒤에 한 북방인은, 명의 어떤 제도도 "관리들이 불교나 도교의 가르침을 지지하고 장수를 기원하는 것을 금할 수 없다."라고 지적했고, 더불어 "신사들이 심산계곡에 위치한 사찰이나 도관에 칩거하는 것이나, 혹은 유람하면서 명문銘文을 새기는 것"을 금지할 하등의 명분이 없다고 주장했다. 종교적인 순례 역시 여행이었기 때문이다.

14) Brook, *Praying for Power*, pp.311-316.

우주론

원-명 시대 사람들은 하늘은 원형이고 땅은 사각형이라는 '천원지방天圓地方'의 전통적인 관념에 기초하여 우주를 상상했다. 다시 말해, 땅은 평평하고 하늘은 돔처럼 휘어졌다고 믿었다. 더 오래된 우주론에 따르면 하늘은 돔 형태가 아니라 달걀 모양의 구형이며 그 한가운데 지구가 있었다. 비록 이런 생각은 소수의 지식인들 사이에서만 공유되었지만, 유럽에서 유입된 새로운 지식을 수용하는 데는 도움이 되었다. 이 점은 앞으로 살펴볼 것이다.

천원지방 개념을 가지고 지구에 관한 정보를 담은 지도가 널리 보급되었다. 중화제국의 모든 시기에 지도 제작자들은 땅덩어리를 사각형으로 그리면서 자신의 신념을 표현했다. 원-명의 표준적인 지도를 보면, 중국은 사각의 틀에 끼워 맞추려 둥글납작한 모양으로 그려졌다. 그러다 보니 동남쪽에 해당하는 사분면에서 크게 뒤틀림이 발생했다. 절강성과 복건성에 해당하는 이 지역은 동북쪽에 위치한 상해에서 서남쪽에 위치한 해남도로 곡선을 그리며 들어와야 하는데, 지도에는 해안에서 먼, 텅 빈 바다 안으로 뻗는다. 이러한 표현은 당시 사람들이 국가의 형태를 어떻게 '보았나'가 아니라 어떻게 '규정했나'를 말해줄 뿐이다. 현재 우리의 개념으로는 틀린 것이지만, 당시 사람들의 기대에는 부응하는 지도였다.[15)]

15) 중국 지도에 대한 수량적 접근의 문제에 대해서는 Yee, "Reinterpreting Traditional Chinese Geographical Maps," pp.53-67 참조.

지도학자 주사본朱思本(1273~1337)은 이러한 전통을 따르지 않았다. 그는 송 시대의 지도를 근거로 10여 년 동안 2개의 대형 벽지도wall map를 제작했는데, 하나는 중국의 표준 지도였고, 다른 하나는 중국 변경 너머의 세계까지 그린「화이도華夷圖」였다. 주사본이 기존의 네모난 지구 모델로부터 벗어났던 것은, 격자법grid method을 사용해 작은 단위의 지리 지식을 큰 지도에 옮겼기 때문으로 보인다. 주사본의 지도는 1555년에 완성된 나홍선羅洪先(1504~1564)의「광여도廣輿圖」를 포함하여 명 최고 수준의 지도학이 성립되는 데 영향을 미쳤다. 나홍선의 지도가 네모난 지구 모델을 완전히 탈피한 것은 아니었는데, 그 흔적이「여지총도輿地總圖」에 일부 남아있다(그림 14). 제국의 영역을 드러낸다는 전통으로 볼 때,「여지총도」는 명 사람들의 세계관을 명확히 보여주는 일관된 표상이라 할 수 있다.

아무리 근본적인 관념이라도, 상황이 바뀌는 순간 관념은 바뀔 수 있다. 명 후반기에 유럽에서 예수회 선교사들이 중국에 도착할 때가 바로 그런 변화의 순간이었다. 유럽 상인이 중국 연해에 도달한 것은 1510년대 이후 지속된 일이었지만, 처음에는 단지 개인적인 수준에서만 지식이 전달되곤 했다. 그러나 선교사들이 지속적으로 등장하면서 이런 상황은 변화되었는데, 그들은 과학 지식으로 중국 지식인들의 접근과 관심을 유도하는 데 성공했다. 우주론은 선교사와 중국 지식인 모두에게 커다란 도전의 계기가 되었다. 예수회 선교사들은 지구를 둘러싼 9개의 동심구同心球 중 가장 바깥쪽 행성을 하늘이라고 인식했고, 이러한 인식은 중국의 하늘 모델로 흡수될 수 있었다. 특히 하늘이 돔

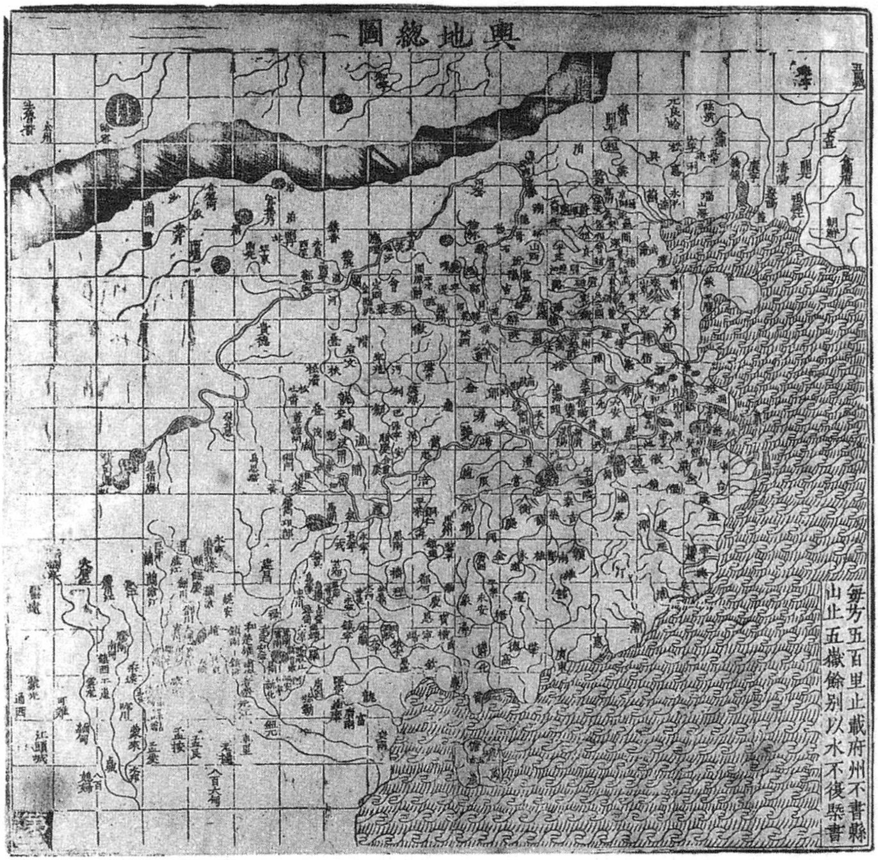

그림 14.「여지총도」

나홍선의 「광여도」(1555)에 수록되었다. 하단의 오른편 칸 안에, "각 네모 칸은 500리(288 km)이며, 부와 주만 기재하고 현은 표시하지 않았다. 산은 단지 오악(五嶽)만 표시했고, 나머지는 강을 제외하고는 아무것도 표시하지 않았다."라고 적혀있다. 현재와 달리, 황하가 산동 반도 남쪽에서 회수로 유입되고 있다는 점에 주목하라. 오늘날 황하는 산동 반도 북쪽으로 흐르고 있다. 지도 상단 왼편을 가로지르는 검정색 띠는 고비 사막을 표시한 것이다. 연안의 섬들 중에는, 가장 남쪽에 있는 해남도만이 표시되었다.

처럼 휘어졌다는 중국인의 인식과 완전히 일치했다. 문제는 땅에 관한 인식이었다. 중국인들은 땅이 평평하다고 본 반면, 예수회 선교사들은 구면球面이라고 생각했다.

중국 선교의 수장이라고 할 수 있는 마테오 리치(1552~1610)는 세계가 구면이라는 유럽의 주장을 입증하기 위해 지도를 사용했다. 하지만 평면 지도로 구면체를 구현한다는 것은 누가 봐도 애매한 일이었다. 그래서 중국어로 번역된 첫 번째 과학책이 유클리드Euclid의 『기하학*Geometry*』이었는지도 모른다. 1세기 전에는 유럽도 마찬가지였다. 유럽에서는 프톨레마이오스(2세기 천동설을 주장한 고대 그리스 천문학자 -역주) 시대 이래로 지도학에서 곡선 구면을 평평한 도면에 옮기는 다양한 실험이 시도되었고, 15세기 선원들이 지구를 가로질러 여행하는 동안 다시 이 문제가 부각되었다. 지구가 둥글다는 사실은 콜럼버스가 발견한 것이 아니라 당시엔 이미 기정사실이었다. 다만 그는 '지구의 곡선이 얼마나 큰가?'라는 물음에는 답할 수 없었는데, 그가 직접 경험하지 못한 사실이었고, 게다가 지구의 곡선은 콜럼버스의 생각보다 훨씬 컸기 때문이다. 그가 쿠바를 일본으로 착각했던 것이나 서쪽으로 조금만 더 가면 중국이 있을 것이라 생각했던 것은 그가 실제 지구 둘레보다 작은 지구를 상정한 때문이었다.

콜럼버스의 항해 이후 유럽의 지도학자들은 기존의 지도에 새로운 발견을 추가하기 시작했다. 1507년 독일의 마르틴 발트제밀러Martin Waldsee-müller(1470~1520 추정)는 처음으로 아메리카America라는 이름을 넣은 세계 지도를 제작하면서 복잡한 곡선의 투시를 시도했지만,

결국 시각적으로 명료한 직선을 선호하게 되어 그 작업을 포기했다. 직선 지도법에서는 위도와 경도가 한결같이 90도로 만나 모눈을 형성하기 때문이다. 직선 지도법은 시각적 효과라는 단순한 이유 때문에 선호되었고 오늘날도 여전히 널리 사용되는 방법이다. 직선과 곡선을 사용하는 지도법 사이에서 양자를 절충하는 방법이 나왔는데, 몰바이데 도법 혹은 의사 원통 투영법pseudocylindrical projection이 그것이다. 이 투영법을 사용하면 위도는 직선을 유지하지만 경도는 곡선을 그리기 때문에, 중앙 경선에서 양쪽으로 멀어질수록 곡률曲率이 증가한다. 또한 지도의 중심부에서는 곡률이 줄어들고, 외곽으로 갈수록 곡률이 커진다. 벨기에의 지리학자 아브라함 오르텔리우스Abraham Ortelius(1527~1598)가 쓴 지도책이 대중화되면서, 16세기 말 예수회 선교사들이 중국에 가져온 지도 역시 그러한 투영법으로 제작된 것이었다.

마테오 리치는 세 가지의 지도 투영법을 이용해 8가지 모양의 세계지도를 제작했다. 그중 중국의 지도 제작자들이 가장 널리 사용했던 것은 의사 원통 투영법으로, 지구의 북반구와 남반구를 길게 늘여 동에서 서까지 하나의 띠band로 만드는 방법이었다. 이러한 지도 투영법으로 지도를 제작했던 장황章潢은 이 지도를 보고 어리둥절해할 독자들을 위해, 1613년 출간된 『도서편圖書編』이라는 백과전서에서 이렇게 설명했다. "이 지도는 본래 원형 지구를 표현하려고 했는데, 책의 틀에 맞추려고 평면으로 자른 것이다."[16] 당시까지 중국에서 원형 지구본을 만들어본 적이 없었으므로, 장황의 생각은 가설에 불과했다. 10년 뒤에야 2명의 예수회 선교사가 중국어로 된 첫 번째 원형 지구본을 제작하게 된다.

장황은 새로운 지리 지식을 스스럼없이 받아들였고, 이 지식을 『도서편』을 통해 다른 이들에게 설명해주는 것을 자신의 당연한 의무로 생각했다.[17] 그는 논리적인 설명을 이어가던 가운데 유럽 사람들로부터 땅에 한계가 있다는 사실을 배웠다고 언급했다. 장황은 본격적인 논증에 앞서, 주자와 함께 사물의 본질에 관해 논쟁했던 송의 사상가 육구연陸九淵(1139~1194)을 거론했다. 육구연의 관점은 16세기 왕양명에 의해 계승되었고, 왕양명은 세상을 이해하는 기준으로 책을 통한 배움도 중요하지만 이에 못지않게 사람에게 내재한 덕성innate moral이 중요하다고 강조했다. 육구연이 강조했던 것은 무한함limitlessness이었지만, 이것은 순수하게 관점의 문제라고 장황은 선언했다. 그리고는 "만약 중국에 서서 땅을 바라보고 사면의 바다만 응시한다면, 무한하게 보일 것이다. 설사 소서양小西洋(인도양)까지 본다 하더라도, 여전히 땅에 한계가 없다고 생각할 수 있다."라고 인정하면서, 육구연이 지닌 지식의 한계를 송이라는 시대성으로 돌렸다. "당신의 시야를 대서

16) 章潢, 『圖書編』 卷29, 35a.

17) 땅이 구면이라는 개념에 대해 중국인들이 어떻게 반응했는지에 대해서는 Chu, "Trust, Instruments, and Cross-Cultural Scientific Exchange"; Yee, "Taking the World's Measure", pp.117-122 참조. 예수회의 지도학에 대한 중국인들의 반응을 좀 더 일반적으로 설명한 것은 Elman, *On Their Own Terms*, pp.122-131 참조.

양大西洋이나 극서極西(유럽)로 돌린다 해도, 이는 가늠할 수 있는 거리이며, 그래서 무한하다고 부를 수 없다. 이 지도(의사 원통 투영법으로 제작된 리치의 세계 지도)가 땅은 측량할 수 있음을 증명한다." 결국 장황은 "천하는 유한하다."라고 결론을 내렸다. 그리고 땅이 유한하다면, 땅은 반드시 원형이어야 했다. 대중적인 백과전서에 복잡한 수학적 증명이 어울리지 않다는 점을 간파한 장황은 수사적인 질문으로 글을 마무리했다. "내가 믿을 수 있다고 해서 그것이 참인가?" 그의 대답은 '아니오'였다. "참이란 있는 모습 그대로일 뿐이다."[18)]

서광계徐光啓(1562~1633)는 리치의 빼어난 제자이자 그와 함께 유클리드의 『기하학』을 공동 번역한 인물로 유럽의 지도 투영법을 열렬히 지지하기도 했다. 당시 리치의 지도를 처음 본 사람이라면 어리둥절하는 게 당연했지만, 서광계는 리치의 지도를 단번에 이해했다. 그리고 하늘과 땅이 모두 원형으로 되었다는 개념은 "2에 5를 곱하면 10이 되는 것처럼 쉽다."라고 설명했다.[19)] 서광계는 유클리드의 기하학에서 파생된 계산법으로 천지의 운행 원리를 설명했으나, 독자들은 전혀 이해하지 못했을 것이다. 그는 송 및 송 이전의 경전을 인용하여 설득력을 높이려 했고, 선택한 경전의 내용이 기하학적 계산법과 일치한다고 해석했다. 하지만 그의 해석은 대부분 경전의 본래 의미를 벗어났다.

또 다른 지체 높은 가톨릭 개종자인 이지조李之藻(1565~1630)는 논

18) 章潢, 『圖書編』 卷29, 33a, 39a.

19) 徐光啓, 『徐光啓集』, p.63. "西泰子之言天地圓體也, 猶二五爲十也."

리보다는 경험을 중요시했다. 이지조는 1601년 북경에서 리치를 만났고, 첫 만남에서 리치로부터 세계 지도를 접하게 되었다. 리치는 땅이 구면체이기 때문에 지도 역시 직사각형이 아니라 변형된 원통 모양이라고 설명해주었다. 이 말을 들은 이지조는 한 대 얻어맞은 것처럼 머리가 아찔했지만, 금방 받아들였다. 그리고 그다음 해에, 중국에는 리치의 지도 이전에 "천하 지도로 좋은 판본이 없었다."라고 주장했다. 이지조는 리치가 주사본이나 나홍선이 사용했던 격자법과 동일한 방법을 사용했다는 점을 강조하면서 리치를 중국 최고의 과학적 전통과 같은 위치에 올려놓았다. 이후 이지조의 글은 공세적인 어조로 바뀐다. 그는 리치의 세계 지도를 「대명일통지大明一統志」와 자세히 비교해보라고 하면서, 그러면 리치의 지도가 얼마나 더 정확한지를 알게 될 것이라고 단언했다. 「대명일통지」는 명 때 출간된 중국 지도 가운데 가장 엉성하여 비난하기가 쉬웠다. 두 지도의 차이는 리치의 표현처럼, 세계에 대한 경험 여부에 있었다. "이 지도를 만든 자는 문서에 의존하지 않고 직접 그 지역을 방문했다. 문서는 여러 차례의 변화를 살펴보는 데 참조할 가치가 있지만, 지형에 대한 모든 것을 기록할 수는 없다. 길은 측량줄이 매달려있지 않은 순간에도 계속 꺾이고 또 바뀌기 때문이다." 따라서 중국에서 만든 지도는 명의 경계에서 멀어질수록 더욱 부정확했다. 그 땅을 직접 밟아 제작한 리치의 지도를 중국인이 제작한 지도보다 더 신뢰해야 하는 이유였다.

기록된 문자를 중시하는 문화에서 문서를 그저 참고 자료 정도로 취급하는 것은 쉽게 받아들여질 사안이 아니었다. 게다가 중국인의 천하관을 외국인의 세계관으로 바꾸라는 제안은 더욱 수용하기 어려웠다. 하지만 이 분야에서 값은 경험이었다. "서태자西泰子(리치는 자신을 이렇게 불렀다)는 바다를 건너 적도 아래를 가로질렀으며, 직접 남극과 북극의 별을 바라보았다. 또한 남쪽으로는 대랑산大浪山(희망봉)까지 가보았고, 남극성南極星이 가장 높을 때 땅이 36도 기운 것을 직접 보았다. 땅을 측량했던 선조 중에 이처럼 멀리까지 가본 사람이 있을까?"[20] 대답은 '아니오'였다. 고대 중국인들은 근대 유럽인들에게 고개를 숙여야 했다.

이지조는 네모난 지구 모델을 바꿀 수 없음을 알고, 그로부터 5년 뒤 교묘한 표현을 동원했다. "땅의 모양은 실제로는 원형圓形이지만, 땅의 속성은 방형方形이다."[21] 당대의 사상가 왕기王圻 역시 『삼재도회』(삼재三才란 하늘, 땅, 사람을 말함)에서 그 주장을 지지하는 발언을 했다. 왕기는 하늘과 땅에 대한 논의를 시작하면서, "땅이 방형이라는 말은 고정되어 움직이지 않는 땅의 속성屬性을 언급하는 것일 뿐, 그 형체를 말하는 것은 아니다."라고 전제한 뒤, 땅과 하늘은 완벽히 호응하며 모두 원형이라고 단언했다. "하늘이 땅을 둘러싸고 있는데, 이는 땅과 하늘이 서로 호응하는 방식이기도 하다. 하늘에 남극과 북극이 있기 때문에 땅에도 남극과 북극이 있고, 하늘이 360도로 나뉘기 때문에 땅도

---

20) 李之藻, 「坤輿萬國全圖」 序文, 李天綱 編注, 『明末天主教三柱石文箋注: 徐光啟, 李之藻, 楊廷筠論教文集』, 香港: 道風書社, 2007, p.148. "西泰子泛海躬經赤道之下, 平望南北二極, 又南至大浪山, 而已見南極之高出地至三十六度. 古人測景 曾有如是之遠者乎?"

21) 李之藻, 「渾蓋通憲圖說」 序文, 李天綱 編注, 『明末天主教三柱石文箋注: 徐光啟, 李之藻, 楊廷筠論教文集』, p.144,

360도로 나뉘는 것이다."[22]

만력 연간 지식인들 사이에는 이미 격물格物이라고 하는, 사리事理에 대한 진지한 탐구가 내재했던 터라 이들에게 원형 지구 이론은 쉽게 침투될 수 있었다. 그들은 예수회 선교사들이 수학과 천문학의 기초를 잘 다진 뒤 우주에 대한 논의를 전개한다는 점을 인정했다. 예수회 선교사들이 하늘과 땅을 탐구하는 방식(원형의 기하학)과 기구(망원경)는 명의 학자들이 동원할 수 있는 것보다 모두 한 수 위였다. 이로 인해 천원지방이라는 자기들의 논리가 훼손됨에도 불구하고, 지식인들은 선교사들의 논증을 신뢰하게 되었다. 관측이 관건인 분야에는 논리보다는 증거가 더 중요하기 때문이었다. 기존에는 은하수를 달 아래에 형성된 구름의 무리라고 믿었으나, 망원경으로 관측한 결과, 달 너머에서 이어지는 수많은 별의 행렬이라는 사실이 밝혀졌다.[23] 따라서 은하수가 달 아래 있다는 믿음을 포기할 수밖에 없었다. 그로부터 10년 안에 갈릴레오 갈릴레이Galileo Galilei는 동일한 기술을 사용하여, 예수회 선교사들이 명의 지식인에게 가르쳤던 논리, 즉 지구가 원형 우주의 중심에 있다는 사실을 반박했다. 어쨌든 우주론은 유라시아 대륙의 양 끝에서 모두 변화에 직면하고 있었다.

22) 王圻, 『三才圖會』, 地理 1卷, 1a. "有謂地爲方者, 乃語其定而不移之性, 非語其形體也. 天旣包地則彼此相應, 故天有南北二極, 地亦有之. 天分三百六十度, 地亦同之."

23) Hashimoto, *Hsü Kuang-ch'i and Astronomical Reform*, p.173, 189.

사상적 자율성

만력 연간 지식인들 사이에 예수회 선교사들의 영향력이 대단히 크기는 했으나, 믿음이 변화하게 된 계기는 단지 소수의 유럽인 때문만은 아니었다. 명 후기 사회 내부에 가해진 각종 압력 때문에도 기존의 믿음은 끊임없이 요동했다. 가령 만력과 천계天啓(명의 15대 황제. 재위 1620~1627) 연간의 정치적 문란, 급속한 상업화, 신분 질서의 변동, 변경 지방의 군사적 위기, 그리고 환경 조건의 악화 또한 믿음을 변화하게 만든 주요 원인이었다. 이러한 상황에서 과거의 믿음을 더는 고수하기 어렵다고 느낀 일부 사람들이 주로 제도권 밖에서 새로운 세계관을 찾기 시작했다. 복건성 천주의 이지李贄(1529~1602)도 그런 경우였다. 이지는 모슬렘 출신의 상인 가문에서 태어나 과거에 합격하여 관직에 오르는 극히 평범한 길을 좇아갔다. 중년에 관직을 그만두면서 철학적 사색에 빠져들었고, 그러던 중에 마테오 리치를 만났다. 인생 후반기에는 공식적인 승려가 된 것은 아니었으나 삭발하고 승복을 걸쳤다. 인습 타파주의자로 비춰졌던 그는 젊은 세대로부터 열광적인 호응을 받았지만 기성세대로부터는 단호하게 거부당했다.

이지는 엄청난 양의 저작물을 남긴 저자로도 유명한데, 그의 글이 인쇄되면서 그의 생각 역시 널리 전파되기 시작했다. 여기서 그가 남긴 모든 글을 살펴볼 필요는 없고, 경정향耿定向(1524~1594)과 주고받았던 서신만을 집중해서 보도록 하자. 지식이 상당했던 경정향은 초반에는 이지와 친구 사이였으나 나중에는 그의 후원자가 되었다. 하지만 고위 관료였던 탓인지 정치적으로는 이지의 급진적 사상에 반대하는 입장이었다. 각자의 문집에 담겨있는 이들의 서신은 후반부에 접어들면서 그들이 자주 의견 충돌을 겪었음을 보여준다. 왕래한 서신을 살펴보면 각자의 생각이 어떻게 전개되었는지, 그들의 우정이 어떻게 무너졌는지 알 수 있다.[24)]

이지가 경정향에게 보낸 편지 중에 현재 남아있는 가장 최근의 것은 1584년 공자 사상의 타당성에 관한 논쟁이었다. 이지에게 학문의 목표는 공자를 이해하는 것이 아니라 도를 깨닫는 것이었다. 반면 경정향의 '가학家學' 전통은 성인들의 경전을 하나하나 익히는 식의 점진적인 진보를 강조했다. 이지는 이러한 방식에 수긍하지 않았다. "공자는 사람들에게 자신을 배우라고 가르친 적이 한 번도 없습니다."라고 주장하며 공자의 가르침인 '위인유기爲仁由己'[25)] 즉 "인의 실천은 자신으로부터 시작된다."라는 어구를 그 증거로 인용했다. 이지는 유교적 교육 방식이 혼란에 빠진 만큼 무비판적으로 공자의 권위를 수용하는 것은 옳지 않다고 비판했다. 교사와 관리들은 "덕과 예절로써 사람들의 마음을 다스리고 정령政令과 형벌로써 사람들의 사지를 꽁꽁 옭아맸습니다."라고 했다. 교육의 책무, 더 나아가 통치의 책무란 백성들을 국가의 철학이나 지배에 순응하도록 하는 것이 아니라 사람의 본성을 매만져주어 선으로 이끄는 것이라는 말이다. "추위로는 아교도 꺾을

---

24) 그들의 편지는 李贄,『焚書』, pp.16-33; 耿定向,『耿天臺先生文集』卷4, 40a-45a 참조. 이지에 관해 지금까지 영향력 있는 분석은 Huang, *1587, a Year of No Significance*, pp.189-221 참조.

25)『論語』,「顔淵」. 영문 번역은 Legge, *The Confucian Classics*, vol. I , p.250.

수 있지만 이익을 찾아 저자거리로 향하는 사람의 마음을 꺾을 수 없으며, 더위로는 쇠도 녹일 수 있지만 경쟁심에 불타는 사람의 마음을 가라앉힐 길은 없습니다."라고 이지는 말했다.

여기서 이지는 독특한 제안을 했다. 이기적인 행위를 완력이나 규제로 억압하기보다는 오히려 이기심을 활성화하는 것은 어떤가? "각자 좋아하는 일을 하게 하고, 제각기 장기를 발휘하게 하면, 제 역할을 못 하는 사람은 한 사람도 없을 겁니다. 이런 식으로 하면 통치가 얼마나 쉽겠습니까?" 편지의 말미에서 이지는 성실하게 도덕을 실천하는 경정향을 칭찬하면서도 자신과 다른 관점도 수용할 수 있어야 한다고 조심스럽게 충고했다. 이지는 "모든 사람이 공(경정향)과 같을 필요는 없다고 봅니다."라고 운을 띄운 뒤, "저는 물론 공을 존경하지만, 제가 꼭 공을 닮아야 할 필요는 없지요."라고 덧붙였다.

이들의 초기 서신에서 경정향은 선인先人들에게 만물에 관한 만고불변의 답이 있다는 사실을 부정했다. 그는 크게 두 가지 유형을 들어 이를 설명했는데, 하나는 시간에 따라 변하는 것이고, 다른 하나는 수천 년 동안 변하지 않는 것이다. 전자는 경험에 기반하고 있기에 변화하기 쉬운 반면, 후자는 하늘의 규칙을 따르면서 형성되었기에 변하지 않는다. 시간은 변하지만 근본 원리는 변하지 않는다. 경정향은 이렇게 말했다. "선인들이 많은 노력으로 근본 원리를 찾아냈기에 그대와 제가 편하게 먹고사는 겁니다. …… 우리가 금수禽獸와 다르게 사는 것 또한 선인들이 윤상倫常을 가르쳐준 덕분이지요." 이러한 교훈은 그가 '행동의 의무', 또는 도덕적 행위가 요구될 때 '자제할 수 없는 느낌'이라고 표현한 것과 상통한다. 하지만 이지는 불교로 전향한 이후 "마음 깊은 곳에서 나오는 의무"로부터 자유로울 수 있었다.

다음 편지에 이지의 어조는 더 강해졌다. "공은 옛 길을 따르고, 이전 사람들의 발자취를 좇을 뿐이오."라고 단호히 말하며, 그러나 자신은 "한 마리 봉황처럼 창공으로 높이 날아올라 도를 들은" 뜨거운 영혼의 소유자라고 주장했다. '정통에 충실한 척하는 것'보다는 '열정적이고 타협하지 않는 것'이 낫다고 생각한 이지는 공자의 말을 인용했다.[26) "도를 듣지 않고도 열정적이며 비타협적일 수는 있으나, 도를 들을 수 있는 사람이 열정도 없고 비굴하다는 것은 있을 수 없는 일입니다." 경정향이 적절한 행동에서 한 치도 벗어나지 않으려고 고집하면서 '도를 듣기' 바란다는 것은 어불성설이라는 의미였다.

경정향은 이지가 유교를 버릴 생각이 있음을 알고 질겁했다. 그리하여 답장에서 '근래 선종禪宗의 추종자'들이 공부는 게을리하면서 순수한 유자들로서는 상상할 수 없는 신비를 체험한 척한다고 한탄했다. 또한 불교는 성과 없는 손쉬운 대안을 제시한다고 비난했다. 불교의 진지한 수행도 힘들겠지만, 경정향이 보기에 불교는 유교의 도에 한참 미치지 못했다.

그러자 이지는 다시 반박하기를, 경정향이 말하는 '행동의 의무'가 젊은이와 자녀들을 경건하고 공손하게 훈육하는 것이라면, 반면 자신의 방식은 어른의 마음을 환히 비추어준다고 주장했다. 경정향의 가

---

26) 『論語』, 17:13. 영문 번역은 Legge, *The Confucian Classics*, vol. I , p.324. (원문은 『論語』, 「陽貨」, "子曰 鄕原, 德之賊也"로 풀이하면, "시골에서 근후한 체하는 것은 덕을 해치는 것이다."이다. -역주)

르침이 바라지도 않는데 모든 것을 흠뻑 적시는 비와 같다면, 자신의 가르침은 서서히 습기를 뿜어 가뭄을 해소하는 눈과 같다고 보았다. 경정향이 성과 없이 주입식으로 가르치는 훈장이라면, 자신은 한 분대만으로 적국의 왕을 생포하는 장군처럼 작은 노력으로 대승을 거두는 사람이라고 주장했다.

이들의 서신은 걷잡을 수 없는 파국으로 치달았다. 이지는 경정향이 자기들의 친구 하심은何心隱(1517~1579)을 돕지 않았다고 비난했다. 하심은은 10여 년 전에 대단히 독립적인 사상 때문에 처형당했는데, 당시 경정향은 대학사 수보인 장거정을 통해 영향력을 행사할 수 있는 입장이었으나, 전혀 개입하지 않았다는 것이다. 감정이 상한 경정향은 답신에서, 25년 전 이지가 조부상을 당해 복건의 고향으로 내려가 상례에 참여하느라, 정작 북경에 있던 어린 두 딸을 굶주려 죽게 한 것은 도대체 무슨 생각이었느냐고 반격했다. 철학적인 관점의 차이가 개인적인 비방으로 바뀌면서 그들의 관계는 결국 파탄에 이르렀다.

이지는 스스로 진리를 찾아낼 수 있다는 입장으로 개인적인 역량을 강하게 신뢰했다. 반면 경정향은 진리를 이해하려면 과거 경전의 지혜를 따르는 것이 중요하다고 굳게 믿었다. 이러한 차이 때문에 두 사람은 결국, 과거 교우 관계였을 때는 상상도 못 할 정도로 서로에게 상처만을 남기게 되었다. 대다수의 신유학자들은 경정향의 입장을 지지하고 이지의 입장을 배척했다. 이지의 관점은 경세가의 핵심 윤리를 벗어나 그들의 의무감을 고취시키지 못할뿐더러, 도덕적으로도 안정된 미래를 보장해주지 못한다고 판단한 것이다. 경정향의 말년에 두 사람은 화해할 조짐이 있었지만, 관계 회복은 쉽지 않았다.

그들 사이의 서신이 끝나고 10년 뒤, 이지는 정적들의 공격을 피하려고 투쟁하던 또 다른 대학사 수보의 일에 연루되어 정치적으로 집중 공격을 받았다. 이지는 반대파의 피보호자로 표적이 되었고, 결국 도덕적으로 부적절하게 여성 제자를 받았다고 고발당해 북경의 감옥에 투옥되었다. 물론 이러한 죄목은 왕실의 당쟁 과정에서 날조된 것이었지만, 모든 사람이 이 문제를 심각하게 취급했다. 한 친구가 이지를 변호하려고 이지의 생각이 대수롭지 않다는 듯한 발언을 했다. "사람은 각기 자신의 견해가 있기 마련인데, 어찌 모든 생각이 똑같을 수 있겠소?" 더불어 획일성uniformity은 지적인 건강을 해친다고 주장했다. "만약 완전히 같은 것만을 옳다 여기고 같지 않음을 그릇되다 한다면, 주희와 육구연 사이에 같고 다름에 관한 논쟁[異同之辨]은 없었을 것입니다."[27]

이 친구의 변호가 효과가 있었는지는 모르겠지만, 어쨌거나 이지에 대한 고소는 기각되었다. 이지는 친구의 보호 감찰을 조건으로 풀려나게 되었다. 그러나 이 판결을 받기 전에 이지는 옥에서 절망감에 빠져 자살하고 말았다. 오늘날 역사가들은 이지를 지적 자율성intellectual autonomy을 추구한 순교자로 인식하지만, 당시 사람들은 평생 논쟁만 일삼다가 생을 마친 미치광이 노인네로 보았을 뿐이다.

27) 이는 馬經綸의 편지로 厦門大學歷史系 編.『李贄研究參考資料』, 福建人民出版社, 1975, p.64에 실렸다. "至于著述, 人各有見, 豈能盡同, 亦何必盡同. … 一以盡同爲是, 以不同爲非, … 朱陸無異同之辨矣."

같음과 다름

'다름difference'은 우리가 다양한 세계를 이해하고 조직할 때 기준이 되는 가치다. 널리 알려진 광동 격언에 "천 리를 가면 풍습이 달라지고, 백 리를 가면 습관이 달라진다."라는 말이 있다.[28] 이런 원리는 중국 안에서나 중국 밖에서나 마찬가지였다. 하지만 명의 생각은 달랐다. 1519년 섬서성의 한 지방지 편찬자는 "통치자가 깨달아야 할 가장 중요한 점은 나라 안에는 풍습의 차이가 없어야 한다는 것"이라고 의견을 밝히며 "오늘날 천자天子의 신령神靈에 힘입어 사해四海 내부의 모든 지역이 통일[一統]되었으니, 어찌 다른 풍속[異俗]이라 부를만한 것이 있겠는가?"[29]라고 덧붙였다. 이러한 관점에 따라 국가의 통합과 정치·문화적으로 통일된 정체성을 논한다면, 자연스럽게 발생하는 다름은 설 자리가 없어진다. 명 태조가 남서 지방에 대해서 "풍습과 관습이 다르다."라고 지적한 것은 지역적 다양성을 감탄한 말이 아니라 해당 지역의 지방관에게 그 다름을 획일적인 것uniformity으로 바꾸라는 명령이었다.[30]

그럼에도 불구하고, 명 사람들은 다름을 경험적인 사실로 뿌리 깊게 인식하고 있었다. 다름은 명백히 존재했고, 이 사실은 세상이 근본적으로 동일하다는 논리를 부정했다. 이에 당황한 만력 연간의 지식

---

28) 蔡汝賢, 『東夷圖像』, 縱說, 齊魯書社, 1997, p.2a

29) 『朝邑縣志』(1519; 1824), 風俗, 9a. "今天子神靈, 海內一統. 烏有所謂異俗者哉?"
유사한 정서가 『綏猺廳志』(1873), 風俗, 18b에도 보인다.

30) Scott, *The Art of Not Being Governed*, p.13에서 재인용.

인들은 통합을 강조하는 데 열중했다. 피터 볼Peter Bol 교수가 신유학의 역사를 고찰하면서 언급했듯이, "통합에 대한 믿음 — 유기체로서의 우주의 통합, 통합된 사회 질서로서의 고대의 통합, 보편적이고 불변하는 학설의 통합, 그리고 하나 됨을 경험하는 마음의 통합 — 은 신유학자들이 살았던 시대와 어울릴 수 없었다."[31] 지식인들의 의견도 천차만별이었고, 불교와 도교 역시 변함없이 왕성했으며, 다양한 습관과 믿음을 가진 사람들이 어울려 사는 그런 세상이었기 때문이다. 따라서 통합이라는 이상향은 현실에서 험한 오르막길을 만나기 일쑤였고, 그럴수록 더욱 확고한 신념이 되었다.

모든 사람의 생각이 같을 수 없다는 개념은 만력 시대의 지식인들이 옹호하기엔 쉽지 않았다. 이지는 경정향과 함께 삼교 일치의 논리, 즉 진리를 훼손하지 않는다면 누구나 다양한 방식으로 진리에 접근할 수 있다는 생각으로 이러한 사실을 옹호하려 했다. 하나의 길을 선호한다고 해서 다른 길을 부정하는 것은 아니기 때문이다. 그러나 정통 유학자들은 공자의 가르침이 부처의 가르침과 동일시되는 현상에 충격을 받았는데, 이러한 현상은 모든 것이 무너지는 왕조 말기로 갈수록 더욱 심해졌다. 왕조 말기를 경험했던 위대한 철학자 왕부지王夫之(1619~1692) 역시 자신이 목격한 세상을 유교적 권위의 몰락으로 간주하고 한탄했던 유학자였다. 왕부지의 아들은 나중에 이런 글을 남겼다. "나의 부친은 부도浮屠(승려의 사리舍利나 유골을 안치한 묘탑墓塔)나

31) Bol, *Neo-Confucianism in History*, p.216. (피터 볼 저, 김영민 역, 『역사 속의 성리학』, 예문서원, 2010, p.346)

노자의 조각상 앞에서 평생 단 한 번도 절을 한 적이 없다." 그가 이 글을 남긴 것은, 아버지가 1644년 반란자 장헌충(10장 참조)의 군대를 뒤쫓을 때, 그들이 호광湖廣(호북과 호남) 남부로 내려가면서 약탈하고 내버린 시체를 수습한 일이 있었는데, 이때 승려들과 힘을 합친 일이 혹시라도 오해를 살까 염려한 때문이었다.[32)]

엄격한 유학자들에게 불교도들은 문제가 되거나 불쾌한 대상이라기보다는, 그저 다른 범주에 속한 사람들이었다. 명 말 사람들은 왕조가 붕괴의 심연으로 빠져들 무렵, 이지가 활동하던 시대, 즉 모든 경계가 모호했던 시대상을 돌이켜보았다. 왕양명의 제자 가운데 급진적인 사상가들은 모든 사람이 성인聖人이라는, 심지어는 모든 사람이 근본적으로 같다는 주장을 할 정도였다. 도덕적 · 사회적으로 구분이 명확한 구조를 만든다는 유교적인 목표에서 볼 때 이보다 더 급진적인 주장은 있을 수 없었다. 그러나 그런 주장은 어디까지나 만력 연간처럼 온갖 사상으로 떠들썩하던 시대에 일부 총명한 사람들이 품었던 생각일 뿐이었다.

몇몇 총명한 이들은 예수회 선교사들과 교류하기도 했는데, 결국 다양성보다 한 차원 높은 것이 보편성universality이라고 주장하는 데까지 나아갔다. 그들이 자주 인용하는 육구연의 말이 있었다. "동해나 서해나 마음은 동일하고, 진리도 동일하다." 가톨릭 개종자 이지조도 육구연의 그 말을 인용하며 중국과 유럽의 지리학과 우주론이 아무리 다르다 할지라도, 그 연구 방법이나 결과는 동일한 차원에서 비교할 수

---

32) 王之春, 『船山公年譜』 卷1, 20b-21a. "先君終身未嘗向浮屠 · 老子像前施一揖."

있다고 주장했다.[33] 중국과 유럽 모두 우주의 구성 요소를 분석하기 위해 지표면을 측량하고 하늘을 관측하는 기술을 연마했다. 우주는 동일하기 때문에, 그들의 결론은 종국적으로 같을 수밖에 없었고, 그들의 방법론 역시 모두 적절했다.

또 다른 가톨릭 개종자 서광계도 이러한 논점으로 그리스도교를 변증하는 「정도제강正道題綱」이라는 글을 썼다. 그는 중국인이나 비중국인 모두 삶의 정황은 같다는 의미에서, "사해四海를 건너 불어오는 바람은 동일하다."라고 표현했다. 모든 존재가 하나의 근원에서 말미암는다는 사실을 깨닫는다면, "무엇이 타인을 위한 것이고, 무엇이 나를 위한 것인가?"[34] 서광계가 이러한 주장을 펼친 것은 그리스도교가 근본적으로 중국 문화와 함께할 수 없다는 주장을 반박하기 위해서였지만, 결국 어느 한 문화의 진리가 다른 문화의 진리보다 우월하다는 논리를 거부하는 의미이기도 했다. 그의 표현대로 "같지 않은 것은 전혀 없다." 그는 그리스도교를 받아들임에 있어 자신의 마음에 또 다른 믿음의 공간을 마련해야 할 필요성을 느끼지 못했다. 그런데 이러한 관념은 육구연으로 거슬러 올라가는 유교적 전통 안에 이미 존재하고 있었다. 육구연은 개인의 주관적 경험을 도덕적으로 더 높이 평가함으로써 신유학의 초이성주의에 반대했다. 명 중엽 왕양명이 동조했고,

33) 李之藻, 「坤與萬國全圖」 序文, 李天綱 編注, 『明末天主教三柱石文箋注: 徐光啟, 李之藻, 楊廷筠論教文集』, 香港: 道風書社, 2007, p.149.

34) 徐光啓, "正道題綱", 李天綱 編注, 『明末天主教三柱石文箋注: 徐光啟, 李之藻, 楊廷筠. 論教文集』, 道風書社, 2007, p.107. 서광계의 사상 속에 이러한 특징이 있음을 알려준 이천강(李天綱)에게 감사한다.

이지와 같은 만력 연간의 지식인들이 동의했던 것이 바로 이러한 주관주의였다.

외부의 영향에 적대적인 사람들은 '다름'이 일으키는 공포를 강조하곤 했다. 유럽의 지식, 특히 예수회가 그리스도교의 핵심으로 강조한 천국에 관한 지식을 받아들인 중국인들은 '다른 원칙'을 받들고 '다른 가르침'을 따른다는 이유로 비난의 대상이 되었다. 그렇다고 그리스도교가 국가에서 죄로 규정한 사교邪敎는 아니었다. 또 다른 가톨릭 개종자인 양정균楊廷筠은 그리스도교에 대한 의혹을 일축하기 위해 가상의 대담을 설정하여 다름을 반대하는 의견에 맞섰다. 가상의 대담에서 질문자는, "서양의 저술을 중국의 저술과 비교하면 같습니까? 다릅니까?"라는 질문으로 시작한다. 그럼 답변자는 "대체로 같습니다[率同]." 라고 대답한다. 가상의 질문자는 재차 묻는다. "만약 그렇다면 중국의 전통 가운데 이미 유럽의 모든 것이 포함되었다는 뜻인데, 왜 굳이 그리스도교를 수용해야 합니까? 유럽의 지식은 그야말로 불필요한 것이 아닙니까?"

"그렇지 않습니다."라고 양정균은 대답했다. "'같음'이란 통합을 의미하며 이는 만물을 다스리고 만물의 기원이 됩니다." 양정균은 다시 중국과 서양의 전통이 '대체로 같다'는 주장을 증명하기 위해 철학적으로 4가지 항목의 같음과 다름의 목록을 열거했다. 이 목록을 보면, '다름'이란 '아직 같지 않은 것[未同]'이다. 이 목록은 면밀히 조사해볼 만한 가치가 있는데, 양정균의 표현에 따르면 '잘라볼' 만하다. 앞서 장황이 원형 지구를 잘라 평평한 지면에 올려놓는 지도 제작자의 작업을 묘사할 때 사용했던 표현처럼 말이다. 이 역시 유럽이 제공한 지식이었다. 양정균의 의도도 그런 것이었다. 즉, 양정균은 유럽과 중국 어느 쪽이 더 강하고 약한지를 비교할 의도가 없었고, 다만 중국이 유럽의 지식을 수용할 때 무엇이 유리한지를 보여주려는 의도뿐이었다. 이전 시대의 사람들이 접하지 못한 지식이라는 이유만으로 그 지식을 거부해서는 안 된다는 주장이기도 했다. 양정균은 계속해서 주장했다. "같지 않음이 같음을 훼손하지 않고, 같음이 같지 않음을 감소시키지도 않는다." 그는 이해하기 좋도록 현지의 사례로 설명했다. "과거 시험장에서도 같은 현상을 볼 수 있다. 명제命題는 같지만, 수험생 자신의 교양과 재능에 따라 답안지는 자연스럽게 구분된다." 그는 묻는다. "그렇다면 (수험생에게 주어진) 명제가 각기 다르다고 생각해야 하는가?"[35)]

같음은 철학적인 주제라고만 할 수 없다. 그것은 문화적 급변기에 다른 사상을 접하게 된 사람들이 정체성의 도전에 어떻게 반응했느냐의 문제이기도 했다. 원은 다민족 국가라는 개념을 지지하며 통치했다. 그런데 이러한 시도는 백성을 통합하는 데 실패했을 뿐 아니라 오히려 근본적인 다름을 주장하는 민족적 계층을 형성하고 말았다. 명은 다민족적인 접근을 포기하는 대신 이미 하나였던 민족을 다시 하나로 재통합하는 길을 선택했다. 그들은 모두 '화華', 곧 '중국인'이었다.

35) Standaert, *Yang Tingyun*, pp.206-208에서 인용한 楊廷筠, 『代疑續編』을 재인용했으며, 번역문에 약간의 수정을 가했다. "或西來之書, 與吾中國 是同是異? 曰率同. … 故不同者, 正無害其爲同, 而同處正不可少此不同. 卽如場中取士, 命題同矣, 而作文者姸强自分, 工拙自別, 何必其題之異乎?"

원은 하나의 국가를 주장했지만 현실적으로는 다른 민족이었고, 명은 민족적으로나 국가적으로나 모두 하나였다. 물론 시간이 갈수록 같음을 추구하던 사람들의 마음속에는 치명적인 부작용이 생겼는데, 외국인 혐오가 그것이었다. 그리고 그것은 같지 않은 것에 대한 두려움이기도 했다. 명의 관리는 대부분 유럽인이든 이민족이든, 외지인들에게 같음을 인정하지 않음으로써, 외부 세계와 유리한 협상을 끌어내지 못했다. 1644년 만주족의 승리는 명의 외국인 혐오가 옳았음을 증명해주는 듯했다. 하지만 모든 전통과 믿음을 하나로 통합하려는 생각 때문에 좀 더 넓은 세상으로 시야를 넓혀줄 정신적인 기반은 놓친 것이 사실이었다.

8

| 물품거래 |

원-명 시대는 다양한 물품이 넘쳐나던 시기였다. 귀중품과 미술품이 보관된 거대한 황실 창고와 고상한 가구들로 꾸며진 부유한 저택에서부터 평범한 농부들의 방 한두 칸짜리 집에 이르기까지, 사람들은 자신에게 필요하거나 혹은 필요하다고 믿는 세간을 축적하며 살아가고 일을 했다. 단순한 젓가락과 흔한 찻주전자부터, 성화 연간(1465~1487) 이후 제작된, 달걀 껍질만큼 얇고 수려한 찻잔과 뭉실뭉실한 구름 위에 뛰노는 인물들이 아주 조그맣고 정교하게 조각된 백옥제품까지 세간의 종류는 매우 다양했다. 어떤 것은 대단히 풍부했고, 또 어떤 것은 매우 귀했다. 숨이 턱 막힐 만큼 비싼 것도 있었고, 터무니없이 싼 것도 있었다. 이것이 바로 원-명의 물질세계였다. 이전의 어떤 문화에서도 경험하지 못한 다양한 상품이 그 시대에 막대한 규모로 생산·유통·소비되고 있었다. 가난한 농부는 1년에 한 번 정도 세간을 대량 장만할 수 있었던 반면, 주씨 황가皇家는 필요한 것보다 훨씬 많은 물품을 적재해두는 창고를 소유했다. 이처럼 구매력에 따라 사들인 물품도 다양했는데 이러한 물품이야말로 사람들이 사는 세상을 매우 정확히 말해준다.

살림살이

원 시대에 누가 무엇을 소유했는지 말해주는 기록은 드물다. 마르코 폴로는 쿠빌라이의 궁전에서 본 호화 품목에 대해 개략적으로 설명해주었다. 예를 들면 연회장에 있던 어마어마한 와인 상자를 보고, "각 면은 길이가 3보步이고, 금 동물상이 정교하게 세공되었다."라고 묘사했다. 또한 칸의 시종들이 "직접 보지 않고는 믿을 수 없을 정도로 많은 금은 그릇"을 만들었다고 진술했다. 하지만 이것이 폴로가 말하고자 한 핵심의 전부였다. 폴로는 강력한 군주를 둘러싼 품목을 정확히 말해줄 생각이 없었다. 그는 단지 그 막대한 규모와 가치로 우리에게 충격을 주고 싶었을 뿐, 후대의 역사가들에게 실제 그곳에 있었던 물품 목록을 제공할 의도는 없었다. 원의 물품 목록 중 우리가 접할 수 있는 것은 쿠빌라이 통치기에 항주에 살았던 개인 수집가 47인의 미술 소장품밖에 없다. 이는 이후에 자세히 살펴볼 것이다. 하지만 이런 기록으로는 원 시대의 가정에 어떤 물품이 있었는지 올바른 그림을 그리기가 어렵다.

명에 관해서는 자료가 많은 편이다. 명의 재산 목록 중에 가장 유명한 것은 엄숭 일가로부터 압수한 물품의 목록이다. 엄숭은 가정 연간의 마지막 20년 동안 내각대학사로 권력을 독점했고, 그 때문에 수도의 모든 관료로부터 질투와 반감을 샀다. 엄숭은 집권하는 동안 엄청난 뇌물과 재물을 긁어모았는데, 그가 불명예스럽게 죽기 전에 국가는 이 모든 재산을 몰수했다. 엄숭의 아들인 엄세번嚴世蕃(1513~1565)이 부친의 지위를 이용해 부를 축적하고 고향 사람들을 거칠게 대한 것은 처벌받아 마땅한 일이었지만, 황제의 아첨꾼에 불과한 엄숭에게 내린 벌은 부당하고 지나친 것으로 판단된다. 1562년에 몰수된 재산 목록이 현재 남아있는데, 그것은 한 개인의 소유물에 관한 객관적 목록이자 정치적 문건에 해당한다. 동시에 명에서 가장 부유했던 가문의 일상을 엿볼 수 있는 자료이기도 하다.

엄숭의 압수물 목록은 당시 부자들이 소유하기를 희망했던 최고의 품목들을 보여준다. 금·은·옥으로 치장된 그릇, 청동제 골동품, 산호나 코뿔소 뿔 및 상아 같은 희귀 재료로 제작된 물건들, 화려한 허리띠(오늘날의 남성 넥타이처럼 중요한 예복 장식), 비단 등의 좋은 옷감과 그것으로 재단한 의복들, 일부 골동품이 포함된 악기들, 벼루와 필기도구, 병풍, 귀중한 재료로 무늬를 새긴 목제 침대, 서예와 금석문의 탁본 및 온갖 그림, 엄청나게 많은 장서藏書. 하지만 이는 단지, 국가가 직접 압류한 물품에 지나지 않으며, 엄씨 가문이 실제로 빼앗긴 것은 훨씬 더 많았고, 그것은 강제 매각되어 다른 목록에 정리되었다. 이 두 번째 목록은 좀 더 일반적인 물품들로 구성된다. 그릇 및 식기류, 옷감과 의류, 가구 및 침구류, 악기와 서적 등 모든 물품이 의심할 여지 없이 질 좋고 값비싼 것이었으나 골동품이나 중요한 걸작, 혹은 문화재는 아니었고, 단지 부자들이 선호했던 일상 용품에 해당했다. 앞서도 말했지만, 엄씨의 재산 몰수는 정치적 행위였다. 엄숭이 내각대학사를 맡기에 도덕적으로 부적절한 인물임을 증명하기 위해 이 두 가지 목록이 만들어진 것이다. 그런데 미술사학자 크레이그 크루나스Craig Clunas는 엄숭의 정적政敵들이 목록을 조작했을 가능성에 의문을 제기한다. "이 목록은 단조롭고 관료주의적인 언어로 기록되었다. 자극적인 표현은 없으며, 무궁무진한 재산을 냉정히 열거한 기록일 뿐이다." 이 목록은 이례적이긴 하지만, 실제로 당시 가정에서 소유했던 물품임에 틀림이 없다는 주장이다.[1)]

다음에 살펴볼 목록은 통상적으로 가장이 사망하여 가족이 분가할 때 재산을 분할하는 계약서에 해당한다. 그중 5개 목록이 남경의 남쪽에 위치한 구릉지이자 명 시대 수많은 대상大商 가문을 배출한 휘주부에서 발견되었다.[2)] 엄숭과 같은 수준은 아니었으나, 재산 분할 계약을 할 수 있을 정도로 부유한 가문들의 목록이었다. 1475년 오吳씨 가족이 분가分家할 때 분할한 재산 목록을 보면 그 가족은 약간 번창하는 수준이었음을 알 수 있다. 목록에는 카펫 1개, 방석 2개, 장식 있는 스탠드

1) Clunas, *Superfluous Things*, p.46. 크루나스(Clunas)가 제시한 요약 목록은 pp.47-48에 있다. 엄숭에 대해서는 蘇均煒(So Kwan-wai)가 쓴 전기(Goodrich and Fang, *Dictionary of Ming Biography*, pp.1586-1591) 참조.

2) 해당 목록들은 역사가 무인서(巫仁恕)가 찾아서 자신의 저서 『品味奢華』, pp.225-232에 기록했다.

등 1개, 오래된 청동 화분 1쌍, 옻칠 된 쟁반 4개, 주판 1개, 그림 1점, 궤 1점, 옷 선반 1개, 술 궤 1점이 포함되었다. 또한 맷돌 1개, 수평기 1개, 톱 1개, 가마 3대, 그리고 폭죽이나 화기로 보이는 것도 있었다. 오씨 가족이 가마 3대를 소유하고 있었던 것으로 보아 가난하지는 않았으나, 다른 목록을 보면 상류층에는 못 미쳤던 것 같다.

1634년 재산을 나누었던 여余씨 가족의 목록을 보면, 오씨 시대 이후 150년 뒤에 일반 가정이 소유했을 법한 품목들이 나온다. 다양한 모양과 크기의 탁자 10개, 침대 2개, 스탠드형 향로 1개, 간의 의자 12개, 팔걸이의자 12개, 사다리 3개, 그리고 금琴이라 하는 가로로 긴 현악기의 오래된 받침목 1개가 포함되었다. 많은 목록에 '오래된 것[古]'이라고 표기되었다. 여씨 가족의 재산은 오씨 가족보다는 많았으나 대체로 여씨의 동시대 부자들과 비슷한 수준이었을 것이다. 1634년의 휘주는 1475년보다 훨씬 번영했고, 그만큼 세간에 대한 기대치도 상승했을 것이기 때문이다. 당시 일반 가정은 신사 신분을 상징하는 악기인 금과 그것을 올려놓을 수 있는 받침목을 가지고 있어야 했는데, 이는 문화적으로도 커진 기대치를 반영한다.

1612년 작성된 손孫씨 집안의 재산 분할 계약서에 기재된 항목을 보면 좀 더 부유한 가족의 소유물을 알 수 있다. 손씨는 상인이었고, 상업 활동으로 부자가 되었다. 세 아들이 모두 결혼하게 되면서, 손씨는 상당한 재산을 나눠주었다. 재산 목록에는 금은 그릇, 청동과 주석 제품, 그림 작품, 도자기, 그리고 180개 이상의 가구들이 포함되었다. 가구는 추후 자세히 살펴보도록 하고 여기서는 그 숫자만 주목해보자.

이처럼 상당히 많은 수의 가구를 보면, 당시 부유한 상인들이 얼마나 소유욕이 강했는지 짐작할 수 있다.

또 다른 휘주 출신의 정程씨 가족은 양자강 유역을 따라 8곳의 전당포를 운영하면서 손씨를 능가하는 부를 축적했다. 1629년에 작성된 재산 목록에는 단지 53개의 물품만이 열거되었지만, 모두가 매우 특이한 품목들이다. 향로를 놓는 탁자 15개, 옻칠 된 상자 34개, 병풍 3첩, 청동으로 상감 된 술 궤 1점 등이 그것이다. 이 목록을 보면 손씨보다 품목 수가 훨씬 적다고 생각할지 모르나, 정씨의 재산 분할 서류에는 정말 값비싼 품목만 기재되었고, 일반적인 가구나 일상적인 품목은 포함되지 않았다. 그런 품목들은 정씨처럼 부유한 가문에서는 그다지 중요하지 않았기 때문이다.

대가족의 세간을 가늠하는 데 결정적으로 도움이 된 목록은 대단히 이례적으로, 남경에 있던 예수회 거주지를 압수한 목록이었다. 1617년 남쪽 수도 남경의 예수회 활동을 취조하는 과정에서 이루어진 압수였다. 사정은 이랬다. 1616년 남경에서 활동하던 두 명의 예수회 선교사 알폰소 반노네Alfonso Vagnone와 알바로 데 세메도Alvaro de Semedo가 같이 거주하던 17명의 중국인 신자들과 함께 체포되었다. 죄목은 폭동 선동이었다. 그래서 이듬해 봄, 조사의 일환으로 그들의 거주지에 출입이 통제되었고 수색이 진행되는 동안 물품 목록이 빈틈없이 작성되었다. 마테오 리치가 그 집을 산 때가 1599년이므로, 17년간 그곳을 거쳐 간 사람들에 의해 축적된 물품이었다. 그중에는 오르간이나 나무 함 속의 고장 난 시계처럼 유럽 특유의 물품도 있었지만,

대다수는 여느 대가족에게 있을 법한 품목들이었다.

물품 목록은 세 종류로 작성되었다. 첫 번째는 67개의 외국 물품으로, 선교사들에게 돌려주어 추방될 때 가져가도록 했다. 두 번째는 1,330개에 달하는 가구 및 기타 세간으로 국가의 관심과는 무관한 물건이므로 모두 팔아치웠다. 세 번째는 폭동 선동과 관련된 1,370개의 품목으로 전부 몰수되었다. 그 대부분은 책(850권)이었고, 목판, 서류, 지도, 천문 기구, 십자가상(사람들에게 저주를 내릴 때 사용하는 인형과 유사한 물건으로 간주했다), 그리고 금지된 용 문양이 들어간 물건들도 포함되었다.[3] 이는 적지 않은 분량이었다. 남경 거주지에 방문했던 한 유럽인이 그곳은 그렇게 훌륭하지 않았다고 진술한 바 있었으나, 이러한 목록은 그곳이 사치스럽지는 않았어도 최소한 꽤 괜찮았음을 암시한다. 예수회 거주지가 좋은 집이었다는 사실은 그다지 놀라운 일이 아니다. 예수회에는 한 번에 적어도 10여 명 이상이 거주했으며, 방문객이 오면 극진히 대접해야 했기 때문이다.

예수회의 목록은 물품이 너무 많아서 무엇부터 언급해야 할지 모를 정도다. 가구부터 보면 다음과 같다. 탁자 40개, 탁자 의자 61개, 긴 의자 및 간의 의자 34개, 책장 5개와 책 선반 11개, 책꽂이 2개, 찬장 13개, 간이침대 9개, 일반 침대 3개, 덮개 달린 침대 2개, 수많은 함과 장롱 등. 자기는 326점에 이르며, 도자기 향로도 2개가 있었다. 옷감과 옷, 손수건, 커튼, 침대보, 부엌살림 및 쟁반, 수납장 및 수납 상자 등은 매우 많았다. 구리 제품으로는 물 끓이는 대야, 차 보온병, 발열 싱크대,

3) Dudink, "Christianity in Late Ming China", pp.177-226.

쟁반 7개, 향로 4개(그중 2개는 구리 받침대가 있었다), 솥단지 2개, 금속판 2개, 화살촉 2개가 있었다. 백랍白鑞 제품으로는 술 주전자 1개, 술병 6개, 찻주전자 4개, 단지 3개, 등 받침대 1개, 촛대 10개가 있었다. 비교적 큰 물건으로는 3대의 가마가 있었는데, 여기에는 가마를 운반할 때 사용하는 채 1쌍과 커튼 및 칸막이가 달렸다. 또한 노새 가마 3대, 철제 조리대 3개, 철제 난로 1개, 카펫 2개, 양털 1뭉치와 대마 1그루도 있었다. 이처럼 썩지 않는 물품 외에도, 쌀 400리터(10여 명이 석 달간 먹기에 충분한 양)와 소금에 절인 달걀 1양동이, 장작 10단, 술 10독이 목록에 포함되었다.

이 목록이 많다고 해서 예수회를 비난할 근거는 되지 못했다. 선교사들이 사치했다거나 부패했다고 판단할만한 물건은 없었기 때문이다. 그들이 소지한 천문 기구를 수상히 여긴 이유도, 그것이 사치품이어서가 아니라 하늘 관측은 궁궐 내 천문관들만의 특권이었기 때문이다. 1610년대 당시의 기준으로 볼 때, 예수회의 집은 그저 세간이 잘 갖추어진 집이었을 뿐 남경의 다른 대가족 혹은 부잣집과 규모로나 질적으로 크게 다르지 않았을 것이다. 1610년대는 다시 언급하겠지만, 번영의 시대였다.

감식안

물품은 본래 의도된 용도로만 쓰이는 단순한 사물이 아니다. 물품에도 나름의 의미가 담겨있는데, 때로는 그 의미가 실제 용도보다 더 중요할 수도 있다. 물품의 이러한 이중적인 양태는 주로 최상층의 소비에서 쉽게 발견할 수 있다. 예를 들어, 조정은 최고급의 물품만을 사들였는데, 이는 비싸고 품격 있는 의자가 싸고 튼튼한 의자보다 더 유용해서가 아니라, 의자에 앉은 사람의 뒤를 받쳐주는 용도 이상의 기능을 수행했기 때문이다. 그 기능이란 조정의 기대에 맞게 부와 품격을 드러내주는 것이었다.

원–명 시대에 사치품의 주된 소비자는 황실이었다. 벽에 거는 그림, 각종 의자, 경덕진의 도자기 가마에서 주문 제작한 식기와 수저 세트, 황제와 그 가족들이 입는 비단, 충신에게 선물하거나 황실에서 읽는 고급스런 선장본線裝本 등이 그러한 사치품이었다. 황실의 소비 규모는 어마어마했다. 황실에서 관장하는 작업장은 일부는 궁궐 내에, 일부는 소주와 항주 같은 수공업의 핵심 도시에 있었으며 모두 조정에서 주문하는 호화 물품을 생산했다. 대중의 취향은 자연스럽게 권력자를 따라갔다. 황실 밖의 사람들은 이러한 사치품을 부러운 눈길로 바라만 보다가 점차 그 소비의 대열에 합류하기 시작했다. 하지만 백성들의 소비에는 특별한 규정이 있었는데, 가령 용 문양이 있는 물건을 살 때는 발톱이 5개가 아니라 4개여야만 했다(그림 15 참조). 앞서 예수회도 용 문양이 장식된 그릇이 발견되어 곤욕을 치른 것을 보면 그

그림 15. 경덕진에서 제작된 도자기
바닥에 가정 연간(嘉靖年間)이라고 제작 시기가 적혀있다. 용의 두 발에 다섯 개의 발톱이 있으므로 왕실용으로 제작된 것임을 알 수 있지만, 결국 다른 사람의 소유가 되었다. 하버드 대학교, 아서 M. 새클러 박물관 소장.

규정이 얼마나 엄격했는지 짐작할 수 있다.

취향은 황실에서 사회로 일방적으로 전파되지 않았다. 황제가 소비하는 물품이나 흔한 모조품을 구입하여 황제를 모방하고 싶은 사람도 물론 있었으나, 안목이 있는 사람들에게 그러한 모방은 승산 없는 경쟁일 뿐이었다. 오히려 자신의 소비 취향에 맞게 자신만의 기준을 설정하는 것이 훨씬 유리했다. 그리고 이러한 흐름은 신사층이 주도했다. 이때 소비 기준은 물품이 얼마나 비싼지, 혹은 특이한지가 아니었고(물론 높은 가격일수록 물건은 더욱 눈에 띄었다) 세련됨elegance이었다. 세련됨은 쉽게 익히기 어려운 기준이었으므로, 신흥 부자들은 이 기준 앞에서 늘 쩔쩔맸다. 심지어 황제조차 세련됨 앞에서는 나을 게 없었는데, 이는 중요한 점을 시사한다. 천명과 철통같은 보안, 화수분처럼 끝없이 나오는 재물을 뺀다면, 황제에게 무엇이 남았겠는가? 황제는 자신에게 유학을 가르치는 스승 없이는, 어떤 취향이 유행을 선도하는지 알 수가 없었다. 골동품, 회화, 서예, 도서는 물론이었고, 심지어 몸가짐에 대해서도 마찬가지였다. 쿠빌라이와 주원장은 이러한 비결을 문제없이 터득했다. 하지만 그의 후손들, 특히 미성년에 등극한 황제들은 좀처럼 진전이 없었다. 각 분야에 개인교사를 두었지만, 황제들은 그들의 조언을 성의 없이 들었다. 송의 황제들과 비교할 때, 30명에 달하는 원-명 황제들은 문화적인 성취가 현저히 떨어졌다. 예외라면 영락제의 손자이자 주원장의 증손자인 선덕제를 꼽을 수 있는데, 그는 세련된 문화적 소양을 갖춘 황제로 그림 실력이 화가에 버금갔다. 하지만 이러한 재능을 겸비한 황제는 그가 유일했다.

돈만큼이나 취향이 경제를 구성하는 중요 기반이 되면서, 부유한 소비자에 불과한 황제는 신사 감정가connoisseur에게 세련된 소비자의 자리를 넘겨주어야 했다. 황제는 그저 물품을 소유하는 데 그쳤지만, 감정가들은 물품을 통해 자신의 문화를 수준 높게 표현할 줄도 알았다. 섬세한 통찰과 미적인 안목, 그리고 고급스러운 취향이 그들이 구입한 물건에 고스란히 드러났다. 당시 소비 관습은 과시적인 것과 세련된 것 두 가지로 나눌 수 있었는데, 이 둘은 서로 영향을 주고받으면서도 대체로 독자적인 영역을 구축했다. 주원장이 남경의 황궁을 치장하는 사이, 같은 도시의 다른 쪽에서는 부유한 수집가 조소曹昭가 세련된 공예품 수집의 지침서를 편찬한 것이 그 예였다. 『격고요론格古要論』이라는 그 지침서에는 수집할 가치가 있는 물품을 감정하는 방법과 소유욕에 눈멀지 않고 물품의 진정한 가치를 알아보는 방법 등이 나온다.[4] 황제는 여기에 별로 흥미가 없었던 것 같다. 그럼에도 불구하고, 소유욕이든 문화적인 욕구든, 동기가 무엇이든지 간에 소비는 비범한 예술품 및 공예품의 탄생을 자극하는 강력한 원동력이 되었고, 그때 탄생한 걸작이 곧 '명'의 얼굴이 되었다.

미에 대한 감식안이 원 때 처음 생긴 것은 아니었지만, 원 시대에 송의 황실과 귀족 일가에서 몰수한 물품들이 시장에 쏟아지면서 감식안이 크게 발전하기 시작했다. 몽골의 점령으로 과거의 유산이 전멸될 위기에 놓이자, 이를 염려한 사람들이 감식안을 널리 확산시켜 송을 기억하고자 했다. 사실상 감식안은 송에 대한 충성심을 간직한 남방 사람들과 몽골인을 섬기는 북방 사람들에게 공통된 기반을 마련하여 서로 이어주려는 움직임에서 대두되었다.[5] 원 초 감정가들은 서예와 회화를 과거 문화유산과 이어주는 중요한 분야로 치켜세우면서도, 한편으로는 골동품과 도자기 수집에 몰래 열을 올리고 있었다. 명 초에는

---

4) 曹昭의 책은 모두 David, *Chinese Connoisseurship*으로 영역되었다.

5) Weitz, *Zhou Mi's Record of Clouds and Mist*, p.4, 20.

고급 취향의 소비가 접근할 수 있는 분야에만 한정되었다. 하지만 16세기 상업 경제가 수요에 반응하게 되면서 소비 방식 역시 변화했다. 부유해진 가정은 더 이상 필수적인 세간에 만족하지 않았고, 호화 물품들을 끌어모아 자신의 부와 안목을 과시하기 시작했다. 호화 물품으로는 고급 가구와 도자기 접시, 멋스러운 도서 등 일반적인 사치품부터, 상商나라의 청동이나 당나라의 회화, 송나라의 인쇄물, 명 초의 도자기, 그리고 고대와 당대 대가들의 서예 작품 등 희소성과 높은 가격으로 차별화된 문화적 사치품까지 수준이 다양했다.

값비싼 물품을 소유하려면 부와 교육, 그리고 인맥이 필요했는데, 명 시대에 이 조건을 충족시키는 구매자들이 점차 증가했다. 이러한 상황에서 자신을 최고의 전통 문화 수호자라고 간주하던 이들과 고상한 상류 사회로 진입하려는 사람들 간의 경쟁이 심화되었다. 신흥 부자들은 한때 그들을 서민의 세계에 가두어두려 했던 사회적 제약에 도전하기 시작했다. 이러한 도전에 직면한 도덕적 보수주의자들은 과거를 회상하며, 기존 사회 질서가 무너지고 부패하기 시작한 시점이 정확히 언제인지 찾아내려 했다. 1530년대의 강남 보수주의자들은 1460년대로 눈을 돌려, 급속한 번영으로 인해 예법을 넘어선 사치가 범람한 시기를 그때로 보았다.[6] 1540년대의 산동과 복건의 보수주의자들은 1500년대 초반 10년이 문제였다고 비난했다. 1550년대 하남과 절강의 보수주의자들 역시 악명 높은 정덕제 치세기인 1510년대를 문제의 발단으로 간주했다. 그리하여 1510년대는 비난을 면치 못하게

6) 『常熟縣志』(1539) 卷4, 20b 참조.

되었고, 용의 잦은 출몰로 분주했던 정덕 연간은 사회의 모든 것을 엉망으로 만든 원흉으로 지목되었다.[7]

이제는 사치품을 살만한 형편이 되는지 아닌지의 여부보다 어떤 사치품을 구매하는지가 더 중요해졌다. 가령 고대 상나라의 의례용 술잔을 구분할 줄 아느냐가 문화적으로 수준 높은 신사 가문인지를 판가름하는 지적 기준이 되었다. 중국 역사상 최고의 서예가로 인정받는 미불米芾(1051~1107. 중국 북송의 서화가로 처음에는 이름에 불黻을 썼다가 41세 이후에 불芾로 바꿨다)의 서체를 식별하는 능력 또한 엘리트 세계로 진입할 수 있는지를 결정하는 관건이 되었다. 엄격한 계층 사회에서, 감식안은 단순한 지식이 아니었다. 감식이란 비슷한 신분의 사람들이 모여 최고의 물품을 감상하는 사회적 활동으로, 그 가운데 서로에 대한 이해와 평가가 이루어졌다(그림 16).

신사층이 수집한 물품 가운데는 같은 계층의 작품도 있었지만, 대부분은 장인들의 작품이었다. 최고 중의 최고는 상당히 오래된 작품이었으나, 16세기 후반에는 동시대 장인들도 전국적인 명성을 얻으면서 유명 작가가 되었고, 그들의 작품을 시장에서 쉽게 구매할 수 있었다. 장인들이 관영 수공업에 묶여있던 원 시대에는 제품의 상품화가 불가능했다. 명에 들어와 관영 수공업의 윤반제가 점차 은납화銀納化로 바뀌자, 진취적인 장인들은 속박된 신분에서 벗어나 독립적인 생산자가 되었다. 그 수가 많아지자, 장인들은 대체로 마을 한곳에 무리지어 작업했고, 마침내 동업자 조합을 조직해 자신들의 이익을 보호

---

7) Brook, *The Confusions of Pleasure*, pp.144-147.

그림 16. 두근(杜堇)의 「완고도(玩古圖)」
두근은 성화와 홍치 연간(1465~1505)에 남경에서 활동하던 화가다. 두 명의 수집가가 시종 네 명의 수행을 받으며 탁자 위의 골동품들을 자세히 조사하고 있다. 오른쪽 위의 두 여성 시종은 신사의 악기인 금(琴)을 포장하고 있다. 대만 국립 고궁 박물관 소장.

하고 규정하기에 이르렀다.[8] 그들이 세운 조합 집회소는 보통 장인들의 수호신을 모시는 사묘祠廟 형태를 띠었다. 가령 소주에서는 금속 공예인들이 고로군당古老君堂에서 그들의 조상으로 일컬어지는 노군선사老君先師를 모시고, 한때 자수刺繡업자들이 견문공소고공사錦文公所顧公祠에 모여 가정 연간 집안의 여성들에게 자수법을 가르쳤던 한 관

8) 목수가 요역의 의무에서 은납화로 이행하는 과정은 Ruitenbeek, *Carpentry and Building in Late Imperial China*, pp.16-17 참조.

리를 숭배했다.[9]

숙련된 수공업이 증가했지만, 수집가들은 아마추어는 물론이고 장인조차 만들 수 없는 물품들이 있다고 생각했다. 특히 그림과 서예가 그 물품에 속했다. 서예는 창작자의 정신을 가장 직접적으로 표현하는 예술 형태로, 한낱 기교만으로는 절대 수준 높은 서예 작품을 만들 수 없었다. 따라서 서예는 반드시 엘리트의 작품이어야 했다. 그림도 서예 못지않았다. 도시의 시장에는 작업장에서 제작된 장인들의 그림과 서예가 수두룩했지만, 진정한 수집가들은 이처럼 영혼 없는 물건들을 거들떠보지도 않았다. 그들은 왕실의 전문 화가들도 재능이 있음을 인정했지만, 탁월한 아마추어 작가들을 더 높이 평가했다.[10] 아마추어 작가들은 이러한 탁월함을 내세워 스스로를 장인이 아니라 예술가로 격상시켰다.

이제 명 말 수집가들이 자신에게 의미 있는 물품을 획득하는 과정을 알아보고자 한다. 우선, 물품 목록에서 관심을 돌려 물품의 누적된 수를 살펴보자. 구체적으로는 이일화(3장 참조)라는 신사가 기록한 누계를 활용했다. 이일화의 출생지는 가흥현嘉興縣으로, 가흥부嘉興府의 부치府治(부를 관할하는 행정 아문이 위치한 곳 –역주)에 해당하는 곳이며, 동북쪽으로는 상업의 중추 상해와 북서쪽으로는 문화와 상업의 중심지 소주, 그리고 남서쪽으로는 이전 시대의 수도였던 항주 사이에 위

9) 江蘇省博物館,『江蘇省明清以來碑刻資料選輯』, pp.135-136.「重葺古老君堂記」,「錦文公所顧公祠碑記」.

10) 명의 궁정 미술에 대해서는 Barnhart, *Painters of the Great Ming* 참조.

치했다. 고아였던 아버지가 아들의 교육과 과거 응시를 뒷받침하려고 재산을 꽤 많이 모았을 뿐, 그의 집안이 처음부터 부자인 것은 아니었다. 이일화는 1591년에 거인이, 1592년 진사가 된 뒤 추관推官(각 부를 통치하는 지부의 보좌관으로 형벌에 관한 업무를 담당함. -역주)으로 관직을 시작했다. 그러나 1604년 어머니가 사망하자, 12년간의 관직 생활에서 물러나 정우를 지켰다. 27개월 동안의 정우를 마친 이일화는 연로한 아버지를 돌봐야 한다는 핑계로 당파 갈등이 심해지는 정계를 떠났다. 혼란스러운 정국은 이후 20년 동안 갈수록 심해졌다. 그는 집에 조용히 머물면서 당시 상류층이 즐기던 취미 생활에 몰두했다. 그림을 그리고 시를 지었다. 또한 여행을 즐기고 마음이 맞는 친구들과 모임을 가졌으며, 지역 사회의 정치에 관여하기도 했다.[11)]

우리가 이일화에 관해 잘 알 수 있는 이유는, 그가 관직에서 물러난 이후 쓴 일기 가운데 8년 치(1609~1616)가 기적적으로 보존되었기 때문이다. 『미수헌일기味水軒日記』라는 일기 제목에는 차茶를 사랑하는 마음이 담겨있다. 누구나 차를 즐길 수는 있으나, 찻물의 좋고 나쁨은 진정한 전문가만이 구분할 수 있는 법이다. 이일화는 글을 쓰고 그림을 그렸고 멋진 서예 작품도 남겼지만, 그가 남긴 어떤 작품도 동시대의 수많은 작품 가운데 두각을 나타내지 못했다. 그를 돋보이게 한 것

---

11) 이일화(李日華)의 전기(傳記)는 Goodrich and Fang, *Dictionary of Ming Biography*, vol. 1, pp.826-830 참조. 이일화가 살았던 시대의 사회적 상황에 대해서는 Li Chu-tsing(李鑄晉), *Li Rihua and his Literati Circle in the Late Ming Dynasty* 참조. 그가 남긴 그림 두 점과 서예에 대해서는 Li Chu-tsing(李鑄晉), *The Chinese Scholar's Studio*의 삽화 3, 4c, 5 참조. 그의 서예에 대한 더 많은 사례는 Barnhart, *The jade Studio*, pp.116-117 참조.

은 오직 그의 일기뿐인데, 엘리트의 문화를 좇으려는 한 부유한 사대부의 일상을 적나라하게 보여주기 때문이다. 가치 있는 물건을 손에 넣는 것도 그러한 일상 중 하나였다.

1610년대는 번영의 시대였고, 이일화는 최고의 문화적 전통이라고 판단되는 물품을 수집할 능력이 있었다. 수집의 첫 번째 기준은 세련됨이었다. 물품 감정에서 가장 중요한 요소는 세련됨과 천박함을 구분하는 것이었고, 진짜와 가짜를 구별하는 것은 그다음이었다. 세련된 물건이 가짜일 수는 없었기 때문이다. 같은 맥락에서, 아무리 조잡한 것이라도 저명한 예술가나 장인의 작품이라면 이일화는 그것을 대번에 세련되었다고 인정했다. 반면 작가가 불분명한 작품인 경우, 작품의 부족함을 좀 더 캐내는 편이었다.

이일화가 고급 예술품을 수집하는 데 가장 큰 제약은 제한된 공급량이었다. 사치품 시장이 늘 그렇듯, 시장에 아무 때나 고급 물건이 널려있는 것은 아니었다. 친구들과 지인들이 이일화에게 개인 소장품을 나눠준 경우도 있었지만, 야심만만한 수집가로서는 턱없이 약한 인맥이 아쉬웠다. 따라서 그는 상업망을 이용하게 되었다. 이일화의 일기에는 거의 매주 한 번 이상 양자강 삼각주 부근의 6개 도시에서 사치품을 팔려는 상인이 그를 방문한 기록이 있다. 하지만 이일화와 꾸준히 거래한 사람은 하夏씨라고만 알려진 현지 상인이었다. 하씨는 이일화의 일기에 7년 동안 42차례나 등장하는데, 엄청난 걸작에서 졸작까지 다양한 작품을 가져왔다. 숨겨진 보물을 찾으려는 이일화의 소망만큼이나 하씨가 그에게 물건을 팔려는 집념 또한 대단했다. 이제 이들의 이야기에서 명 말, 비교적 고가의 물품 세계를 살펴보도록 하자. 특히 나 서적, 가구, 자기, 회화, 이 네 가지 품목을 주목하고자 한다.

서적

엄숭과 예수회의 압수품에서 보았듯이, 부유한 가정은 으레 많은 서적을 소유했다. 공교롭게도, 서적은 하씨가 거래하지 않았던 사치품이었다. 서적은 집이 매매될 때 싸구려 물건처럼 취급되기도 했고 다른 사치품들과 함께 유통되기도 했지만, 주로 전문 서적 상인들 손에서 거래되었다. 그런데 서적은 한 종류가 아니었다. 16세기 말부터 크게 인기를 얻은 통속 소설부터 고급 독자를 겨냥한 우아한 판본의 경서류經書類까지 대단히 방대했다. 명 시대 많은 청년이 힘들게 과거 시험을 준비한 만큼 서적은 문화적으로 존중되는 물품이자 무엇보다 출세의 도구로 소중히 여겨졌다. 그럼에도 대체로 도서 시장은 비교적 낮은 수준의 독자층을 겨냥했다.

책 만드는 기술이 특히 어려운 것은 아니었지만, 책이 완성되려면 각 단계마다 전문화된 장인들로 조직된 단체가 필요했다. 일단 원고가 완성되면, 필경사筆耕師가 원고를 거울에 비춘 형태(좌우가 바뀐 글씨)로 배나무 판에 옮겨 적었는데, 한 판에 두 면을 연이어 배치했다. 이후 판각사板刻師가 각 글자 주위의 나무를 파내서 글자 모양이 주변보다 높게 튀어나오도록 조각했다. 200쪽의 책을 제작하는 데 2명의 서예가, 3명의 필경사, 6명의 판각사가 동원되었다.[12] 이후 인쇄업자는 목판에 잉크를 묻히고 그 위에 종이를 펼쳐놓은 뒤, 목판에 종이를 눌러 두 쪽이 나란히 보이도록 인쇄물을 만들었다. 제본업자가 이 종이들을 반으로 접어서 한 목판의 두 쪽을 서로 등을 돌리게 놓으면, 중국어 표현대로 하나의 '엽頁'이 만들어졌다. 이후 여러 '엽'을 실로 꿰매면, '권卷'이라 불리는 작은 책자가 완성되었다. 표지 제작자는 엽의 모양과 여러 권의 폭에 맞추어 판지를 직사각형 모양으로 자르고, 판지들 위에 천을 풀로 붙여 함函을 만들어 여러 권을 하나로 감쌌다.[13] 하나의 제목이 한 권으로 묶일 수도 있었지만, 하나의 함 혹은 여러 함이 될 수도 있었다.

도서 시장에 유독 관심이 많은 학자들이 직접 출판에 참여하기도 했지만, 원-명 시대 학술 출판은 상업 출판에 비해 저조했다. 상업 출판은 식자층이 확대되고 독자층이 증가한 1500년 무렵 이미 상승세를 탔다. 그러나 학술 출판과 상업 출판은 서로의 성장을 북돋아주며 차츰 발전했고, 이러한 흐름은 만력 연간 거대한 서적 시장이 형성되는 데 밑거름이 되었다. 학술 출판업자와 달리, 상업 출판업자들은 독자층 혹은 소비자층을 염두에 두고 책을 출간했다. 그들은 학자처럼 반드시 글에 문화적 가치를 담아낼 필요가 없었고, 그들에게 출판은 돈을 벌기 위한 사업에 불과했다. 그러다가 상업과 학술이 손을 잡을 때

12) 『衡州府志』(1536) 卷9, 14b.

13) 도서 출판에 필요한 기술은 McDermott, *A Social History of the Chinese Book*, pp.9-42 참조. 각 장을 인쇄하는 인쇄공에 대해서는 Lucille Chia, *Printing for Profit*, pp.25-62 참조.

도 있었다. 몇몇 상업 출판업자들은 자신에게 이익이 될 것 같은 학술서 출간에 착수했고, 일부 학자들 역시 대중서를 저술 및 홍보하면서 시장의 수요에 부응했다. 그러나 만력 연간과 그 이후에 출간된 저술은 대부분 직업적인 글쟁이들이 쏟아낸 작품이었다. 여기에는 소설, 풍자, 간략한 역사, 시험용 커닝 쪽지, 외설서, 백과사전, 그리고 편지 쓰는 법부터 현을 치리하는 노하우까지 각종 안내서가 포함되었다.

당시 신사 사회에서 책이 어떤 의미였는지를 우리는 고염무顧炎武(1613~1682)라는 학자의 기록에서 대략 살펴볼 수 있다. 그는 자기 일가의 서적 수집에 관해 많은 기록을 남겼다. 고염무의 가문은 상해 외곽 출신이었다. 고염무의 글은 자기 고조부가 1520년 무렵 책을 수집하기 시작했다는 내용으로 시작된다. 그 시기는 아직 대중적인 출판이 활성화되기 전으로, 주원장의 후손이 거주하던 각 지방의 외딴 왕부王府(황족의 저택)나 관청, 혹은 복건성 내륙의 건녕부建寧府에서 활동하던 소수의 상업 출판업자만이 책을 출간하던 때였다. 게다가 출판물은 고전과 정사正史, 그리고 정통 주자학 서적처럼 정통성을 강조하는 꽤 지루한 목록뿐이었다. 그럼에도 불구하고, 고염무의 고조부는 약 6~7천 권에 달하는 서적을 수집했다.

그런데 1550년대 왜구의 침입으로 책을 모아둔 서고가 파괴되어 버렸다. 고염무의 조부는 만력 연간에 다시 서적을 수집했는데, 고염무의 표현에 따르면 "서적 구입이 예전보다 쉬웠다."고 한다. 당시 서적 수집의 가장 큰 걸림돌은 시간이었다. 고염무는 새로운 수집 목록에 "명 초 혹은 그 이전의 서적들은 포함되지 않았다."라고 덧붙였다.

고서古書는 점점 희귀해졌고, 그에 따라 가격도 점점 비싸졌다. 때마침 희귀 도서 상점도 유행을 탔다. 그리고 이 상점의 구매자들은 단지 책 한 권이 아니라, 오직 자신만이 소유할 수 있는 책을 찾았고, 따라서 희소가치가 높을수록 훌륭한 책으로 평가되었다. 서적 구입 예산이 한계에 다다랐던 고염무의 증조부는 필요하지도 않으면서 단지 비싸다는 이유만으로 희귀 도서를 사들이는 이들에게 비난을 퍼부었다. "내가 책을 수집하는 이유는 그 책이 담고 있는 내용 때문이다. …… 정교한 상아 장신구나 비단으로 된 표지는 내 관심 밖이다."라고 그는 진술했다. 그가 사망한 뒤, 그의 장서는 네 명의 아들에게 상속되었다. 고염무의 조부는 서적에 대한 가문의 열정을 이어받아 부친이 물려준 장서 목록에 새로 구입한 서적을 추가했다. 그리고 고염무 때에 이르러, 장서는 5~6천 권으로 증가했다.[14]

중요한 점은, 16세기에 들어서면 과거 어느 때보다 월등히 많은 서적을 구비할 수 있게 되었다는 사실이다. 송에서는 한 개인이 1만 권 이상의 서적을 소유하는 것을 기대하기가 힘들었다. 하지만 16세기 말에는 10여 개의 개인 서고에 1만 권가량의 단행본이 있었고, 단행본마다 여러 권의 책이 포함될 수 있었다.[15] 명 말에는 과거 어느 때보다, 또 어느 나라보다 많은 서적이 쏟아졌고, 책을 읽는 사람도, 소장하는 사람도 더욱 많아졌다. 결국 서적 수집의 열풍이 불게 되었다. 1만 권

---

14) 顧炎武, 『顧亭林詩文集』, pp.29-30. 고염무는 만주족이 침입할 때 장서를 분실했다고 기록했다.

15) Brook, *The Chinese State in Ming Society*, p.101.

의 장서 소유자 중 왕문록王文祿이라는 사람이 있었다. 그는 서적 수집을 위해 막대한 돈을 투자했을 뿐만 아니라 모든 힘과 열정을 동원하는 등 엄청난 정성을 쏟았다. 1568년 그의 서고에 불이 나자 왕씨는 이렇게 부르짖었다. "저 안에 들어가 책을 꺼내오는 자에게만 상을 주겠다. 다른 것은 필요 없다!"[16]

고염무가 도서 수집가 가문 출신이었던 만큼, 그 가문의 학문 또한 세대를 거듭할수록 점점 깊어졌다. 하지만 이일화는 그렇지 않았다. 이일화의 수집 본능은 학술적인 것보다는 미적인 것에 좀 더 끌렸다. 물론 그 역시 좋은 판본을 보면 촉각을 곤두세우곤 했지만, 고염무의 선조들과는 달리 책 한 권을 구하려고 끈질기게 노력하는 유형은 아니었다. 이를 보여주는 좋은 사례로, 이일화의 한 이웃이 그에게 10세기 황실 백과사전인 『태평어람太平御覽』의 송 판본을 천여 권이나 가져왔다는 사실을 기록한 일기가 있다. 이 책의 매력은 송 시대 출간된 원본이라는 점이었는데, 송 판본은 희귀했기에 가격 또한 매우 높았다. 게다가 이일화는 이 책을 소유했던 사람을 알았던 터라, 이러한 과거 이력이 책의 가치를 높인다고 생각했다. 그가 평가한 책의 가치는 은 100냥으로 당시로써는 천문학적인 금액에 해당했다. 하지만 그는 이 책을 사지 않았다.[17]

---

16) 吳晗, 『江浙藏書家史略』, p.10. "王文禄 字世廉 … 縹湘萬軸, 貯一樓. 俄失火, 大呼曰「但力救書者賞, 他不必也」."

17) 이일화(李日華)의 일기에서 서적에 대한 언급은 李日華, 『味水軒日記』, pp.73("閩門生陳禹玉寄至蠣房二瓿, 蜜羅柑四只, 新刻《考工記述注》一部, 洞茶一斤."), 105("二十日, 雨. 戴升之示余宋刻《法華經》七卷, 字如半粟, 乃三衢善照比丘所書, 元祐七年秋月板行者, 后有淨慈守訥題語"), 190-

이일화는 열렬한 책 수집가는 아니었던 것 같지만, 서점에는 자주 나타났다. 그는 소주의 서점에 방문했을 때 보았던 특이한 원고를 언급했다. 그것은 삽화가 있는『도회본초圖繪本草』로 홍치제 때의 황실 판본이었고, 총 40권의 책이 4개의 함 안에 들어있었다. 애서가愛書家들에게는 이 1질帙의 책이 1만 권의 책과 동등한 가치를 지녔다. 이일화는 감명을 받았다. 그리고 이렇게 기록했다. "약리학에 이처럼 대단한 관심을 기울이던 때가 이전에는 없었다. …… 진실로 풍요로운 생산의 시대로다!" 서점 주인은 이일화에게 소주 남쪽 오강현吳江縣 사람(임정용林廷用에 해당함. -역주)에게서 그 책을 구했고, 그 사람은 궁의 내시로부터 이 책을 입수했다고 알려주었다. "금궤金匱를 모아둔 석실石室의 수장고에서 많은 물건이 외부로 유출되었다."라고 이일화는 적었다. 그 책은 홍치제의 적극적인 후원으로 출간되었지만, 아쉽게도 출간이 완료된 직후 홍치제는 사망했다. 정덕제가 그 뒤를 이으면서 그 판본은 황실 장서각에 오랫동안 방치되었고, 사본 한 부만이 오늘날

191("屠賓暘以新刻荊川史纂十函見貽, 余有舊刻二部, 適湖賈操舫至, 余以易松刻《稗史類編》等書"), 277-278("二十五日, 寒. 潘景升, 寄余《華嚴新論經》. 此論唐李長者所著. 大中歲, 釋志寧始割論附經, 謂之合論. 今景升去經單行之, 還長者之舊也. 焦弱侯作敍, 甚有理解"), 303("連日俱以細君病, 點讀醫書, 有悟人處"), 305("自余爲華陰之行, 凡十日, 舟中無事, 點閱《華嚴合論》, 至《十身相海品》, 佛理尤妙, 不讀此書, 幾錯一生矣"), 374("公出其手所書《華嚴經》一部, 凡八十一卷一十六函, 一兆九千四十八字. 始萬曆丙午歲, 訖壬子歲, 六年而後浚. 囑余題後方."), 454-455("出觀弘治年內府《圖繪本草》四套, 計四十本 … 得之吳江林廷用, 廷用得之一內侍, 固知金匱石室之藏, 其漏逸於外者多矣."), 496("沈伯遠携其伯景倩所藏《金瓶梅》小說來, 大抵市諢之极穢者耳, 而鋒焰遠遜《水滸傳》.")에서 가져왔다. 송 판본 서적의 높은 가치에 대해서는 董其昌, 『筠軒清閟錄』, pp.21-22 참조.

까지 남아있다.[18] 그렇다면 이일화가 본 것은 그 사본이었을까?

궁에서 서적이 밀반출된다는 것은 대단히 희귀한 일이었고, 이일화가 그 책에 흥미를 느꼈던 것 또한 그 때문일 수 있다. 일반적인 독자라면 별 흥미를 느끼지 못했을 것이고, 특히 가격을 알았더라면 더욱 그랬을 것이다. 명의 도서 구매자들은 대부분 시장에서 구매력이 낮은 계층에 속했고, 글 읽는 능력을 공부보다는 장사와 재미의 도구로 활용했다. 그런데 글을 몰라도 한두 권 정도는 구매한 것으로 보이는데, 그것은 아마도 유행 때문이었을 것이다.[19] 더욱 놀라운 것은, 명 말에 완전히 문맹인 사람이 소수에 불과했다는 점이다. 예수회의 스페인 신부 데 라스 코르테스는 1625년 명의 해안에 표착했을 때, 사람들의 일반적인 생활 수준에는 아무 감흥이 없었지만, 그들의 교육에는 큰 감명을 받았다. "아무리 가난하고 형편이 어려워도, 문자를 읽고 쓸 줄 모르는 어린이는 거의 없었다."라고 그는 회고했다. 심지어 귀족조차 읽고 쓰는 법을 배우려고 하지 않는 문화권에서 왔던 라스 코르테스로서는 "그 수준은 차치하고 위대한 사람 가운데 읽고 쓸 줄 모르는 사람이 거의 없었다."는 사실을 알고는 말문이 막혔다. 그는 또한 여성 문맹률이 높은 것을 발견했는데, 일반적으로 여성은 학당village school에 들어갈 수 없기 때문이라 진단했다. "우리가 방문한 모든 학교에서, 여학생은 단 두 명뿐이었다."[20] 여성은 보통 집에서 글을 배웠는데, 대체

---

18) Unschuld, *Medicine in China: A history of Pharmaceutics*, pp.128-142.

19) Brook, *The Chinese State in Ming Society*, pp.128-129.

20) Girard, *Le Voyage en Chine d'Adriano de las Cortes*, pp.191, 193. 명 시대 아동 교육에 대해서는 Schneewind, *Community Schools and the State in Ming*

로 어머니가 가르쳐주었지만, 가끔은 아버지나 남자 형제들이 가르치기도 했다.

서적에 대한 수요가 날로 증가하자 출판 산업은 간소화와 표준화의 길에 들어섰다.[21] 가동 활자movable type(알파벳의 조합이 아닌 개별적인 낱말을 인쇄 활자화한 것을 말함. 송나라 때인 1041년 필승이 만들었으나 워낙 낱말이 많아 오래 통용되지 못했다. -역주) 사용이 중단된 것은 표준화의 여파였다. 26개의 알파벳으로 구성된 언어와 달리, 수천 개의 글자와 부호를 일일이 식자植字로 뜨는 것은 문제가 많았기 때문이다. 표준화의 또 다른 원인으로 출판 비용이 낮아진 것을 꼽을 수 있다. 그 결과 독자들은 단지 공부만이 아니라 취미로도 독서를 즐기게 되었다. 16세기 후반 산문 소설의 인기가 확산된 것은 적어도 부분적으로는 상업 출판의 성장 덕분이었다. 유럽에서 소설의 전신인 서사 작품narrative works이 등장한 것은 그로부터 1세기 혹은 그 뒤의 일이었다. 이일화의 생전에 근대 이전의 소설로 가장 위대한 세 편이 출간되었다. 양산박梁山泊으로 도망친 영웅들의 이야기 『수호전水滸轉』, 환상적인 모험기 『서유기西遊記』, 상인의 삶을 그린 외설 소설 『금병매』가 그것이었다.[22] 이일화는 『수호전』의 사본을 소장했으나 외설물에는 확실한 선을 그었다. 『만력야획편』의 저자 심덕부가 조카를 통해 『금병매』의 사본을 보

China 참조.

21) 출판물의 교역에 대해서는 Chow, *Printing, Culture, and Power*, pp.57-89 참조.

22) 명의 소설에 대해서는 Plaks, *The Four Masterworks of the Ming Novel* 참조. 이 소설들은 Pearl Buck, Arthur Waley, 그리고 David Roy에 의해 번역되었다.

냈을 때, 이일화는 받지 않았다. 이일화는『금병매』에 대해서 "심히 추잡한 선정물일 뿐 재기才氣나 감동 면에서『수호전』에 훨씬 못 미친다."라고 평가했다.

출판 비용이 낮아지자 인기 있는 도서가 널리 확산되었을 뿐 아니라, 의학 서적 같은 전문 서적 또한 출간되었다. 신체에 관해서는 예전 같았으면 결코 문서화될 수 없었다. 이일화는 1613년 병든 아내를 간호하면서, "의서醫書를 점을 찍어가며 읽었더니[點讀] 깨달은 바가 있었다."라고 했는데, 이는 그가 의학 서적을 소장했음을 말해준다. 여기서 '점독點讀'은 구두점을 찍지 않는 중국어 문장과 관련된 표현이다. 중국어 텍스트는 문장이 어디서 시작되고 어디서 끝나는지 알려주는 구두점 없이 쭉 펼쳐진다. 따라서 독자들은 글의 맥락이나 낱말의 '공백'으로 문단이 바뀌었음을 이해해야 하는데, 익숙하지 않은 주제가 나오면 이러한 문단 나누기가 어려워진다. 이일화가 사용했던 '점독'이란 '점'을 찍는 독서법으로 각 문장의 끝에 점을 찍으며 읽으면 문장의 뜻이 좀 더 분명해진다. 당시 많은 독자가 점독을 즐겼다.

이일화는 의학 서적과 소설 외에 학술서도 구입했다. 1611년 9월 9일(양력 1611년 10월 14일) 한 친구가 이일화에게 엄청난 총서를 가져왔다. 그것은 당순지唐順之(1507~1560)가 편찬한 역대 정사政事에 관한『사찬좌편史纂左編』의 신판으로 총 124권이 10개의 함에 담겨있는 총서였다. 오늘날 남아있는 판본은 당순지가 사망한 다음 해인 1561년 휘주에서 처음 출간된 상업 판본의 초판이다.[23] 그 후 당순지가 재직했던 남경

23) 唐順之,『荊川先生右編』.

국자감에서도 재판이 출간되었던 것으로 보인다. 이일화는 이미 『사찬좌편』의 이 두 판본을 모두 가지고 있었다. 그런데 그는 구판보다 신판을 더 선호했던 것 같다. 마침 같은 날 호주湖州 상인이 오자, 자신이 가지고 있던 옛 판본을 상인이 가져온 책들과 교환했기 때문이다. 그 중에는 송강松江 지역에서 출간된 야사 모음집도 포함되었다.

원-명 시대에 상업 출판의 중심지는 복건성 내륙의 산악 지대인 건녕부였으며 그중에서도 건양建陽이었다.[24] 이일화에게도 복건에서 출간된 책이 있었다. 1610년 2월 2일(음력 1월 9일), 그는 복건성의 한 문생으로부터 술 2병과 가공된 귤 4개, 차 1근, 그리고 새로 출판된 『고공기술주考工記述注』를 받았다고 기록했다. 『고공기술주考工記述注』는 본래 한漢 시대에 고전으로 편입된 『주례周禮』의 한 장章으로, 정부에서 필요로 하는 각종 공예 기술을 다룬 「고공기考工記」였다. 명의 학자들은 「고공기」가 포함된 『주례』를 좋아했는데, 왜냐하면 이 책이 국가의 현실보다는 앞으로 나아가야 할 이상향을 제시해주었기 때문이다. 다만 장인匠人에 관한 「고공기」의 내용이 너무 모호해서 『고공기술주』의 저자는 이 부분의 원문을 현학적으로 설명하는 데 그쳤다. 지금 남아있는 것은 1603년 판본으로, 인쇄 상태는 투박하지만 삽화가 풍부하게 들어있다. 건양에서 출간된 당시 서적의 특징이 그러했고, 이일화가 받았던 서적 역시 그랬을 것이다.

이일화의 취향은 건양의 시장에서 끝나지 않았다. 그의 일기에서 독서에 관해 언급할 때 가장 자주 등장하는 서적은 불교 경전이었다.

---

24) 건양 지역의 출판업에 대한 연구로는 Lucille Chia, *Printing for profit*이 있다.

1610년 7월 10일(음력 5월 20일), 한 친구가 그에게 1092년 간행된 『법화경法華經』을 보여주었다. 뒤표지 안쪽에 유명한 스님의 글이 적혀있어 수집가로서는 매우 가치 있는 판본이었다. 하지만 그는 중국 대승불교大乘佛敎의 가장 권위 있는 경전인 『화엄경華嚴經』에 좀 더 특별한 애착을 가지고 있었다.[25] 1612년 12월 16일(음력 11월 24일) 이일화는 휘주 출신의 유명한 화가이자 전기 작가였던 반지항潘之恒(1536~1621)에게서 『화엄신경론華嚴新經論』을 받았다. 본래 이 책은 당唐 시대의 학자(이장자李長者를 지칭함. -역주)가 저술한 론論과 『화엄경』을 한 승려가 묶어 출간한 합본合本이었다. 그런데 이일화의 일기를 보면, 반지항은 이 합본에서 『화엄경』만을 따로 떼고, 여기에 초횡의 서문을 붙여 새로운 판본을 출간했다고 한다. 초횡은 삼교 합일을 주창한 남경의 저명한 성리학자였고, 때마침 당순지가 남경 국자감에 좨주로 봉직했을 때 그곳에서 출판된 『사찬좌편』에도 서문을 써준 바가 있었다. 이처럼 이일화는 기회가 될 때마다 자신이 가지고 있던 서적을 새로운 판본으로 바꾸었을 것이다.

4개월 뒤, 이일화는 10일간의 배 여행에서 돌아왔다. 배에 있는 동안 그는 "점을 찍어가면서 『화엄합론華嚴合論』을 읽었다."라고 회고했다. 그리고는 "부처의 교리는 매우 뛰어나서 이 책을 읽지 않았다면 평생 후회했을 것"이라고 덧붙였다. 1년 뒤 한 친구가 총 81권이 16개의 함에 담긴 『화엄경』 1질을 보여주었다. 그 친구는 6년에 걸쳐 그것

---

25) 『화엄경』에 대한 영문 번역본으로는 Thomas Cleary, *The Flower Ornament Scripture*이 있다.

을 필사한 다음 이일화에게 책 말미에 제사題詞를 부탁했다. 사람들은 이러한 서적을 서로 돌려보고 감탄하며 친구를 사귀고 우정을 나누었다. 말하자면, 서적은 고급스러운 소비 품목이었다. 이때 구매한 물품이 집착으로부터 벗어나는 길을 제시하는 종교 서적이었다는 아이러니에도 불구하고 말이다.

가구

이일화는 오늘날 '전통적인' 중국 스타일이라 불리는 가구에도 관심이 많았다. 팔걸이와 등받이가 휘어진 얇은 나무 하나에 연결된 자단紫檀 의자, 경사진 보관함, 반구형의 가방, 막대기 같은 옷걸이, 세면대를 올려놓는 접이식 받침대, 정교한 격자 세공으로 장식된 4주柱식 침대 등이 그것이었다. 이러한 가구의 역사는 명 이전으로 거슬러 올라가지만, 오늘날 남아있는 것으로 명 이전 시대의 것은 찾아보기 어렵다. 따라서 가구의 형태에 대해서는 명 시대부터 가장 잘 알 수 있다. 물론 박물관에 전시된 명의 가구는 대부분 청이나 그 후에 복원된 것이고, 진짜 명의 가구는 몇 점에 불과하다.

명의 가구는 양식이나 구조 면에서 점차 세련되어갔다. 장인들의 솜씨가 더욱 정교해지면서, 인체에 맞게 판과 팔걸이를 제작하는 기술도 발달했다. 목공 기술 또한 향상되어 두 부재를 접합하는 장부(목재나 돌 등 두 부재를 접합할 때 한쪽에는 돌기를 다른 한쪽에는 구멍을 뚫어 잇는 장치 –역주)나 핀 등이 등장해 깔끔히 마무리할 수 있게 되었다.[26] 가장 주목할만한 점은, 당시 사람들이 원목을 얇게 잘라 값싼 목재로 가공하는 것을 못마땅하게 생각했다는 사실이다. 만력 초반기 문화 방면의 권위자였던 범렴范濂(1540~?)은 1593년 출간한『운간거목초雲間據目抄』에서 이러한 변화상을 서술했다. 그의 시대에는 고급 원목을 선호했던 터라, 당시의 가구들을 본 그는 "내가 어렸을 때는 못 보던 것"이라고 말했다. "예전에는 옻칠한 은행나무 탁자로 충분했지만, 지금의 부자들은 소주에서 만든 얇은 목제 탁자를 더욱 좋아한다."라고 기록했다. 이러한 취향이 점차 고조되어, 소비자와 생산자들은 침대나 찬장 같은 일상적인 가구도 벚나무, 흑단나무, 회양목 등 고가의 목재를 사용하기에 이르렀다. 그렇다면 범렴은 여기서 무엇을 느꼈을까? 그는 이렇게 말한다. "풍속이 완전히 썩어 문드러졌다"[27]

의자는 특히 명의 목공 장인들의 장기였고 소비자들의 호응도 매우 좋았다. 남경 예수회의 거주지에서 발견된 61개의 의자에서도 이를 짐작할 수 있다. 북송 시대가 되어서야 의자 사용이 보편화되면서, 그 때까지 낮은 평상인 탑榻, couch에 드러눕던 풍습(탑에 앉기 전에는 바닥에 방석을 깔고 앉았다)은 소위 '야만적barbarian'이라 하여 멀리하게 되었다. 명의 가구 중 의자만큼 종류가 다양한 것도 없었는데, 더러는 대단

26) Clunas, *Chinese Furniture*, p.19.

27) 范濂,『雲間據目抄』卷2. Ruitenbeek, *Carpentry and Building in Late Imperial China*, p.15에서 번역한 것을 재인용했다. "細木家伙, 如書棹禪椅之類, 余少年曾不一見, 民間止用銀杏金漆方棹, 自莫廷轉與顧宋兩公子, 用細木數件, 亦從吳門購之. … 紈絝豪奢, 又以椐木不足貴, 凡床廚幾棹, 皆用花梨 · 癭木 · 烏木 · 相思木與黃楊木, 極其貴巧, 動費萬錢, 亦俗之一靡也."

히 획기적인 작품이라 할만했다. 하지만 여전히 탑의 가치를 인정하는 신사들도 있었다. 그들은 "고전이나 역사서를 펼쳐서 읽고 서예나 회화를 감상할 때, 혹은 고대의 청동기를 늘어놓을 때, 식사를 하고 낮잠을 잘 때, 탑이 제격이다."라고 생각했다. 인용한 문장은 1610년대 말 문진형文震亨(1585~1645)이 펴낸 『장물지長物志』의 '가구편'에 나오는 대목이다. 『장물지』는 우아한 취미에 관해 알려주는 안내서로 유명했다.[28] 이처럼 문진형이 탑에 대해 문제의식을 갖지 않았던 것은, 16세기에서 17세기로 넘어가던 당시, '야만적인 탑'에 드러누워 있기로 유명한, 방만한 만력제의 시대 정서가 그와 같았기 때문이다. 반면 주원장은 탑을 부정적으로 생각했다. 주원장이 경쟁자 진우량陳友諒을 물리치자 신하들은 그에게 진우량이 소유했던 금탑을 바쳤다. 하지만 주원장은 그 제작비가 어마어마했다는 것을 알고는 그 탑을 해체하라고 명령했다.[29] 명의 황제들은 등받이가 수직인 의자에 똑바로 앉았고 느긋하게 누우려 하지 않았다. 신하들도 당연히 그리했을 것으로 본다. 그러나 이러한 태조의 메시지는 문진형의 시대에 들어와 온데간데없이 사라져버렸다.

물에서 표류하다가 명의 해안에 닿았던 라스 코르테스는 의자들을 보고 감명을 받아 이렇게 말했다. "비록 이방의 양식이지만, 대단히 잘

---

28) Clunas, *Superfluous Things*, p.42에서 재인용. 『長物志』에 대해서는 다음 장에서 다시 언급할 것이다. "古人制幾榻, 雖長短廣狹不齊, 置之齋室, 必古雅可愛, 又坐臥依憑, 無不便適. 燕衎之暇, 以之展經史, 閱書畫, 陳鼎彝, 羅肴核, 施枕簟, 可施不可."

29) Clunas, *Superfluous Things*, p.145에서 인용했던 張瀚의 「百工紀」 참조.

만들어지고 정교히 조각되었다." 이러한 기록으로 보건대, 그는 명의 의자가 몽골의 영향을 받았다고 생각한 것 같다. 이후 라스 코르테스는 부잣집에나 있을 법한 가구들을 묘사했다. 그는 특히 어느 가정에나 작은 상이 많음에 놀라며, 이 역시 "매우 잘 만들어졌다."라고 기록했다. 웬만큼 큰 대청마루에는 그러한 상이 보통 20~40개 정도 있었다. 상들은 "차곡차곡 포개져 높이 쌓여있었고, 대체로 한두 개 외에는 사용되지 않았다."라고 했다. 라스 코르테스는 층층이 쌓여있던 많은 상에 대해서, 유럽인의 관념으로는 상상조차 할 수 없는 '겉치레'라고 평가했다.[30] 그것들은 실로 상당히 최신 양식이었다. 원에서 명 초에 이르면 이른바 팔선상八仙床이라 불리는 정사각형 모양의 상에 한쪽에 2명씩 총 8명이 앉는 것이 표준이 되었다. 그러나 16세기에 접어들어서는, 이처럼 큰 상은 사라지고 기껏해야 2명이 앉을 수 있는 작은 상이 등장했는데, 이는 8명이 함께 앉아 식사할 경우, 신분상의 차별이 희미해질 것을 염려한 상류층의 의식을 반영한 변화였다.[31]

손씨 가문의 재산 분할 계약서를 보면, 이 서류가 작성된 1612년의 휘주는 시대에 뒤떨어져 있었음을 알 수 있다. 손씨는 여전히 구식 팔선상이 4개, 대형 향로 탁자 1개, 악기를 놓는 탁자 6개, 옻칠이 된 탁자 4개, 서랍이 있는 탁자 3개, 접이식 원형 탁자 6개, 접이식 사각 탁자 4개가 있었다. 그리고 또 다른 탁자 8개는 '낡았다', '작다', '투박하

30) Girard, *Le Voyage en Chine d'Adriano de las Cortes*, p.250.

31) Clunas, *Chinese Furniture*, p.55.

다'는 등의 이유로 없애버렸다.[32] 또한 층층이 쌓는 작은 상은 보이지 않는다.

미술사학자 크루나스는 명의 가구 제작자들의 익명성에 주목하면서, "소비층이 남긴 글에 생산자의 이름은 전혀 나오지 않는다."라고 지적했다.[33] 그런데 이일화는 적어도 2명의 가구 복원 전문가의 이름을 일기에 기록했다. 물론 복원은 감탄스러운 기술이지만, 다른 의미로도 해석될 수 있다. 복원을 통해 과거의 유물이 원래의 '미美'를 되찾는다면 이것은 좋은 일이다. 하지만 복원 기술로 위조품이 만들어진다면 좋다고 할 수 없다. 이일화는 소주에서 목제 물품을 복구하는 주단천周丹泉의 솜씨에 다음과 같이 탄복했다. "주단천은 대단히 영리하다. 어떠한 그릇이든 현악기든, 한번 그의 손을 거치면 훼손된 부분이 완벽하게 복원되고, 아무리 저속한 것도 우아한 것으로 바뀐다. 한동안 소주에서 그를 따라갈 자가 없을 것이다."[34] 이일화는 자신과 친분이 있는 도가道家의 도사가 주단천에게 기술을 전수했다고 언급했다.

반면 소주의 옻칠장이 김매남金梅南은 자신의 기술을 이용해 구매자들에게 사기를 친 경우였다. 1615년 9월 28일(음력 윤 8월 6일) 이일화는

32) 巫仁恕, 『品味奢華』, pp.228-229.

33) Clunas, *Superfluous Things*, p.63.

34) 가구에 대한 이일화(李日華)의 언급은 『味水軒日記』, p.164("丹泉極有巧思, 敦彝琴筑, 一經其手, 則毁者複完, 俗者轉雅, 吳中一時貴昇之. 此物乃丹泉得于所交黃冠者."), 246("無錫孫姓者一舫, 泊余門首. … 大理石屛二, 大理石嵌背胡床二, 云皆安華二氏物也"), 481("購得龍潭石黑棎榻一張, 矮桃一枝, 枸杞短簇者一本 … 一日, 偶至龍潭, 得其石, 稍礱治之, 見其質美可乱大理鳳凰石. 因益募工, 掘地石出, 锯截成片, 就其紋脉, 加葯点治, 爲屛几床榻. 驟睹者, 莫不以爲大理也. … 貽其六十金.") 참조.

용담석龍潭石으로 상감되고 검게 옻칠 된 탑을 구입했다고 기록했다. 용담석은 강서성의 북쪽에 위치한 용담에서 나오는 맥석脈石으로 그럭저럭 쓸만했지만, 그곳에서 먼 운남성 대리大理의 '봉황석鳳凰石'에 비해 질은 떨어졌다. 한편 이일화는 무석無錫(강소성江蘇省 남쪽에 위치)에서 온 상인에게서 대리석으로 상감된 병풍 2첩과 호상胡床 2개를 구매했다고 한 것으로 보아, 그에게 진짜 대리석이 있었음을 알 수 있다. 하지만 대리석은 비싸고 구입하기 어려웠으므로, 16세기에는 김매남의 기발한 기술을 거쳐 용담석이 대리석을 대체할 수 있게 되었다. 용담을 방문한 김매남은 용담석을 보고는, "조금만 매끄럽게 갈고 다듬으면 대리의 봉황석 못지않게 아름다워질 것"이라고 생각했다. "그래서 그는 인부들을 동원해 땅을 파고 돌을 꺼낸 뒤 이를 조각으로 잘라내었다. 그리고는 돌의 무늬에 따라 그 표면을 갈고 닦아 병풍, 궤, 상, 탑을 만들었다. 한눈에 보기로는 그것이 대리석이 아니란 사실을 아무도 알아챌 수 없었다." 이일화의 일기에는 김매남이 진짜 대리석처럼 정교하게 옻칠 된 용담석을 가지고 지체 높은 관리를 속여 은 60냥을 가로챈 재미있는 이야기가 기록되어있다. 물론 위조는 언제나 경계해야 할 일이지만, 이일화는 출세 지향적인 관리가 자신이 사기당한 것을 알고 곤혹스러워한 사실에서 인과응보를 느꼈던 것 같다. 이일화식으로 말하자면 그 관리는 세련된 물건을 소유할 자격이 없는 속물이자 경계 대상이었다.

도자기

오늘날 우리에게 가장 친숙하면서도 흔한 명의 물품은 확실히 도자기다. 당시 유럽인은 도자기를 그 원산지 이름을 따라 '차이나china'라 불렀다. 현재 도자기의 전형으로 인식되고 있는 것은 원에 등장했던 도자기 양식이다. 얇고 하얀 자기 위에 유약을 바른 뒤 암청색 문양을 넣고 그 위에 다시 유약을 바른 다음 고온에서 구워내면 유리처럼 투명하고 단단한 도자기가 탄생한다.

도자기는 중국의 발명품이다. 그러나 흰 바탕 위에 새겨 넣은 암청색 문양만큼은 중국의 발명품이 아니다. 그것은 세계 도자기 시장에서 형성된 다문화의 산물에 해당한다. 하얀 바탕에 파란색 무늬를 넣는 기술은 원래 페르시아 문화에서 기원했다. 페르시아의 도공陶工들은 맑은 도자기를 생산하는 기술력이 부족했지만, 암청색 안료를 소유하고 있어서 도자기 표면에 실감 나는 무늬를 넣을 수 있었다. 페르시아 사람들의 취향을 파악한 중국의 도공들은 월등히 뛰어난 유약 기술을 사용하여 훨씬 정교한 자기를 만들어냈고, 이 제품들이 14세기부터 페르시아 시장에서 팔려나가기 시작했다. 페르시아에서 중국의 도자기 수요가 높았던 데는 페르시아의 종교적 제약과도 어느 정도 관련성이 있었다. 금은 접시에 음식을 담아 먹는 것을 지나친 사치로 규정하여 금지한 『코란』의 율법 때문에(주원장도 자신의 일가에 동일한 금지령을 내린 바 있다), 부유한 페르시아 사람들이 손님들에게 고급스러운 식기로 식사를 대접하려고 청화 백자를 사용한 것이 그 시초였다.

원 시대 도자기 생산의 중심지는 강서성에 위치한 경덕진으로, 오늘날까지 그 명맥을 잇고 있다. 경덕진이 도자기 중심지로 발달하게 된 것은 인근에 도자기의 원료인 백돈자白墩子가 대량 매장되었기 때문이다. 가루로 분쇄된 백돈자를 다른 원료들과 섞어 반죽한 뒤, 모양을 빚어 유약을 바르고 가마에서 구우면 도자기가 만들어졌다. 경덕진은 양자강 하류의 주요 상업 도시들과는 거리가 멀었지만, 배로 양자강 삼각주 지역까지 도자기를 운송하면 충분히 이익이 났다.

원 조정은 1278년 경덕진에 궁정용 자기를 관장하는 부량자국浮梁瓷局을 설립하면서 경덕진의 도공들에게 어용御用 물품을 조달하도록 명령했다. 부량자국은 1292년과 1324년 각각 확대되었고, 1324년에는 요주로饒州路 총관에 직속되었다. 그러나 그런 지위는 오래가지 않았다. 1325년 경덕진은 반역자들의 관할에 들어간 뒤 1369년이 되어서야 다시 국가의 관할로 복귀했기 때문이다.[35] 흥미롭게도 1325년은 청화 백자의 생산에서 전환점으로 손꼽히는 해이기도 하다. 이렇게 규정할 수 있는 것은, 고려의 해안에 난파되었던 중국 선박에서 발견된 도자기 덕분이다. 이때 물품에 붙어있던 나무 꼬리표에는 1325년 6월 1일(음력 4월 20일)이라고 적혀있었는데, 이는 화물이 선적된 날짜이거나 항해가 시작된 날짜를 의미한다. 이 화물에는 청화 백자 말고도 다양한 유약이 칠해진 5천여 점의 경덕진 도자기가 있었다.[36] 그리고 그 후 10년 동안 경덕진의 도자기 화물이나 보관소에는 청화 백자가 빠지

35) Watt and Leidy, *Defining Yongle*, pp.27-30.

36) Carswell, *Blue and White*, p.17.

지 않고 등장했다. 경덕진 도공에 대한 국가 관리가 소홀했던 것이 그 원인이었을 것이다. 거의 하룻밤 사이에 다문화의 산물인 청화 백자가 전 중국 및 국제 시장을 휩쓸었다. 15세기 티무르(14세기 후반 중앙아시아에서 강력한 티무르 제국을 건설했던 정복자 -역주)의 궁전에서부터 16세기의 멕시코, 그리고 17세기 네덜란드의 델프트(헤이그와 로테르담 중간에 위치한 도시. 17세기 델프트 도자기의 중심지로 명성이 높았다. -역주)에 이르기까지 전 세계 자기 생산의 중심지에서 중국 청화 백자의 외양과 느낌을 모방하려는 작업이 중단된 적이 없었지만, 성공한 곳은 한 군데도 없었다.

이일화는 여러 곳에서 다양한 종류의 도자기를 구입했는데, 그중에 경덕진 도자기도 포함되었다. 이일화가 도자기에 관해 길게 늘어놓은 이야기는 대부분 호십구昊十九라는 이름의 경덕진 도공에 관한 것이었다. 그는 1610년 4월 11일(음력 3월 18일)의 일기에 이렇게 적고 있다. "십구는 도자기 만드는 기술이 뛰어났다. …… 그는 영락, 선덕宣德, 성화 양식의 모든 도자기를 구웠는데 모두 진짜와 똑같았다. 사람됨 역시 품위가 있어서, 시를 읊고 그림 그리기를 좋아한다." 이일화가 볼 때 호십구는 자신이 속한 상류층 문화에 어울릴 수 있는 가장 뛰어난 장인이었다. 이일화는 1598년 봄, 황실용 도자기를 사려고 경덕진의 가마 몇 군데에 들렀을 때 호십구를 만난 일을 회상했다. "그의 머리는 이미 백발이었다. 나는 그에게 도자기를 주문하고는 은 30냥을 주었다. 내가 주문한 것은 진사辰砂와 납이 섞인 오묘한 색의 유약을 바르고 안개가 흩뿌려진 듯한 느낌이 나는 야트막한 접시였다. 나는 곧 떠났고, 이후 그 주문에 대해 잊고 있었다." 그가 이 기록을 남긴 것은 그 도공으로부터 받은 한 장의 편지 때문이었다. "오늘 나는 호십구로부터 편지 한 장을 받았는데, 그는 50점의 자기를 완성한 다음 이를 심별가沈別駕에게 부탁해서 내게 보냈다고 한다. 그런데 결국 도자기들은 사라졌다." 항주 출신의 심별가는 악명 높은 사기꾼으로, 한 왕실 가문에 돌아갈 세금을 가로챈 적도 있었다. 이일화는 "어떤 사대부도 그를 사람 취급하지 않을 것"이라고 장담한 다음, "내 그릇이 안개처럼 흩어져버렸다니 놀랍지도 않구나."라고 자조 섞인 말로 마무리했다."[37]

서예와 회화

이일화는 독서와 실내 장식에 취미가 있었고 좋은 도자기 잔으로 다도茶道를 즐기기도 했지만, 그가 가장 중요시한 물품은 서예와 회화였다. 일상적인 사치품과는 다르게, 족자나 화첩畵帖, 그리고 부채처럼 붓끝에서 시작되는 예술품은 장인들이 아니라 이일화처럼 식견 있는 학자들에게서 만들어졌다. 서화書畵는 다른 사치품과 차원이 달랐다. 물론 서화에도 일정한 기술이 필요했지만, 그 가치는 기계적인 전문가 차원이 아니라 예술적인 차원으로 평가되었고 문화적인 수요에

---

37) 李日華, 『味水軒日記』, p.92. "十九精于陶事, 所作永窯宣窯成窯, 皆逼眞. 人亦文雅好吟, 喜繪畫. 余于戊戌春, 受委選揀御用各色窯器, 知十九之賢而召見之, 發已皓白矣. 余今造流霞盞, 以新意雜丹鉛類燒成秘色. 余付之眞參金. 俄而余以讒歸, 流霞盞不復措念矣. 今書來, 知昊十九燒成五十件, 附沈別賀歸余, 竟爲乾沒. … 士大夫不齒之, 宜余盞之羽化也."

따라 가격이 매겨졌다.

회화와 서예는 엘리트가 생산에 참여하는 예술이었고, 이일화 역시 실력 있는 풍경화 화가이자 훌륭한 서예가였다. 하지만 수집가들이 주목하는 서화 작품은 극소수의 예술가로부터 나왔다. 이와 관련하여 하씨라는 수집상 이야기를 살펴보자. 이일화는 개인적인 인맥을 통해 몇몇 예술 작품을 구입했지만, 인맥으로 살 수 없는 작품이 더욱 많았다. 이러한 작품이 시장에 나왔을 때 그 정보를 알 수 있는 유일한 방법은 수완 좋은 수집상과 손을 잡는 것뿐이었다. 양자강 하류 삼각주 지역을 샅샅이 뒤져 이일화가 전혀 듣도 보도 못한 훌륭한 작품을 찾아내고 자신의 상업망을 총동원해 그것을 손에 넣을 사람이 필요했다. 그런데 하씨는 자기의 최고 고객에게 가격을 제시하는 것 이상의 큰 거래를 제시했다. 다시 말해, 그는 능력이 닿는 한 끝없이 모조품을 가져왔다. 이일화는 이것을 그저 일종의 흥정으로 이해했다. 그의 일기에는 그가 진품을 찾는 것만큼이나 모조품을 발견하는 데 재미를 느꼈음이 자주 드러난다.[38]

17세기로 접어드는 시기에 당–송 대가들의 작품을 구하기란 하늘의 별 따기였다. 남아있는 작품이 거의 없었던 반면, 원하는 사람은 너무나 많았다. 원 초 항주의 수집가들에게는 송의 가장 뛰어난 서예가로 일컬어지는 미불의 작품을 소유하는 것이 소망이었다.[39] 이일화 같

---

38) 이일화(李日華)와 그 수집상 사이의 흥미로운 신경전에 대해서는 Brook, *Vermeer's hat*, pp.80-81 참조. (티모시 브룩 저, 박인균 역, 『베르메르의 모자』, pp.128-129)

39) Weitz, *Zhou Mi's Record of Clouds and Mist*, pp.238-239.

은 수집가도 언제나 미불의 작품을 흠모하며 사소한 작품이라도 손에 넣기를 꿈꾸었지만, 송 중기와 명 말기라는 큰 시간적 격차 때문에 성공할 공산은 아주 낮았다. 수소문해서 구했던 미불의 작품은 거의 다 위조품이었다. 하류 수집상들은 미불의 이름 두 글자를 위조한 작품을 내놓기 일쑤였고, 이에 분통이 터진 이일화는 "절망적이야! 절망!"이라고 하소연하곤 했다.

앞선 왕조들이 점점 멀어져 갈수록, 명의 수집가들은 원-명의 작품으로 관심을 돌릴 수밖에 없었다. 원의 예술가 가운데 이일화가 꼽은 최고는 단연코 조맹부趙孟頫(1254~1322)였다. 또한 그가 선호한 작가들은 대체로 황공망黃公望(1269~1354), 예찬倪瓚(1301~1374), 오진吳鎭(1280~1354), 왕몽王蒙(1308~1385) 순이었다. 이일화의 감각은 매우 정확했다. 수집상들이 원의 작품이라며 회화나 서예를 가져오면, 위조품과 진품을 확실히 가려낼 수준에 있었다. 1609년 12월 7일(음력 11월 12일) 하씨가 상해의 저명한 가문에서 싸구려 물건들을 가져오자, 이일화는 몇 세대로 내려오는 오랜 가문인 만큼 분명 좋은 작품이 있으리라 기대했다. 그러나 결과는 실망스러웠다. 명의 작품 중에 몇 가지는 진품이었지만 원의 작품들에 대해서는 '기준치에 못 미친다', '의심스럽다', '믿을 수 없다' 등의 말로 일축했다. 상해의 가문이 하씨를 속였던 것일까? 아니면 하씨가 이일화로부터 한 밑천 잡으려고 작정하고 속인 것일까? 우리로서는 알 수 없는 일이다. 그러나 하씨도 이일화도 희망을 버리지 않았다. 5일 뒤, 한 동업자와 함께 돌아온 하씨는 원의 예찬이 직접 그린 진품을 가져왔다. 이일화는 "붓놀림이 대단히

훌륭하다."며 기뻐했다.[40)]

원의 작품들은 이미 너무 귀해져서, 이일화 같은 수집가도 결국 명의 대가에게 눈을 돌릴 수밖에 없었다. 이일화는 심주沈周(1427~1509), 당인(1470~1524), 진순陳淳(1483~1544), 문백인文伯仁(1502~1575) 등의 작품을 선호했으나, 그가 가장 선호했던 작가는 문징명(1470~1559)으로 앞서 언급했던『장물지』의 저자인 문진형의 증조부였다. 우리는 앞서 3장에서 16세기 중엽 온화한 기후로 접어들기 직전인 1530년대 초「관산적설도」(그림 4)를 그린 작가로 문징명을 언급한 바 있다. 17세기에 접어들어 사람들의 취향이 바뀌기 전까지, 문징명은 명의 대표적인 서화가였고, 원의 대표적인 서화가 조맹부와 같은 대접을 받았다. 문징명의 작품을 접할 때마다 이일화는 항상 기뻐했다. 하씨가 처음으로 문징명의 그림을 가지고 왔을 때 이일화는 붓끝이 '거칠다'고 지적했지만, 그럼에도 불구하고 마음에 들어 했다.[41)]

이일화 생전에 문징명을 뛰어넘은 예술가는 동기창(1555~1636)뿐이었다. 화가이자 서예가이며 예술 이론가였던 동기창은 (이일화의 고

40) 서화에 대한 이일화(李日華)의 언급은,『味水軒日記』, p.58("夏賈持諸畫來, 披閱, 乃上海潘氏物也") , 62("十七日, 夏賈引華亭客持倪云林《古木秀石》一小幀, 筆姿秀絶"), 93, 124, 170, 187, 283("夏賈携透明犀杯一, 琥珀帶杯一, 舊玉玦一來看. 賈從金陵來, 云近日書畫道斷, 賣者不賣, 買者不買. 蓋由作僞子多, 受紿者不少, 相戒吹齏, 不復敢入頭此中耳."), 298("夏賈從杭回, 袖出一物, 乃拾入土碎玉片琢成琴樣 … 自士大夫搜古以供嗜好, 紈袴子弟翕然成風, 不吝金帛懸購, 而猾賈市丁任意穿鑿, 駕空凌虛, 幾于說梦"), 417("夏賈以文徵仲《存菊圖》僞本來, 意態甚驕. 余不語久之, 徐出所藏眞本幷觀, 賈不覺斂避. 所謂眞者在側, 慚惶殺人者耶. 可笑. 是卷余購藏二十年余矣") 참조.

41) 문징명의 거친 화법에 대해서는 Clunas, *Elegant Debts*, p.178 참조.

향인 가흥부의) 북쪽에 인접한 송강부 출신이었다. 이일화보다 10세 위였던 동기창은 예술적 취향의 변화를 선도한 선구자로 이일화의 세대를 문화적으로 이끈 장본인이었다. 또한 문화와 도덕 면에서 최고의 미학을 추구하며 기량이 뛰어난 문인 작가들의 계보를 확립한 인물로서, 궁궐이나 시장을 위해 그림을 그리는 단순한 그림쟁이와는 비교할 수 없는 수준이었다. 재능 있는 문인 작가들의 계보는 송의 범접할 수 없는 작가 미불에서 시작되었다. 이후 그 계보는 '원의 4대 대가(황공망, 오진, 예찬, 왕몽)'에 의해 풍부해졌고, 16세기 문징명의 그림으로 절묘한 표현법에 도달했으며, 동기창의 작품에서 절정에 달한 뒤 그를 끝으로 막을 내리게 된다.[42] 이일화는 동기창의 지적·심미적 영향 아래 살면서 그의 취향을 공유했고, 그의 회화와 서예 작품을 수집했다. 동기창의 성공은 회화사 전문가라는 독보적인 지위와도 관련이 있었지만, 상당한 수준의 그림 솜씨도 크게 작용했다. 오늘날 우리가 '중국 미술'에 대해서 가지고 있는 인식은 동기창으로부터 나온 것이다.

시장과 취향

이일화는 자기가 수집한 물건들을 정말 좋아했을까? 그의 일기를 보면, 그가 정말 좋아한 것이 맞다고 할 수 있다. 물론, 실제로 이일화가 어떻게 느꼈는지는 우리로서는 알 길이 없다. 중요한 사실은 그가

42) Cahill, *Parting at the Shore*, pp.9-14.

당시의 일반적인 취향과 일치하는 선택을 했다는 점이다. 더 중요한 사실은, 그의 예술품 수집은 이러한 물품을 상업적으로 유통시킨 시장이 있어서 가능했다는 점이다. 문화적인 작품을 획득하는 데 취향도 중요했지만, 취향보다 더 중요한 것은 시장이었다. 예술은 상업이었다. 그렇지 않았더라면, 이일화가 예술품 수집에 그토록 열중하지도 않았을 것이다. 좋은 예술품을 모으는 일은 가정 연간부터 시작되어 만력 연간에 이르러 사업으로 확대되었다. 가정 연간에는 친한 인맥과 상부상조라는 개념으로 좋은 그림을 주고받는 수준이었고, 그런 가운데 좀 더 긴밀한 상류층 모임에서 '우아한 빚elegant debts'이라는 이름으로 작품 교환이 이루어지기도 했다.[43] 만력 연간에는 전문 화가에게 작품 생산을 주문하고 대가를 치르는 후원자들이 등장했다. 그러면서 중개 상인을 통해 익명의 수요자에게 고급 예술품이 전달되는 관행은 점차 줄어들었다.

문화의 상업화가 취향을 변화시켰다고 단정할 수는 없다. 아니 오히려, 더욱 강화시켰다고 할 수 있다. 다만, 수요에 영향이 있었던 것은 사실이다. 즉 문화가 상업화되면서 시장에 진품보다 훨씬 많은 위조품이 유통되었고, 작품을 사는 행위는 진짜와 가짜를 구별하는 더욱 정교한 게임이 되었다. 1613년 1월 8일(음력 1612년 윤 11월 18일), 하씨는 시장에서 예술품을 구하지 못하고 잡다한 물품만 몇 개 건지고는 의기소침해져 돌아와 이일화에게 이렇게 말했다. "최근 서예와 회화 시장에 씨가 말랐습니다. …… 팔려는 사람도 사려는 사람도 없습니

---

43) 이 용어는 Clunas, *Elegant Debts*, p.8에서 가져왔다.

다. 위작들이 너무 많고 이 때문에 피해를 입은 사람도 적지 않기 때문이지요. 다들 불에 데지 않으려고 서로 눈치만 보고 있고, 선뜻 나서는 사람이 아무도 없습니다." 이때 하씨가 발견한 현상은 사치품 소비에 적용된 그레셤의 법칙Gresham's law이라 할 수 있다. 즉 시장에서 과대평가된 물건(정체불명의 위조품)이 과소평가된 물건(신뢰할만한 진품)의 유통을 몰아낸 것이다. 이 점이 당시 명품을 거래하고 수집하는 데 위험 요소로 작용했다.

이일화가 볼 때 문제의 장본인은 중개 상인이 아니었다. 교양 없는 수많은 소비자가 시장을 장악한 것이 진짜 문제였다. 1613년 3월 6일(음력 1월 16일) 하씨가 길이 13센티미터 정도의 옥 조각을 가져와 그것이 서예가들을 위한 손목 받침대이며 고대의 유물이라고 주장했으나, 이일화는 그것이 옥돌로 된 출토품 조각에 불과하다는 사실을 발견하고 하씨에게 그 근거를 충분히 설명했다. 그날의 일에 대해서 이일화는 일기에 훈계조의 기록을 남겼다. "사대부들이 골동품을 모으고 원하는 물건을 모조리 사들이며 마음껏 욕망을 달래고 있으니, 덩달아 그 자제들도 돈과 재물을 아낌없이 뿌리고 다닌다. 그러니 교활한 상인들과 사기꾼들이 그들에게 무엇이든 팔아먹으려고 가짜를 진짜라며 터무니없는 소리를 지껄이고 다니는 것이다." 이일화는 진정한 문화물을 소유하는 것이란 좋은 양육과 교육을 받은 증거라고 간주했다. 문화물에 대한 진정한 이해 없이 그저 많은 돈을 내세우는 재력가들 때문에 진정한 수집가들의 시장은 혼탁해져 있었다. 물론 명품 수집에서 가장 필요한 요소가 돈이라는 점은 부정할 수 없는 진실이었다. 이 때문에 단순한 수집과 진정한 예술품 감상을 구분하려는 수집가들은 불만이 많았고, 자신이 투자나 사회적 지위 때문에 명품을 수집하는 부자가 아니라, 사심 없이 문화적 전통을 전수하는 자임을 인정받고 싶어 했다.

이일화와 수집상 하씨와의 상업적인 관계는 1614년 11월 9일(음력 10월 8일) 하씨가 문징명의 「존국도存菊圖」를 가지고 나타났을 때 극명히 드러났다. 하씨는 자신이 이처럼 훌륭한 문징명의 그림을 찾아낸 것에 대해 "매우 자랑스러워했다."라고 이일화는 회고했다. "나는 한동안 아무 말도 하지 않았다. 그리고는 천천히 내 수집물 가운데 그 진품을 꺼내어 보여주자 그는 가타부타 일언반구 없이 줄행랑을 쳤다. 내가 진품을 그가 가져온 그림 옆에 놓자 그 넋 나간 표정이란! 가소로운 일이로다! 나는 이 족자를 이미 20여 년 전에 구입했노라."[44]

우리는 이 이야기에서 하씨의 입장에 대해서는 모른다. 이일화는 취향의 기준을 정하는 데 우세한 입장이었고, 하씨는 공급 조건에서 우위를 점했다. 하씨는 이일화와 계속 거래하려면 지속적으로 물품을 공급하는 수밖에 없었다. 따라서 이일화에게 모조품이라도 기꺼이 보여주면서 그의 검열을 통과하기만을 기다렸을 것이다. 시장은 이일화에게 원하는 상품을 공급해주었을 뿐만 아니라, 싸구려 물건에 거액을 물리는 식으로 언제든지 그를 등쳐먹을 준비가 되어있었다. 하씨가 11세기에 만들어진 족자가 맞는지 감정해달라고 가져온 물품을 보고(하씨는 진짜라고 감정을 받으면 팔려고 했다) 이일화는 다음과 같이 불평했

44) Clunas, *Elegant Debts*, p.176에서 인용한 번역을 다시 수정해서 사용했다.

다. "이것은 최근 소주에서 누군가가 날조한 정체불명의 물건이다."[45] 우리는 소주의 장인들을 탓할 수 없다. 그들은 단지 팔릴만한 물품을 시장에 내놓은 공급자였을 뿐이다. 시장에는 송의 작품이 부족했기 때문에, 대다수 소비자들은 소주의 모조품에 만족해야 했다. 냉정하게 보자면, 모조품 유통은 모조품 수요가 있었다는 증거다. 모조품은 가치로는 최악이었지만 외형적으로는 가장 완벽한 명품이었다.

이일화는 특출한 예술가의 작품을 지속적으로 수집했고 예술계를 감시하여 모조품을 걸러내는 일을 했다. 그가 한 일은 단지 좋아하는 작품을 소유하려는 개인의 욕구 충족을 넘어서는 수준이었다. 그가 추구했던 취향의 기준은 오늘날까지도 중국의 '국가적 양식national style'으로 우세한 자리를 점하고 있다.[46] 만약 이일화처럼 자신이 중요하다고 여기는 물품에 시간과 에너지와 돈을 끝없이 투자한 수집가들이 없었다면 원–명 시대의 걸작들은 세월이 가면서 가치를 인정받지 못했거나 제대로 보관되지 못한 채 사라졌을 것이다. 이일화가 의도한 바는 아니었으나, 그의 노력은 그의 세대뿐 아니라 이후의 모든 세대에게까지 중국 예술이란 무엇인지에 대한 인식을 심어주었다. 그 영역은 비단, 회화에 그치지 않았고 자기나 가구에 관해서도 마찬가지였다. 이런 경향이 도서에 있어서는 다소 부족했지만, 오늘날 중국의 북 디자이너들 중에는 옛 판형의 특색을 모방하려는 이들이 적지 않다.

45) 李日華, 『味水軒日記』, p.406. "乃近日蘇州人捏怪也."

46) Hsü, *A Bushel of Pearls*, p.16.

오늘날 우리가 '중국 문화'라고 정의하는 것에는 대체로 원-명 시대의 예술가, 장인, 감정가들이 많은 기여를 한 것이 사실이지만, 그들의 공헌이 전부는 아니었다. 소주의 상업적 예술가, 경덕진의 도공들, 그리고 하씨 같은 수집상들이 물품 거래에서 모두 최선을 다한 결과가 지금의 중국 문화 형성에 큰 보탬이 되었다.

9

| 남중국해 |

관방주管方洲라는 상인이 바다로 나갔다. 과거의 그로서는 전혀 상상도 하지 못한 일이었다. 그는 소주에서 성공한 은세공가로, 관부官府의 높은 수수료를 받으며 큰 수익을 올렸다. 때는 1570년대 후반, 수보 장거정이 이전의 요역을 은으로 대신 납부하도록 바꾸는 등 전반적인 세제 개혁을 진행하던 시기였다. 비유가 아니라 말 그대로 은이 통용 화폐가 되었다. 은세공가에게는 사업을 벌이기에 좋은 시기였고, 그리하여 관방주는 부자가 되었다.

관방주는 바다와 직접적인 관련은 없었지만 바다에서 활동하던 상인들을 알았을 것이다. 소주는 비록 항구 도시는 아니었으나, 양자강 삼각주 지역에서 뻗어나가는 육상과 해상 전체를 아우르는 무역망 가운데 상업의 핵심 축에 해당했다. 도매상이 대규모 수출품을 가지고 소주에 모이면, 그 물품은 바지선에 실려 태창太倉, 상해, 가흥 등 출항

가능한 항구로 수송되었고, 거기서 다시 화물선에 선적되어 해안을 따라가거나 일본으로 향했다. 40여 년 동안 해상 무역을 무용지물로 만들었던 해금령海禁令이 1567년 해제되자 수출 산업이 크게 성장했다. 일본과의 무역은 여전히 차단되었지만, 세관 관리의 도움을 받는다면 화물의 도착지를 조작하는 것은 그리 어려운 일이 아니었다. 관방주는 비단과 도자기의 수출에는 무관심했으나, 선장들이 남중국해 주변의 수출입 항에서 매번 가지고 오는 귀한 물품에 대해서는 관심이 컸던 것으로 보이는데, 그 귀한 물품이 바로 은이었다. 해금령이 해제되면서, 기존 운남성 광산에서 합법적으로 채굴한 은이나 남쪽 여러 지방의 불법적인 채굴로 얻은 은보다 더 많은 은이 외국에서 유입되기 시작했다. 장거정은 강남 경제가 자금으로 넘쳐나던 이때 조세 체제를 은 본위제로 전환하도록 박차를 가해야 한다고 판단했다.

관방주는 자신의 범죄가 적발되지 않았더라면 바다로 나가는 일은 없었을 것이다. 영리한 은세공가라면 자신이 가진 은만으로 이윤을 내는 법을 수백 가지나 알았을 것이다. 하지만 관방주는 지나친 욕심을 냈으니, 정부를 대상으로 무려 은 1,000냥을 사취하는 죄를 범했다. 그의 횡령 사실이 드러나자, 그는 소주 관아의 감옥에 하옥되어 북경에서 내려올 처벌을 기다리게 되었다. 「대명률大明律」의 공부工部 제449조에는 사역使役에 필요한 것보다 더 많은 물품을 주문한 사건을 처리하는 조항이 있는데, 관방주는 이 조항에 따라 유죄일까? 만약 그렇다면 판사는 국고에서 전량錢糧 등의 재물을 절도한 창고 관리인을 처벌하는 「대명률」의 형부刑部 제287조에 의거하여 형을 내릴 것이다.

이 조항에 따르면, 은 40냥에 달하는 물품을 절도한 죄인은 참수형이었다. 그렇지 않다면 그다음 조항인 제288조에 따라, 일반인이 국고의 재물을 절도한 것으로 처벌해야 할까? 만약 그렇다면 절도물이 은 80냥이 넘는 경우 교수형에 처했다. 관방주의 절도 행각은 두 조항의 한계치를 모두 넘어섰으므로, 남은 문제는 어떤 형태의 사형이 선고되느냐였다. 형부 287조에 따르면 참수형이었지만, 288조에 따르면 교수형이 적용되었다. 사람들은 그나마 교수형이 낫다고 생각했는데, 왜냐하면 시신이라도 온전해야 사후 제사를 받아 환생할 수 있다고 믿었기 때문이다. 관방주는 지방관이 중앙의 지시를 기다리는 동안 일시적으로 형 집행 유예를 받았다.[1]

당시 교도소장은 관방주의 아들과 혼인으로 맺어진 왕王씨가 맡고 있었다. 관방주에게는 더할 나위 없이 좋은 연줄이었다. 왕씨는 성격이 느긋한 교도소장으로 알려져 있었는데, 결국 관방주에게 매일 저녁 옥문이 닫히기 전까지는 맘대로 감옥을 출입할 수 있도록 허락해주었다. 그러던 어느 날, 감옥에서 나갔던 관방주가 저녁이 되어도 돌아오지 않았다. 관방주의 탈옥 소식을 접한 어사는 분노했고, 비록 죄수가 없어졌어도 범죄는 반드시 처벌되어야 한다는 원칙에 따라 관방주가 받아야 할 형벌을 왕씨가 대신 받으라고 명령했다. 다급해진 왕씨는 형벌이 집행되기 전에 관방주를 찾아내야만 했다. 따라서 왕씨의

1) Jiang, *The Great Ming Code*, p.157-158, 244. 교수형과 참수형에 대한 인식의 차이에 대해서는 Brook et al., *Death by a Thousand Cuts*, pp.50-51 참조. 명의 법률은 시신이 온전히 유지되어야 한다는 원칙을 수용했고, 최고 중범죄인 경우에만 그 원칙을 깨는 처벌을 가했다.

가족들은 거금을 들여 온 사방에 수색꾼을 파견해 관방주를 찾아내게 했다.

곤경에 처한 왕씨를 동정하는 움직임이 확산되면서, 지방관 역시 포졸들에게 관방주를 함께 추적하라고 명했다. 하지만 이는 결국 도움이 되지 않았다. 그들은 관방주가 배를 타고 바다로 나갔다는 낌새만 간신히 포착하는 데 그쳤다. 관방주가 배를 타고 해안을 따라 내려갔을 것이라 추측한 포졸들은 같은 방향으로 출발해서 복건성과 광동성의 항구들을 샅샅이 뒤졌다. 하지만 이러한 노력에도 불구하고 그들은 빈손으로 돌아왔다. 관방주는 흔적도 없이 사라졌다.[2] 나중에 다시 언급하겠지만, 사건은 아직 끝나지 않았다.

해양 무역

유라시아 대륙의 한쪽 끝에서는 한 은세공가가 운하를 따라 양자강 어귀 남쪽 제방의 항구로 내려와, 배를 타고 바다로 나아갔다. 그 무

---

2) 沈德符, 『萬曆野獲編』, p.481. "如盜錢糧四百兩以上 俱非時誅死
吳中有銀工管方洲者 私用官帑千金 事發問斬 奏請旨下卽正法
暫繫蘇州衛鎭撫司獄 時押獄者王百戶 卽管兒女姻也防範稍疎 聽其出入
一夕忽叛逸 上臺震怒 卽以主者代其罪收禁之 百戶家故溫 出重賞募人 四出搜討
督捕役甚急 微聞有浮海行者 蹤跡可疑 乃南至閩廣近海諸地 無不遍歷
杳無消息 捕者意已闌 理歸裝矣. 一日至香山嶼, 忽傳走洋敗船飄至, 姑往觀之,
則桅舵俱失, 寂無人聲, 僅火艙留一二垂死者, 則管在焉. 諸役大喜, 紿之曰,
吾輩亦將入南夷市販, 今如此危險, 決意歸矣, 子可偕我行, 子事已經大赦,
勿慮也. 遂拉之還吳, 時旨已下, 遲三日百戶者赴市矣. 比管至立釋之,
吳人駭歎天綱之巧如此."

렵, 유라시아 대륙의 다른 쪽 끝에서는, 템스 강Thames River 인근의 한 도서관에 런던 항에서 배달된 최초의 중국 서적이 도착했다. 영국이 중국 서적을 입수한 때는 1604년으로 상대적으로 상당히 이른 시기였다. 중국 차茶가 런던에 처음 도착한 때가 그로부터 5년 뒤였으므로, 엘리자베스 1세 치하의 영국에서는 중국 차를 맛본 사람이 아무도 없었다.

중국 서적의 최종 목적지는 옥스퍼드Oxford 대학교였다. 관직에서 은퇴한 토마스 보들리Thomas Bodley (1545~1613)가 인생 후반기의 야심찬 사업으로 4년 전 옥스퍼드 대학교 도서관을 설립한 터였다. 타이밍이 기가 막혔다. 구텐베르크가 중국의 가동 활자 인쇄술을 도입한 지 100년이 채 안 되어, 그 인쇄술이 신속히 퍼져나갔던 시점이었기 때문이다. 한때는 보편적인 지식을 얻기 위해 일정한 책만 읽으면 되었지만, 이제는 읽어야 할 책이 무한정 많아졌고, 한 사람이 모든 책을 소유하는 것 또한 불가능해졌다. 학자들은 서로 뭉쳐야 했으며, 공공 도서관이 필수가 되었다. 보들리는 그리스어나 라틴어 같은 고전 언어보다는 '현대어'로 출판된 책에 좀 더 특별한 관심이 있었다. 그는 젊은 시절, "바다 너머로 여행하여 여러 나라의 현대 언어를 배우기를 갈망"했고, 4년간 이탈리아, 프랑스, 독일에서 언어를 배웠다고 회고했다. 그는 자신이 설립한 도서관에 자신이 아는 언어뿐 아니라 다른 모든 언어로 된 책과 원고를 모으는 것을 사명으로 여겼다.[3] 그리하여 처

3) Bodley, *The Life of Sir Thomas Bodley*, in "Literature of Libraries in the seventeenth and eighteenth century", Scarecrow Reprint Corporation, 1967, pp.38, 58.

음 중국 책을 받은 때가 바로 1604년이었다.

보들리는 이 서적을 아마도 암스테르담Amsterdam에서 활동하던 서적 중개상을 통해 구매했을 것이고, 그 중개상은 네덜란드 동인도 회사Verenigde Oostindische Compagnie의 누군가로부터 얻었을 것으로 추정된다. 그로부터 2년 전(1602)에 설립된 네덜란드 동인도 회사는 신생 네덜란드 공화국Dutch government의 전국회의Estates General(상하 양원으로 이루어진 네덜란드 공화국의 국가 최고 기관 – 역주)가 만들어낸 절묘한 작품이었다. 이 기구를 통해 처음 아시아로 진출하게 된 네덜란드 상인의 첫 주자들은 포르투갈이나 스페인 상인들을 넘어서야 하는 과제를 안았다. 그로부터 10년이 채 안 되어 동양에서 오는 상품의 집결지는 리스본에서 암스테르담으로 바뀌게 된다. 암스테르담의 부두에 적재된 초창기 화물 가운데 중국 서적은 흔치 않았다. 네덜란드나 영국에는 중국어를 읽을 수 있는 사람이 없었으므로, 중국 서적은 단지 호기심의 대상에 불과했다. 하지만 보들리는 서적을 사놓는다면 언젠가 누군가는 그 서적의 지식을 활용하리라는 점을 간파했다.

보들리는 자신이 도서관에 있는 동안 무작위로 중국 서적을 구입했다. 보들리안 도서관Bodleian Library이 유명해지자, 1635년에 캔터베리 성당의 대주교이자 옥스퍼드 대학교의 총장인 윌리엄 러드William Laud(1573~1645)가 도서관에 여러 가지를 기부하면서 아시아 서적도 몇 권 전달했다. 러드는 언젠가 영국의 학자들이 아시아의 언어를 통달하게 되리라 굳게 믿고, 아시아의 각종 서적과 필사본을 수집하고 있던 터였다. 그로부터 3년 전, 케임브리지Cambridge 대학교에서 처음으로 아랍어 교수를 임용했고, 옥스퍼드 대학교에서도 러드의 아시아 서적 기증 이후 1년 뒤인 1636년 러드가 옥스퍼드의 첫 번째 아랍어 연구자가 되었다. 그다음 해 러드의 기증품 가운데 중국 서적이 또 한 권 포함되었다.[4] 러드가 기증한 중국 서적은 대부분 소설이나 중국어 입문서 같은 일반적인 상업 출판물이었다. 그것들은 선장의 가족이 취미로 읽었거나 아이들 교육을 위한 책이지, 학자들이 소장할만한 책은 아니었다. 그런데 러드의 기증본 중에는 명 시대 최고의 학술 도서관에서 소장한 책들보다 훨씬 가치 있는 책 한 권이 포함되었다. 그 책은 1639년 예수회 선교사가 러드를 방문해서 전달한 것으로, 중국과 세계를 연결하는 바닷길을 (지도가 아니라 언어로) 보여주는 항해 지침서rutter의 필사본이었다. 표지에는 손 글씨로 쓰인『순풍상송順風相送』이라는 제목이 달려있었는데, 오늘날에는『러드의 항해 지침서*Laud rutter*』라는 이름으로 알려져 있다.[5] 이 지침서는 복건성 남부 해안부터 시작하여 유구琉球(오키나와)를 지나 일본, 필리핀의 스페인 항구인 마닐라Manila, 아래로는 브루나이Brunei 등 동남아시아, 그리고 인도양의 여러 항구들과 캘리컷(인도 남서부 지역. 오늘날의 케랄라Kerala 주) 및 페르시아 만의 입구인 호르무즈Hormuz(이란 호르무즈 해협에 있는 섬)까지 이르는 항로를 담고 있다. 내용의 일부는 영락제 때 파견된 정화 원정단의 자료에서 나온 것으로, 대단히 귀한 자료였다.

---

4) Trevor-Roper, *Archbishop Laud, 1573-1645*, p.276.

5) 이 항해 지침서는 이후 향달(向達)이 교주(校註)를 덧붙여『兩種海道針經』이라는 이름으로 출판되었다. 이 지침서와 정화 원정단이 이용했던 항해 지침서와의 관련성에 대해서는 Tian Rukang(田汝康), "Duhai Fangcheng(渡海方程)" 참조.

역사학자 향달向達(1900~1966)(돈황학敦煌學과 중외교통사中外交通史 분야에 정통한 역사학자로, 1935년 유럽으로 건너가 보들리안 도서관 등지에서 수많은 한적漢籍 자료를 수집해 귀국함. -역주)이 옥스퍼드 대학교에 방문하여『러드의 항해 지침서』의 현대판을 기획하여 1961년 출간했지만, 외국인 혐오의 시대로 각인된 명을 연구하는 역사가들에게 큰 영향을 미치지는 못했다. 일부 중국인이 바다로 진출했다는 증거로 이 책이 취급되기는 했지만, 그렇다고 다른 세계에 무관심했다고 알려진 농업 제국 명에 대한 인식을 바꾸지는 못했다. 그러나 이 책에는 바다로 진출했던 중국인에 대한 이야기만 있는 것이 아니라, 그들이 명과 다른 세상을 잇는 상업망commercial web의 형성에 적극적으로 참여했다는 대단히 드라마틱한 이야기 또한 담고 있다. 게다가 이 상업망을 통해 유럽에 자본주의적 기업이 등장할 수 있는 여건이 형성되었다.

이제 화제를 바꾸어 존 셀던John Selden(1584~1654)이 옥스퍼드 대학교에 기증한 지도의 형태를 살펴보고자 한다. 이 역시 보들리안 도서관의 자료를 사용했다. 런던에서 잘나가는 변호사이기도 했던 셀던은 옥스퍼드 대학교 최초의 히브리어 교수가 되었다. 히브리의 법과 셈족 신화에 대한 그의 연구는 시인 존 밀턴John Milton을 포함하여 많은 사람으로부터 주목을 받았다.[6] 옥스퍼드 대학교 최초의 동양 학자였던 셀던은 학문적으로도 이른바 '국민의 권리와 특권rights and privileges

---

6) Ronsenblatt, *Renaissance England's Chief Rabbi*. 존 셀던은 *De diis Syriis*(시리아의 신에 관하여)를 1617년 출간하면서 대표적인 동양 학자라는 명성을 얻게 되었고, 이후 일련의 히브리의 법에 대한 연구를 지속하면서 1630년대에도 명성을 이어나갔다.

of the subject'을 열렬히 옹호했다. 그의 이 발언은 특히 찰스 1세King Charles를 겨냥한 것이었다. 셀던은 1629년 왕실의 수입 관세를 독단적인 권력 남용이라고 비난하여 왕실 재판소Marshalsea 감옥에 수감되었다가, 그다음 해에 대주교 러드에 의해 석방된 바 있었다. 러드는 그의 정치적인 견해에는 동의하지 않았지만, 누구보다 그의 학문을 존경했던 사람이다.[7] 셀던은 1640년 열린 장기 의회Long Parliament(청교도 혁명이 시작된 1640년 찰스 1세에 의해 소집된 의회. 1653년 크롬웰에 의해 해산됨. – 역주)에서 옥스퍼드 대학교의 일원으로 복귀하여 동일한 입장을 옹호했다. 1640년 12월에 작성된 제2차 장기 의회 선언문의 다음 문구는 셀던의 입장과는 배치되었을 수도 있다. "왕은 의회의 동의 없이는 외국에서 물품(조국의 물품은 제외)을 들일 권한이 없다."

셀던은 동양의 필사본을 포함하여 자신의 장서를 보들리안 도서관에 기증했는데, 필사본 중에는 큰 벽지도가 한 장 들어있었다(그림 17).[8] 이 지도는 다른 형식의 사본이 전혀 존재하지 않는다. 지도에 사용된 지명은 이것이 명의 것임을 알려주지만(지도에는 청의 지명인 호북성湖北省과 호남성湖南省이 아니라 명의 지명인 호광성湖廣省이 등장한다), 이것은 명의 지도가 아니다. 명의 영토가 지도 위쪽의 2/3정도 되는 공간

7) 셀던(Selden)과 러드(Laud)의 관계에 대해서는 Trevor-Roper, *Archbishop Laud*, p.336-337 참고.

8) 이 지도가 알려지지 않았던 이유는 단순하다. 수십 년 동안 이 지도를 확인한 사람이 아무도 없었기 때문이다. 심지어 중국 지도학의 전문가인 이효총(李孝聰) 교수가 1992년 옥스퍼드 대학교를 방문해서 『歐洲收藏部分中文古地圖續錄』의 자료를 모을 때에도 이 지도를 누락했다. 이 지도의 소재를 알려주고 이용할 수 있도록 복사본을 만들어준 데이비드 헬리웰(David Helliwell)에게 매우 감사한다.

그림 17.「셀던의 지도」

이 지도는 비공인 17세기 벽지도로 존 셀던이 보들리안 도서관에 기증한 것이다. 동아시아 지역이 묘사된 이 지도에는 북쪽으로는 시베리아부터 남쪽으로는 자바(Java)까지, 동쪽으로는 일본과 필리핀부터 서쪽으로는 버마(Burma)까지 그려져 있다. 옥스퍼드 대학교 보들리안 도서관 소장.

에 처박혔고, 그마저도 북부 지역은 이상하게 잘리거나 일그러졌다. 복건성의 한 연안에서 남중국해의 모든 이름난 지역을 하나로 잇는 선이 그려진 것으로 보아, 지도를 제작한 목적은 해양 무역에 있었다. 항해 방향이 바뀌는 길목마다 방위를 기록하여 선원이 항로를 다시 맞출 수 있게 해놓았다. 지도의 서쪽은 벵골 만까지만 이어졌다. 그러나 인도 남서부의 케랄라(캘리컷) 지역을 표시하는 테두리 안에는 아덴Aden(예멘 교역의 중심지), 도파르Djofar(아라비아 반도 남쪽 오만의 남부 지역), 호르무즈로 가는 방향 표시가 되어있다. 이 지역은 모두 환관 제독인 정화가 지나갔던 곳이다.

「셀던의 지도」는 『러드의 항해 지침서』와 완벽하게 일치한다. 즉 지도와 글로 표현된 문서가 맞춘 듯이 꼭 맞았다. 어떤 면에서, 이러한 일치는 순전히 우연일 수 있다. 두 물품이 옥스퍼드 대학교에 도착한 경로가 완전히 다르기 때문이다. 그러나 두 자료 모두 역사의 같은 순간을 기록했다는 공통점이 있는데, 그것은 바로 유럽과 중국의 무역이 연결되는 중요한 순간이었다.

조공과 교역

한漢 시대 이래로 중국 왕조들은 외국과 관계를 맺을 때 두 가지 방식을 사용했는데, 하나는 공식적인 방식인 조공이고, 다른 하나는 부분적으로만 형식을 갖춘 교역이었다. 조공 체제는 외국의 통치자가 사신을 파견하되 현지의 진기한 물건을 조공품으로 함께 보내는 것이었다. 황제는 답례로 이들 사신에게 받은 조공품의 가치와 같거나 더 높은 회사품回賜品을 하사했고, 사신들은 이를 자신의 통치자에게 가지고 갔다. 황제는 조공을 바치는 통치자에게 작위爵位를 하사하기도 했고, 왕위 계승 논쟁이 발생할 때는 자기 마음에 드는 자를 통치자로 임명하기도 했다. 이것은 상호 인정mutual recognition과 상호 합법화mutual legitimation를 위한 장치였으며 세계 패권을 장악하려는 중국의 야욕을 뒷받침해주는 수단이기도 했다. 진실인지는 모르겠지만, 조공은 양국 모두 만족스러워하던 체제였다. 조공을 통해 중국은 갈망하던 국제적 위상을 얻을 수 있었고, 상대 나라는 무역의 기회를 얻을 수 있었기 때문이다.

조공과 무역의 기준을 한층 완화했던 송에 비하더라도, 원의 기준은 훨씬 간단했다. 쿠빌라이 칸은 일본과의 전쟁 중에 중국인 상인들이 일본에 물자를 공급하는 것이 차단되도록 일본과의 무역을 중단했다. 하지만 쿠빌라이는 동남아시아를 지배하겠다는 야망이 있었으므로, 함대를 동남아시아 지역으로 파견했고, 중국 상인들 역시 이 흐름을 따라갔다. 원은 일찌감치 1277년에 상해, 항주, 영파寧波, 천주에 시박사市舶司(해상 무역 사무를 맡아보던 관아)를 설치했다. 북쪽에 위치한 세 곳의 시박사는 일본과의 무역을 통제하는 일을 맡았지만, 양자강 삼각주의 선원들은 곧 큰 선박을 제조하여 일본뿐 아니라 유구, 베트남, 말라카까지 진출했다. 상해가 매우 번성하자 조정은 1290년 이 지역에 현을 설치했다. 가장 남쪽에 위치한 천주의 시박사는 남중국해의 무역을 관장했는데, 이 지역은 해외에서 오는 모슬렘 상인들에게 가장 중요한 무역항이었다.

원 조정은 세수를 늘리기 위해 1284년 바다로의 출항에 대해 국가의 전매권을 시행하려 했지만, 이러한 노력은 이듬해 시들해졌다. 아마도 해양 무역을 관리하는 능력이 민간 무역에 미치지 못했을 것이다. 1303년 시행된 해외 무역 전면 금지령은 해안 경제를 심하게 목 조르기 시작했다. 이 금지령은 1307년에 해제되었지만 4년 뒤 다시 시행되었고, 1314년에 이르러 공무상의 항해에 대해서만 풀렸다. 1320년 마지막으로 금지령이 시행되었다가 1322년에 해제되었고, 이후 원이 무너질 때까지 상인들의 해외 무역은 자유로웠다. 해안이 개방되자, 특히 천주의 경제는 급속도로 외국 상인이 장악하기 시작했다. 게다가 항구 도시에 집중된 부는 그 배후지인 내륙 지방에 번영을 가져오기는커녕 오히려 경제 기반을 약화시키고 말았다. 결국 1357년에 복건성 해안에서 반란이 발생했다.[9)]

당시의 해외 무역을 주목한 기록은 거의 없다. 그중 하나가 조선에서 만들어져 그대로 전해지는 원 시대의 지도인 『혼일강리도混一疆理圖』였다. 이 지도는 1402년 제작된 것인데, 그로부터 3년 전 명에 사신으로 갔던 조선인이 입수한 원본 지도를 근거로 만들어졌다. 이 지도의 제작에는 1372년 남경에서 전사자들의 넋을 기리기 위해 거행한 수륙법회에 참여한 바 있는 승려 청준의 공로가 컸다. 중국에 남아 있는 청준의 유일한 지도는 1360년의 것인데, 이 지도에는 서쪽으로

9) So, *Prosperity, Region, and Institutions in Maritime China*, pp.117-125.

버마(현재 미얀마)까지만 그려져 있다. 다만, 버마의 동남쪽 해안에 "천주에서 자바까지 60일, 말라바르Malabar까지는 128일, 호르무즈까지는 200일이 걸린다."라고 적혀있다.[10] 청준의 지도에는 「광륜강역도廣輪疆域圖」라는 제목이 달렸다. 이 지도에 조선인 지도 제작자가 조선을 오른쪽에 엄청나게 확대하여 첨가하고, 다른 아시아국과 아프리카를 왼쪽에 첨가했다. 사우디아라비아 반도를 기묘하게 길게 늘어뜨리고 아프리카를 쪼그라뜨린 점, 그리고 지중해와 흑해는 확실히 알아볼 수 있게 한 점으로 보아, 이 왼쪽 부분은 아마도 아랍 지도를 참고한 것 같다.[11] 이 지도는 이전에 생각했던 것보다 원 및 명 초의 중국인들이 훨씬 폭 넓은 지식을 갖추었음을 증명한다.

홍무제는 조공 사신을 맞이하는 데 많은 신경을 썼다. 명을 방문하는 모든 사신단은 이들을 바라보는 백성들뿐 아니라, 변경 너머의 통치자들에게까지 황제의 통치권을 굳히는 효과가 있었다. 홍무제의 재위 첫해에는 조공이 이루어지지 않았지만, 홍무 2년(1369) 황제는 참파(남부 베트남), 안남安南(북부 베트남, 1428년 이후에는 대월大越), 그리고 고려에서 파견한 조공 사절단을 접견했다. 1370년 참파가 다시 중국에 조공단을 보냈고, 자바와 '서해西海', 곧 인도 동남부 해안의 코로만델Coromandel에서도 조공단을 보냈다. 1371년 안남과 고려의 사절단이 되돌아갔고, 새로운 조공국으로 보르네오Borneo, 스리비자야

10) 葉盛, 『水東日記』 卷17, 2a.

11) Ledyard, "Cartography in Korea." (개리 레드야드 저, 장상훈 역, 『한국 고지도의 역사』, 소나무, 2011, pp.244-246.)

Srivijaya(수마트라Sumatra), 시암Siam, 일본, 그리고 캄보디아가 합류했다. 1372년에는 새롭게 수오리Suoli, 유구, 티베트가 조공을 바쳤다. 홍무제는 이러한 조공에 대해서 만족했고, 생애 말년에 치세 초반을 회고하기를, "사절이 끊임없이 왔다."라고 약간 과장해 표현했다. 그는 또한 어떠한 작은 무시와 잘못에도 대단히 민감하게 반응했다. 가령 1379년 금 1백 근과 은 1만 냥을 가지고 온 고려의 사절단을 되돌려 보낸 일이 있었는데, 이유는 그 선물이 외교적 의례protocol를 넘어선 지나친 것이었기 때문이다. 이듬해인 1380년에는 정해진 표문表文을 가져오지 않았다는 이유로 일본 사절단 접견을 거부했다. 일본 봉건 영주들은 조공 사절단 자격을 놓고 서로 경쟁했고, 사절단이 되려면 누구든 먼저 황제의 승인을 받아야 했다.[12] 1380년은 조공 체제 때문에 심각한 사태가 벌어진 해였다. 안남에서 조공 사절이 왔을 때, 그들을 접견한 이는 황제가 아니라 재상이던 호유용이었다. 사절단에게 호유용의 등장은 외교적인 연출로 보였을지 모르지만, 황제로서는 치명적인 정치 문제였다.

영락제 역시 체제 안정이라는 동일한 이유로 조공 체제의 회복을 기대했다. 『명사』의 기록에 따르면, 건문제가 다스리던 불안한 4년 동안(1398~1402) 조공 사절단이 없다가, 1403년 영락제가 즉위하자 기존의 조공국 대부분이 다시 조공단을 파견하기 시작했다.[13] 영락제는 당

12) 張廷玉, 『明史』, pp.23-28, 34-35. 明『太祖實錄』 1397년 9월 18일 자의 영문 번역은 Geoff Wade, *Southeast Asia in the Ming Shi-lu*에 실렸다.

13) 張廷玉, 『明史』, pp.717-776.

시 서양西洋이라고 불리던, 지금의 인도양에 해당하는 해양 인근의 조공국에 모슬렘 환관인 정화의 원정단을 파견함으로써 부친의 외교력을 능가했다. 이처럼 정화 원정단을 조공 체제의 틀 속에서 이해한다면, 이후 원정단 파견이 취소된 것도 같은 맥락으로 볼 수 있다. 조공 체제가 회복된 이상, 이처럼 호화스러운 원정단은 낭비였던 것이다. 비록 원정단 파견은 중단되었지만, 그 여행으로 획득한 지식은『러드의 항해 지침서』,「셀던의 지도」, 그리고 명 후기에 유행했던 백과사전 등을 통해 끊임없이 명 사회에 유포되었다.[14)]

조공과 해상 교역은 명이 끝날 때까지 긴밀히 연관되며 계속되었다. 용도 이를 인정한다는 듯 출현했는데, 만력제가 파견한 사신이 유구로 가는 도중 해상에서 하나도 아닌 자그마치 세 마리의 용과 마주친 일이 있었다. 사조제는 당시의 정황을 이렇게 묘사했다. "섬으로 떠나던 도중에 거센 폭풍이 일어났다." 복건성 관리의 손자였던 그는 현지에서 출항에 필요한 준비를 책임졌고 사신과 함께 출항했다. 그는 이렇게 말했다. "천둥, 번개, 우박이 일시에 몰려든 가운데, 용 세 마리가 배의 앞뒤에 매달렸다. 용들의 수염이 바닷물과 뒤엉키고 구름 사이로 들어갔다. 머리의 뿔은 보였으나, 허리 아래로는 볼 수가 없었다. 배 안에 있던 사람들이 모두 혼비백산하여 어찌해야 할 바를 몰랐다."

그때 함께 탑승한 한 노련한 노인이 용의 출현에 담긴 의미를 설명했다. 노인은 이렇게 주장했다. "이 용들은 옥새가 찍힌 황제의 서신에

---

14) 가령 출판업자 모원의(茅元儀, 1594~1641 추정)는 1621년 편찬한 방대한 군사서(軍事書)인『무비지(武備志)』에 정화가 왕래했던 해로에 관한 그림 지도를 포함시켰다.

경의를 보내는 것이오." 사조제의 설명이 이어졌다. "노인은 사신단 일행의 막내에게 궁정의 조례가 끝나는 시간을 알리는 글을 쓰도록 했다. 그 글을 읽은 용은 알려준 시간이 되자 순순히 물러났다." 사조제는 용의 출현으로부터 필요한 결론을 이끌어냈다. "천자의 위엄 있는 영혼이 백신百神에게 효험이 있다는 것은 당연한 이치로 추호의 거짓이 없다."[15]

기로에 선 해안

조공과 교역은 국가의 외교력과 외국과의 무역에 문제가 생기지 않는 한 서로 받쳐주며 유지될 수 있었다. 문제는 국가의 통제력을 위협하는 밀수였다. 밀수와 함께 관세 문제도 발생했다. 이러한 문제가 발생할 때 명 조정이 취한 대응 가운데 하나는 해안을 비우는 것이었다. 가령 홍무제는 일본인 왜구(밀수업자)가 해안을 노략하자 절강성의 주민을 내륙으로 이주하게 하여 왜구를 굶주리게 했다. 말하자면, 외교적 조치가 민간 무역에 심각한 영향을 미쳤다. 건문제도 비슷한 조치를 취했는데, 해안 주민들에게 외국인들과 사적인 접촉은 물론, 외국

15) 謝肇淛, 『五雜組』, pp.272, 360-361. 두 번째 인용문은 Elvin, *The Retreat of the Elephants*, pp.378-379. (『코끼리의 후퇴』, p.608) 담천(談遷) 역시 『棗林雜俎』, p.483에서 동일한 사건을 기록했는데, 아마도 사조제의 기록을 기반으로 했을 것이다.

물품을 팔거나 보관하는 것을 모두 금지했다.[16)]

한편, 자신을 조공단이라고 주장하는 무역업자들이 출현하면서 조공과 교역은 다시 한 번 고비를 맞이했다. 이러한 사건은 명 조정을 불쾌하게 했을 뿐만 아니라 그들 본국에도 정치적으로 큰 파장을 일으킬 수 있었다. 1493년 양광총독兩廣總督(광동성과 광서성을 감독하는 최고 관리) 민규閔珪(1430~1511)는 홍치제에게 이 문제를 보고했다. 민규는 많은 외국 선박이 관리들에게 사전 통보 없이, 혹은 조공 일정과도 상관없이 해안에 도달하는데, 심지어 조공단으로 오인하는 사례도 발생한다며 황제의 조치를 호소했다. 민규가 외국과의 무역을 거부한 것은 아니었다. 그는 다만, 두 가지 예산 문제를 말하고자 했을 뿐이었는데, 하나는 관세 수입이 급락하는 문제였고, 다른 하나는 광동 연안을 감시하는 비용이 증가하는 문제였다. 민규는 황제에게 조공에 관한 법령의 불가침성을 강력히 경고해줄 것을 요청했다. 황제는 그의 의견을 예부에 전달했다.

예부상서는 이에 대해 시큰둥한 반응을 보였으나, 그렇다고 조공 체제를 포기하자는 의견도 아니었다. 사실, 변경邊境 정책을 느슨하게 하면 더 많은 선박이 몰려오겠지만, 반대로 너무 엄격하게 하면 교역이 막혀 결국 지역 경제에 큰 손실을 초래할 수 있었다. 예부상서는 황제에게 조심스럽게 '회유원인懷柔遠人', 즉 멀리서 온 외국인을 회유한다는 사자성어를 상기시키면서, 국익을 위해 어느 정도 그들과 손을

16) 1401년에 건문제는 조서를 내려, 외국 물품을 보유하고 있던 주민들에게 3개월 동안 외국인들과의 교역을 금지했다. 『廣東通志』 卷73, 3a-b.

잡아야 한다고 제안했다. 요컨대, 해외 무역을 지속시키자는 의견이었다. 엄격한 금령을 반포하면 외국과의 관계가 손상되고 무역 수익이 줄어들 뿐이니, 황제는 가만히 있는 편이 낫다고 조언했다. 황제는 예부상서의 의견에 동의했지만, 그렇다고 민규의 경계심을 무시할 수도 없었다. 그래서 황제는 이듬해 의견이 분분한 가운데 민규를 형부상서로 승진시켰다.[17)]

교역이 저절로 조공의 틀에 녹아드는 확실한 징후가 포착되었다. 1520년 조공단 목록에 놀랍게도 '불랑기佛郎機(프랑크족Franks)'라는 표현이 등장한 것이었다.[18)] 불랑기, 즉 '프랑크족'이란 아랍인들이 수백 년간 유럽인을 지칭하던 용어였는데, 그 무렵 무역 개방을 기대하며 광주에 도착한 포르투갈 사람들을 '불랑기'라 지칭했다. 당시 그들은 명에 조공국이 되기를 요청한 상태였다. 1510년대, 남중국해에 공격적으로 진입한 포르투갈 사람들의 해적질 때문에 남중국해의 교역 경제가 전체적으로 불황에 빠져버렸다. 그때부터 1520년대까지 해양 국가로는 유일하게 유구만이 조공단을 정기적으로 보낼 수 있었다. 중국의 동쪽에 위치한 유구는 포르투갈의 영향권에서 벗어나 있었다. 포르투갈이 명에 조공국으로 인정해달라고 요구한 것은 중국과 교역을 트려는 시도였고, 결국 남중국해의 무역을 장악하려는 속셈이기도 했다. 포르투갈의 이러한 시도는 성공하지 못했지만, 이 실패는 또 다른 교역에도 마비를 가져왔다. 그때 마침 일본 봉건 영주들이 중국에

17) 明『孝宗實錄』卷73, 3a-b; 張廷玉,『明史』, pp.4867-4868.

18) 張廷玉,『明史』, p.212.

교역을 강요하며 행패를 부린 사건이 벌어지자 조정에서는 교역을 반대하는 여론이 들끓었다. 1525년 모든 해안이 봉쇄되었고, 아주 작은 어선을 제외하고는 돛대가 두 개 이상인 선박은 출항이 금지되었다. 당시 다음과 같은 말이 유행할 정도였다. "널빤지 한 장도 물에 띄워서는 안 된다."[19)]

해안 국경선을 폐쇄하는 조치는 단기적으로는 효과가 있었다. 1504년부터 1524년까지 지속된 해적질이 종결된 것이다. 그러나 장기적으로 보면, 이 조치는 무역업자들을 밀수로 내몰며 해적 행위를 더욱 조장한 셈이 되었다. 밀수업자들은 경쟁이 심화되면서 무장하기 시작했고, 결국 해안 주변에 폭력 행위가 다시 증가했다. 해적 활동은 1548년 급증했고, 1550년대 말부터 1560년대 말까지 강도 높게 지속되었다. 그동안 해적을 진압하여 명성을 얻은 지방관들도 몇몇 있었다. 그러나 상황은 해금 정책이 변화되기 전까지 개선되지 않았고, 해금 정책을 입안한 주역인 가정제가 사망하고 나서야 바뀌었다. 1567년 사망한 가정제의 사망 원인은 도교 연금술사가 처방한 불로장생약에 독성 물질이 함유되었고, 이를 장기 복용한 때문으로 보인다. 그가 사망하자 해금령을 풀어달라는 요청이 빗발쳤다. 또한 복건성의 주된 수출입 항인 월항을 현으로 승격시켜달라는 요청을 포함하여, 해양 무역을 위한 기반 시설을 개선하자는 탄원도 쏟아졌다. 새 조정은 이에 동의했다. 그리하여 1567년 일본과의 무역을 제외한 해양 무

19) 이 과정에 대해서는 Brook, *The Confusions of Pleasure*, pp.119-124 참조. (『쾌락의 혼돈』, pp.162-168.)

역이 다시 재개되었다. 그 후 1년 안에 중국인들은 예전의 무역을 완전히 재개했다. 1568년 천주 근처에서 해적의 공격이 한 차례 있었지만, 이후 60년간 해안을 불안하게 만드는 심각한 해적 행위는 일어나지 않았다.[20]

일본과의 무역 금지는 사실상 유명무실해졌다. 광동과 그 북쪽 숭명도崇明島(상해 쪽 양자강 입구에 위치) 인근에서 활동하는 상인들은 일본에 선박을 보내는 것은 물론이었고, 해외 무역을 관장하는 사무소까지 세웠다. 당시 일본과의 교역 규모는 1642년 겨울 가흥에서 밀수죄로 체포된 선박을 통해 짐작할 수 있다. 선박에는 인삼이 적재되어 있었는데, 아마도 만주에서 일본으로 수출되었다가 다시 중국으로 수출할 물품이었을 것이다. 선박을 체포한 지현(해녕현海寧縣의 유헌모劉憲模에 해당함. -역주)은 적재된 인삼의 가치가 자그마치 은 10만 냥에 달한다고 주장했다. 밀수에 참여한 상인들은 절강성 현지인이 아니라 대부분 산서 출신이었다. 화물을 되찾아야 했던 이들은 몰수당하는 일이 없도록 도대道臺(각 성을 관리하는 순무巡撫와 부府를 관리하는 지부 사이의 지방관 -역주)에게 소송을 제기했다. 지현은 어떻게든 곤경에서 벗어나려고 상관에게 인삼으로 후한 선물을 했지만, 북경에서 도착한 순무(동상항董象恒)가 부패한 책략을 폭로하자 바로 파면되었다.[21]

---

20) 『泉州府志』(1829) 卷73, 20a-32a.

21) 談遷, 『棗林雜俎』, p.580. "崇禎壬午冬, 有賈舶私販日本, 攜人蔘值十萬金, 登吾寧海岸, 將赴嘉興. 土人利之, 告邑令劉憲模往捕之, 盡收其橐, 囚私販者數人, 不以聞上官, 賈人訴各臺, 憲模報數先後多寡不一, 又分蔘饋上官. 如司理宋璜即百二十斤, 實不能半, 而初時捕役者乾沒不與焉. 其賈多晉人. 陽城張藐山先生時以人司農改總憲, 或求先生東浙撫董象恒爲諸賈地. 先生不可,

이처럼 조공과 교역 사이의 팽팽한 긴장은 외국인과 명의 백성들 사이의 거리감을 말해주는 것은 물론이고, 관원과 상인들 사이의 첨예한 갈등을 드러내기도 했다.

해안을 개방할 것인지 봉쇄할 것인지에 대한 조정의 논쟁은 1630년대 말까지 반복되었다. 1620년대 개방론을 지지한 그리스도교 개종자이자 병부시랑 서광계는, 유럽의 최신 탄도 기술을 수용할 필요가 있다고 주장했다. 그의 이러한 의견은 조정의 거센 반론을 불러일으켰다. 문제는 누가 더 큰 위협이 되느냐였다. 바다를 통해 해안으로 침입하던 유럽과 일본인가? 아니면 북쪽 변경을 압박하던 (곧 만주라는 새 이름을 갖게 될) 퉁구스 전사들인가? 서광계는 명이 우려하고 대응해야 할 대상은 단호히 유럽이 아니라 만주라고 생각했다. 그의 의견에 모두가 동의한 것은 아니었다. 서광계의 반대파는 그가 예수회 선교사를 보호하고 마카오의 포르투갈인들에게 중국의 이익을 팔아넘겼다고 비난을 일삼으며 그의 제안을 무력화시키려고 했다. 그 결과 유럽의 기술과 지식을 도입하려는 시도는 늘 반대 여론에 꺾였고, 명의 방어 전략에도 사실상 지속적인 영향을 미치지 못했다.[22]

그러나 해안을 개방해야 한다는 주장의 가장 강력한 논거는 경제적인 것이었다. 많은 사람이 교역으로 부를 획득했다. 그중 1606년 마카오에 있던 한 사람은 다음과 같이 완곡히 표현했다. "나는 결국 무역이

曰利至十萬金, 勢必上聞, 無益也, 吾不取預點墨. 已以撫按果奏上, 憲模免官. 前予在坐, 親聆之先生, 歎服其遠見, 政與祝無功事同."

22) Brook, *Vermeer's Hat*, pp.100-107. (『베르메르의 모자』, pp.153-167)

금지될까 봐 두렵다.” 1630년대 병부 추산으로, 매년 마닐라에 배를 타고 나가 일하는 복건 사람들이 10만여 명에 달했다. 1638년 해안이 다시 폐쇄되자 1년 뒤에 복건의 한 탄원인(급사중給事中 부원초傅元初를 말함. –역주)이 다음과 같이 호소했다. “바다는 복건 사람들에게 밭이나 다름없습니다. 해안에 사는 사람들에게 바다 말고 생계를 꾸려나갈 길은 없습니다. …… 가난한 자들은 생계를 위해 항상 무리 지어 바다로 나갑니다. 해금이 엄격해지면 식량을 구할 길이 없어서 해안을 약탈할 수밖에 없습니다. 연해민들은 가만히 앉은 채 속수무책으로 모든 재산을 빼앗깁니다. 아들, 딸은 물론이고, 은과 모든 세간을 빼앗기니 피해가 날로 극심합니다.”[23] 이것은 전혀 과장이 아니었다. 이 탄원인이 언급한 해금령 때문에 마닐라로 항해하던 정크선이 1637년 50척에서 1638년에 16척으로 감소되었다. 이러한 붕괴 현상이 모든 해안 경제를 마비시켰다. 다행스럽게도 해외 무역에 의존하던 복건 사람들에게는 봄의 계절풍을 타고 필리핀으로 갈 수 있는 30척의 정크선에 대한 금령이 해제되었다. 1637년에 비하면 어림도 없는 숫자였지만, 무역을 재개하기에는 충분했다.

명 후기에는 대외 무역의 장벽을 높이느냐 낮추느냐의 문제가 더 이상 내부의 문제가 아니었다. 그것은 국내 사안과 연결된 다수의 대외 요소에 좌우되게 되었다. 그중 가장 중요한 요소는 변화하는 세계 무

23) 傅元初의 「請開洋禁疏」는 顧炎武, 『天下郡國利病書』 卷26, 33a에서 인용했다.
“海者, 閔人之田. 海濱民衆, 生理無路, 兼以饑饉薦臻, 窮民往往入海從盜, 嘯聚亡命. 海禁一嚴, 無所得食, 則轉掠海濱. 海濱男婦, 束水受刃, 子女銀物, 盡爲所有, 爲害尤酷.”

역global trade의 양상이었다.

남중국해의 세계 경제

1405년 정화가 남중국해를 일주하고 인도양으로 항해했을 때, 그가 이동한 경로는 비록 분산되기는 했으나, 기존의 무역 네트워크를 따른 것이었다. 포르투갈인 선장 바스코 다 가마Vasco da Gama가 1498년 인도양에 왔을 때도, 그때와 비슷한 상황이었다. 남아시아에 기반을 둔 이슬람 상인이 인도양 무역을 지배하고는 있었지만, 독점권을 행사하는 사람은 아무도 없었다. 다 가마가 이곳에 도착했을 때 인도양 주변에는 여전히 정화 원정단에 대한 기억이 남아있었다. 그 기억이 이처럼 오랫동안 지워지지 않았던 것은 원정단의 놀라운 규모와 그들의 특이한 특징 때문이었다. 그들의 조직력은 전혀 차원이 달라 보였다. 당시 인도양의 무역 방식이 다극화되고 분절되었다면, 중국인의 무역은 이와 달리 국가 주도로 잘 조직되어있었다. 가히 인도양 무역의 대안이 될 만했다. 포르투갈 사람들은 '하얀 피부'의 외국인들 — 남아시아 사람들은 중국인을 이렇게 기억했다. — 이 한때 인도양 주변의 모든 주요 항구를 방문했다는 사실을 듣고는 신기해했다. 아시아에 대한 유럽인들의 야심이 커지는 가운데 그중에는 정화를 모델로 삼는 자도 있었다. 정화는 다른 나라를 식민지화하는 것을 거부할 정도로 현명했고, 그래서 칭송할만하다는 평가가 지배적이었다.

혹자는 포르투갈과 무역을 트려던 항구 도시들로부터 조공을 받는 것을 제도화하는 데 정화가 기여했다고 믿기도 했다.[24)]

1511년 남중국해의 서쪽 끝에 위치한 말라카Malacca(말레이시아의 항구 도시, 믈라카의 옛 이름)에 도착한 포르투갈 사람들은 매우 난폭했다. 포르투갈 사람들은 중국인 상업 공동체가 이미 그곳에 마련되어 활발하게 무역 활동을 전개하고 있다는 사실을 알고는, 중국인을 그들의 주된 경쟁자로 삼았다. 그리고는 유럽 상인들이 일반적으로 경쟁자에게 하던 관행대로, 그들을 죽이고 사업을 빼앗았다. 이러한 사건이 여러 차례 되풀이되었다. 유럽인이 가는 곳이면 어디든 그곳에는 이미 중국인이 있었다. 포르투갈 사람들은 명의 조공국으로 편입되기를 시도했으나 거절당했다. 만약 명이 포르투갈의 제의를 받아들였다면, 명은 기존에 독점했던 해양 무역의 권한을 유지하기 위해 모든 외교 및 교역 관계를 재정립해야 했다.

명의 경제가 종국적으로 세계 경제와 통합될 때 남중국해가 중요해진 것은 바로 그 때문이었다. 조공 체제는 조공을 가지고 온 외국 사절단의 입국을 허용했지만, 동시에 출국을 요구했다. 외국 상인들이 명의 영토에서 영구적인 기반을 확보하는 것이 금지되었고, 명은 군사력으로 이를 집행할 수 있었다. 외국인이 중국 시장에 접근하려면, 판매자든 구매자든 누구나 공식 절차를 밟아야 했고, 조정이 항상 통제할 수 있도록 쌍방 관계를 수립해야 했다. 민간 무역이 가능한 공간은 연안의 섬들과 밀매업자들이 숨어있는 후미진 곳뿐이었고, 그곳은 지

24) Alves, "La voix de la prophétie", pp.41-44.

속적으로 거래할 수 있는 안정적인 기반이 되지 못했다. 따라서 중국산 수출품과 외국산 수입품의 판매를 관할하는 유통 구역이 필요하게 되었다. 남중국해 주변에 형성된 유통 구역에 포르투갈 사람들이 일부 포함되면서, 다국적인 교역망이 만들어졌다. 이들 상인들은 대부분 명에 조공을 바치는 국가들과 다를 바 없었으나, 자국에서는 중국 상품과 곡물이 주된 무역품으로 거래되는 지역 무역intra-regional trade을 발전시킨 주역이었다.

이러한 무역이 가능하려면 경제와 정치에서 각각 하나의 조건이 필요했다. 우선 경제적으로, 명은 품질 좋고 합리적인 가격의 상품을 계속 생산하여 다른 지역에서 엄청난 수요로 이어질 수 있도록 해야 했다. 물론 이러한 성장의 동력은 중국에 있었다. 더불어 정치적으로, 명은 국내 시장으로 진입하려는 외국의 접근을 계속 거부해야 했다. 이 두 가지 조건은 모두 확실히 지켜졌다. 사실, 16세기 내내 상업 경제의 성장은 쇄국 정책border-closure policy(16세기 말엽에야 조금씩 약화되기 시작했다)과 결합되었고, 이러한 성장이 결국 무역 체계를 든든히 뒷받침하는 원동력이 되었다. 이른바 '세계 경제world-economy'의 일원이 되기에 충분할 만큼 탄탄한 네트워크가 형성된 셈이었다.

'세계 경제'라는 말은 지중해 유럽을 연구하는 역사학자 페르낭 브로델Fernand Braudel(1902~1985)이 만들어낸 용어로, 본래 의미는 모든 세계의 경제가 아니었다. 그리고 그 실질적인 의미는 빨라야 18세기부터 통용되기 시작했다. 본래 세계 경제라는 말은 정기적인 교역망을 통해 수준 높은 통합 경제를 이루어내면서도, 내부적으로는 노동

분업이 자치적으로 지속되는 광대한 지역을 의미했다. '세계 경제'가 자기만의 '세계world'를 꾸릴 수 있었던 것은 그러한 상대적인 자치성 덕분이었다. 이 '세계'는 자립적이고 외부 변화에 융통성이 있는 한편, 순환하는 상품의 가치가 증가할수록 멀리 떨어진 지역을 서로 연결하는 힘이 있었다.[25)]

남중국해라는 세계 경제도 이런 식으로 그려볼 수 있다. 즉, 남중국해는 상대적으로 자치적이었지만 내부적으로는 통합된 무역 구역이었다. 북쪽으로는 중국 상인이, 남쪽으로는 이슬람 상인이 조직적으로 진출하면서 15세기 후반 그 모습을 드러냈다(지도 7). 정화 원정단도 어느 정도 이 구역에 중국인들의 참여를 확대시키는 데 기여했다고 보아야 한다. 하지만 국가 주도의 항해로는 아무리 해도 그러한 세계 경제를 창출할 수 없었다. 오직 교역이 조공을 뛰어넘어야만 가능한 일이었다.

교역은 두 가지 주요 노선으로 조직되었다. 하나는 월항에서, 다른 하나는 천주에서 출발하는 노선이었다. 첫 번째, '동해[東洋]' 노선은 풍향에 따라 대만 쪽으로 향했다. 거기서 북쪽으로 일본과 이어진 지선이 나오기도 했으나, 주된 흐름은 남쪽 필리핀으로 가는 것이었고, 다시 더 남하하여 말루쿠 제도Moluccas(인도네시아 섬들. 유럽인들에게는 향신료 제도Spice Islands로 알려진 곳)와 서쪽의 자바까지 연결되었다. 두 번째, '서양西洋' 노선은 이전의 베트남 본토 해안을 끼고 가다가, 타이

25) Braudel, Fernand, *The Perspective of the World, civilization and capitalism 15th-18th century*, pp.21-22.

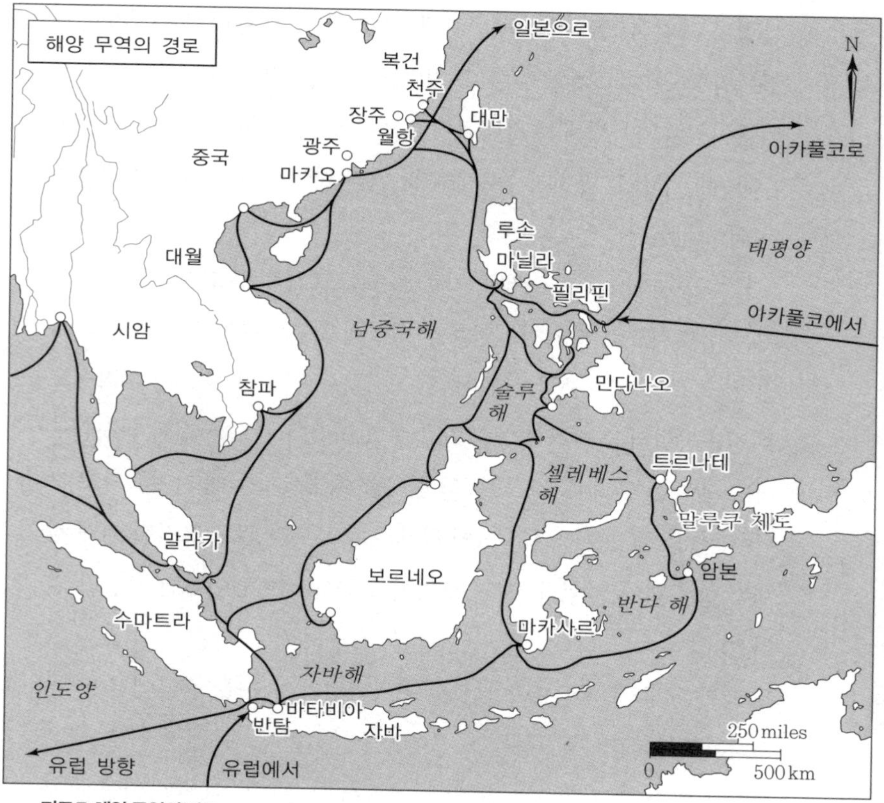

지도 7. 해양 무역의 경로

만Gulf of Thailand을 지나 말라카까지 연결되었다. 월항 출신의 장섭張燮은 1610년대에 해양 무역에 관한 저서에서 두 노선을 조직적으로 설명했고, 그래서 책 제목 역시 『동서양고東西洋考』라고 붙였다.[26] 장섭은

26) 張燮, 『東西洋考』, 「凡例」, p.20. 동양과 서양에 대한 노선은 pp.171-185에 기록되었다.

자신이 참고한 다양한 자료 가운데 항해 지침서가 있다고 언급했으므로, 『러드의 항해 지침서』가 바로 이와 같은 방식으로 자료를 구성하고 있는 것은 전혀 놀랄만한 일이 아니다.

유럽인이 도래하기 전부터 남중국해에는 이미 '세계 경제'가 활성화되었다. 따라서 뒤늦게 이곳에 합류한 유럽인들이 지역 무역regional trade에 쉽게 편승할 수 있었다. 서쪽에서부터 다가온 포르투갈 사람들은 마침내 1557년에 마카오의 작은 반도에 정착했다. 스페인 사람들은 아메리카의 서쪽 해안에서 출발해 태평양을 건너, 1570년 마닐라에 최적의 항구를 발견했다. 그들이 중국인 300명이 넘는 무역 공동체와 이슬람 추장의 작은 궁궐을 발견하고는, 그 이듬해 속임수를 써서 이슬람 추장을 폐위시킨 일도 있었다. 1590년대에 유럽의 세 번째 주자로 네덜란드 사람들이 남중국해에 도달하면서 이 경제권에 참여하게 되었다. 새로운 세기(17세기)의 시작과 함께 네덜란드 동인도회사VOC라는 기치 아래 등장한 그들은 자바에 활동의 본거지를 세웠다. 그들의 본거지는 처음에는 1609년 자바 섬의 서쪽 끝에 위치한 반탐Bantam에, 다음으로는 반탐보다 동쪽에 위치한 자카르타Jakarta(네덜란드 사람들은 바타비아Batavia라고 불렀다)에 마련되었다. 자바는 말루쿠 제도를 장악할 수 있는 전략적인 거점이었지만, 중국에서 너무 멀다는 약점이 있었다. 그리하여 네덜란드 사람들은 가장 장기적인 발판으로 대만을 본거지로 선택했다. 1623년 대만에 본거지를 마련한 네덜란드 사람들은 마닐라의 스페인 식민지와 경쟁에 돌입했다. 네덜란드인들이 대만에 거점을 세우자 중국인들도 이 섬으로 이주해 농부와 사냥꾼이 되었다. 이는 대단히 아이러니한 결과를 낳았는데, 역사가 토니오 안드레이드Tonio Andrade의 지적처럼 대만 사람이 '중국인'이 된 것은 네덜란드가 대만을 식민지로 삼은 때문이었다.[27] 결국 네덜란드인들은 1662년 바다의 지배자, 정성공鄭成功(콕싱아Koxinga)에 의해 쫓겨났다.

네덜란드인들이 이 세계 경제에서 생존을 이어갈 수 있었던 원동력은 크게 두 가지였다. 그중 하나는 무력violence으로, 네덜란드 동인도 회사가 향료 무역에서 많은 이득을 독점할 수 있었던 것은 무력을 동원한 결과였다. 다른 하나는, 광범위한 지역 무역에서 빛을 발한 능숙함deftness이었다. 네덜란드 동인도 회사는 아시아와 유럽 사이에서보다 남중국해와 인도양 사이에서 더 많은 상품을 운송했다. 자카르타의 본거지가 그 지역 시장들을 독점할 수 있는 한, 이러한 무역은 수익성이 높았다. 그러나 통치자가 교체되거나 경쟁자들의 저항이 심해지면서 독점을 영원히 유지할 수 없게 되었다. 남중국해 지역에 중국 사람들의 상업망이 발달하면서 18세기 중반이 되면 중국의 무역이 네덜란드나 스페인을 넘어서게 된다. 그와 동시에 남중국해에서 영국의 존재감이 커지면서 네덜란드의 자취도 점점 희미해지기 시작한다. 자카르타는 남중국해 무역에서 주변부로 전락하면서, 무력이 통하던 시절을 추억하는 지역으로 저물어간다.[28]

---

27) Andrade, Tonio, *How Taiwan Became Chinese*, p.20.

28) Blussé, *Visible Cities*, pp.58-60, 64-65.

은의 유입

스페인과 포르투갈도 네덜란드와 마찬가지로 남중국해 경제에 진출하기 위해 무력도 불사했다. 그러나 이 두 나라가 그 지역에 살아남아 교역망에 편입될 수 있었던 결정적 요인은, 바로 그들이 거의 독점하다시피 한 은 때문이었다. 특히 스페인산 은의 독점이 두드러졌으나, 두 나라 모두 은을 무한정 공급할 수 있으리라 생각했다. 은은 명에서 교환 수단으로 가장 높이 쳐주던 물품이었다. 스페인과 포르투갈 은의 원산지는 스페인령 아메리카의 광산으로, 포토시Potosi(볼리비아 남부의 도시로, 표고 3,972미터의 고원에 위치함. -역주)산과 멕시코산이 주종을 이루었다. 이들 광산에서 채굴된 은 생산량은 놀라운 수준이었다. 특히 1580년대부터 수은을 이용한 새로운 제련 과정이 도입되면서 은광 채굴량이 급증했고, 1630년대 채굴할 은광이 고갈되어 생산량이 줄어들 때까지 놀랄만한 양의 은이 생산되었다. 이 수십 년 동안 스페인은 다량의 은을 장악하여 자국에 많은 자금을 공급했을 뿐만 아니라, 남중국해 경제로 진입할 길을 뚫기도 했다. 스페인 사람들은 마닐라에 정착한 지 불과 몇 년 안에, 안데스 산맥Andes에서 채굴한 은을 공급받게 되었다. 안데스 산맥의 은이 페루의 해안으로 옮겨지고, 다시 아카풀코Acapulco(멕시코 남서부 태평양 연안의 항구 -역주)까지 운송된 뒤, 매년 겨울이 끝날 무렵 대형 갈레온galleon 선박에 실려 태평양을 건넜다. 1580년대 갈레온 선박에 실려 태평양을 건너 마닐라로 넘어간 은은 연간 3톤가량 되었다. 1620년대에는 연간 20톤의 은이 마닐라로 갔고, 그 후에는 10톤 정도로 감소했다.

이에 복건 상인들은 민첩하게 대응했다. 그들은 정크선에 화물을 잔뜩 실어 마닐라에 가서 자신의 상품과 은을 교환했다. 매년 중국의 화물선이 출발한 시기는 은을 실은 갈레온 선박이 마닐라에 도착하는 봄에 맞춰졌다. 양측의 선박들이 도착하고 나면, 가격이 협상되고 일정한 관세를 지불한 뒤, 상품과 은은 상대방의 선박으로 옮겨졌다. 양측은 매년 6월마다 발생하는 계절성 폭풍monsoon을 피해 신경 써서 미리 출항했다. 월항과 마닐라, 복건성과 페루, 명과 스페인, 그리고 중국과 유럽을 연결하는 다리는 모두 은으로 만들어졌다.

마닐라에서 흘러들어오는 은이 워낙 많다 보니 스페인 사람들이 필리핀에 은을 산더미처럼 쌓아두었다는 소문이 나돌기도 했다. 해외무역품에 황실로 귀속될 세금을 징수하도록 복건성에 파견된 환관 고채高寀는 1603년 이 소문의 진상을 알아보고자 조사단을 파견했다. 이때 고채는 금산金山이라는 표현을 사용했는데 이는 일반적으로 은산銀山을 지칭했다. 금金은 본래 말 그대로 금gold을 의미했지만, 당시 고채가 찾으려 했던 은sliver의 정중한 표현이기도 했다. 남중국해 끝자락에 은산이 있다는 이야기가 사람들에게 워낙 강하게 각인된 터라 필리핀에 그것이 없다고 밝혀진 뒤에도 아메리카와 오스트레일리아에 있던 많은 중국 항이 '금산金山'이라는 별명으로 불렸다. 이는 으레 있는 오역이었고, 오늘날 샌프란시스코San Francisco가 중국어로 '구금산舊金山'으로 불리는 것 또한 그 영향이다. 실제 은산이 있기는 했지만, 그것이 있던 곳은 포토시였다. 마테오 리치는 1602년 자신의 중국인 친구를 위해 만든 거대한 세계 지도에 포토시의 은광을 표시했다. 그리고 직역하여 '은산銀山'이라 표기했다.

유럽인의 시각에서 보면 은은 완벽한 상품commodity이었다. 중국에서 은을 금과 교환하면 유럽에서보다 3배나 가치가 높았으므로 거래 차익만으로도 쉽게 이윤을 챙길 수 있었다. 게다가 마닐라에서 은을 주고 물품을 구매하면 유럽에서보다 훨씬 싼 가격으로 살 수 있었다. 명의 관점에서 뒤집어 생각해보아도 은 무역은 이상적이었다. 그 이유는 유럽의 입장과 비슷했는데 우선, 매매 시의 차액이 환상적이었다. 1639년 중국에서 은 100냥에 구입했던 100단段의 호주湖州산 비단을 마닐라의 스페인 구매자에게는 200냥에 판매할 수 있었다.[29] 판매와 동시에 비용 정산이 완료되는 것 또한 매력이었다. 중국인 판매자는 받은 비용을 다른 통화나 상품으로 전환할 필요가 없었다. 거래가 끝난 순간, 바로 현찰과 다름없는 은이 생겼기 때문이다.

이러한 교역 방식이 모두에게 이로웠던 것은 물론 아니다. 이 경제 구조에 참여하려고 쏟아 부은 투자액이 워낙 컸던 만큼 실패의 대가 역시 엄청났다. 이러한 무역은 대양을 건너는 고단한 장거리 여정으로 행운이 따라야 했지만, 실패가 허다했고 그때마다 상당한 재앙으로 이어졌다. 1603년 마닐라에서 무역 문제로 긴장이 고조되었고, 이는 결국 스페인과 중국 사이의 총력전으로 폭발하게 되었다. 그 결과 2만 명에 달하는 중국인이 사망한 것으로 추정되었다. 1639년에도 비슷한 사건이 발생했다. 1638년 마닐라를 떠나 귀항하려던 갈레온 선

29) 『天下郡國利病書』 26冊, 33b.

박이 침몰했고, 1639년 아카풀코에서 마닐라로 향하던 갈레온 선박 또한 돌풍을 만나 침몰했다. 2년간 이러한 사고가 잇따르자 명은 해안을 봉쇄하고 상인들이 해외로 나가는 것을 금지했다. 이러한 조치는 파산으로 이어지며 중국이나 스페인 양국 모두에 부담스러운 결과를 가져왔다. 그리하여 마닐라 시골에 있던 중국인 농부들이 스페인 정부에 봉기하는 사건이 발생했고, 이 반란이 전 지역으로 확산되어 1603년과 같은 규모의 사상자를 낳은 참사가 되고 말았다.[30] 교역은 1～2년 안에 재개되었다. 대학살로 인한 손실(은으로 측정되는)이 양측 모두 극심했던 터라, 교역은 다시금 정상 궤도를 회복했다.

은의 유입은 결국 명에 어떤 영향을 가져왔을까? 스페인 은이 유입되기 전부터 이미 명의 상업 경제는 폭발적인 성장을 경험했다. 누군가는 번영을 누렸으나, 누군가는 이를 부러워하는 상황이 일찌감치 전개되고 있었다. 따라서 명 경제의 폭풍 성장을 남아메리카의 은이 유입된 결과로 보는 것은 원인과 결과를 뒤집어버리는 일이다. 이미 명의 경제가 번영한 상태였기 때문에 유럽의 구매자들은 명의 상품에 혹해 값비싼 금속까지 아낌없이 내놓으면서 사게 된 것이다. 한편 당시는 마닐라와 마카오뿐 아니라 일본에서도 엄청난 양의 은이 유입되었다. 한때 일본의 은 생산량이 아메리카와 거의 맞먹을 정도였다. 따라서 만력 연간의 후반기에는 말 그대로 중국에 돈이 넘쳐날 지경이었다. 이러한 상업적 부가 다른 수입원을 넘어서게 되자 상인 가문은 문

30) 1639년에서 1640년 사이의 대학살에 대해서는 Brook, *Vermeer's Hat*, ch.6 참조.

화적으로는 아니었지만 과시적인 소비로는 신사층을 압도하게 되었다. 사대부가 꼭대기에, 상인이 맨 밑바닥에 있는 오래된 사농공상의 신분 서열은 점점 뒤집어지고 있었다. 상류 사회에서 은은 천박한 것으로 간주되기도 했으나, 모든 사람이 은을 좋아했다.

만력 연간의 마지막 10년, 즉 1610년대는 신흥 부자nouveaux riches들의 형편없는 취향과 돈을 헤프게 쓰는 낭비벽에 대한 신사층의 우려가 절정에 달했다. 비슷한 시기에 신사층 작가들은 신흥 부유층에게 고상한 상류 사회에 진입하기 위해 통달해야 하는 문화 습관cultural habits을 가르쳤다. 1610년대 말기, 고상한 소비 지침서였던 문진형의 『장물지』에는 은의 오용에 대한 경고로 가득하다. 문진형은 명 서화의 대가 문징명의 증손자로서 자신의 저서가 어떤 의미였는지 잘 알고 있었다. 그는 교양 없는 소비자들이 돈을 사용할 때 크게 잘못될 수 있다는 확신으로 『장물지』를 집필했고, 자신이 천박한 부자로 보이고 싶지 않다면 이 책의 규칙을 반드시 지켜야 한다고 강조했다.

예를 들어, 다실茶室에 사람들을 초대해 모임을 열 때 어떤 행동이 바람직한지 문진형은 설명하고 있다. 이 예시는 적절했다. 왜냐하면 도심에 넓은 정원과 다실이 딸린 주택을 소유한다는 것은 오직 최고의 부자들만이 꿈꿀 수 있는 일이었기 때문이다.[31] 문진형의 첫 번째 조언은 하인에 관한 것이었다. "차 대접을 전담하는 소년을 길러라." 그렇지 않으면 차 마시는 일에 온통 정신이 팔릴 것이고, 중요한 일을 놓

31) 명 시대 정원을 위한 문화적 소비에 관해서는 Clunas, *Fruitful Sites* 참조. 한 장에 걸쳐 문징명 가문이 소유한 정원을 설명한다.(pp.104-136).

치고 말 것이다. 주인이 해야 할 일은 "온종일 대화에 집중하고 쌀쌀한 저녁까지 품위 있게 자리를 지키는 것이다." 또한 글의 말미에 추가하기를, 저녁에도 자세가 "흐트러지면 안 된다."라고 강조했다. 그럼에도 불구하고, 차를 쏟고 상스럽게 드러눕는 등 부적절하게 행동하는 사람이 있었을 것이다. 문진형은 다른 많은 사항에 대해서도 엄격했는데, 그중에는 앵무새에 관한 내용도 있었다. 앵무새에게는 "짧은 시구와 듣기 좋은 구절만 들려줘야 한다." 다시 말해, 앵무새를 시장이나 우물가, 혹은 촌동네 같은 저급한 장소에 데려가지 않도록 주의하라는 것인데, 그런 곳에서의 수다는 '엄청난 욕설'로 들렸기 때문이다. 가구 역시 아무거나 들여서는 안 되었다. 용 문양은 피하라고 문진형은 조언했다. 특히 용이 새겨진 책상 다리는 너무나 상스러웠다.[32]

은이 만력제의 사회에 밀물처럼 몰아닥쳤을 때, 기존의 관습에서 벗어난 것이 양식style만은 아니었다. 새로운 돈이 사회 신분에 대한 기존의 신념을 무너뜨리는 동안, 삶에 대한 생각도 달라지기 시작했다. 월항에서 시작되는 해로에 관한 장섭의 책 서문에서, 그의 친구 주기원周起元은 자신이 새롭게 깨달은 사실을 다음과 같이 표현했다. 월항의 뱃사람들은 "뻥 뚫린 하늘밖에 없는 망망대해에서 마치 언덕에 서 있는 듯 안정된 자세로 거대한 파도를 마주하고, 낯선 지역을 마치 자기 집 앞을 산책하듯 누빈다." 그들은 "해상의 파도를 편안하게 즐겼

32) Clunas, *Superfluous things*, pp.41(약간 수정해서 인용함), 43. "鸚鵡能言, 然須教以小詩及韻語, 不可令聞市井鄙俚之談, 聒然盈耳. 銅架食缸, 俱須精巧. 然此鳥及錦雞, 孔雀, 倒掛, 吐綬諸種, 皆斷為閨閣中物, 非幽人所需也."(文震亨, 『長物志』, p.244)

으며, 농부가 밭을 가는 것처럼 쉽게 배를 몰았다." 또한 외국인 통치자들과도 마치 "이웃과 얘기하는 것처럼" 대화를 나눴다.[33] '남자는 땅을 경작하고 여자는 길쌈한다.'라는 뜻의 '남경여상男耕女桑'은 진부한 고전이었을 뿐 더는 월항 사람들의 이야기가 아니었다. 그들의 현실과는 너무나 거리가 먼 말이었다.

장섭은『동서양고』에 담긴 해양 세계에 관한 지식이 모든 사람의 인식을 바꿀 거라고 기대하지는 않았지만, 서문에서 강한 어조로 변화의 필요성을 암시했다. 그는 자신처럼 광범위한 자료를 담아 책을 펴내는 작업을 설명하는 가운데 최근의 변화에 눈을 돌리지 않고 단지 옛 글만을 재인용하는 저자들을 지목했다. 그리고 그들이 새로운 지식 창출은커녕 무지만을 전파한다며 비난을 퍼부었다. 장섭이 선원들과 면담을 하면서까지 남중국해 주변 무역 루트에 관해 모든 것을 알아낸 것은 새로운 지식 창출에 대한 욕구 때문이었다. 그의 책은 당대의 독자들에게 그다지 많이 읽히지 못했고, 명 사람들이 대체로 중요하다고 생각한 지식에도 거의 영향을 미치지 못했다.『러드의 항해 지침서』와「셀던의 지도」도 비슷하게 무시를 당했다. 이 두 원고의 유일한 사본이 템스 강 인근의 한 도서관에 살아남게 된 이유를 설명해주는 대목이다.

33) 張燮,『東西洋考』,「周起元序」, p.17 "販兒視浮天巨浪如立高阜視異域風景如履戶外 … 海上安瀾 以舟爲田."

유럽인의 중국 진출

남중국해 세계 경제로 은이 들어오는 흐름을 타고 낯선 사람들이 중국에 흘러들어왔다. 호화로운 차림으로 아프리카 노예들을 거느리고 애완 원숭이를 데려온 포르투갈 사람들을 비롯해 선원, 군인, 세공인 등 전 세계의 온갖 노동자들이 그 위험한 장사에 무모하게 뛰어들었다. 명 사람들은 그들에게 매료되었다. "그들의 눈동자는 짙은 녹색이고, 그들의 몸은 갓 잘라낸 돼지비계처럼 하얗다." 심덕부는 1606년 편찬한 『만력야획편』에서 포르투갈인(불랑기)에 대해 이렇게 묘사했다. "바다의 모든 무장한 사람들 가운데 약탈에만 의존하지 않으면서도 그들만큼 영리하게 돈을 버는 사람은 없다." 네덜란드인들이 왔을 때, 명 사람들은 전혀 예상하지 못한 그 특이한 외모에 놀랐다. "그들의 외모와 복식은 이전에 왔던 섬사람들과 달랐다." 여기서 심덕부가 섬사람이라고 한 이들은 '동양'과 '서양'에서 조공품을 가지고 온 사람을 뜻하며, 특별히 포르투갈인을 지칭했다. "턱수염이 완전히 붉은색이어서 그들을 '붉은 머리의 외국인[紅毛夷]'이라 불렀다."[34)]

네덜란드인의 붉은 수염보다 심덕부의 관심을 더욱 끈 것은 그들이 소지한 대포의 정확성이었다. 명의 선원들이 처음 해안에서 네덜란드 선박과 마주쳤을 때(심덕부에 따르면 1601년) 그들은 무방비 상태였다고 심덕부는 언급했다. "명의 선원들은 자신의 기술력에 대해 모르고 있

34) 심덕부, 『萬歷野獲編』, p.783. "且狀貌服飾, 非向來諸島所有, … 以其鬚髮通赤, 遂呼爲紅毛夷云,"

었다. 그래서 그저 평상시에 소지했던 화기火器(대포)로 공격했다." 그러자 네덜란드인들도 같은 무기로 반격해왔는데, 놀라운 정확성으로 중국인의 기세를 완전히 꺾어버렸다. "그들 눈앞에 한 줄기 초록빛 연기가 나타나더니 이내 흐트러져 사라져버렸다." 심덕부는 네덜란드인들이 자신의 화물을 지키려고 발포한 것을 당연하다고 인정한 가운데, 그들의 기술력이 해전의 수준을 완전히 바꿔놓았음을 시사했다. 네덜란드인들은 "화살촉 하나 부러뜨리지 않았으나 관군 가운데 사망자가 무수히 많았다. 해상에 두려움과 공포가 만연했다."[35] 서광계를 비롯한 몇몇 사람들이 유럽의 포병들을 고용해서 북쪽 변경의 방어를 강화해야 한다고 강하게 주장한 것은 그 때문이었다.

은의 유입과 함께 명에 들어온 유럽인에는 파란 눈의 상인과 붉은 수염의 포병 외에도 예수회 선교사들이 있었다. 예수회Society of Jesus(종교 개혁을 상징하는 모든 것에 맞서 싸우려는 영적인 전쟁을 위해 설립된 군대 성격의 가톨릭 조직) 선교사들은 세계 무역의 흐름을 따라 이동했고, 발이 닿는 곳이면 어디에서든 그리스도교를 전하고자 했다. 그들의 선교 활동은 두 가지 측면에서 경제 세계화의 산물이라 할 수 있다. 첫째, 유럽인이 해양 무역에 참여하지 않았더라면 예수회의 선교 활동은 상상도 할 수 없었을 것이다. 선교사들에게 여행 경로 및 선박, 그리고 근거지가 될 항구를 제공한 것은 유럽의 무역상들이었다. 예수회는 열렬한 투지로 이 새로운 기회를 적극 활용한 최초의 조직으

35) 심덕부, 『萬歷野獲編』, p.783. "輒以平日所持火器遙攻之 彼姑以舟中所貯相酬答 第見青烟一縷 此即應手糜爛 無聲迹可尋 徐徐揚帆去 不折一鏃 而官軍死者已無算 海上驚怖"

로, 예수회가 창립된 1549년 스페인 출신의 프란시스 사비에르Francis Xavier(1506~1552) 신부를 포르투갈 상인들과 함께 남중국해에 파견했다. 역사가 리암 브로키Liam Brockey가 말한 것처럼 예수회의 선교는 명의 영토에 상업적 발판이 마련된 1557년, 첫 번째 전환점을 맞이했다. 브로키는 "중국 선교를 위해 마카오가 매우 유익했다."라고 지적한다. "마카오는 예수회의 동아시아 선교에 가장 중요한 지역이었다." 예수회 선교사들은 포르투갈 상인들이 가는 곳이면 어디든 따라갔다. 주강珠江을 건너 광주로, 동중국해East China Sea를 건너 일본으로 그들의 행보는 거침이 없었다. 선교단은 단지 무역의 동반자가 아니라 무역의 수혜자이기도 했다.[36)]

둘째, 예수회를 경제 세계화의 산물로 볼 수 있는 또 다른 이유는 그들의 재정 운영 방식으로 설명할 수 있다. 믿지 않는 자들에게 그리스도교를 소개하는 활동은 돈이 많이 드는 일이었고 예수회는 이를 잘 알고 있었다. 가령 신부들의 교육비와 교통비, 식비 등이 필요했다. 또한 거주지와 교회 및 교육 기관college 건설비, 필요한 물자 및 운송비, 게다가 선물비도 필요했다. 포르투갈의 왕과 부유한 상인들은 예수회의 후원자로 자처하며 해양 무역에서 얻은 수익의 일부를 예수회 지원금으로 전용했다. 하지만 예수회를 남중국해로 진출한 포르투갈 무역의 수동적인 수혜자로만 여긴다면 그것은 오산이다. 그들은 치밀한 통화 거래로 차익을 챙기고 상품 거래에도 참여하는 등 적극적으

36) Brockey, *Journey to the East: the Jesuit mission to China*, 1579-1724, pp.29-30.

로 선교 자금을 보탰다. 선교사의 상품 거래가 투기적인 사업이 되면서 선교 활동을 가로막을 것을 우려해 이를 금지하는 교황의 칙령papal decree이 내려진 때는 1669년이었다.[37]

예수회 가운데 명의 영토에 최초로 발을 디딘 신부는 미켈레 루지에리Michele Ruggieri(1543~1607)와 마테오 리치 두 명의 이탈리아 사람이었다. 그들을 인도의 승려로 오인했던 한 지방관 덕분에 그들은 간신히 교회 설립을 허락받을 수 있었다. 중국에서의 선교 활동은 문화적인 타협과 초반기의 여러 실수로 인해 느리게 진행될 수밖에 없었다. 예를 들면, 불교의 수도승처럼 복장을 갖췄더니 전도할 대상에게 좀처럼 다가서기 힘들었다. 그들이 승복을 포기하고 유학자 행세를 하면서 신사층 선교에 큰 효과가 있었다. 1601년 마침내 리치는 목표했던 대로 북경에 교회를 설립하게 되었다.

예수회가 마카오와 연이 닿은 것은 행운 그 이상의 의미였고, 이는 선교에도 필수적인 일이었다. 마카오는 명 외부의 예수회 근거지가 되었을 뿐 아니라 명의 내부에서 활동하기에도 충분히 가까운 거리였다. 또한 항구를 통해 포르투갈 및 스페인과의 교역이 원활해지면서 마카오는 예수회에 재정 확보의 길을 터주기도 했다. 중국 내지로 완전히 이주해버렸다면 일어나기 힘든 일이었다. 이 이방인들을 수상쩍어하던 중국인들은 이들이 마카오에 진출한 것을 다른 식으로 이해했다. 즉, 마카오를 예수회의 아킬레스건으로 보고, 그들의 약점을 발견했다고 생각한 것이다. 예수회가 마카오에 진출한 것은 포르투갈의

37) Standaert, *Handbook of Christianity in China*, p.291.

앞잡이임을 말해주는 증거가 아닌가? 게다가 포르투갈은 상업적인 이해뿐 아니라 정치적인 의도도 다분히 있지 않은가? 예부의 한 공격적인 관리(남경예부시랑南京禮部侍郎 심추沈㴶를 지칭함. -역주)가 이러한 의혹을 제기했다. "그들은 종교를 이용해 마카오를 자신들의 보금자리로 만들었다." 당시는 포르투갈 사람들이 명의 영토를 잠식하려 한다는 생각이 널리 퍼져있던 때였는데, 이는 다시 말해 모든 예수회 신부가 '불랑기의 앞잡이'라는 뜻이었다.[38] 마카오는 예수회의 사역에서 대단히 중요한 자산이었지만, 중국인의 눈에는 골칫거리였다. 이러한 사실은 선교사들의 정신에도 모순되는 일이었다. 선교는 정치 및 경제와 거리를 두었지만, 한편으로 선교가 가능했던 데는 정치 및 경제적 힘도 무시할 수 없었기 때문이다.

고위 관료들은 예수회에 적대적이었지만, 만력제 후반기에는 높은 지위를 가진 많은 지식인이 예수회 선교사들과 열심히 교류했고, 일부는 그리스도교 신자가 되기도 했다. 그들이 그리스도교 신자가 된 동기는 그들의 개성만큼이나 다양했다. 앞서도 살펴보았듯이, 어떤 이들은 예수회가 유럽에서 가져온 지식을 매우 귀하게 여겼다. 기하학, 천문학, 지도 제작법, 탄도학, 수문학 등 특히 공간 계산에서 유럽인은 탁월한 면모를 드러냈다. 어떤 사람들은 하늘의 징후를 이해할 수 있게 종합적으로 해석하는 그리스도교의 우주론에 호기심을 느꼈다. 또 어떤 사람들은 예수회 선교사들의 개인적인 지성과 도덕적 확

---

38) 심추의 언급은 Brook, *Vermeer's Hat*, p.108에서 재인용했다.

신에 감명을 받아, 그들을 세상을 발전시키는 동역자로 간주했다.[39] 시기적으로 예수회가 선교 사역에 착수한 시점이 절묘했다. 당시 명의 지식인들은 크게 두 가지 사안에 대해 심각히 고민하고 있던 터였다. 첫째, 두 차례의 '만력의 늪'을 겪고 있는 백성들을 도울 방법은 무엇인가? 둘째, 북변 세력에 맞서 북쪽 변경을 방어할 효과적인 방법은 무엇인가? 결국 1644년 그 세력에 의해 나라가 무너지지만 말이다. 어쨌거나 이 두 가지 사안에 대해 명의 지식인들은 도덕적인 사명감을 느꼈을 뿐만 아니라 실질적인 해결 방법을 고민하고 있었다. 그래서 교육 수준이 높았던 유럽인이었던 만큼 예수회 선교사들이 이러한 고민에 좋은 답을 알고 있으리라 생각했던 것이다.

예수회의 선교 사역을 주도했던 인물 역시 절묘했다. 리치는 유럽인이 중국에서 성과를 거두려면 어떤 문화적 양식을 가지고 어떤 전략을 취해야 하는지 예리하게 파악했다.[40] 예를 들어 리치는 북경에 거주할 때, 근처에 살던 심덕부에게 자신은 수도에 "조공을 바치러 왔다."라고 말했다.[41] 이 말은 엄밀한 의미에서 진실이 아니었는데, 포르투갈은 중국의 조공국이 아니었을뿐더러, 리치가 포르투갈인인 것도 아니었기 때문이다. 그러나 이 표현은 수사적으로는 효과가 있어서 그가 왜 거기에 왔는지 그럴듯하게 포장해주었다. 하지만 사비에르와 마찬

39) Peterson, "Why Did They Become Christians?"

40) 마테오 리치의 수많은 전기 가운데 특히 주목할만한 것은 다음 두 가지다. Spence, *The Memory Palace of Matteo Ricci*; Hsia, *A Jesuit in the Forbidden City*.

41) 심덕부, 『萬歷野獲編』, p.783. "利瑪竇字西泰, 以入貢至."

가지로, 리치의 노력은 실패로 끝났다. 리치의 경우 만력제를 알현하지 못했다는 점에서 실패였다. 하지만 이러한 실패는 역으로 유럽인들에게 중국의 가치를 수용할 수 있는 길을 열어주었다는 점에서 중요한 성취이기도 했다. 다른 가톨릭 선교사, 특히 도미니크회 선교사들Dominicans은 선교지의 지역 문화에 상대적으로 관대하지 못했다. 그들은 그리스도교의 관습만을 근본적인 진리라고 확신하여 중국에서 그 유사성을 찾으려는 노력이 적었고, 궁극적으로 명의 지식인들을 설득하는 데 실패하여 그들의 가치와 사상을 바꾸지 못했다. 도미니크회는 백성들 사이로 상당히 깊게 파고들었으나, 그들이 설립한 그리스도교 공동체가 살아남으려면 당국의 감시망을 벗어나서는 안 되었다. 종교가 반란과 선동의 위장일지 모른다고 우려한 조정의 경계가 늘 삼엄했기 때문이다.[42]

도망자의 귀환

관방주를 찾기 위해 남쪽으로 파견된 소주의 포졸들은 마지막으로 마카오 근처를 둘러보고 탈주한 은세공가 수색 작업을 마무리 지으려 했다. 이때는 1570년대로, 포르투갈인들이 마카오에 인상적인 방어시설을 건립하면서 일부 중국인들 사이에 외국인에 대한 불신이 퍼진 때는 그로부터 수십 년 뒤였다. 또한 리치가 중국에 도착한 1582년보

42) Menegon, *Ancestors, Virgins, and Friars*.

다도 앞선 시기였다. 마카오에 있던 포졸들은 유럽의 난파선이 막 항구로 떠내려 왔다는 소식을 들었다. 보아 하니 돛대도 키도 없는 버려진 선박 같았다. 호기심에 포졸들은 배에 올라가 조사해보기 시작했다. 그리고 탄약고 아래에서 간신히 살아남은 두 명의 중국인을 발견했다. 믿을 수 없을 만큼 놀라운 우연처럼 들리겠지만, 그 가운데 한 명이 다름 아닌 관방주였다.

우리는 관방주가 어떻게 유럽인의 선박에 승선하게 되었는지는 모른다. 포로였을까? 무역업자였을까? 아니면 밀항자였을까? 어찌됐거나, 일단 배를 타고 마카오로 떠밀려온 관방주는 이 상황이 기회가 될 수 있음을 깨달았다. 명은 공식적으로 포르투갈에 항구의 통치권을 넘겨준 바 없었지만, 관방주는 시대에 걸맞지 않게 치외 법권 비슷한 것을 주장하면서 마카오가 명의 권한 밖이라고 설득했다. 포졸들은 관방주의 주장이 터무니없었지만, 현실적으로 포르투갈 사람들이 지켜보는 앞에서 관방주에게 쇠고랑을 채우고 끌고 갈 수는 없는 노릇이었다. 관방주를 체포해 소주에 데려가려면 다른 방법을 생각해야 했고, 강요가 아니라 설득이 필요하다고 판단했다. 그래서 그들은 거짓말을 꾸며댔다.

"우리 역시 남쪽 오랑캐[南夷]들과 교역을 하려고 길을 떠나려던 참이오. 그런데 지금 당신을 보니 이 일이 얼마나 위험한 일인지 알게 되었소. 그래서 다시 집으로 돌아가기로 결정한 거요. 당신도 원하면 우리와 함께 갈 수 있소." 도망자 관방주는 자신에 대한 사건이 어떻게 되었는지 염려하며 돌아가기를 주저했다. 그러자 포졸들은 그의 죄가 대사大赦를 받았다고 안심시켰다. "당신 사건은 이미 사면되었소." 대사란 황제가, 예를 들어 가뭄이 들어 하늘에 자비를 구해야 할 때, 혹은 형부에 산적한 안건이 너무 많아 이를 한꺼번에 처리해야 할 때 취하는 일반적인 절차였다. "걱정할 필요가 전혀 없소."

관방주는 이들의 말을 곧이곧대로 믿는 실수를 범했다. 이후에 사실을 알아챘을 때, 그는 이미 자유의 몸이 아니었다. 포졸들이 그를 소주로 데려갔는데 마침 시기도 적절하게, 왕씨의 처벌에 대한 황제의 유지諭旨가 막 하달된 직후였다. 관방주의 귀환으로 횡령에 대한 처벌 대상은 왕씨가 아니라 관방주로 바뀌었다. 이것은 장안의 화제가 되었고, 증거에 반박의 여지가 없었다. 그래서 소주 사람들은 하늘이 참으로 교묘한 방법으로 문제를 바로잡았다고 감탄했다. 만약 이것이 사실이라면, 하늘의 교묘함[天網之巧]에는 세계 무역 또한 포함되었을 것이다.

10

| 명의 붕괴 |

명이 무너진 지 14년이 지나고 1657년에서 1658년으로 넘어가는 어느 추운 겨울밤, 황종희는 서가에서 나는 소리 때문에 잠에서 깼다. 책상 옆에 있는 촛대에 불을 지펴 서가를 살피는데 쥐 한 마리가 후다닥 달아나는 것이 보였다. 촛불을 옮겨 쥐가 무엇을 갉아먹었는지 살펴보았더니, 불꽃 아래 보인 것은 홍광제弘光帝 시대(1644~1645)에 출간된 저보邸報였다. 저보란 각 조정에서 인쇄하여 고위 관료들에게 배포하는 공보公報로, 나라의 여러 행사와 정책, 그리고 관리들의 이임離任 사항을 알려주는 책자였다. 황종희의 서가에 꽂혀있던 저보는 남경에서 발행된 것으로, 홍광제가 잠시 남경에서 국정을 운영한 적이 있었다. 홍광제의 이름은 주유숭朱由崧(1607~1646)이며, 주상순의 아들 복왕福王이자 1644년 반란군에 붙잡히지 않으려고 자살을 선택한 숭정제의 사촌이다. 명의 생존한 관원들은 남경으로 도망쳤고, 그곳에서 주유숭이 홍광제로 즉위했다. 그러나 침략자 만주족 편에 합류한 군사들이 남경을 습격했고 이듬해 홍광제의 제위는 박탈되었다. 이후 홍광제 시기의 저보 역시 발행이 중단되었다.

어찌 되었건 황종희는 그 이후 불안정한 혼돈의 시기에도 저보를 가까스로 잘 보관하고 있었다. 그는 저보를 쥐로부터 구해낸 그 겨울밤을 회상하며, 그 순간 이 짧은 왕조에 대한 기록을 더는 미룰 수 없다고 판단했다고 한다. 황종희는 이렇게 진술했다. "내가 이 자료를 보관한 이유는 당시의 역사를 저술할 때 참조할 생각이었기 때문이다. …… 하지만 그 후 몇 년 동안 내게는 어려움이 많았고, 몸 또한 자주 아팠다." 이제 명이 붕괴하고 힘들었던 첫해의 생생한 기억을 잊어버릴 위험이 있었다. 그는 "과거의 기억이 점점 줄어들고 있다."라고 걱정했다. 엎친 데 덮친 격으로 그의 개인적인 상황도 좋지 않았다. "나는 지난 10년간 세 번이나 이사했고, 그 와중에 많은 책이 사라져버렸다." 그때 당장 책을 쓰지 않았다면 영영 쓸 수 없을지도 몰랐다. 시간이 지날수록 홍광제 때의 기억이 희미해지는 것은 당연했다. 그는 자신에게 되물었다. "내가 죽은 후에, 누가 이 사명을 맡을 것인가?"[1]

---

1) 黃宗羲, 『弘光實錄抄』(『黃宗羲全集』 卷2, p.1) 황종희는 이 작업에 서명을 달지 않았으나, 『홍광실록초』는 황종희의 작품이며 그와 교류하던 이들의 관점이 담긴 것으로 알려져있다(Struve, *The Ming-Qing Conflict*, p.226).

다양한 책임론

1658년 무렵 황종희는 동시대의 가장 중요한 역사학자이자 정통성에 관한 이론가였다. 때는 숭정제가 자살하고, 만주족이 북경을 장악한 지 14년이 흐른 시점이었다. 많은 명의 관원들은 할 수 없이 상황을 받아들이고 새 주인을 섬겼으나, 그렇지 않은 이도 많았다. 1644년까지 명의 영광스러운 관리로 살았던 것처럼 많은 관료가 남은 삶도 명의 충신으로 살기로 다짐했다. 황종희의 사회적·학문적 동지들이 기대하던 바 역시 그러했다. 명이 망할 때 34세였던 황종희는 끝까지 명에 충성하는 길은 새 왕조의 관직에 오르는 것을 거절하는 것뿐이라고 생각했다. 마치 과부가 재혼하지 않는 것이 인지상정인 것처럼 말이다. 하지만 현실에서는 과부가 재혼하는 일이 흔했고, 새로운 주인에게 충성을 맹세하는 관료 역시 많았다. 그러나 황종희는 새로운 정복자들의 압박과 많은 동료의 회유에도 불구하고, 여생을 집필과 교육에 전념하기로 결심했다. 그 결과 그가 관직에 복귀하여 이룰 수 있던 업적보다 훨씬 더 위대한 지적 유산을 후세에 남겨주게 되었는지 모른다.

황종희의 『홍광실록초弘光實錄鈔』에 따르면, 홍광제 주유숭은 전형적인 황제 유형이 아니었다. 병부상서 사가법史可法(1601~1645)은 명의 남은 충신들을 끌어모아 만주족의 침략에 대항해 싸운 강직한 관료로서 1645년 양주에서 발생한 대학살에서 장렬히 전사했다. 그런데 그가 주유숭에게 황제 자격이 없음을 7가지 이유를 들어 주장한 바 있었다. 즉 주유숭이 부도덕하고, 방탕하며, 술을 좋아하고, 불효不孝하고, 아랫사람에게 잔인하며, 학문에 관심이 없고, 간섭하기를 좋아한다는 것이다.[2] 사가법의 솔직한 직언에도 불구하고, 주유숭은 황위 계승의 후보에서 탈락하지 않았다. 제국의 독재 정치autocracy의 수장이 반드시 훌륭한 인품을 갖춰야 한다는 사가법의 생각은 착오였다. 왜냐하면 황제의 자리에 오르기 위해서는 개인적인 자질보다는 태조인 주원장의 직계 혈통인지가 더 중요한 문제였기 때문이다. 실제로 관원들이 주유숭에 대해 우려했던 점은 그의 성품이 아니라 혈통이었다. 그의 아버지 주상순은 만력제가 총애하던 후궁 정씨의 소생으로, 그를 황태자로 세우려고 하면서 발생했던 '국본' 논쟁의 주역이었다. 당시 논란의 중심에 있던 정씨가 주유숭의 할머니라는 게 문제였다. 정통성을 둘러싼 투쟁에서 꿋꿋이 만력제에게 대항했던 대신들에게 주유숭의 등극은, 죽은 만력제가 무덤을 박차고 나와 복수하는 것이나 다름없었다.

하지만 복수는 오래가지 못했다. 홍광제는 남경에서 등극한 지 1년 만에 만주족에게 넘겨졌고, 구금 상태에서 죽음을 맞이했다. 홍광제의 사촌 3명은 명의 잔당들을 이끌고 먼 남쪽으로 도망갔다. 그중 한 명은 교황에게 중국에 대한 군사 지원을 요청했지만, 그 서신이 바티칸에 도달했을 때는 이미 명이 무너진 지 오래였다. 어떠한 저항 단체도 만주군의 맹공격을 당해낼 수 없었는데, 사실 만주군은 대부분 항복한 명의 군사들로 채워졌다.

---

2) 黃宗羲, 『黃宗羲全集』 卷2, p.3.

새로운 청 조정은 자살로 생을 마감한 숭정제를, 마치 불명예보다는 자살을 선택한 순결한 과부처럼 존중해주었고, 정통성 있는 황제로 추존해주었다. 숭정제의 만주인 '계승자', 순치제順治帝(재위 1644~1661)는 숭정제의 무덤 앞에 비석을 세우고, 비문에 "덕을 잃어버리고 나라를 망하게 하는 자"들 속에서도 "사직社稷을 위해 자신의 목숨을 바친 자"라고 새겨 숭정제를 칭송했다.[3] 이처럼 숭정제 때의 역사는 황제의 보좌관들을 비난하는 방식으로 기록되었다. 즉, 충성의 대상을 바꾸기를 거부한 자들이나 정복자에게 굴복한 자들 모두 비난하는 식이었다. 청군의 사령관이자 어린 황제의 삼촌인 도르곤(1612~1650)은 명의 몰락을 정치적으로 이렇게 정리했다. "숭정제는 올바른 황제였다. 문제는 문신文臣들이 탐욕에 눈이 어두워 법을 어기는 동안, 무신武臣들이 가짜 공로를 세워 자기들의 승리를 자축했다는 데 있다. 이것이 명이 몰락한 이유다." 숭정제의 자살로 청은 천명을 지닌 황제를 살해할 필요가 없어졌을 뿐 아니라, 새 황제의 천명 또한 무리 없이 주장할 수 있게 되었다. 결국 청은 숭정제를 그의 선대 황제들의 무덤 옆에 안치하고 황제에 대한 모든 예를 갖춘 다음 그의 왕조가 끝났음을 선포했다.

숭정제의 사촌들에게는 공식적으로 일체의 명예가 부여되지 않았고, 그들에 관한 실록 역시 존재하지 않았다. 만약 누군가가 이러한 실록을 편찬한다면 새로운 정권에 들키지 않아야 했다. 만약 이러한 실

3) 李淸, 『三垣筆記』, p.90. "朕念明崇禎帝孜孜求治, 身殉社稷. 若不急爲闡揚, 恐千載之下, 竟與失德亡國者同類竝觀, 朕用是特製碑文一道, 以昭憫測."

록이 발각되기라도 한다면, 이는 청의 정통성에 도전하는 것으로 해석되어, 사실상 반역 행위로 간주될 터였다. 이러한 상황이 심적으로 약하게나마 실록 편찬을 미루는 요인이 될 수 있었겠지만, 그럼에도 불구하고 실록에 대한 욕구는 절실했다. 실록 편찬에 실패할수록 명의 충신들은 왕조의 몰락으로 인한 굴욕감과 자기 비하에 더욱 빠져들 뿐이었다. 그들은 명을 존속시키기 위해 자신이 할 수 있는 일이 무엇일까 고민하던 차에 저마다 은밀히 몰락의 징후들을 찾아보았다. 그 결과 현실적인 측면, 사고방식, 지적인 측면, 도덕적인 측면에서 그 징후를 일부 찾아냈다. 명이 망할 무렵 어린 시절을 보냈던 상해의 섭몽주葉夢珠는 고전 문체의 변화가 나라의 붕괴로 이어졌다고 해석했다. 섭몽주는 만력 연간 초기부터 나라는 이미 멸망의 길에 들어섰다고 생각하며 "문체文體가 크게 무너지기 시작하자, 국운國運 역시 덩달아 무너졌다."라고 선언했다.[4]

명의 멸망에 대한 이러한 해석은 멋진 각본이 될 수는 있지만, 역사라고 하기에는 너무 허술하다. 뛰어난 역사학자이자 명의 충신이던 황종희는 그 재앙의 책임을 개인의 습관이나 성향 같은 것에 막무가내로 돌리려는 관점에 동의하지 않았다. 그의 생각은 도르곤의 주장과는 상반되었는데, 즉 명이 멸망한 것은 환관들과 무능한 관료들을 제압하지 못한 황제의 부족함 때문이라고 주장했다. 냉철하게 사태를 관찰한 황종희는 훗날, 쥐 때문에 깨어난 밤에 실록의 서문을 쓰며 이렇게 기록했다. "황제가 도를 따르지 않으면, 하찮은 백성들은 자기 스

4) 葉夢珠, 『閱世編』, p.183. "文體大壞, 而國運亦隨之矣."

스로 파멸될 날을 헤아리는 것 외에 무엇을 할 수 있단 말인가?" 그러면서도 황종희는 숭정제 조정의 실패를 명 붕괴의 핵심으로 보지 않았다. 숭정제 때는 이미 몰락하는 상황에 지나지 않았고, 부실한 조정 운영과 도덕적 타락의 배경에는 독재 통치라는 근본적인 약점이 있었다고 보았다. 독재 정치는 통치자와 백성 사이에 있어야 할 끈끈한 유대관계를 무시했고, 큰 재난이 닥쳤을 때 서로가 서로를 믿지 못하게 하여, 이를 헤쳐 나갈 방안을 찾지 못했다는 것이다. 황종희가 볼 때 이것이야말로 명이 멸망하게 된 진정한 근원이었다.

이러한 분석은 당시 지식인들이 대체로 자신의 경험을 근거로 왕조의 몰락을 이해했던 것과는 다른 방식이었다. 요컨대, 당시 지식인들은 과거 몽골족의 침략과는 달리 순식간에 들이닥친 이번 공습에 망연자실한 채 자기 주변만을 바라보며 앞으로 닥칠 일을 두려워하고만 있었다. 시인 왕미王微(1600~1647 추정)는 만주군에 맞서 나라를 지키려고 떠난 남편을 그리는 8행의 시로 당시의 절망감을 표현했다.

> 황량한 풀밭 위로 안개가 피어오르고
> 달이 내려와 차가운 빛이 되네.
> 가을이 가듯 영혼도 집으로 돌아가고
> 슬픔은 어스레한 빛을 타고 찾아오네.
> 이 불안은 언제쯤 끝나려나?
> 내 마음이 차갑게 식긴 하려나?
> 배의 노를 하늘 끝으로 저어가는 당신,

당신을 떠나보내는 나는 망설이고 또 주저하네.[5]

이 시에서 왕미는 어떤 문제를 지적하고 있지 않다. 그저 왕조가 끝날 무렵 자기 가족과 세대가 처한 상황을 묘사했을 뿐이다. 이러한 증언은 현대의 역사학자들이 쇠락할 무렵의 명의 형편을 기록하는 데는 도움이 되었다.[6] 어찌 됐건, "명은 멸망하기 전에 이미 쇠퇴하고 있었는가?"라는 질문은 의미 있는 물음이다. 누군가는 그렇다고 주장할 것이고, 우리는 이러한 주장을 여러 차례 반복할 것이다. 하지만 결과와 그 원인을 구분하는 것 또한 필요한 작업이다. 명이 쇠퇴하고 있었는지 아닌지 여부와 상관없이, 당시의 상황을 고려해볼 때, 전혀 다른 결과를 상상하기는 어렵다. 멸망의 책임을 숭정제의 측근에게 돌릴 수도 있다. 그들이 나라에 등을 돌린 무사들을 미리 적발하고 국가 재정의 유출을 잘 막았더라면 멸망은 일어나지 않았을지 모른다.

이번 장에서는 명의 마지막 수십 년 동안 나라를 위해 조언하고, 혹은 음모를 꾸미며, 때로는 싸움까지도 불사했던 이들에 대해 주목하겠지만, 그들을 그렇게 행동하도록 만든 당시의 상황 또한 놓치지 않을 것이다. 그럼에도 불구하고, 가장 큰 수수께끼는 과연 명 왕조가 어

---

5) 王微, "Parting in the Boat on an Autumn Night", translated by Kang-i Sun Chang, in Chang and Saussy, *Women Writers of Traditional China*, p.322 (『名媛詩歸』 卷36, 1b)

6) 명의 멸망을 묘사한 역사서로는 1980년대 중국인 역사학자가 영어로 쓴 다음 두 권의 명대사(明代史)를 추천한다. Ray Huang, *1587, a Year of No Significance: The Ming Dynasty in Decline*. Albert Chan, *The Glory and Fall of the Ming Dynasty*.

떻게 그렇게 오랫동안 유지되었는지가 될 것이다.

두 차례 만력의 늪

명의 쇠락을 이야기하기에 앞서 우선, 1572년 황위에 올라 1620년에 사망한 만력제의 통치 시대로 돌아가 보자. 일반적으로 말하는 것과 달리, 명의 쇠락이 만력제의 결함 때문에 시작된 것이 아닐 수도 있다. 만력제가 우유부단하고 정치적으로 서툴렀던 증거들이 있긴 하지만, 이제는 조정에서 벌어진 사소한 드라마에서 눈을 돌려 더 큰 그림을 볼 필요가 있다. 만력 연간의 경우, 두 차례의 환경 위기가 그러한 큰 그림에 속한다.

1586~1588년에 발생한 첫 번째 '만력의 늪'은 정권 자체를 마비시켰다. 그 늪은 사회 재난의 새로운 기준이 될 정도로 엄청난 환경 차원의 '붕괴'였다. 그러나 조정은 이 재난을 무사히 넘어갈 수 있었는데, 이는 1580년대 초반부터 수보 장거정이 시행했던 국가 재정에 관한 개혁 덕분이었다. 체납된 세금을 추징하고 자신이 관할하는 현의 세금 징수를 마무리하지 못한 지현에게 승진이나 전근을 차단한 결과, 재정 체계가 대단히 효율적으로 운영되었다. 그리하여 장거정이 1582년 사망할 때 국고에는 은이 넘쳐났다.[7] 이렇게 보유한 자금 덕분에 만력

---

7) Huang, "The Lung-ch'ing and Wan-li Reigns", p.517; Huang, "The Ming Fiscal Administration", pp.162-164.

제의 조정은 1587년 폭풍처럼 밀어닥친 자연재해에 적절히 대응할 수 있었고, 다음 해까지 이어진 어려움도 무사히 넘길 수 있었다. 그러나 재난이 가져온 충격은 기억 속에 깊이 각인되었다. 그리하여 6년 뒤 하남성에서 대규모 기근이 시작되자, 조정과 관료는 식량 부족에 신속히 대처하면서 '지역'의 곤경이 '지방'의 위기로 우후죽순 퍼져나가는 것을 막았다.[8)]

20년이 지난 1615년, 두 번째 '만력의 늪'이 발생했다. 이번 늪이 있기 2년 전부터 북중국에서 홍수가 지속되었고, 2년째 되던 해 기온이 급격히 떨어지며 추워졌다. 몇몇 지역에서는 심각한 가문이, 또 몇몇 지역에서는 심각한 홍수가 터지는 혼란한 상황 가운데 늪이 시작되었다. 1615년 가을에는 전국 방방곡곡에서 구제를 요구하는 탄원서가 조정에 빗발쳐 올라왔다. 11월 25일 두 명의 대학사가 재난에 관한 상소를 종합해서 만력제에게 보고했다. "지역마다 상황은 다르지만, 모든 지역이 재해에 시달려 사람들은 집을 나와 차라리 강도의 길을 택했고, 거리에는 굶어 죽은 시체들이 버려져 있다고 합니다. 모든 상소가 황제의 은혜를 간곡히 구하고 있습니다." 황제는 이러한 상황 보고를 호부에 보내도록 했고, 대규모 구제가 시행되어야 한다는 제청을 받아냈다.

그중 산동성의 기근 피해가 가장 심각했다. 1616년 2월 조정에 보고된 상소에 따르면, 약 90만 명이 아사餓死 위기에 처했으며, 지방의 구호물자는 바닥 난 상태였다. 더불어 사회 질서도 완전히 붕괴되었다.

---

8) 楊東明, 『饑民圖說』

1616년 3월에는 산동성의 한 거인擧人이 황제에게 자신이 그린「동인대아지장도東人大餓指掌圖」(대기근에 처한 산동 백성들에 관한 편람도)를 제출했다. 실록에 따르면, 각 삽화에는 슬픔과 한탄의 시가 덧붙여졌다고 한다. 그중 다음 2행시는 재난 전체를 핵심적으로 표현하고 있다.[9)]

> 엄마는 자식들의 사체를 먹고,
> 아내는 죽은 남편의 살을 벗겼다.

1616년 후반기에 기근은 북중국에서 양자강 유역으로 내려왔고, 이어서 광동을 덮쳤다. 그다음 해에도 기근이 서북쪽과 서남쪽 지방 모두를 휩쓸었다. 최악의 사태는 1618년 이전에 종결되었지만, 이후에도 만력제의 마지막 2년 동안 가뭄과 메뚜기 떼의 약탈이 끊이질 않았다. 이 장황한 재난 목록에 1618년과 1619년에 발생했던 엄청난 황사 태풍도 포함될 수 있는데, 이는 서북 지방의 삼림이 황폐화된 결과였다. 1618년 4월 5일 해질녘에 북경에 불어 닥친 황사 태풍은 너무나 강렬하여, "모래가 비 내리듯 내렸다. 공기는 마치 안개가 낀 것처럼 탁했고, 모래 비가 밤까지 그치지 않고 내렸다."라고『명사』는 기록하고 있다. 1년이 지난 뒤, "정오부터 밤까지 황사塵沙가 하늘을 가득 메워 적황색으로 물들였다."[10)]

9)『神宗實錄』卷538, 2b. 卷539, 9b. 卷540, 7b. 卷542, 2b. "母食死兒, 妻割死夫"

10) 張廷玉,『明史』卷30,「五行志3」, p.512. "(萬曆)四十六年三月庚午, 暮刻, 雨土, 濛濛如霧如霰, 入夜不止. 四十七年二月甲戌, 從未至酉, 塵沙漲天, 其色赤黃."

1620년, 오랜 추위와 가뭄이 끝날 무렵 만력제도 사망했다. 적통이었던 황태자가 제위를 물려받아 태창제로 등극했다. 그런데 태창제는 등극한 지 한 달도 못 되어 사망했다. 아버지의 시신이 제대로 장사되기도 전의 일이었다. 조정은 또다시 정통성 위기로 혼란에 빠져들었다. 다음 후계자를 정하는 것은 간단한 일이었지만, 제위를 물려받은 천계제가 미숙하고 제대로 가르침을 받지 못한 상태였기 때문이었다. 그 후 7년간(1621~1627), 당시 최고 환관이었던 위충현(1568~1627)이 사실상 정권을 장악했다. 이때 정치 '기류'는 고약했지만, '날씨'는 놀랄 만큼 평온했다. 천계 연간의 마지막 2년이 예년에 비해 조금 습했을 뿐, 심각한 홍수는 일어나지 않았다. 자연의 이상 현상은 오직 지진뿐이었는데, 천계 연간 매년 지진이 발생했다.

천계제의 혼란스러운 통치는 1627년 그의 요절로 막을 내렸고, 이에 조정 사람들은 거의 모두 안도했다. 그가 아들을 낳지 못하고 사망했기 때문에 명은 다시금 정통성 위기에 빠져들 뻔했으나, 다행히 천계제에게 16세의 동생이 있어 제위를 계승할 수 있었다. 그는 숭정제라는 이름으로 제위에 올랐고, 많은 이에게 드디어 제대로 된 전제 군주autocrat가 나왔다는 희망을 안겨주었다. 하지만 상황은 점점 악화되었고, 숭정제가 명의 마지막 황제가 되는 운명을 바꿀 가능성은 사실상 주어지지 않았다.

만주족의 출현

만력 연간의 기근으로 고통받은 이들은 명뿐만이 아니었다. 이 시기 북중국을 강타한 가뭄은 요동遼東으로도 확산되었다. 요동은 이후에 만주로 알려진 만리장성의 동북 지역에 해당한다. 바로 그곳에서 여진족의 지도자 누르하치(1559~1626)가 여진족과 몽골족 사이에 전에 없이 폭넓은 동맹 관계를 형성해냈고, 이 동맹국은 1636년 마침내 '만주'라는 새로운 민족의 칭호를 탄생시켰다(1626년 누르하치가 사망한 이후 제위에 오른 홍타이지는 1635년 기존의 민족 칭호였던 '여진'을 '만주'로 바꾸고 이듬해인 1636년 국호를 '아이신구룬[金國]'에서 '대청大淸'으로 바꾸었다. -역주) 누르하치는 1615년까지 명에 조공을 바쳤는데, 이는 영토 확장의 야심을 숨기려는 계략이었다. 누르하치가 명에 조공을 중단한 것은 아마도 가뭄과 추위 때문이었을 것이다. 그는 소심한 지도자가 아니었다. 소심하기는커녕 움츠러들지 않고 오히려 요동을 놓고 명과 당당히 경쟁하기 시작했다. 요동에서 생산되는 곡물이 필요했던 그는 명과의 전투를 준비했고, 드디어 1618년 5월 극적인 전환점이 마련되었다. 요동 동쪽으로 기습 공격을 시작한 누르하치는 명군을 이끄는 총병관總兵官(우익 남로군을 지휘하던 유정劉綎과 좌익 서로군을 지휘하던 두송杜松을 가리킴. -역주)의 목을 치고 요동을 차지했다.

명은 이듬해 봄부터 누르하치를 몰아내려고 대대적인 전쟁을 시작했으나, 여러 난관에 시달렸다. 우선, 전쟁 자금이 부족했는데, 만력제는 황실 자금을 내놓으려 하지 않았다. 추위와 눈도 상황을 더욱 악화시켰다. 1619년 4월 14일 사르후 전투를 시작한 지 한 달도 채 지나지 않아, 전쟁은 실패로 끝났다. 사르후 전투에서 명이 완패한 이후, 누르하치의 군대는 "줄줄이 이어지는 눈부신 승리"를 경험했다고 역사학자 레이 황은 지적했다. 이를 시작으로 결국 명은 만리장성 너머의 모든 영토를 상실하게 된다. 물론 명이 완전히 몰락하기까지는 그후로도 20년 정도의 시간이 더 걸렸다. 몹시 가물었던 그해 여름은 만력제가 사망하기 3개월 전이었다. 그때 만력제는 대학사(방종철方從哲)에게 전쟁에서 실패한 것이 요동을 지키는 문관과 무관 사이의 불화 때문이라고 설명했다. 그러나 레이 황은 반대로, 전쟁의 실패 원인을 황제에게 돌렸다. 만력제가 황실 금고를 꽁꽁 닫아버리자 전쟁 자금을 마련하려는 호부로서는 토지에 일시적인 부가세를 부과해야만 했다. 그런데 그 전쟁 이후에도 부가세는 폐지되기는커녕 더욱 증가하기만 했다. 그 후 25년간 계속된 전쟁에 운도 따르지 않았고, 게다가 자연재해까지 겹치면서 눈덩이처럼 불어난 재정 부담이 조정을 압박하는 수준에 달했다.[11] 사르후 전투의 패배는, 향후 전쟁의 위협이 더욱 고조될 것이고, 국방비에 아무리 많은 돈을 쏟아 부어도 부족하리라는 암울한 신호탄이었다.[12]

군사 문제는 재정 문제에 비해 덜 복잡하고 개선하기 쉬워 보였는지, 여러 관료가 다양한 해결 방안을 제안했다. 그중 한 사람이 마테오

11) Huang, "The Lung-ch'ing and Wan-li Reigns", p.583.

12) 치솟는 세금과 체납에 대한 초기 연구로는 Wang Yü-ch'üan, "The Rise of Land Tax and the Fall of Dynasties in Chinese History" 참조.

리치의 제자이자 그리스도교 신자가 된 서광계였다. 1619년 서광계는 명의 군사력을 기르는 가장 효과적인 방법은 유럽 선진국의 군사 지식을 빌리는 것이라고 주장했다.[13] 탄도 기술뿐만 아니라 사수의 시야 확보에 도움이 되는 유클리드 기하학까지 다양한 지식을 섭렵했던 그는 일찍이 1608년, 리치를 도와 유클리드의 『기하학 원론*Elements*』의 첫 6권을 중국어로 번역·출간한 바 있었다. 서광계는 마카오에 있던 포르투갈 군사들을 불러들여 중국 사수들에게 최신 기술을 전수하도록 해야 한다고 주장했다. 1622년 네덜란드 VOC 선단이 마카오를 습격하자 한 포르투갈 사수가 총으로 네덜란드 선단의 화약통을 정확히 타격하여 네덜란드의 공격을 무산시킨 일이 있었다. 그런데 그 정확성은 이탈리아의 예수회 선교사 자코모 로Giacomo Rho의 계산에서 나온 것이라는 말이 있었고, 이는 서광계의 주장을 뒷받침해줄 절묘한 증거였다. 결국 서광계는 1622년 총 7명의 사수와 1명의 통역사(일본으로 파견된 예수회 선교사 요아오 로드리게스João Rodrígues), 그리고 16명의 수행원이 마카오를 떠나 북경에 올 수 있도록 승인을 얻어냈다.

하지만 외국의 기술에 의존하는 문제는 즉각 도마에 올랐다. 거기에 외국 군인들이 북경에 올 경우, 명의 군사 정보가 유출되어 훗날 불리한 상황으로 이어질 수 있다는 우려가 더해져서, 조정의 논란은 한층 가열되었다. 급기야 서광계의 계획 자체가 흔들릴 위기에 처했다. 이듬해인 1623년 대포를 발사하는 시연 도중에 포환이 폭발하면서

---

13) Huang Yi-Long, "Sun Yuanhua(孫元化, 1581-1632): A Christian Convert Who Put Xu Guangqi's Military Reform Policy into Practice."

포르투갈 사수 1명이 죽고 옆에서 거들던 중국 병사 3명이 중상을 입었다. 이 사고로 서광계의 모든 계획은 취소되었고 외국인 사수들도 다시 마카오로 돌아갔다. 6년 후에 서광계는 다시 한 번 그 일에 도전했고, 황제의 승인을 받아 새로운 사수들과 통역사 로드리게스를 다시 북경에 불러들였다. 조정의 반대파들이 남경에 도착한 이 파견단의 입성을 막으려 했지만, 숭정제가 이들의 북경 입성을 허락하는 칙서를 내렸다. 사실 이 모든 조치가 신속하게 이루어진 것은, 여진족이 북경 지역 부근을 위협한 일촉즉발의 상황에 직면했기 때문이다. 1630년 2월 14일, 황제의 칙서가 남경에 당도하자, 그들은 다시 북경으로 출발했다. 북경에서 65킬로미터 떨어진 탁주涿州 도성 외곽에서 이들 파견단은 한 여진족 부대와 마주쳤다. 포르투갈 사수들은 일단 도성 안으로 후퇴한 뒤, 8개의 포차를 성곽에 설치하고 여진족이 사정거리 안에 들어오자 대포를 쏘았다. 대포의 효과는 컸고, 침입자들은 물러갔다. 이 사건으로 외국인을 내부로 끌어들이는 방안에 여전히 회의적이던 조정 내 반대파와의 싸움은 끝이 났다.[14] 이로써 대담해진 서광계는 로드리게스를 마카오로 보내 더 많은 사수와 대포를 공수하도록 황제에게 요청했을 뿐만 아니라, 앞서 1622년 네덜란드 선단을 무찌르는 데 결정적 공헌을 한 이탈리아 수학자 자코모 로까지 북경으로 불러들여 흠천감欽天監에 자리를 마련해주었다.

외국인을 전쟁에 끌어들이는 서광계의 전략은 정치적으로 대단히 민감한 사안이었다. 1632년 산동성에서 발생한 군사 반란으로 포르투

14) Brook, *Vermeer's Hat*, pp.103-104. (『베르메르의 모자』, pp.158-160)

갈 군인이 12명 사망하고 이 반란을 진압하지 못한 책임으로 서광계가 파견한 군장관이 처형을 당하자, 서광계의 전략은 다시 큰 혼란에 빠졌다. 이 사건으로 조정은 현실의 군사 문제와는 아무 상관없는 당파 싸움의 소용돌이에 빨려들어갔고 그저 상대 당파의 몰락만 꾀하는 지경에 이르렀다.[15] 서광계는 군사 문제를 주도적으로 해결해보려 했지만, 요동 지역의 군사적 균형을 바꾸는 데는 역부족이었다. 화기火器가 향후 전쟁의 승패에 결정적인 역할을 할 것이라고 생각한 서광계의 판단은 분명 정확했다. 하지만 나라의 안보를 지휘할 능력이 없는 황제와 동료들의 신뢰만 얻으면 그만이라는 내각대학사들, 그리고 패배의 비난에 둔감해져버린 군사령관이 존재하는 한, 기술적 지식이 전쟁의 흐름을 바꿀 수는 없었다.

1622년 광녕廣寧에 있던 명의 요새가 여진족에게 함락되었다. 명군은 산해관山海關으로 후퇴해야만 했다. '산과 바다의 문'이라는 뜻의 산해관은 만리장성의 동쪽 끝의 바다와 인접한 곳에 있었다. 그런데 추위와 가뭄 탓에 요동에 식량난이 발생했고, 이에 여진은 요새를 포기하고 되돌아갈 수밖에 없었다. 그 덕에 명은 잠시나마 숨을 돌리면서 국방비를 조달할 방안을 찾고자 했다. 현재 수준보다 더 많이 과세하는 것은 사실상 불가능했다. 1623년 여름에 조정 대신(공과급사중工科給事中 방유도方有度)이 천계제에게 보고한 내용처럼 "요동에 난이 일어나니 군수 물자와 역참 비용으로 천하의 재물을 모두 끌어모아 제국의

15) Huang Yi-Long, "Sun Yuanhua(孫元化, 1581-1632): A Christian Convert Who Put Xu Guangqi's Military Reform Policy into Practice", pp.250-255.

그 작은 귀퉁이에 공급하는" 실정이었다. 그런 상황이 몇 년 이어진다면 "백성들은 자신의 골수骨髓를 뽑고, 자식과 아내까지 팔아 세금을 내야 할" 처지였다.[16] 숭정제는 징세 제도를 더욱 강화하고 특권층의 권력 남용을 줄임으로써 이 난국을 해결하고자 했다. 그는 또한 세금이 중앙에 잘 도달하도록 할당된 세량을 다 채우지 못한 지방관에 대해서 전근과 승진을 금지시켰다. 하지만 이 명령은 결국 지방관이 호부의 서리胥吏에게 뇌물을 바쳐 미납된 세액을 숨기는 현상만 조장했을 뿐이었다.[17]

여진이 후퇴한 틈을 노려 명의 부대는 요동의 일부분을 되찾게 되었다. 허세가 심했던 모문룡毛文龍이 1624년 여진족의 신성한 근원지인 백두산(여담이지만, 당시에는 시베리아 호랑이가 서식했다)을 침략하여 여진족에게 모욕감을 주었다. 1626년 누르하치가 사망한 이후 점점 세를 확장한 여진족은 외교적인 방법을 동원하는 등 이전과는 다른 양상을 띠었다. 그들은 모문룡을 자기편으로 끌어들일 작정으로 그에게 서신을 보냈다. 서신의 서두에는 거듭된 재난은 언제나 왕조 몰락의 전조였다는 언급으로 시작되었다. 게다가 명을 '남조南朝'라는 모욕적인 말로 칭하며 국운이 다했다고 주장했다. "남조의 운명이 다하면, 사상자 수가 헤아릴 수 없이 많을 것이고, 황제의 밀사密使조차 죽임을 당할 터인데 하물며 장군이 어찌 목숨을 구할 수 있겠는가?" 이후에도

16) 明 『熹宗實錄』 卷36, 2b. "工科給事中方有度疏言, 自辽左發難軍需驛騷, 竭天下之物力, 以供一隅. … 百姓敲骨剔髓, 鬻子賣妻以供."

17) 李清, 『三垣筆記』, p.8.

전향을 권하는 내용은 계속되었다. "건강한 동물은 나무를 찾아 올라가고, 현명한 신하는 주군을 찾아 섬기는 법"이라는 언급도 있었다. 서신은 이렇게 마무리되었다. "남조의 기운氣運은 이미 다했으며, 시세時勢 역시 고갈되었으니, 후회해도 소용없을 것이다."[18]

모문룡은 서신에 답하지 않았는데, 아마도 자신이 승리할 것이라고 생각했기 때문일 것이다. 이듬해인 1627년 2월, 여진은 조선을 공격하면서 모문룡을 압박했다. 모문룡은 영토를 포기할 수도 있었지만, 그가 장악한 압록강 어귀는 요동과 산동 사이의 해상 무역으로 큰 이익을 챙길 수 있는 요지였다. 그곳에서 발생한 경제적 이익으로 그는 절대적인 자치권을 행사했고 준군벌로 발돋움할 수 있었다. 여진은 비밀리에 배후에서 모문룡을 자기편으로 넘어오도록 유도하기도 했다. 해상 무역의 덕을 톡톡히 보고 있던 모문룡은 1629년 죽을 때까지 명과 여진 사이에서 이익을 저울질하며 갈등했다. 결국 그의 속내를 수상히 여긴 상관 원숭환袁崇煥(1584~1630)이 감찰을 핑계로 모문룡의 부대를 조사했고, 부하를 시켜 그 자리에서 모문룡을 참수했다. 이에 대해 역사학자 프레데릭 웨이크만Frederic Wakeman(1937~2006)은 "모문룡의 죽음으로 국경은 혼동 속에 빠져들었고, 결국 모문룡의 약탈자들만 많이 배출한 꼴이 되었다."라고 평가했다.[19]

원숭환은 인상적인 행동으로 모문룡의 배신을 사전에 차단했을 수

18) 談遷, 『棗林雜俎』, pp.597-598. "南朝運終, 死數未盡, 天使喪亡, 將軍豈能救之乎? 良禽擇木而棲, 賢臣擇主而事. … 南朝氣運已盡, 時勢已盡, 悔之不及."

19) Wakeman, *The Great Enterprise*, p.130.

는 있었지만, 이후 불거진 소요 때문에 누르하치의 아들 홍타이지의 공습을 미리 간파하지 못한 오점을 남겼다. 1629년 11월 홍타이지는 원숭환의 방어 지역으로 침입했고, 화북 평원 지대에 기마 궁수들을 파견했다. 한 파견대가 곧바로 북경 성벽을 향해 내달리는 사이, 다른 파견대는 좀 더 남쪽에 위치한 탁주를 공격했다. 탁주는 앞서, 서광계의 포르투갈 사수들이 여진 부대에 대포를 쏘았다고 한 바로 그곳이다. 여진의 기습 부대는 지원군의 부족으로 할 수 없이 만리장성 이북으로 후퇴했다. 그러나 명은 이 사건에 대해 책임질 누군가가 필요했다. 여기에 모문룡을 죽여 혼란을 야기했던 원숭환보다 더 적합한 희생양이 누구겠는가? 결국 원숭환은 북경으로 송환되었고, 이듬해 1월 능지처사陵遲處死라는 치욕적인 형벌을 받아 사망했다. 그의 죄목은 여진이 북경으로 쳐들어오는 것을 막지 못한 반역죄였다. 그리고 이러한 죄목은 비단 원숭환뿐만 아니라 이후 여러 관료에게도 적용되었다.[20)]

홍타이지는 아버지 누르하치가 사망하고 처음 3년 동안 여진의 군대를 자신의 통수권 아래에 재정비하려고 공세적으로 모든 힘을 집중했다. 비록 그가 파견한 군대가 1629년 겨울에 후퇴하긴 했지만, 그는 이 전투를 통해 요동에 배치된 명의 군사력이 그다지 강력하지 않음을 확인했다. 그는 점차 만주의 대부분에서 자신의 세력을 확장해나갔다. 이윽고 새로운 왕조를 세우기에 충분히 자신감이 생긴 홍타이지는 1636년 청淸을 건립하고 자신을 황제로 칭했다. 새 왕조의 이름은 의

---

20) 李淸, 『三垣筆記』, p.17.

미심장했다. 깨끗하고 순결한 물의 이미지를 지닌 '청'이 태양과 달이 조합된 불의 이미지를 지닌 '명'을 물속에 침몰시킨다는 뜻이었다. 홍타이지는 과연 자신이 세운 왕조가 약 4세기 전 여진족이 북중국에 세웠던 금金을 능가할 것이라고 믿었을까? 우리는 그 답을 알 수 없지만, 적어도 청의 설립이 명에 큰 도전이 되었음은 확실하다. 홍타이지는 중국 정복이 시작되기 전인 1643년에 사망했다. 다음 제위는 그의 어린 아들에게 넘어갔고, 군대의 통수권은 그의 형 도르곤이 차지했다.

숭정의 늪

이제 우리는 숭정제의 무대에 등장했던 인물들로부터 눈을 돌려 무대, 즉 환경에 주목해보자. 원-명을 통틀어 숭정제만큼 심각하게 비정상적인 기후를 만났던 황제는 없었다. 통치 첫해에는 심각한 상황이 대부분 제국의 서북쪽, 특히 섬서성에 몰려있었다. 1628년 말 어사의 보고에 따르면, 가뭄과 기근이 너무 심각해 성 전체가 재난 지역이었다고 한다. 다음 해에는 기온이 급강하했고 1640년까지 한파가 지속되었다. 중국만 이 한파를 겪은 것은 아니었다. 1630년대 러시아도 12월부터 2월 사이 적어도 한 달 정도는 심각하게 추웠다. 그러다가 1640년대에 이르면 겨울마다 매달 극심한 추위가 잇따라 보고되면서 12세기 이래 러시아 역사상 가장 혹독하게 추웠던 10년으로 기록된다.[21] 중국과 러시아 사이에 위치한 만주에도 혹독한 추위가 닥쳤다. 여진족이 남쪽으로 진출한 것은 명의 경제력을 노린 측면도 있겠지만, 혹독한 추위 역시 중요한 요인이었다.

심각한 기근은 1632년, 숭정 5년에 처음 발생했다. 그해 조정에는 각지에서 발생한 기상천외한 자연 현상과 이에 따른 극도의 사회 혼란을 보고하는 상주문으로 넘쳐났다. 서북 지역으로 파견된 한 관리는 "도처에 도적이 있으며, 상황은 매일 악화되고 있습니다."라고 호소했다. 대운하의 중간 구간의 재난을 복구하도록 파견된 관리는 "남과 북 사이의 연락이 거의 차단되었습니다."라고 보고했다. 이 관리는 또한 다음과 같이 언급했다. "가난한 이들이 도망쳐 강도가 되었고 부자들은 소리 소문 없이 사라지고 있습니다. 상인들은 물품을 유통하지 않고, 모든 도로가 막혔습니다."[22]

1632년 이후 재해는 심각해져만 갔다. 숭정 8년인 1635년, 메뚜기 떼가 대규모로 출몰하면서 상황은 더욱 악화되었다. 숭정 10년인 1637년, 건조한 날씨가 결국 전국적인 가뭄으로 확산되었다. 이후 7년 동안 명은 전례 없이 심각한 가뭄을 겪었다. 지속된 가뭄으로 산동 서부가 황폐화되던 1640년 여름, 굶주린 사람들은 나무껍질을 벗겨 먹

21) 러시아의 한파 기록은 대체로 중국의 미가(米價) 변동 기록과 일치한다. 또한 러시아의 건조와 습기 기록 역시 중앙기상국(Central Meteorological Bureau) 지도에서 제시된 매년 기록과 근사하게 맞아떨어진다. Lamb, *Climate*, vol.2, pp.562, 564.

22) 明『崇禎長編』卷57, 6a, 卷63, 10b, 卷64, 20b. "貧者流而爲盜, 富者乘間潛移, 商賈不通, 道路梗塞."

기 시작했고, 급기야 썩은 송장까지 건드리기 시작했다.[23] 산동성 서북쪽에 위치한 상업 도시 임청에서는 절박한 사람들이 인육人肉을 먹기도 했다.[24] 이듬해 여름에는 기근이 양자강 삼각주 지역까지 남하했다. 상해 지역의 지방지에 묘사된 재난의 규모는 다음과 같았다.

> 엄청난 가뭄
> 메뚜기 떼
> 기장 값이 치솟았다.
> 굶어 죽은 시체가 거리에 널렸다.
> 곡물 가격은 한 석石 당 은 0.3냥에서 0.4냥까지 올랐다.[25]

가뭄은 2년간 더 지속되었다. 상황을 회복시키고자 필사적으로 노력했던 숭정제는 1643년 6월 24일 고위 대신들로부터 가장 낮은 일용직 노동자에 이르는 모든 백성에게 자기 마음속에 숨겨놓았던 악한 생각을 없애라는 조서를 내렸다. 그러면 하늘이 감동하여 가뭄의 벌을 중지하고 다시 비를 내려주리라 기대했던 것이다.[26]

가뭄과 기근의 여파로 전염병이 발생했다. 그중에 가장 많았던 전염병은 천연두였다. 중국인들은 일찌감치 우두 접종을 실시하여 천연

---

23) 『濟南府志』(1840) 卷20, 18b; 『德平縣志』(1673) 卷3, 40a.

24) 『臨清州志』(1674) 卷3, 40a.

25) 『上海縣志』(1882) 卷30, 9b. 평상시 쌀 1석의 가격은 0.07냥이었다.

26) 張廷玉, 『明史』, p.486.

두를 예방했지만, 여진족(만주족)은 그렇지 않았다. 여진족은 천연두에 특별한 두려움이 있어서 천연두에 감염된 사람과 접촉을 극도로 피했는데, 심지어 1630년대에는 군대가 침입한 지역에 천연두가 발병한 적이 있다는 보고만 있어도 즉각 후퇴한 것이 한두 번이 아니었다. 홍타이지가 1629~1630년에 걸쳐 진행하던 화북 평원에 대한 공격을 중지한 것도 부분적으로는 천연두에 대한 공포 때문이었다.[27] 1635년 산해관 지역에 퍼졌던 전염병은 아마도 천연두가 아닐까 싶다. 1639년 산동 지역에 천연두가 꽤나 큰 규모로 퍼지기 시작하자, 만주인들은 그해 겨울 북중국 침략을 접고 북방으로 돌아갔다.

전염병은 다른 지역으로도 번져나갔다. 특히 서북 지역이 큰 타격을 입었다. 처음 서북 지역에 발생한 전염병은 1633년 산서성을 쑥대밭으로 만들었다. 3년 뒤에는 섬서성과 몽골 남쪽까지 퍼지기 시작했고, 1640년 섬서성 전체에 전염병이 창궐했다. 전염병이 사라진 뒤 섬서의 지방관들이 추산한 결과, 전체 인구의 80~90퍼센트가 전염병으로 사망한 것으로 밝혀졌다.[28] 물론 이 추정치는 상당히 과장된 것이겠지만, 적어도 섬서성의 일부 지역에서는 대단히 심각했다고 짐작할 수 있다. 그 병이 전염병이었는지는 논란이 많다. 『명사』에는 1634년 서북 지역에 쥐가 폭발적으로 증가했다는 기록이 있는데, 예를 들어 녕하寧夏의 시골 마을에 수십만 마리의 쥐가 출몰해 닥치는 대로 모두

27) Cooper, *Rodrigues the Interpreter: An Early Jesuit in Japan and China*, pp.342, 346.

28) 『甘肅新通志』(1909) 卷2, 36a.

먹어치웠다고 한다. 이를 근거로 쥐와 당시의 전염병을 연결시키려는 역사학자들도 있다.[29] 쥐와 전염병이 직접적인 관련이 있었는지, 아니면 쥐가 전염병의 균을 옮겼는지는 각자의 상상에 맡기겠다.

1639년 심각한 전염병이 양자강 유역을 강타했고, 같은 해 양자강 중류에 쥐 떼가 출몰했다. 2년 뒤에는 독성이 한층 강해진 전염병이 양자강 유역뿐만 아니라, 동부 지역까지 휩쓸었다. 당시 산동성의 한 현의 보고에 따르면, 적어도 거주민의 반 이상이 그 병으로 죽어나갔다. 지방지에 실린 전염병 관련 기록을 보면 매우 절망적인 내용들이 나온다. "그동안 원인을 알 수 없는 많은 재해와 폭동이 있었지만 이보다 심한 경우는 없었다."[30] 황하 남쪽에 위치한 산동성의 몇몇 시골 마을에서는 전염병이 마을 전체를 휩쓸어 약 70퍼센트의 인구가 사라졌고, 황하를 따라 그보다 상류에 위치한 하남성에서도 비슷한 인명 피해가 발생했다.[31] 1641년 여름이 끝날 무렵 메뚜기 떼가 나타나 먹을 수 있는 모든 것을 휩쓸고 지나갔고, 식량이라고는 정말 아무것도 남지 않았다.

1642년에 잠시 멈춘 듯 보였던 전염병은 그다음 해부터 매년 발생하여, 강남 지방에서 북방의 변경 지역에 이르는 모든 지역을 황폐하게 만들었다.[32] 당시 북경이 문제의 진원지로 인식되었던 가운데, 한

29) 張廷玉, 『明史』, p.477.

30) 『易州志』(1674) 卷1, 8b.

31) 『曹州志』(1674) 卷19, 21a; 『新鄭縣志』(1693) 卷4, 96a.

32) Dunstan, "The Late Ming Epidemics"; Hanson, "Inventing a Tradition in Chinese Medicine", pp.103-107.

때 제국의 번영을 위한 위대한 길이었던 대운하는 이제 북쪽의 전염병을 옮기는 고속도로가 되었다. 기근에다 전염병까지 겹치면서 재앙은 치명적인 수준에 달했다. 지방지들은 이 마지막 시기를 기록하며 "수많은 사람이 죽었다."라고 거듭 서술했다. "열 집 가운데 아홉이 비었다."는 기록도 마찬가지였다. 1644년이 시작될 무렵, 산서성 북부 지역은 모두 전염병에 감염되었다.[33)]

이것이 바로 숭정의 늪으로, 1320년대에 발생한 태정의 늪 이후 가장 오래 이어진 재난의 시기였다. 곡물이 말라 죽어 식량이 줄어들었고, 상업 경제 또한 중단되면서 곡물 가격은 전례 없이 치솟았다. 사람들은 세금으로 낼 것이 아무것도 없었다. 모두가 힘든 상황이었지만, 조정의 어려움은 더욱 극심했다. 국고가 바닥이 나 국경 수비대나 역참 병졸에게 지급할 급여가 없어 안보와 조정 운영에 차질이 생겼다. 병부는 황제에게 1623년부터 이미 역참제가 유명무실해졌다고 보고했다. 조정의 소통 체계가 한꺼번에 무너지지만 않았더라도, 역참제 이용자의 범위 및 권한에 대한 새로운 규칙이 긴박하게 마련되었을 것이다.[34)] 하지만 이렇게 해도 부담은 여전할 것이라고 판단한 병부는 1629년 운영비 절감을 위해 일부 역참을 폐쇄하는 극단적인 조치를 취하고 말았다. 현실적으로, 아무리 긴축 재정을 한다 해도 만주에 필요한 막대한 전쟁 비용을 감당할 수는 없었다. 조정은 끊임없는 전쟁 비용을 충당하기 위해 점점 더 많은 세금을 걷을 수밖에 없었다. 당시

---

33) 『雲中志』(1652) 卷12, 20a. 전염병은 1644년 후반기에 다시 사라졌다.

34) 『熹宗實錄』 卷33, 15a.

사람들은 숭정제의 시대를 비아냥대며 두 배의 세금을 징수한다는 뜻의 '중징重徵'(중국어 발음이 '숭정'과 같다)의 시기로 불렀다.[35] 1644년에는 전국의 80퍼센트에 달하는 지역에서 세금이 걷히지 않았고, 국고 역시 바닥을 드러냈다.

반란

국가 재정이 악화되자 가장 타격을 받은 곳은 정부 조달에 의존했던 북방 지역이었다. 숭정제가 등극하자마자, 가장 먼저 기근으로 고통을 당했던 곳도 북방 지역이었다. 조정이 긴축 재정을 운영하면서 군사들과 역참 병졸들에게 돌아갈 보수는 한 푼도 없었다. 많은 병사가 주변 지역으로 도망쳐 하루하루 노동이나 도적질로 간신히 목숨을 이어갔다. 1628년 봄, 그중 한 곳인 섬서성에 가뭄이 닥치자 도망친 병사 일부가 반란을 일으켰다. 이를 시작으로 향후 17년간 전국을 뒤엎는 반란이 되풀이되었다.[36]

조정에 등을 돌려 스스로 살 길을 택한 이들은 조정의 미곡 창고

---

35) 李清, 『三垣筆記』, p.3. "朝議以國計不足, 暫借民間房租一年, 於是怨聲沸京城, 呼崇禎爲重徵." 재정 위기로 인한 지역 사회의 영향에 대해서는 Nimick, *Local Administration* 참조.

36) Parsons, *Peasant Rebellions of the Late Ming Dynasty*, pp.4-6.
이자성(李自成)과 장헌충(張獻忠)에 대한 묘사는 같은 책, pp.17-21 참조.
1628년부터 1642년 사이에 발생했던 반란의 지역적 분포를 보여주는 지도는 같은 책, pp.3-84 참조.

나 현의 아문을 약탈하는 데 성공하면서 자신감을 얻고 좀 더 야심찬 정복을 꿈꾸게 되었다. 이자성李自成(1605~1645)과 장헌충張獻忠(1605~1647), 이 두 명의 반란 주동자들은 자기에게 추종자들이 따르기 시작하면서, 급기야 단기간으로 끝난 자신만의 왕조를 선포하게 된다. 이자성과 장헌충은 모두 가뭄으로 폐허가 된 섬서성 북부의 가난한 마을 출신이었다. 이자성은 1627년 역참에 일자리를 얻었지만, 2년 뒤 역참이 폐쇄되면서 실직했다. 이후 잠시 징세 청부업자로 일했고, 군인이 되려고도 해보았지만, 결국 강도로 전락했다. 장헌충의 유년 시절은 좀 더 굴곡이 많았다. 얼굴에 곰보 자국이 있는 것으로 보아, 그는 어린 시절 천연두를 앓았을 수 있다. 또한 10대에 집에서 쫓겨나고 마을에서도 추방당했는데, 일설에 따르면 그가 학교의 친구를 죽인 탓이라고 한다. 물론 이것은 헛소문일 수도 있지만, 그가 학교에 다녔다는 내용만은 사실인 듯하다. 훗날 장헌충을 만났던 예수회 선교사 두 명이 그가 글을 알고 있다고 증언한 사실이 이를 뒷받침해준다. 폭력적인 10대에게 가장 안전한 장소는 군대였으므로 장헌충은 군인이 되었다. 이후 장헌충은 군에서 자기 직속상관에 대해 반란을 모의했다는 죄목으로 고발당했는데, 이는 부당한 고발이었을 것이다. 다른 상관이 중재하여 장헌충은 죽음을 면했지만, 결국 군대에서 퇴출당했다. 싸움밖에 다른 기술이 없었던 장헌충은 1630년 여름 자기 재능을 잘 살릴 수 있는 강도의 길에 들어섰다.

당시 소외된 많은 젊은이가 수년 동안 북방 지역에 여러 강도 조직을 형성했는데, 이자성과 장헌충도 마찬가지였다. 점차 그들의 조직은 느슨한 군사들과 손을 잡았고, 세금을 거둘 관할 지역을 확보한 뒤 자신들을 진압하려고 파견된 명의 군대에 저항하기 시작했다. 그러나 결국 야망에 찬 농민 군벌 가운데 영구적인 정부를 수립한 이는 없었다. 심지어 민정 기구를 설립했던 이들조차 결국은 떠돌이 신세가 되어 새로운 기회를 찾아 떠났거나, 진압군에게 쫓겨 붙잡혔다. 1630년대 중반 이들 북방의 여러 군대는 하남과 안휘를 거쳐 양자강 유역까지 내려왔다. 이자성과 장헌충의 군대는 모두 1638년 명의 군대에 대패했다. 이 시점에 조정에 다른 부담스러운 일이 많지 않았더라면, 두 반란군이 다시 무력을 회복할 수는 없었을 것이다.

하지만 그들은 회복되었다. 2년이 채 못 되어 이자성과 장헌충은 다시 그들의 이동 정부를 재정비했고, 왕조 건립에 대한 야망을 품게 되었다. 하지만 둘 중 어느 쪽도 딱히 어떤 지역을 완전히 통치한다고 말할 단계는 아니었다. 그들은 북중국 내륙을 돌아다녔는데, 하남에서 섬서로, 다시 호광으로, 명군이 이동하는 길을 따라 이동했다. 1644년 초 장헌충은 남경 장악에 실패한 뒤 호광에 머물면서 서쪽의 삼림 지대인 사천으로 옮겨갈 준비를 하고 있었다. 반면 이자성은 고대의 수도였던 서안을 장악하는 데 성공했다. 그는 서안에서 순順 왕조를 세웠으며(순順의 의미가 이자성이 하늘에 순종한다는 것인지, 하늘이 이자성에게 순종한다는 것인지에 대해서는 의견이 분분하다), 그해 겨울 산서성을 전면적으로 침공하기 시작했다. 그런 가운데 이자성은 좀 더 동쪽으로 눈을 돌려, 방어가 허술한 북경을 넘보았고, 수도 북경으로 돌진하겠다

는 뜻밖의 대담한 결정을 내렸다.[37]

1644년 4월 5일, 숭정제는 모든 장군에게 총동원령을 내렸지만, 이에 부응한 군대의 규모는 수도를 지키기에 턱없이 부족했다. 4월 24일 이자성의 군대에 북경이 함락되었고, 황제는 가족과 함께 자금성의 후미진 곳으로 숨었다. 빠져나갈 방도가 없다는 사실을 깨달은 숭정제는 딸을 죽인 뒤, 자금성 뒤편의 매산煤山에서 나무에 목을 매고 자살했다. 숭정제의 죽음 소식에 전국은 큰 충격에 휩싸였다. 숭정제가 사망한 음력 3월 19일(양력 5월 9일)이 백성들의 기억 속에 또렷이 각인되었다. 다음 왕조가 숭정제의 자살을 무난하게 추모할 상황은 아니었다. 그의 죽음은 승화된 다른 형태로 기념되어야 했고, 실제로 그렇게 되었는데, 몇 년 뒤 강남 일대에는 매년 음력 3월 19일 일출 때 태양을 경배하는 의식이 생겨났다.[38]

이자성이 북경을 함락했다는 소식은 산해관에서 만주군을 막고 있던 장군 오삼계吳三桂(1612~1678)에게까지 전해졌다. 이에 그는 극단적인 방법을 취했는데, 산해관 반대편에서 대치 중이던 만주군 장군 도르곤에게 협상안을 가지고 접근한 것이다. 두 장군은 적대적인 행위를 잠시 멈추기로 했다. 그리고 도르곤은 더 큰 명예와 보답을 조건으로, 오삼계를 도와 북경의 반군을 물리치기 위한 대대적인 전투에 가담하기로 했다. 이것이 오삼계로서는 뜻밖의 상황을 해결하기 위한

37) 1640년대 전반기 이자성의 군사 작전에 대해서는 Des Forges, *Cultural Centrality and Political Change in Chinese History*, pp.204-311 참조.

38) Zhao Shiyu and Du Zhengzhen, "'Birthday of the Sun.'"

임시방편이었지만, 도르곤으로서는 명을 관棺에 넣고 마지막 못질을 하는 것이나 다름없었다. 이자성은 자신보다 훨씬 강력한 오삼계와 도르곤 연합군과의 전투가 있기 전날인 6월 3일 스스로 황제에 등극했으나 그다음 날 패배한 뒤 도주했다. 그다음 날 만주군은 자금성에 입성하여 청의 성립을 선포했고, 도망 다니던 이자성은 1년 후 사망했다.

한편 장헌충은 사천으로 후퇴해 그곳에서 대서大西 왕국을 건립했다. 대서는 2년 동안 정권 유지를 위해 학살을 일삼은 것으로 악명이 높았다. 사천에서 대량 학살을 감행하기에 앞서 두 명의 예수회 선교사에게 세례를 베풀도록 허락한 것이 장헌충이 보여준 유일한 자비였다. 결국 1646년 11월, 장헌충은 만주군의 압력에 밀려 사천성에서 쫓겨나 북방으로 도망쳤다. 만주군은 그를 뒤쫓아 잡았고, 1647년 1월 2일 그를 처형했다.

명의 몰락에는 많은 역사가 담겨있다. 동북 변경에서 만주 제국이 팽창한 역사, 14세기 이래 중국을 가장 크게 위협한 반란의 역사, 조정이 붕괴한 역사, 그리고 중대한 기후 변화의 역사까지. 각 역사에 담긴 내용은 다르지만, 그 내용이 서로 겹치면서 결국 하나의 역사를 구성했다. 예를 들자면, 1641년 이자성의 군대가 황하 유역을 장악했지만, 그 직전 전염병이 이 지역 인구의 70퍼센트를 휩쓸어버리고 그 지역을 무방비 상태로 남기지 않았다면 과연 그것이 가능했을까?[39] 과연 무엇이 명을 몰락시켰을까? 재정 파탄 때문일까? 반란 때문일까? 만주군

39) 『新鄭縣志』(1693) 卷4, 100a.

의 힘 때문일까? 날씨 때문일까? 이 가운데 가장 유력한 요소를 선택하려는 시도는 진실을 밝혀주기보다는 오히려 진실을 차단하기가 쉽다. 명이 붕괴한 원인은 중국사의 이 특별한 위기 국면에서, 이러한 다양한 요소가 복합적으로 작용한 결과로 보아야 한다. 어떤 사건이 명을 멸망시켰는지 정하는 것보다 더 풀기 힘든 수수께끼는 어떻게 명이 이렇게 오랫동안 생존할 수 있었는가라는 질문일 것이다.

마지막을 산다는 것

숭정의 늪을 빠져나온 명의 생존자들은 자신이 새로운 왕조의 백성이 되었음을 발견했다. 1644년 이후 세상에는 다양한 길이 열렸고, 어려운 길과 함께 쉬운 길도 있었다. 대다수 사람들은 자신의 운명을 받아들이고 만주 정권에 복종했다. 이때 남자라면 새 왕조에 대한 복속의 의미로 머리의 앞쪽을 밀고 뒤쪽은 댕기머리를 땋는 유목민의 머리모양(변발)을 따라야 했다. 치욕스러운 일이었지만, 1645년 도르곤이 변발은 목숨 값이라고 선포했을 때 저항한 사람은 거의 없었다. 그러나 명 부활에 대한 희망을 품은 사람들은 몇 년간 머리를 자르지 않고 버텨냈다.

주씨 황실은 만주족에 항복하게 되면, 자신의 목숨을 건지는 것 외에는 얻을 게 없었다. 따라서 일부 왕자들은 저항 세력에 인력을 지원해주기도 했다. 황태자는 1643년 말, 북경을 탈출해 도망가던 도중 반란군에 붙잡혔다. 이에 숭정제의 황위를 계승하여 왕조를 지속시키기 위해 황태자의 사촌을 찾아보았는데, 물망에 오른 왕자는 겨우 2명뿐이었다. 조정이 파벌 싸움을 벌인 끝에 결국 복왕이 홍광제로 등극했다. 그는 약 1년 동안 제위에 앉았으나, 그의 군대가 만주의 대적이 되지 못하자 남경 외곽에서 만주군에 붙잡히고 말았다. 다음 제위는 그의 종조부 융무제隆武帝(재위 1645~1646)에게 넘어갔지만, 그도 1년밖에 집권하지 못했다. 제위는 그의 동생 소무제紹武帝(재위 1646)에게 잠깐 넘어갔다가, 다시 홍광제의 사촌인 영력제永曆帝(재위 1646~1662)에게로 넘어갔다. 이것이 남명南明으로 알려진 명의 마지막 황제 계보에 해당한다.[40]

마지막 황제였던 영력제는 1659년 어쩔 수 없이 버마로 피난해야 했다. 그 이유는 다름 아닌 1644년 산해관 문을 열고 만주군과 손을 잡았던 오삼계의 군대를 피하기 위해서였다. 오삼계는 계속해서 관직에 있었지만, 1673년에는 그 역시 반란을 일으키게 된다. 청의 2대 황제 강희제가 자기 아버지(순치제)의 옹립을 도왔던 중국 군사령관들에게 하사했던 봉토를 몰수하려 했기 때문이었다. 버마에 있던 영력제는 결국 체포되었고, 그의 아들과 함께 군대의 호위를 받으며 북경으로 이송되었다. 하지만 그들의 존재가 반청 세력을 자극할 것을 우려한 청 조정은 1662년 5월, 호송되던 도중에 영력제 일행을 처형시켰다. 이후 주씨 황실의 남성들은 더 이상 제위를 넘보지 않았다.

북경이 함락되던 첫해에는 명의 군대가 만주를 물리칠 수 있다는 희

40) 남명 정권에 관한 역사는 Struve, *The Southern Ming* 참조.

망이 있었다. 하지만 그들의 노력은 효과적으로 조직되지 못했고, 만주군이 양자강을 건너 그 이남 지역으로 밀고 내려오던 와중에 도시가 하나 둘씩 만주의 손아귀에 넘어갔다. 이러한 기세는 4세기 전의 몽골 침략 때와는 사뭇 달라서 도저히 막을 수가 없었다. 만주군은 저항하지 않고 항복하면 관대하게 대하겠지만, 끝까지 저항하면 모든 시민을 몰살하겠다고 선포했다. 지역 사회의 지도자들은 대부분 다른 대안을 찾지 못하고 평화롭게 항복하는 길을 선택했다. 순순히 항복하지 않은 몇몇 지역은 만주군의 선포대로 모두 몰살당했다.

첫 번째 대학살은 대운하의 남쪽과 양자강이 연결되는 지점의 위쪽에 있는 양주에서 발생했다. 두 번째 학살은 양자강 반대편에 있는 가정嘉定에서 발생했다. 남경이 저항 없이 항복했으므로, 만주군은 양자강을 따라 상류로 쉽게 진격했고, 다시 남쪽으로는 강서성江西省을 통과해서 나아갔다. 강서성의 성도省都인 남창에서 청에 대한 마지막 강력한 저항이 발생했는데, 결국 1645년 여름 남창은 청군에 포위되었다. 식량이 떨어지자, 성 안의 군사들은 밖으로 나와 만주군과 싸웠지만 번번이 포위망을 뚫는 데 실패했다. 그러자 성의 방어를 주관하던 지도층이 마하반야摩訶般若라는 한 탁발승에게 의지하게 되었는데, 그 탁발승은 10여 명의 남자아이[童子]를 전쟁터에 내보내어 긴 향초를 잡고 『바라밀다경波羅蜜多經』을 외우게 하면 만주군을 물리칠 수 있다고 주장했다. 만주군은 인간이 아니라 악령이기 때문에, 동자의 순수함이 그들을 물리칠 수 있다는 논리였다. 그의 전략은 실행되었고, 무고한 소년들이 성벽 아래에서 무참히 살해되는 안타까운 일이 벌어졌다.

1646년 2월 드디어 성이 함락되자, 수십만 명이 '대청大淸'에 저항했다는 이유로 보복성 도살을 당했다.[41]

만주군이 진군해오자 저항 세력은 전멸을 피하려고 남쪽으로, 이어서 서남쪽으로 후퇴해야만 했다. 당시 저항군의 투쟁은 용맹스러운 영웅담과 비참한 패배에 관한 숱한 사연으로 점철되었는데, 그 끝은 예외 없이 처형이나 자살로 마무리되었다.[42] 이러한 이야기들을 보면, 대체로 만주식의 변발을 강요하면서부터 위기가 시작되었다. 그중 상해 남쪽의 주산 반도로 피신했던 한 저항자는 1644년 10월에 자살하기 직전 이러한 시를 남겼다.

> 머리카락을 지킴으로 오랑캐[胡]와 중화[夏]가 구분되고
> 명을 지지함으로 삶과 죽음이 하나가 된다네.
> 마지막까지 충신으로 남은 것이 내 유일한 업적이니
> 의로움이 전부요, 이 몸은 아무것도 아니로다.[43]

7년 뒤, 주산 반도는 청에 대한 두 번째 저항의 흐름을 지탱하는 근거지가 되었지만, 이때의 저항 역시 실패로 돌아갔다. 한 저항자는 변발의 강요에 저항하면서 민족성을 강조했다. 그를 체포한 청의 장군

---

41) 黃宗羲,『黃宗羲全集』卷2, pp.205-206.

42) 이러한 여러 이야기의 영문 번역은 Struve, *Voices from the Ming-Qing Cataclysm* 참조.

43) 黃宗羲,『黃宗羲全集』卷2, p.240. "保髮嚴胡夏, 扶明一死生, 孤忠惟是許, 義重此身輕."

은 머리카락을 자르고 청에 항복하면 목숨을 살려주겠다고 회유했다. 그러나 그는 "내 머리카락을 자를 수 있었다면, 왜 지금까지 기다렸겠는가?"라고 응수했다. 청을 모욕했다고 판단한 장군은 그의 사지를 잘라 죽이도록 명했다.[44]

머리카락을 만주식으로 자르라는 명령에 조용히 저항하는 방법은 아예 머리를 승려처럼 삭발하는 것이었다. 삭발은 종교적 삶의 상징으로 인식되었기 때문에 많은 이가 이러한 소극적인 저항을 선택했다. 그들 가운데 대부분은 이른바 정치적 승려로서, 종교적 서약을 하지 않았다. 새 조정은 모든 승려를 체포할 수 없었고, 승려 가운데 누가 진짜 승려이고 누가 저항 세력인지 구분할 수도 없었다. 진짜 승려와 정치적 승려를 가려내려 들면 오히려 큰 소요가 일어나 사회적으로 더 불안정해질 수 있었으므로 만주족은 삭발을 통한 저항을 사실상 용인하는 현명한 결정을 내렸다. 명이 망한 후 몇몇 사람이 이 방식을 절묘하게 활용했다. 주씨 황실 가문의 일원이던 석도石濤(1642~1708) 역시 그런 경우에 해당했다. 명이 몰락할 당시 채 2세가 안 되었던 석도는 성장기 대부분을 만주족을 피해 서남부 지역에서 보냈다. 결국 그는 정치적 승려이자 화가가 되었고, 청 전기 가장 창조적인 예술가의 길을 걸었다.[45]

물론 대부분은 이러한 길과는 상관없는 삶을 살았다. 함께 살아가야 할 가족과 가장으로서의 의무를 도외시할 수 없었기 때문이다.

---

44) 黃宗羲,『黃宗羲全集』卷2, p.239. "吾髮可剃, 何俟今日?"

45) Cahill, *The Compelling Image*, pp.186-225.

1646년까지 남명의 두 정권과 여러 유사 조직이 모두 무너지자 많은 이가 명을 계속 지키려는 노력을 부질없다고 여겼다. 17세기 중엽의 저명한 시인 가운데 하나로 손꼽히는 황연개黃媛介라는 여성은 양력으로 1646년 4월 5일에 해당하는 청명절淸明節에 이를 기념하여 시를 지었다. 청명절은 가족들이 조상의 묘소에 모여 성묘하고, 망자가 겪었던 고난을 추념하며 한식寒食을 먹는 날이다. 1646년 무렵이 되면 양자강 삼각주 지역뿐 아니라 다른 많은 지역에서도 명의 몰락과 함께 사망한 친지나 친구가 없는 집이 거의 없었다. 황연개는 1년 전 만주군이 양자강 삼각주 지역을 점령하던 난리 통에 남편을 잃어버렸고 이후 만나지 못했다. 그녀는 청명절에 남편을 떠올리면서 망자를 잊지 못하는 이들을 위로했다.

> 나는 기둥에 기대어 나라를 향한 걱정에 잠겼건만
> 다른 이들은 여느 때처럼 기쁨의 집으로 돌아가네.
> 생각은 끊임없이 흩날리는 이슬비처럼 멈추지 않고
> 눈물은 떨어지는 꽃잎처럼 하염없이 흐르네.
> 우리가 헤어지고 벌써 새해가 돌아왔건만
> 아직도 불을 붙이지 못하는 풍습을 목격하네.
> 가족을 생각하니 흰 구름만 바라보게 되고
> 내 작은 가슴은 슬픔으로 넘쳐나네.[46)]

46) 黃媛介, "Qingming Festival, 1646". 이 시는 *Women Writers of Traditional China*, p.359에 실린 Kang-i Sun Chang의 영문 번역문을 약간 수정한 것이다.

1645년의 난리 통에 황연개의 절친한 친구이자 후원자였던 걸출한 시인 상경란商景蘭(1604~1680)의 남편도 목숨을 잃었다. 상경란과 그의 남편 기표가祁彪佳(1602~1645)는 유명한 부부였다. 기표가는 정치적 경륜을 갖춘 운동가이자 지역 사회의 헌신적인 자선가였는데 청군이 그의 고향을 침략했을 때 죽임을 당했다. 남편을 기리는 상경란의 시에는, 명에 목숨을 바친 백성으로서의 헌신과 자식들을 위해 아내를 살린 남편으로서의 헌신이라는 두 가지 충성심이 표현되었다.

> 당신의 이름은 영원히 기억될 것이며
> 나는 삶을 붙들기로 했습니다.
> 충성을 다한 관리는 위대하다 칭함을 받겠지만,
> 자식을 소중히 여기는 부모는 평범한 사람일 뿐입니다.
> 당신의 인생은 의로운 관리였으니
> 당신의 묘비가 당신의 이름을 죽음 너머로 실어갈 것입니다.
> 삶과 죽음은 서로 다른 길이지만
> 나의 순결과 당신의 진실함은 함께 갈 것입니다.[47]

이러한 희생은 이민족 정복자에 대한 저항으로 기억되었다. 치욕을 느끼지 않고서야 그리 저항할 수 없는 일이었다. 송의 백성들처럼, 명의 백성들도 정복자 만주족에 결코 메울 수 없는 민족적 거리감을 느

47) 商景蘭, "Mourning the Dead: In Memory of my Husband." 이 시는 *Women Writers of Traditional China*, p.320에 실린 Ellen Widmer의 영문 번역문을 약간 수정한 것이다.

겼다. 초원 지대에서 내려온 침략자 만주족은 몽골족의 통치 방식을 선택하지 않았다. 원은 질서를 유지하기 위해 민족적 차별을 강조했으나, 청은 다민족의 통합이라는 허구를 선호했다. 사실 몽골과 만주 귀족 사회에서 권력은 폭력적인 정복으로 획득되었다. 따라서 초원 지대의 이러한 관습을 철저히 배제해야 한다는 한족 중심적인 생각이 뿌리 깊게 박혀있던 명 사람들에게 만주족이란 문명의 울타리 밖에서 온 침입자에 불과했다.

물론 이러한 의식은 변화되었다. 만주족이 제국을 대대적으로 재편할 뜻이 없음이 드러나자 명의 사회 질서가 그대로 재개되었다. 또한 청에 대한 저항의 불이 거의 꺼지면서, 명의 백성은 청의 백성이 되었다. 1912년 제국의 폐허 속에서 공화국(중화민국)이 모습을 드러냈을 때, 사람들은 명을 마지막 '중국인' 왕조로 추억하며 그리워했다. 그런데 '중국'의 영토는 청이 그어놓은 국경과는 맞지 않았다. 중화민국을 세운 혁명가들은 명의 국경으로 돌아갈 생각이 없었다. 그들은 대만에서 티베트에 이르기까지, 만주족이 통합한 모든 영토에 대한 주권을 주장했다. 하지만 그와 같은 일은 쿠빌라이 칸과 주원장이 나름대로 표방했던 제국의 통합을 반복하는 것에 불과했다. 결국 원과 명의 유산이 사라진 것은 아니었다.

| 나오는말 |

칭기즈 칸의 야망은 세계 정복이었다. 그의 손자인 쿠빌라이는 좀 더 소박한 꿈을 꾸었는데, 그것은 동아시아 전체를 통치하겠다는 야망이었다. 두 사람 모두 완전하게 성공하지는 못했지만, 몽골 본토를 훨씬 넘어서는 세계 제국을 통치한 것만은 분명한 사실이다. 칭기즈 칸의 세계 제국은 실에 구슬을 꿰듯이 자기가 정복한 작은 행정 조직들을 하나하나 제거하거나 흡수하면서 끊임없이 전진했다. 칭기즈 칸이 구축한 제국 가운데 비교적 생산력이 낮은 서부 지역에서 쿠빌라이의 사촌들이 공격하려는 조짐이 있었지만, 쿠빌라이는 이 도전에 대해서 크게 신경 쓰지 않았고, 서부 지역을 직접 통치에서 제외해버렸다. 그 대신 비교적 풍요로운 동부 지역을 정복하는 데 자신의 모든 역량을 쏟아 부었다. 여기에는 송, 고려, 베트남, 그리고 정복에는 실패했지만 일본도 포함되었다. 쿠빌라이는 중국을 몽골로 흡수하기보다는 몽골인을 중국으로 인도했고, 자신의 위치를 기원전 221년 이래 지속된 제국의 장구한 가계家系 위에 올려놓았다. 그가 구축한 정치 체제는 여러 부족을 나란히 결합한 것 이상이었다. 그것은 왕조 국가였다.

제국의 논리는 철저히 정치적이어서, 통치권의 확대는 곧 통치자의 영광을 위한 것이다. 여기에는 자신의 지지자supporter를 먹여 살리는 것 이상의 경제적 논리는 존재하지 않는다. 이른바 세계 제국은 자기가 창출한 '세계'에서 조공을 받아내려고 군사력을 사용하지, 세입을 안정적으로 확보하려고 그러지는 않는다. 하지만 농경 제국으로 진입했던 원은 달랐다. 원은 유목 전통인 조공과 농경 사회의 행정적 전통인 세금이 결합된 복합적인 재정 구조를 창출했다. 통치 집단이 제국의 승계를 위해 좀 더 안정적인 시스템을 선택했다면, 원은 분명 1세기 이상 지속되었을 것이다.

명은 자연환경이 한결 호전된 1368년에 등장했다. 새 왕조는 정치 구조와 일통一統에 대한 요구를 제외한 원의 모든 유산을 거부했다. 명은 조공 체제라는 필수적 허상에 의존하여 세계 제국의 외형을 갖추려 했다. 하지만 명은 자국의 영토가 몽골의 국경 이전으로 되돌아간 상황임에도, 초원 지대를 중국인의 전통과는 근본적으로 다른 지역으로 업신여김으로써 사실상 세계 제국다운 지위를 상실했다. 물론 명은 세계 경제로 확대되지 않았다. 그러나 여러 지역 경제가 상호 긴밀히 연결된 것은 분명했고, 16세기까지 국내 교역이 지속적으로 증가한 것 또한 분명한 사실이었다. 국가 권력이 없었다면 지형과 거리 같은 천연적 장벽 때문에 여러 지역은 상호 분리되었을 것이다. 정치가 중심이 된 행정력으로 명은 내부적 통합이라는 기본 틀을 확보할 수 있었다. 따라서 명은 세계 경제world-economy보다는 국가 경제state-economy로 이해하는 편이 더 적합하다.

원을 제국으로 이끌고, 명을 제국으로부터 멀어지게 한 것은 각각 유목과 정주라는 그들만의 문화적·정치적 전통과도 관계가 있지만, 더욱 확장된 세계의 변화와 좀 더 관련이 많다. 13세기 후반부터 14세기까지 대륙의 세계 경제가 발달하는 가운데 원은 초원을 넘어 페르시아와 유럽까지 서쪽을 향해 뻗어갔다.[1] 반면 16~17세기 동안에는 남중국해를 중심으로 해양의 세계 경제가 형성되면서 명은 인도양과 태평양을 왕래하는 교역 체제에 편입되었다. 이처럼 서로 다른 두 가지 세계 경제가 중국을 서로 다른 방식으로 발전시켰다.

이러한 변화는 원–명은 물론이고 그 밖의 다른 세계도 겪었던 기후 변화라는 맥락 속에서 발생했다. 물론 원의 성장과 명의 몰락을 기후 변화로만 설명할 수 없으며, 원의 성립과 명의 종말 사이에 발생한 모든 사건에 대해서는 특히 더 그렇다. 하지만 이 4세기 동안의 역사를 제대로 이해하려면 국가와 사회에 미친 기후의 영향력을 반드시 고려해야만 한다. 특히 농업을 경제적 기반으로 한 제국인 점을 고려하면 더욱 그렇다. 사실, 원–명의 농부들은 이상 기후의 피해에 속수무책 당하지만은 않았다. 13세기 무렵, 농부들은 북부의 건조한 초원에서부터 남부의 아열대에 이르는 다양한 조건에서 어떻게 작물을 생산

1) Abu-Lughod, *Before European Hegemony*, p.12. (재닛 아부-루고드 저, 박홍식 · 이은정 역, 『유럽 패권 이전: 13세기 세계체제』, 까치, 2006, pp.32-33)

해야 하는지에 대해 상당히 자세한 지식을 보유하고 있었다. 다양한 경험과 실험을 거쳐 중국의 농업 지식은 지리적 다양성(남북의 차이는 물론이고 각 성과 현의 차이까지)을 포괄하는 높은 포용력을 확보했다. 이 지역에서 생산되는 작물이 저 지역에서도 생산되는 것이 아니라는 사실은 모두의 상식이었다.

어떤 조건에서도 풍작을 이루어낼 수 있는 중국 농업의 포용력은 전국적으로 무수히 많은 벼의 품종으로도 증명된다. 벼의 품종은 지역적 특성에 따라 발전했고, 시간에 따라서도 변화했다. 중국 농업사를 연구한 인류학자 프란체스카 브레이Francesca Bray는 당시 농부들이 많은 품종의 벼 가운데 자기 지역에서 최대의 산출을 확보할 수 있는 것을 선택했다는 데 주목했다. 이러한 과정이 없었다면, 원-명 시대에 전통적인 밀 경작 지역이었던 북부 지역을 포함하여 전국적으로 쌀이 확산되는 일은 없었을 것이다.[2] 청 초의 한 학자가 3,000가지가 넘는 다양한 벼의 품종을 정리했지만, 브레이는 실제 사용된 벼의 품종은 이보다 더 많았을 것으로 추정한다. 각 지역의 생태에 맞게 농업 지식이 끊임없이 적응했다는 말이다.

그러나 공간적인 포용력이 시간적인 포용력으로 이어지지는 않았다. 시간은 공간보다 훨씬 급격히 변화했기 때문이다. 자연환경이 일상적인 변동 폭을 훌쩍 넘어서버린 최악의 늪 시기에 그러한 포용력의 한계가 여실히 드러났다. 해가 갈수록 격변하는 기후 때문에 벼 품종

2) Bray, *Agriculture*, pp.489-490; Brook, *The Chinese State in Ming Society*, pp.85-89.

을 정확히 선택하는 것만으로는 안정적인 수확을 기대하기가 어려워졌다. 원 이전 시기의 기후 조건에 대해서는 알려진 바가 많지 않아 정확히 말하기 어렵지만, 원의 자연재해는 대체로 이전보다 더 심하고 광범위했다고 판단된다. 이러한 흔적은 14세기부터 편찬되기 시작한 각종 농서와 황정荒政에 관한 문서에서도 찾아볼 수 있다. 1313년 가동 활자로 처음 출간되고 이후 다양한 판본이 나왔던 왕정의 『농서』(『왕정농서』)에는 중국 남부와 북부 지역에서 활용된 각종 농업 기술을 망라하고 있어(이 책의 서문에는 완비한다는 '비備' 자가 가득하다), 이 책 하나만 있어도 관리는 백성을 먹여 살리는 모든 지식을 얻을 수 있었다.

『왕정농서』에는 매달 수행해야 할 농사일을 알려주는 원형 달력(『주세농사수시척도周歲農事授時尺圖』를 말함. —역주)이 실려있다. 성실한 관리라면 이 원형 달력만 보고서도 농부가 해야 할 일과 지현이 준비해야 할 일을 확인할 수 있었다. 한편, 원형 달력은 농업 지식을 제대로 적용했는지 측정하는 기준이 되기도 했는데 이 점에서 거의 기계처럼 정확했다.[3] 하지만 기후가 예년과 달라지면 이 달력은 쓸모없게 되었다. 수백 년간 축적된 좋은 정보가 새로운 기후로 인해 한순간에 물거품이 되었고, 그 결과 심각한 기근이 발생했다. 선량한 뜻을 품은 왕자와 관료들에 의해 각종 농서, 황정 문서, 구황을 위한 본초서本草書 등이 잇달아 편찬되었고, 특히 명의 후반기에 이러한 출판이 활발했던

---

3) 王禎, 『王禎農書』, pp.6-9. 유사한 다른 문서에 대해서는 周致元, 『明代荒政文獻研究』, pp.33-59 참조. 최초의 황정 대비 본초서는 주원장의 5번째 아들(周定王 朱橚)이 1406년에 간행했던 『救荒本草』이다. 이에 대해서는 Unschuld, *Medicine in China*, p.221 참조.

것으로 보아 기존 지식의 수정 작업은 전혀 성공적이지 못했던 것 같다. 새로운 지식은 필요했지만, 농부들이 이미 수백 년간 축적한 완벽한 지식에 과연 무엇을 더 보탤 수 있었을까? 게다가 전에 없이 많은 인구가 농토에 매달려있는 상황에서, 기존의 지식을 일부라도 변화시키는 것은 대단한 모험이었다.[4] 결국 변화에 대한 적응력은 허약하게 무너져버렸다.

만력의 늪과 숭정의 늪은 농업 지식의 결핍이라는 함정에 걸려든 사태이기도 했고, 동시에 나라 안팎에서 진행된 엄청난 변화의 물결에 휘말린 사건이기도 했다. 남중국해에 세계 경제가 성장함에 따라 명의 경제는 연안으로 이동되었고, 물가 역시 단순히 국내 시장에 좌우된 것이 아니라(국내 시장이 좀 더 크긴 했다) 남아메리카와 남아시아 및 유럽의 수요와 공급에 따라 재조정되었다. 새로운 사상 또한 혼란을 더욱 부채질했다. 기존의 문제에 새로운 문제가 겹치면서, 아무리 훌륭한 전략가라도 체제 재정비의 과제 앞에서는 당혹스러워하지 않을 수 없었다. 1644년 청의 등장과 함께 세계 제국들의 급격한 재편이 없었다 하더라도, 적어도 이러한 당혹감 때문에 명은 끝났을 것이다. 대신 만주족은 국경을 차단하고 황제를 칸으로 교체했으며, 제국이 되려는 야망을 부활시켰다.

이처럼 혼란스러운 정치적 변화와 남부 지역의 불안한 요동, 그리고 해양 팽창이라는 혼돈의 도가니 속에서 역사가들이 '초기 근대early

4) 이 주장의 논리를 명확히 하는 데 도움을 준 제임스 윌커슨(James Wilkerson)에게 감사를 표한다.

modern'라고 부르는 세계가 출현했다. 무역망의 확대와 함께 각종 혁신이 발생했고, 서로 분리되었던 여러 세계 경제가 이른바 하나의 '글로벌 경제'로 연결되는 시기에 접어들었다. 우리는 보통 유럽의 해변 지역 사람들이 이러한 초기 근대 세계를 창조한 주역이라고 생각하지만, 그 체제를 활성화하는 데는 명 사람들도 그에 못지않게 중요한 역할을 했다.

그 후의 경로는 서로 달랐다. 청이 명을 정복하던 시기, 유럽에서는 각국의 외교관들이 장기간 이어진 전쟁을 끝내기 위해 일련의 회담을 열었고, 새로운 형태의 정치적·상업적 권력을 강화함으로써 향후 전개될 근대 세계의 초석을 다졌다. 회담 결과 베스트팔렌 조약이 체결된 가운데 오늘날 세계 질서의 기반이 된 국가 주권state sovereignty 개념이 형성되었다. 국가가 세계 체제에 편입되는 기본 요건인 국가 주권 개념은 각 국의 불가침 주권을 인정해주었을 뿐 아니라, 어떤 국가도 다른 국가의 내정에 간섭할 수 없다는 원칙을 세워주었다. 이제 국가는 군주의 사적인 소유물이 아니라 공적인 독립체가 되었고, 조공을 바치는 나라가 아니라 나라의 목표를 위해 자원을 집중하고 효율적으로 사용하는 경영의 주체가 되었다.[5] 자원 동원이 용이한 유럽 국가들은 베스트팔렌 조약을 계기로 새로운 제국의 길을 안정적으로 확보했는데, 이는 몽골족이나 만주족이 세운 '오래된' 제국과는 차원이 다른 행보였다. 베스트팔렌 조약은 중국과 유럽이 서로 다른 경로를 밟았음을 보여주는 확실한 증거다. 해상으로 펼쳐진 국가의 모험에 관해,

5) Brook, *Vermeer's Hat*, pp.222-223. (『베르메르의 모자』, p.314.)

일찍이 네덜란드의 법관 휴고 그로티우스Hugo Grotius(1583~1645)가 '바다의 자유freedom of the seas'를 근거로 지지했던 것과 달리, 중국의 법관들은 '해상의 도적질maritime banditry'로 간주하고 기소했다. 그럼에도 불구하고, 중국의 장인과 상인들은 저렴한 가격으로 품질 좋은 상품을 지속적으로 공급함으로써, 세계 무역에서 중국이 차지한 역할을 18세기까지 지속시키는 데 이바지했다.

유럽인이 단독으로 초기 근대 세계를 창출했다고 주장하는 것은 과거 그들이 참여했던 기존의 상업망을 무시하는 태도이며, 그 교역을 가능케 했던 생산자를 부정하는 것은 물론이고, 변화를 인식한 자기 자신마저 부정하는 처사이다. 장섭은 당시의 현상을 희미하게나마 인식했다. 월항 부두에 서서 해양 세계를 바라보던 그는 머지않아 새로운 세계가 펼쳐질 것을 감지했다. 그 세계에서는 전혀 다른 규칙이 적용되고 전혀 다른 인품이 요구될 것이었다. 『동서양고』에서 장섭은 "월항 밖으로 나가 보니 …… 따라갈 해안도, 주목할 마을도, 헤아릴 역참의 노정도 없다."[6]라고 했다. 명의 삶은 오직 무한함이라는 환경에 둘러싸였을 뿐이었다. 항해 경험이 없는 사람들은 바다를 위험과 혼돈이 공존하는 공간으로 간주하는 게 당연하겠지만, 당시 중국의 항해자들(장섭의 시대에만 해도 수십만 명에 달했다)은 남다른 지식을 습득하고 있었다. 장섭은 월항의 인구 10명 가운데 7명은 '외국인들을 잘 알았'고 동해든 서해든 어디로든 나가 외국인들과 당당히 거래했다고

6) 張燮, 『東西洋考』, p.170. "海門以出, 洄沫粘, 奔濤接漢, 無復崖埃可尋, 村落可誌, 驛程可計也."

기록했다.

상업 자본의 축적, 치열한 경쟁, 사치스러운 소비, 규범과 전통에 대한 끊임없는 거부. 유럽뿐만 아니라 중국에서도 발생했던 이러한 현상은 사회적 관습과 태도를 변화시켰고, 또한 두 대륙을 이른바 '세계화globalization'라는 역사 속으로 몰아갔다. 르네상스, 명 말, 혹은 초기 근대 세계라는 호칭은 모두 이 시기를 부르는 다른 이름에 불과하다. 하지만 이러한 호칭들은 과거와 현재에 관해 불완전한 인식 속으로 인도할 뿐이므로, 앞으로 좀 더 적합한 호칭을 찾기 위한 노력이 계속되어야 할 것이다. 이해해야 할 대상과 이해하는 방식은 언제나 무궁무진하다. 바라보는 방식이 바뀐다고 해서 이해하는 대상이 바뀌는 것은 아니지만, 이해하는 범위는 바뀔 수 있다. 이에 대해서 중국의 한 시인은 다음과 같이 통찰했다.

> 그대는 산 너머로 지는 밝은 태양과
> 바다 속으로 사라지는 황하를 볼 수 있다네.
> 만약 그대가 더 많은 것을 보고자 한다면
> 더 높은 곳으로 올라가야 하네.[7)]

원-명의 역사를 다루는 이 책을 용과 함께 시작한 만큼 이제 마무리도 두 가지 용의 이야기로 맺고자 한다. 하나는 우리가 볼 수 있는

7) 王之渙(688-742), 「登鸛雀樓」, Ron Butlin, *The Exquisite Instrument: Imitations from Chinese*, p.29. 저자의 동의를 얻어 인용한다.

용이고, 다른 하나는 볼 수 없는 용이다. 첫 번째 용은 수행 중에 있던 나한羅漢을 그린 두루마리 서화에 출현한다(그림 18). 만력제의 궁정에서 전문 화원畵員으로 활동했던 오빈吳彬의 1601년 작품이다. 명에 출현했던 다른 용들의 모습과 비교할 때, 이 그림 속의 용은 약간 특이하다. 작은 머리와 비늘로 덮인 몸뚱이는 뱀의 형상을 연상케 한다. 또한 빛이 용을 비추는 방식도 주목할만하다. 오빈은 용의 몸뚱이의 양 측면을 밝게, 그 사이에 볼록하게 튀어나온 부분을 어둡게 묘사했다. 이것은 당시 이탈리아 화가들이 새로 개발한 명암법으로, 밝음과 어두움을 이용하여 물체의 입체감을 3차원적으로 묘사하는 방식이었다. 당시 중국 화가들이 사용하던 기법은 아니었다. 나한을 둘러싸고 있는 기암괴석과 그의 왼쪽 어깨 뒤에 있는 가지런한 나무 몸통, 그리고 잎이 무성한 나뭇가지를 보면 가장자리가 모두 검은색으로 표현된 것을 알 수 있는데, 이 또한 명백히 명암법에 해당한다. 용이 타고 있는 흰 구름은 또 어떤가? 이것은 중국의 화가들이 수백 년간 뽐내왔던 흩뿌리는 안개 기법보다는 이탈리아의 석조 기법에 가깝다.

여기서 알 수 있는 것은 명의 사람들이 중국의 그림을 '중국적인' 그림으로 인식하지 않았다는 사실이다. 우리에게는 이 그림이 완전히 중국적인 것으로 보이지만, 오빈과 그의 그림 속 용은 여러 문화권을 넘나들고 있다. 오빈이 의식적으로 유럽의 화풍을 모방한 것 같지는 않고, 다만 그의 뇌리에 스며있던 유럽식 화풍이 그의 시각적 상상력을 자극하여 독창적인 창작물을 내놓게 되었다고 볼 수 있다. 미술사학자 제임스 케이힐James Cahill(1926~2014)은 이러한 화풍의 기원을 예

그림 18. 오빈의 「나한」(1601)
'극적인 순간에 출현하는 용'이라는 주제 자체는 전통적인 것이지만, 사물의 둥근 표면을 표현하기 위해 음영을 사용한 부분에서 유럽 회화의 영향을 엿볼 수 있다. 유럽 판화가 중국에 유포되기 시작한 때가 17세기 초이므로 오빈은 분명 유럽 판화를 감상한 적이 있을 것이다. 대만 국립고궁박물원 소장.

수회 선교사들이 가져온 유럽 판화에서 찾았는데, 그것이 각지로 퍼져나가면서 목판화로 재탄생했다고 보았다.[8] 오빈은 유럽 판화 속의

8) Cahill, *The Compelling Image*, p.83.

용(아마도 에덴동산의 뱀이 아니었을까?)을 보았고, 여기에 중국식 이야기를 첨부한 것이다.

이제 우리가 볼 수 없는 최후의 용에 대해 살펴볼 차례다. 이 용이 출현한 날짜는 정확히 1643년 9월 26일이었다.[9] 대단히 빛나는 이 정체불명의 피조물이 산서성 동남부의 밤하늘에 나타났다. 용이 나타나리라는 징후는 없었고, 구름 한 점, 천둥소리 하나 없었다. 그냥 달과 별이 밝게 빛나는 고요한 밤하늘에 갑자기 무언가 나타나 하늘로 몸을 꿈틀거린 것이다. 그 물체는 빛을 뿜어냈고, 그 빛이 온갖 집들을 환하게 비추며 잠자는 이들을 깨웠다. 모두가 집 밖으로 나와 경외심 가득한 눈으로 이 장엄하고 평화로운 광경을 쳐다보았다. 하지만 이것이 무엇을 뜻하는지, 혹은 불길한 전조는 아닌지 아는 사람은 아무도 없었다. 어떻게 그들이 앞으로 닥칠 일을 알았겠는가? 그때 우리라면 알 수 있었을까?

9) 『山西通志』(1682) 卷31, 41b. "(崇禎)十六年秋八月, 黎城龍見. 十四日夜星月皎潔, 絶無雲雷, 一龍蜿蜒上升金光閃爍, 戶牖皆黃."

기온 및 강수 상황

기온		강수	
한랭	1261~1393	건조	1262~1306
		다습	1308~1325
		건조	1352~1374
		다습	1403~1425
한랭	1439~1455	건조	1426~1503
온난	1470~1476		
한랭	1481~1483		
		건조	1544~1643
한랭	1504~1509		
온난	1536~1571	극도로 건조	1544~1546
한랭	1577~1598	극도로 건조	1585~1589
한랭	1616~1620	극도로 건조	1614~1619
극도로 한랭	1629~1643	극도로 건조	1637~1643

아홉 번의 늪

연도	연호	상황
1295~1297	원정元貞	가뭄, 홍수, 용
1324~1330	태정泰定	가뭄, 기근, 메뚜기 떼
1342~1345	지정至正	추위, 가뭄, 기근, 홍수, 전염병
1450~1455	경태景泰	추위, 건조, 기근, 홍수, 전염병
1516~1519	정덕正德	추위, 건조, 기근, 지진, 전염병, 용
1544~1546	가정嘉靖	추위, 가뭄, 기근, 전염병
1586~1588	만력萬歷 I	추위, 가뭄, 기근, 홍수, 메뚜기 떼, 전염병, 용
1615~1617	만력萬歷 II	추위, 가뭄, 기근, 메뚜기 떼, 지진, 용
1637~1643	숭정崇禎	추위, 가뭄, 기근, 메뚜기 떼, 지진, 전염병, 모래 폭풍, 용

황제 연표

	본명	연호	등극 연도	이전 황제와의 관계
원 1271~1368				
1	쿠빌라이	지원至元	1271	우구데이의 조카, 칭기즈 칸의 손자
2	테무르	원정元貞 대덕大德	1294	막내 손자
3	카이샨	지대至大	1308	조카(테무르의 큰형인 다르마발라의 아들)
4	아유르바르와다	황경皇慶 연우延祐	1311	동생
5	시데발라	지치至治	1321	아들
6	이순 테무르	태정泰定	1323	숙부(테무르의 맏형인 카말라의 아들)
7	아리기박	천순天順	1328	아들
8	툭 테무르	천력天曆	1328	사촌(카이샨의 아들, 다르마발라의 손자)
9	코실라		1329	형
10	툭 테무르	지순至順	1329	동생
11	이린지발		1332	조카(코실라의 아들, 다르마발라의 증손자)
12	토곤 테무르	원통元統 지원至元 지정至正	1333	형

	본명	연호	등극 연도	이전 황제와의 관계
명 1368~1644				
1	주원장朱元璋	홍무洪武	1368	
2	주윤문朱允炆	건문建文	1398	손자(원장의 맏이의 아들)
3	주체朱棣	영락永樂	1402	숙부(원장의 넷째 아들)
4	주고치朱高炽	홍희洪熙	1424	장남
5	주첨기朱瞻基	선덕宣德	1425	장남
6	주기진朱祁鎭	정통正統	1435	장남
7	주기옥朱祁鈺	경태景泰	1449	이복동생
8	주기진朱祁鎭	천순天順	1457	이복형
9	주견심朱見深	성화成化	1464	장남
10	주우당朱祐樘	홍치弘治	1487	생존 형제 중 장남
11	주후조朱厚照	정덕正德	1505	독자
12	주후총朱厚熜	가정嘉靖	1521	사촌 동생(견심의 손자)
13	주재후朱載垕	융경隆慶	1567	생존 형제 중 장남
14	주익균朱翊鈞	만력萬曆	1572	생존 형제 중 장남
15	주상락朱常洛	태창泰昌	1620	장남
16	주유교朱由校	천계天啓	1620	장남
17	주유검朱由檢	숭정崇禎	1627	동생(상락의 다섯째 아들)
18	주상순朱常洵	홍광弘光	1644	사촌(익균의 손자)

옮긴이의 말

이 책은 전체 6권으로 구성된 "하버드 중국사" 시리즈의 제5권에 해당하는 원과 명 역사의 개론서이다. 2010년에 출간된 이 책의 저자는 시리즈의 책임 편집자이자 캐나다 브리티시컬럼비아 대학교 교수인 티모시 브룩이다. 『쾌락의 혼돈』, 『베르메르의 모자』, 『근대 중국의 친일합작』, 『능지처참』이라는 번역서로 한국의 독자들에게도 이미 널리 알려진 티모시 브룩 교수는 현재 세계 중국사 학계를 이끌어가는 대표적인 학자이자 명 역사 연구의 전문가이다. 그런 그가 전통 시대 중국의 역사를 6등분하면서 전혀 어울릴 것 같지 않은 원과 명을 한 권에 담아 그 제목을 『곤경에 빠진 제국*Troubled Empire*』이라 붙였다.

일단 이러한 시도도 흥미로웠지만, 무엇보다 "곤경에 빠진 제국"이라는 제목이 나의 관심을 사로잡았다. 평소 나는 광대한 중국의 남과 북을 연결하고 수도 북경의 구심력을 지탱해주는 1,800킬로미터에 달하는 경항대운하京杭大運河의 역사적 중요성을 주목해왔고, 명(1368~1644)과 청(1644~1911)의 연속성과 차별성에 주목하는 기존의 관점을 좀 더 확대시켜, 원(1271~1368)-명-청의 6백여 년이 넘는 시기를 하나의 안목으로 해석하는 작업이 향후 필요한 연구 과제라고 믿고 있었다.

물론 이러한 안목이 필요하다고 해서 장기간에 걸쳐 발생한 지배 민족의 변화(몽골-한-만주)와 이에 수반한 통치 방식 및 피지배민과의 관계 변화, 이전 왕조의 역사적 경험 축적과 그 유산으로 인한 중국 내부의 융합적인 사회 변화, 그리고 대륙 중심의 세계 경제에서 해양 중심의 세계 경제로 변화하는 전 지구적인 환경 변화 등 '변화change'의 측면을 과소평가하지는 않는다. 그럼에도 불구하고 이 세 왕조의 변화 속에서 수도 북경과 이를 정치·경제적으로 지탱하는 대운하 중심의 국가적 물류 체제(여기에는 대운하와 연결된 황하, 양자강 유통망이 포함된다)라는 구조는 '연속continuity'의 측면일 뿐 아니라 북경을 중심으로 한 현대 중국의 국가 발전 전략을 이해하는 데도 도움이 되므로 더욱 흥미롭다.

이는 모름지기 수도는 '천하'의 중심에 거해야 한다는 '거중居中'의 오랜 전통을 벗어던지고 중국 전체의 동북쪽 귀퉁이, 하지만 대륙과 해양으로의 진출 모두가 용이한 북경으로 수도가 정착된 것에 그 기원을 두고 있다. 지금부터 7백여 년 전에 쿠빌라이가 이러한 북경의 지정학적 특징을 정확하게 인지하고 있었는지는 알 수 없으나, 그는 내륙으로의 운하와 역참뿐 아니라 바다로의 조량漕糧 해운과 해외 원정을 거리낌 없이 병용했다. 이후 명과 청 시대에 강력한 해금 정책의 집행 또는 공허한 반포頒布가 반복되긴 했지만, 쿠빌라이가 남긴 수도 북경과 이를 둘러싼 국가적 물류라는 유산은 19세기까지 하운河運(대운하-장강 체계)에 대한 중앙의 고집과 해운海運 개방을 주장하는 지방의 이해관계 사이의 긴장과 협상으로 끈질기게 이어졌다.

내가 원과 명을 하나의 안목으로 접근하는 이 책을 번역하기로 결정한 결정적인 이유가 바로 여기에 있었다. 평소 중국사 강의를 하면서 가졌던 큰 아쉬움 가운데 하나가, 학생들에게 명과 청을 하나로 묶어서 소개하는 책은 적지 않으나 원과 명을 한목에 비교할 수 있는 한글 자료로는 개론서는커녕 논문도 거의 없다는 사실이었다. 따라서 통합적 이해의 성공 여부를 떠나, 원과 명을 한 권으로 엮었다는 시도 자체만으로도 이 책은 기존의 지식을 새로운 관점으로 조망할 수 있는 소재를 무궁무진하게 제공하는 교재가 될 것으로 기대한다. 아울러 이 책에서 시도하는 원-명의 연속성과 변화상에 대한 검토가 이후 명과 청의 관계뿐 아니라 원-명-청의 연속성과 변화상을 비교하는 학문 연구의 초석을 마련해줄 것이라는 소망도 품게 된다.

하지만 1장부터 무수한 용의 출현 기사가 등장하고, 이를 기후 변화라는 환경적인 요인으로 해석하는 저자의 일관되면서도 흥미로운 관점을 접하면서 당혹스러움을 느끼는 독자도 있을 수 있을 것이다. 오늘날 자연환경과 기후의 변화, 이로 인한 자연재해의 심각성이 전 인류의 삶에 얼마나 지대한 영향을 끼치는지 모르는 바 아니지만, 이를 역사적 시공간으로 끌어오는 것, 그것도 원과 명이라는 서로 다른 왕조를 하나로 이해하는 안목으로 활용한다는 것이 대단히 낯설게 느껴지기 때문이다. 더구나 실재하지도 않는 용의 출현 기록은 흥미를 야기하는 소재로는 적합할지 모르지만, 원-명을 정합적으로 이해하는 데 어떤 기여를 할 수 있을까? 혹시 이것이 원의 성장과 쇠락, 명의 멸망과 청의 흥기를 기후 결정론으로 설명하려는 것은 아닌가? 나 역시 이러한 의구심을 가지고 번역에 임한 것이 사실이다.

하지만 이 책을 가지고 학생들과 강독 수업을 하고 한 장씩 번역을 진행하면서 생각이 바뀌기 시작했다. 기후 변화와 자연재해라는 요소가 13세기에서 17세기까지 4백여 년 동안 원–명의 집권자와 백성들의 삶에 영향을 미치는 여러 요소 중의 하나 그 이상의 의미를 지니고 있을 뿐 아니라, 그 사이에 발생했던 수많은 정치 · 경제 · 사회적 변동과 참으로 '묘하게도' 밀접하게 연관되어있음에 고개를 끄덕이기 시작한 것이다. 3장에서 제시했던 9번의 '늪(3~7년간 발생한 심각한 기후 재앙과 그 때문에 발생한 대규모 참사에 대한 저자의 은유적 표현)'은 원에 3차례, 명에 6차례 발생했는데, 전 지구적으로 발생한 소빙하기의 기후 하락에 주목하는 이 점이 바로 이 책의 백미라고 할 수 있다. 오차노미즈お茶の水 여자대학교의 기시모토 미요岸本美緒 교수 역시 서평에서, 원과 명의 경제적 파동과 환경적 변화 사이의 상관관계에 대한 체계적인 분석을 시도함으로써 유용한 가설을 제시했다고 평가했다.

정사, 실록, 지방지, 각종 필기筆記 등의 문집 자료 등 중국사의 기본적인 사료에서 뽑아낸 9번의 늪 정보는 최근 나이테, 태양의 흑점, 빙하, 포도나무의 생장, 화산 폭발 등에 관한 기상학자들의 새로운 발견 및 연구 성과와도 상당히 일치함으로써 이 책의 신빙성을 더해준다. 원의 심각한 자연재해가 정력적인 쿠빌라이의 치세 때는 나타나지 않다가 그의 사후, 즉 원 중기 혼란한 정치적 변동기에 시작된다는 점, 원 말까지 심각했던 자연재해가 명이 건국된 이후 백 년 가까이 발생하지 않았다는 점, 명의 정치적 혼란을 가중시켰다고 알려진 만력제의 치세 기간에 두 차례의 '늪'이 발생했다는 점, 그리고 명의 마지막 자연재해인 '숭정의 늪' 동안 원-명을 통틀어 전례 없이 심각한 수준의 기근, 추위, 홍수, 지진, 전염병, 돌풍, 메뚜기 떼의 피해가 복합적으로 발생했고 전국적으로 확산되었다는 점 등은 더 이상 사회 변화와 기후 변화의 동시성을 우연의 일치라고 치부하기 어렵게 만든다.

그럼에도 불구하고 저자의 입장은 대단히 조심스럽다. 물론 이 책의 곳곳에서 정치적 변동(특히 '토목의 변' 이후 경태제의 치세기와 '경태의 늪'을 연결한 부분이 흥미롭다!)이나 농민 반란이 기후 변화 및 자연재해와 일정한 상관관계가 있음을 제시하고 있으나, 결코 환경 결정론으로 치우치지는 않는다. 명의 몰락 과정에 이상 기후를 강조하고 있는 것은 분명하지만, 저자는 이 외에도 다양한 서사 구조가 담겨있음을 지적했다. 동북 변경에서 팽창한 만주족의 역사, 14세기 이래 가장 대규모로 중국을 엄습했던 반란의 역사, 명의 정치가 붕괴한 역사 등, 각 서사 구조에 담긴 스토리는 다르지만, 이들이 겹쳐지면서 하나의 역사, 즉 명의 몰락을 구성했다고 저자는 이야기한다. "이러한 역사의 굵직한 사건을 설명해주는 요소가 오직 날씨만은 아니지만 날씨가 이러한 설명의 일부분을 차지해야 한다."는 지적은 그래서 음미할 가치가 있다.

기후 변화는 한 나라의 경계에 국한되지 않는다. 소빙하기는 그야말로 지구적인 현상이었다. 따라서 기후에 대한 저자의 관심은 곧 원-명의 역사를 중국에 국한하지 않고 지구적으로 전개되는 변화 속에서 파악하려는 시도로도 읽을 수 있다. 최근 지구사global history에 대한 다양한 방법론과 관점의 계발은 소빙하기라는 기후 변화를 역사 해석의 범주에 포괄시키려는 역사학계의 노력과 동시적으로 진행되면서 일정한 상승 작용을 일으켰다. 비록 여전히 많은 역사학자들에게 기후는 생소한 주제로 남아있지만, 그동안 축적된 기후에 대한 각종 데이터와 연구는 소빙하기 기후가 중국과 유럽을 비롯하여 전 지구적으로 초기 근대early modern(15~18세기) 세계의 형성에 중요한 역사적 배경이 되었음을 입증해왔다.

이 책의 7장에서 주목한 세계 지도의 등장과 변용에 담긴 세계관의 변화라든가, 9장에서 남중국해를 중국이 종국적으로 세계 경제와 통합되는 공간으로 파악하는 것 역시 지구사적인 관점의 투영으로 볼 수 있다. 가령 중국인의 우주론에 예수회 선교사들의 지도가 끼친 영향, 대규모 유입된 외국 은이 중국 경제 및 돈과 신분에 대한 관념에 미친 영향, 그리고 조공과 무역 사이의 애매한 경계 속에서 해안 변경의 변화되는 위상을 검토하는 부분을 읽다보면 자연스럽게 원–명이 당시 세계사의 흐름 속에서 어떤 맥락이었는지 저자의 입장을 이해하게 된다. 이는 이미 『베르메르의 모자』를 통해서도 어느 정도 맛보았던 저자의 관점과 관심을 반영하는 것이기도 한다. 이 책은 분명 15세기 이후 중국이 외부 세계에 '의도적인' 무관심으로 일관했음에도 불구하고 초기 근대 세계에 편입되었음을 설득력 있게 제시하고 있다.

그렇다고 이 책이 모든 독자들의 기대를 만족시킬 것이라고 단언할 수는 없다. 원–명을 하나의 안목에서 다루었다고는 하지만, 명에 비해 원에 대한 관심과 분량은 소략하게 느껴진다. 특히 중국의 역대 왕조로서의 원이 아닌, 몽골족이 통치하는 원을 포괄하는 대몽골 제국Yeke Mongol Ulus으로서의 특성을 발견하기는 쉽지 않다. 몽골의 칸과 한족의 황제를 흥미롭게 비교하는 4장을 제외하면, 이후의 각 장에서 원은 명을 설명하기 위한 배경처럼 느껴질 때가 많다. 이는 분명 3배 가까이 차이가 나는 원(97년), 명(276년)의 존속 기간과 그 이상 차이가 나는 관련 자료의 수량에서 기인한 문제이겠지만, 원에 대한 최근의 풍부한 연구 성과가 반영되지 못한 점은 아쉬운 부분이다.

하지만 이러한 구성 방식과 분량상의 불균형이 이 책의 가치를 떨어뜨린다고 보기는 곤란하다. 이 책의 구성과 분량의 설정은 곧 저자가 파악하는 원-명의 시대성을 고스란히 담고 있기 때문이다. 원 왕조만을 서술한다면 충분히 강조되었을 대몽골 제국의 특성은 분명 이 책의 서술보다 훨씬 많겠지만, 원을 계승했던 명 왕조의 오랜 통치 기간을 함께 고려한다면, 분명 이 두 왕조 사이의 연속성 혹은 이전 시대의 유산이라는 측면을 부각하지 않을 수 없다. 송과 구별되는 원-명 시대를 대표하는 두 가지 주제를 독재 정치와 상업화로 파악하고, 이 두 가지 차원에서 원의 유산이 명에 어떻게 계승되고 변용되는지에 대해서 논의가 집중된 것은 바로 이러한 이유 때문일 것이다. 한국어 서문에서 저자가 밝혔듯이, 저자는 황제 중심의 이야기보다는 일반 서민들의 삶과 경험을 보여주려는 의도가 있었고, 정치적 변화상보다 장기적인 변화 속에서 포착할 수 있는 일상생활과 물질문명에 일차적인 관심을 기울였다.

이에 덧붙여 이 책은 문헌 자료와 함께 회화, 지도, 비문 등의 시각

자료를 대단히 감각적으로 활용하고 있다. 대진과 문징명의 「설경산수도」를 이례적으로 춥고 눈이 많았던 시대상의 방증으로 제시한다든가, 오빈의 회화 「나한」(1601)에 표현된 명암법을 포착하여, 예수회 선교사를 통해 전래된 유럽식 화풍이 중국의 화풍에 덧입혀진 문화적 융합 현상을 보여주는 증거로 제시한 것 등은 그 대표적인 사례다.

무엇보다 수많은 지방지와 필기 등의 문집 자료에서 추출한 아주 작은 에피소드 몇 가지를 가지고도 당시 광범위한 사회 경제적 변화상을 요약적으로 보여주는 스토리텔링 기법은 독자들에게 지적 희열과 독서의 즐거움을 동시에 선사할 것이다. 수많은 에피소드 가운데 하버드 대학교의 피터 볼 교수가 꼽은 흥미로운 사례는 두 가지다. 첫째, 가족을 유지시키는 재산과 의례 문제를 설명하기 위해 제시된 왕진과 장응기 사이의 무덤 관련 소송 사건(6장 참조), 둘째 동남 연해 지역에서 확산되던 외국과의 은 무역과 해금 정책 사이의 긴장 관계 속에서 활동했던 부도덕한 은세공가 관방주라는 인물에 대한 이야기(9장 참조)가 그것이다. 이 외에도 우리나라 서울의 골동품 시장에 등장했다가 캐나다 토론토의 한 가구점에 팔린 뒤, 다시 저자가 구입해서 연구실에 갖다놓은 한 평범한 가정의 비석을 통해 당시 가족의 친족망을 재구성하는 방식을 설명한 부분은 자칫 지루할 수 있는 내용을 흥미롭게 재구성한 대표적인 사례다. 남성과 함께 여성의 삶에 대한 저자의 관심도 책 곳곳에서 발견되며, 여성이 남긴 여러 시를 인용함으로써 당시 남성들이 부역, 전쟁 등으로 인해 당하는 고통과 이를 감내해야 하는 여성의 시각을 효과적으로 제시했다. 이 책이 모든 독자의 기대를 만족시킬 수 없을지 몰라도, 모든 독자에게 중국사와 세계사를 넘나드는 지적 흥미와 사람 냄새 물씬 나는 이야기책을 읽는 듯한 독서의 즐거움을 선사할 것이라고 확신한다.

이 책의 번역 역시 헤아릴 수 없는 많은 분의 도움으로 이루어졌다. 이 책의 원서가 출간되자마자 번역에 '욕심'이 있음을 '귀신'처럼 간파하고 내게 뜬금없이 관련 책을 보내주어 계약을 성사시키고, 이후 4년이 넘도록 내 개인 사정 때문에 지지부진해진 번역 과정을 믿음으로 기다려준 너머북스의 이재민 대표에게 첫 번째 감사를 돌려야 할 것 같다. 그의 격려와 기대가 없었더라면 아마 나는 이 작업을 중도에 포기했을 것이다. 출판사의 오경희 편집자는 능숙한 편집력으로 마지막에 이 책의 체제를 멋지게 잡아주었다. 고려대학교 역사교육과와 서울대학교 동양사학과의 대학원 학생들은 강의에서 이 책을 함께 강독하면서, 수사적인 표현과 압축적이면서 상징적인 글쓰기로 점철된 이 책의 의미를 파악하는 데 도움을 주며 번역 과정의 지루함을 흥미롭고 날카로운 질문으로 자극해주었다. 저자인 브룩 교수 역시 2010년 한국을 방문했을 때 나와 만난 이후 줄곧 한국어 번역본의 출간을 기다리며 격려를 아끼지 않았고, 내가 발견한 소소한 오류에 대해서도 친절한 답변을 주면서 번역본의 완성도를 높여주었다. 영국 SOAS 박사 과정의 강원묵 선생과 고려대학교 역사교육과의 석사 과정의 기완도 군, 손고은 양은 번역 과정의 귀찮고 까다로운 자료 조사에 큰 도움을 주었다. 그럼에도 불구하고 여전히 해결되지 않은 번역문의 어색함과 혹시 있을지 모르는 오역은 전적으로 천학비재淺學菲才한 옮긴이의 탓이다.

번역 과정이 길었던 만큼 이 책의 주제에 대해 묵상할 시간이 많았다. 그 때문일까? 오늘도 날씨 정보를 확인한 후 하늘을 바라보며 하루를 시작했는데, 문득 소빙하기를 살아갔던 선조들이 하늘을 얼마나 간절하게 바라보았을까 상상해보았다. 지금은 그때처럼 용이 출현하는 것은 아니나, 또 다른 자연재해와 참혹한 인재人災를 통해 브레이크 없는 욕망의 전차 같은 이 시대와 위정자에 대한 하늘의 신호가 더 강렬해진 것은 아닐까? 하지만 이것이 무엇을 뜻하는지, 혹은 불길한 전조는 아닌지 아는 사람은 많지 않은 것 같다. 어떻게 우리라고 앞으로 닥칠 일을 쉽게 알 수 있겠는가? 이미 하늘에 있는 그들은 우리를 어떻게 바라보고 있을까?

2014년 9월

암안동 유모재乳母齋에서

조영헌

참고문헌

1차 사료

[中]鄭振滿 · [美]丁荷生 編纂,『福建宗教碑銘彙編 : 泉州府分冊』(3冊), 福建人民出版社, 2003.

葛寅亮,『金陵梵刹志』, 南京, 1607.

江蘇省博物館 編,『江蘇省明清以來碑刻資料選輯』, 北京, 三聯書店, 1959.

耿定向,『耿天臺先生文集』.

顧起元,『客座贅語』, 南京, 1617.

顧炎武,『顧亭林詩文集』, 北京, 中華書局, 1983.

顧炎武,『天下郡國利病書』(1662), 上海, 上海古籍出版社, 1984.

歸有光,『震川先生集』(1662), 上海, 上海古籍出版社, 1981.

朗瑛,『七修類稿』, 臺北, 世界書局, 1963.

雷夢麟,『讀律瑣言』, 北京, 法律出版社, 2000.

談遷,『棗林雜俎』(1644), 北京, 中華書局, 2006.

唐順之,『史纂左編』124卷.

戴名世,『榆林城守紀略』, 邵廷采 等著『東南紀事 外十二種』, 北京, 北京古籍出版社, 2002.

陶承慶,『大明一統文武諸司衙門官制』, 1586.

陶宗儀,『南村輟耕錄』(1366), 北京, 中華書局, 2004.

董其昌,『筠軒清閟錄』.

陸容,『菽園雜記』, 北京, 中華書局, 1987.

陸曾禹,『欽定康濟錄』(近代中國史料叢刊 3編).

林兆珂,『考工記述注』, 1603.

福徵,『憨山大師年年譜疏注』, 臺北, 眞善美出版社, 1967.

謝肇淛,『五雜組』(1610年代), 上海, 上海书店, 2001.

桑喬,『廬山紀事』, 1561.

徐光啓,『徐光啓集』(2版), 上海, 上海古籍出版社, 1984.

徐光啓,『徐光啓集』, 上海, 上海古籍出版社, 1979.

徐弘祖,『徐霞客遊記』, 北京, 商務印書館, 1996.

葉夢珠,『閱世編』, 上海, 上海古籍出版社, 1981.

蕭洵,『故宮遺錄』(1398年序), 北京, 1616.

宋濂 撰,『元史』(1371), 北京, 中華書局, 1976.

宋應星,『天工開物』, 1637.

申時行 等奉勅重修,『明會典』, 1588.

沈家本,『沈寄簃先生遺書』, 臺北, 文海出版社, 1967.

沈德符,『萬歷野獲編』(1619), 北京, 中華書局, 1997.

楊東明,『饑民圖說』(1658), 1748.

楊正泰 校注,『天下水陸路程』, 太原, 山西人民出版社, 1992.

余繼登,『典故紀聞』, 北京, 中華書局, 2006.

余文龍,『史臠』, 1618.

余象斗,『萬用正宗』, 建陽, 1599.

葉盛,『水東日記』, 四庫全書, 1778.

葉子奇,『草木子』(1378), 北京, 中華書局, 1959.

葉春及,『惠安政書』, 1573. → 葉春及 撰,『石洞集』, 1672.

王圻,『三才圖會』, 1607.

汪道昆,『太函集』4卷, 合肥, 黃山書社, 2004.

王士性,『廣志繹』, 北京, 中華書局, 1981.

王陽明,『王陽明全集』, 上海, 上海古籍出版社, 1992.

王臨亨,『粵劍編』, 北京, 中華書局, 1987.

王禎,『王禎農書』(1313), 北京, 農業出版社, 1981.

王之春, 『船山公(王夫之)年譜』(1893), 衡陽市博物館, 1975.

姚虞, 『嶺海輿圖』(1542), 台北, 廣文書局, 1969.

劉基 撰, 『大明清類天文分野之書』, 1384.

陸粲, 『庚巳編』(1590), 北京, 中華書局, 1987.

李樂, 『見聞雜記』(1610), 上海, 上海古籍出版社, 1986.

李贄, 『焚書』, 北京, 中華書局, 1975.

李天綱 編注, 『明末天主教三柱石文箋注 : 徐光啟, 李之藻, 楊廷筠 論教文集』, 道風書社, 2007.

李清, 『三垣筆記』(1640年代), 北京, 中華書局, 1982.

張燮, 『東西洋考』, 北京, 中華書局, 1981.

張怡, 『玉光劍氣集』, 北京, 中華書局, 2006.

張廷玉 撰, 『明史』, 北京, 中華書局, 1981.

章潢, 『圖書編』, 1613.

趙吉士, 『寄園寄所寄』, 1695.

趙秉忠, 『江西輿地圖說』(萬曆年間).

趙爾巽 撰, 『清史稿』, 北京, 中華書局, 1976.

周密, 『雲煙過眼錄』, 1296. → Weitz, Ankeney 참조.

朱元璋, 『明太祖集』(1374), 合肥, 黃山書社, 1991.

朱元璋, 『御製大誥』, 『御製續誥』, 『御製三誥』; 楊一凡, 『明大誥研究』, 江蘇人民出版社, 1988.

陳建, 『皇明從信錄』, 1620.

陳耀文, 『天中記』(1569年序).

陳子龍 編, 『明經世文編』(1638), 北京, 中華書局, 1982.

陳全之, 『蓬窗日錄』(1565年序), 上海, 1979.

蔡汝賢, 『東夷圖像』, 1586.

焦竑, 『國朝獻徵錄』, 1616.

焦竑,『玉堂叢語』(1618), 北京, 中華書局, 1981.

沈榜,『宛署雜記』(1593), 北京, 北京古籍出版社, 1980.

海瑞,『海瑞集』, 北京, 中華書局, 1981.

向達 校註,『兩種海道針經』, 北京, 中華書局, 1961.

黃瑜,『雙槐歲鈔』(1549), 北京, 中華書局, 1999.

黃宗羲,『黃宗羲全集』, 杭州, 浙江古籍出版社, 1985.

懷效鋒 主編,『大明律』, 北京, 法律出版社, 1999.

『大元聖政國朝典章』(1303), 臺北, 故宮博物館, 1972.

『明實錄』(明『太祖實錄』; 明『孝宗實錄』; 明『武宗實錄』; 明『世宗實錄』; 明『神宗實錄』; 明『熹宗實錄』;『崇禎長編』), 臺北, 中央研究院歷史語言研究所, 1962.

『崇禎長編』(→『明實錄』).

『元典章』(『大元聖政國朝典章』).

『寰宇通衢』(1394), 四庫全書存目叢書(1997) vol.166.

연구 논저

영문

Abu-Lughod, Janet. *Before European Hegemony: The World-System A.D. 1250-1350.* New York: Oxford University Press, 1989. [재닛 아부-루고드 지음, 박홍식 · 이은정 옮김,『유럽 패권 이전: 13세기 세계체제』, 까치, 2006]

Allsen, Thomas. "The Rise of the Mongolian Empire and Mongolian Rule in North China." In *The Cambridge History of China*, vol. 6: *Alien Regimes and Border States 907-1368*, ed. Herbert Franke and Denis Twitchett, 321-413. Cambridge: Cambridge University Press, 1994.

Alves, Jorge M. dos Santos. "La voix de la prophétie: Informations portuguaises de la 1e moitié du XVIe siècle sur les voyages de Zheng He." In *Zheng He: Images and*

Perceptions/Bilder und Wahrnehmingen, ed. Claudine Salmon and Roderich Ptak, 39-55. Wiesbaden: Harrassowitz, 2005.

Andersson, Gunnar. *Children of the Yellow Earth: Studies in Prehistoric China*. London: Kegan Paul, Trench, Trübner, 1973.

Andrade, Tonio. *How Taiwan Became Chinese: Dutch, Spanish, and Han Colonization in the Seventeenth Century*. New York: Columbia University Press, 2008.

Barnhart, Richard. *Painters of the Great Ming: The Imperial Court and the Zhe School*. Dallas: Dallas Museum of Art, 1993.

——— et al. *The Jade Studio: Masterpieces of Ming and Qing Painting and Caligraphy from the Wong Nan-p'ing Collection*. New Haven: Yale University Art Gallery, 1994.

Benedictow, Ole. *The Black Death, 1346-1353: The Complete History*. Woodbridge: Boydell Press, 2004.

Berger, Patricia. "Miracles in Nanjing: An Imperial Record of the Fifth Karmapa's Visit to the Chinese Capital." In *Cultural Intersections in later Chinese Buddhism*, 145-169. Honolulu: University of Hawaii Press, 2001.

Birge, Bettine. "Women and Confucianism from Song to Ming: The Institutionalization of Patrilineality." In *The Song-Yuan-Ming Transition in Chinese History*, ed. Paul Jakov Smith and Richard von Glahn, 212-240. Cambridge, Mass.: Harvard University Press, 2003.

Blue, Gregory. "China and Western Social Thought in the Modern Period." In *China and Historical Capitalism: Genealogies of Sinological Knowledge*, ed. Timothy Brook and Gregory Blue, 57-109. Cambridge: Cambridge University Press, 1999.

Blussé, Leonard. *Visible Cities: Cantonm, Nagasaki, and Batavia and the Coming of the Americans*. Cambridge, Mass.: Harvard University Press, 2009.

Bodley, Thomas. *The Life of Sir Thomas Bodley*. Chicago: A. C. McClurg, 1906.

Bol, Peter. "Geography and Culture: Middle-Period Discourse on the Zhongguo—the Central Country." *Hanxue yanjiu*, 2009.

———. *Neo-Confucianism in History*. Cambridge, Mass.: Harvard University Asia Center, 2008. [피터 볼 지음, 김영민 옮김, 『역사 속의 성리학』, 예문서원, 2010]

Braudel, Fernand. *The Perspective of the World*. Vol. 3 of *Civilization and Capitalism, 15th-18th Century*. London: Collins, 1984. [페르낭 브로델 지음, 주경철 옮김, 『물질문명과 자본주의 3, 세계의 시간 上』, 까치, 1996]

Bray, Francesca. *Agriculture. Science and Civilisation in China*, VI:2, ed. Joseph Needham. Cambridge: Cambridge University Press, 1984.

———. *Technology and Gender: Fabrics of Power in Late Imperial China*. Berkeley: University of California Press, 1997.

———. *Technology and Society in Ming China(1368-1644)*. Washington, DC: American Historical Association, 2000.

Brockey, Liam. *Journey to the East: The Jesuit Mission to China, 1579-1724*. Cambridge, Mass.: Harvard University Press, 2007.

Brokaw, Cynthia, and Kai-wing Chow, eds. *Printing and Book Culture in Late Imperial China*. Berkeley: University of California Press, 2005.

Brook, Timothy. *The Chinese State in Ming Society*. London: RoutledgeCurzon, 2005.

———. "Communications and Commerce." In *The Cambridge History of China, vol. 8: The Ming Dynasty*, pt. 2, ed. Denis Twitchett and Frederick Mote, 579-707. Cambridge: Cambridge University Press, 1998.

———. *The Confusions of Pleasure: Commerce and Culture in Ming China*. Berkeley: University of California Press, 1998. [티모시 브룩 지음, 이정 · 강인황 옮김, 『쾌락의 혼돈: 중국 명대의 상업과 문화』, 이산, 2005]

———. "The Early Jesuits and the Late Ming Border: The Chinese Search for Accommodation." In *Encounters and Dialogues: Changing Perspectives on Chinese-Western Exchanges from the Sixteenth to Eighteenth Centuries*, ed. Xiaoxin Wu, 19-38. Sankt Augustin: Monumenta Serica, 2005.

———. "Europaeology? On the Difficulty of Assembling a Knowledge of Europe in China." In *Christianity and Cultures: Japan and China in Comparison (1543-1644)*, ed. Antoni Ucerler, 261-285. Rome: Institutum Historicum Societatis Iesu, 2010.

———. "Funerary Ritual and the Building of Lineages in Late Imperial China." *Harvard Journal of Asiatic Studies* 49, 2 (December 1989): 465-499.

———. *Geographical Sources of Ming-Qing History*, 2nd enlarged ed. Ann Arbor: Center for Chinese Studies, University of Michigan, 2002.

———. *Praying for Power: Buddhism and the Formation of Gentry Society in Late-Ming China*. Cambridge, Mass.: Council on East Asian Studies, Harvard University, 1993.

———. "Rethinking Syncretism: The Unity of the Three Teachings and their Joint Worship in Late-Imperial China." *Journal of Chinese Religions* 21 (Fall 1993): 13-44.

———. *Vermeer's Hat: The Seventeenth Century and the Dawn of the Global World*. New York: Bloomsbury; Toronto: Viking; London: Profile, 2008. [티모시 브룩 지음, 박인균 옮김, 『베르메르의 모자: 베르메르의 그림을 통해 본 17세기 동서 문명 교류사』, 추수밭, 2008]

———. "What Happens When Wang Yangming Crosses the Border?" In *The Chinese State at the Borders*, ed. Diana Lary, 74-90. Vancouver: University of British Columbia Press, 2007.

———. "Xu Guangqi in His Context: The World of the Shanghai Gentry." In *Statecraft and Intellectual Renewal in Late Ming China: The Cross-Cultural Synthesis of Xu Guangqi (1562-1633)*, ed. Catherine Jami, Peter Engelfriet, and Gregory Blue, 72-98. Leiden: Brill, 2001.

Brook, Timothy, and Gregory Blue, eds. *China and Historical Capitalism: Genealogies of Sinological Knowledge*. Cambridge: Cambridge University Press, 1999.

Brook, Timothy, Jérôme Bourgon, and Gregory Blue. *Death by a Thousand Cuts*. Cambridge, Mass.: Harvard University Press, 2008. [티모시 브룩 외 지음, 박소현 옮김, 『능지처참: 중국의 잔혹성과 서구의 시선』, 너머북스, 2010]

Buck, Pearl, trans. *All Men Are Brothers*. New York: J. Day, 1933.

Butlin, Ron. *The Exquisite Instrument*. Edinburgh: Salamander, 1982.

Cahill, James. *The Compelling Image: Nature and Style in Seventeenth-Century Chinese Painting*. Cambridge, Mass.: Harvard University Press, 1982.

———. *The Distant Mountains; Chinese Painting of the late ming Dynasty, 1570-1644*. Tokyo: Weatherhill, 1982.

———. *Parting at the Shore: Chinese Painting of the Early and Middle Ming Dynasty, 1368-1580.* Tokyo: Weatherhill, 1978.

Carswell, John. *Blue and White: Chinese Porcelain around the World.* Chicago: Art Media Resources, 2000.

Caviedes, César. *El Niño in History: Storming through the Ages.* Gainesville: University Press of Florida, 2001.

Chan, Albert. *The Glory and Fall of the Ming Dynasty.*

Chan, Hok-lam. "Liu Ping-chung." In *In the Service of the Khan: Eminent Personalities of the Early Mongo-Yüan Period (1200-1300)*, ed. Igor de Rachewiltz, Hok-lan Chan, Hsiao Ch'i-ch'ing, and Peter Geier, 245-269. Wiesbaden: Harrassowitz Verlag, 1993.

———, and Wm. Theodore de Bary, eds. *Yüan Thought: Chinese Thought and Religion under the Mongols.* New York: Columbia University Press, 1982.

Chang, Kang-i Sun. *The Late Ming Poet Chen Tzu-lung: Crises of Love and Loyalism.* New Haven: Yale University Press, 1991.

Chang, Kang-i Sun, and Haun Saussy, eds. *Women Writers of Traditional China: An Anthology of Poetry and Criticism.* Stanford: Stanford University Pres, 1999.

Chia, Lucille. *Printing for Profit: The Commercial Publishers of Jianyang, Fujian (11th-17th Centuries).* Cambridge, Mass.: Harvard University Asia Center, 2002.

Ching, Dora. "Visual Images of Zhu Yuanzhang." In *Long Live the Emperor*! ed. Sarah Schneewind, 171-209. Minneapolis: Society for Ming Studies, 2008.

Chow, Kai-wing. *Printing, Culture, and Power in Early Modern China.* Stanford: Stanford University Press, 2004.

Chu, Pingyi. "Trust, Instruments, and Cross-Cultural Scientific Exchanges: Chinese Debates over the Shape of the Earth, 1600-1800." *Science in Context* 12, 3 (1999): 385-411.

Church, Sally. "The Colossal Ships of Zheng He: Image or Reality?" In *Zheng He: Images and Perceptions*, ed. Roderich Ptak and Claudine Salmon, 156-176. Wiesbaden: Harrassowitz, 2005.

Clapp, Anne. *The Painting of T'ang Yin*. Chicago: University of Chicago Press, 1991.

Cleary, Thomas. *The Flower Ornament Scripture: A Translation of the Avatamsaka Sutra*. Boston: Shambhala, 1993.

Clunas, Craig. *Chinese Furniture*. London: Bamboo, 1988.

———. *Elegant Debts: The Social Art of Wen Zhengming*. London: Reaktion, 2004.

———. *Empire of Great Brightness: Visual and Material Cultures of Ming China 1368-1644*. London: Reaktion, 2007.

———. *Fruitful Sites: Garden Culture in Ming Dynasty China*. London: Reaktion, 1996.

———. *Superfluous Things: Material Culture and Social Status in Early Modern China*. Cambridge: Polity, 1991.

Coblin, W. South. "A Brief History of Mandarin." *Journal of the American Oriental Society* 120, 4 (Oct.-Dec. 2000): 537-552.

Cooper, Michael. *Rodrigues the Interpreter: An Early Jesuit in Japan and China*. Tokyo: Weatherhill, 1974.

Dardess, John. *A Ming Society: T'ai-ho County, Kiangsi, in the Fourteenth to Seventeenth Centuries*. Berkeley: University of California Press, 1996.

———. *Blood and History in China: The Donglin Faction and Its Repression, 1620-1627*. Honolulu: University of Hawaii Press, 2002.

———. "Did the Mongols Matter? Territory, Power, and the Intelligentsia in China from the Northern Song to the Early Ming." In *The Song-Yuan-Ming Transition in Chinese History*, ed. Paul Jakov Smith and Richard von Glahn, 111-134. Cambridge, Mass.: Harvard University Asia Center, 2003.

David, Percival, trans. *Chinese Connoisseurship: The Ko Ku Yao Lun, the Essential Criteria of Antiquities*. New York: Praeger, 1971.

de Bary, Theodore, trans. *Waiting for the Dawn: A Plan for the Prince: Huang Tsung-hsi's Ming-i-tai-fang lu*. New York: Columbia University Press, 1993.

de Rachewiltz, Igor; Hok-lan Chan; Hsiao Ch'i-ch'ing; and Peter Geier, eds. *In the*

Service of the Khan: Eminent Personalities of the Early Mongol-Yüan Period (1200-1300). Wiesbaden: Harrassowitz Verlag, 1993.

Delgado, James. *Khubilai Khan's Lost Fleet: In Search of a Legendary Armada*. Vancouver: Douglas and McIntyre, 2008.

Deng, Kent. *The Premodern Chinese Economy: Structural Equilibrium and Capitalist Sterility*. London: Routledge, 1999.

Des Forges, Roger. *Cultural Centrality and Political Change in Chinese History: Northeast Henan in the Fall of the Ming*. Stanford: Stanford University Press, 2003.

Di Cosmi, Nicola. "State Formation and Periodization in Inner Asian History." *Journal of World History* 10, 1 (1999): 1-40.

Dreyer, Edward. *Early Ming China: A Political History, 1355-1435*. Stanford. Stanford University Press, 1982.

Dudink, Ad. "Christianity in Late Ming China: Five Studies." Ph.D. diss., University of Leiden, 1995.

Dunstan, Helen. "The Late Ming Epidemics: A Preliminary Survey." *Ch'ing-shih wen-t'i* 23, 3 (November 1975): 1-59.

Ebrey, Patricia, trans. *Chu Hsi's Family Rituals: A Twelfth-Century Chinese Manual for the Performance of Cappings, Weddings, Funerals, and Ancestral Rites*. Princeton: Princeton University Press, 1991.

Elliott, Mark. "Hushuo: The Northern Other and *Han* Ethnogenesis." *China Heritage Quarterly* 19 (September 2009).

Elman, Benjamin. *A Cultural History of Civil Examinations in Late Imperial China*. Berkeley: University Press, 2000.

———. *On Their Own Terms: Science in China, 1550-1900*. Cambridge, Mass.: Harvard University Press, 2005.

Elvin, Mark. *The Retreat of the Elephants: An Environmental History of China*. New Haven: Yale University Press, 2004. [마크 엘빈 지음, 정철웅 옮김, 『코끼리의 후퇴』, 사계절, 2011]

———. "Who Was Responsible for the Weather? Moral Meteorology in Late Imperial China." *Osiris*, 13 (1998): 213-237.

Farmer, Edward. *Early Ming Government: The Evolution of Dual Capitals*. Cambridge, Mass.: Harvard University Press, 1976.

———. *Zhu Yuanzhang and Early Ming Legislation: The Reordering of Chinese Society Following the Era of Mongol Rule*. Leiden: Brill, 1995.

Fei, Si-yen. *Negotiating Urban Space: Urbanization and Late Ming Nanjing*. Cambridge, Mass.: Harvard University Press, 2009.

Fisher, Carney. *The Chosen One: Succession and Adoption in the Court of Ming Shizong*. Sydney: Allen and Unwin, 1990.

Fletcher, Joseph. "The Mongols: Ecological and Social Perspectives." *Harvard Journal of Asiatic Studies* 46 (1986): 11-50. Reprinted in his Studies on Chinese and Islamic Inner Asia, ed. Beatrice Forbes Manz. Farnham, Surrey: Ashgate, 1995.

Frank, Andre Gunder. *ReOrient: Global Economy in the Asian Age*. Berkeley: University of California Press, 1998. [안드레 군더 프랑크 지음, 이희재 옮김, 『리오리엔트』, 이산, 2003]

Franke, Herbert. "Women under the Dynasties of Conquest." In *China under Mongol Rule*, ch. 6. London: Variorum, 1994.

———, and Denis Twitchett, eds. *The Cambridge History of China*, vol. 6: *Alien Regimes and Border States 907-1368*. Cambridge: Cambridge University Press, 1994.

Furth, Charlotte. *A Flourishing Yin: Gender in China's Medical History, 960-1665*. Berkeley: University of California Press, 1998.

Gallagher, Louis, ed. *China in the Sixteenth Century: The Journals of Matthew Ricci, 1583-1610*. New York: Random House, 1953.

Gao Meiqing. *Paintings of the Ming Dynasty from the Palace Museum*. Hong Kong: The Chinese University of Hong Kong, 1988.

Geiss, James. "The Cheng-te Reign." In *The Cambridge History of China*, vol. 7: *The Ming Dynasty*, pt. 1, ed. Frederick Mote and Denis Twitchett, 403-439. Cambridge: Cambridge University Press, 1988.

———. "The Chia-ching Reign, 1522-1566." In *The Cambridge History of China*, vol. 7, ed. Frederick Mote and Denis Twitchett, 440-510. Cambridge: Cambridge University Press, 1988.

Girard, Pascale, ed. *Le Voyage en Chine d'Adriano de las Cortes S.J. (1625)*. Paris: Chandeigne, 2001.

Goodrich, L. Carrington, and Chaoying Fang, eds. *Dictionary of Ming Biography*. 2 vols. New York: Columbia University Press, 1976.

Gould, Stephen Jay. "Foreword" to Claudine Cohen, *The Fate of the Mammoth: Fossils, Myth, and History*. Chicago: University of Chicago Press, 1994.

Grove, Jean. "The Onset of the Little Ice Age." In *History and Climate: Memories of the Future?* ed. P. D. Jones, A. E. Jo. Ogilvie, T. D. Davies, and K. R. Briffa, 153-185. New York: Kluwer/Plenum, 2001.

Gu Gonxu, ed. *Catalogue of Chinese Earthquakes*.

Handlin, Joanna. *Action in Late Ming Thought: The Reorientation of Lü Kun and Other Scholar-Officials*. Berkeley: University of California Press, 1983.

Hanson, Marta. "Inventing a Tradition in Chinese Medicine: From Universal Canon to Local Medical Knowledge in South China, the Seventeenth to the Nineteenth Century." Ph.D. diss., University of Pennsylvania, 1997.

Hartley, J. B., and David Woodward, eds. *Cartography in the Traditional East and Southeast Asian Societies*. Vol. 2, bk. 2 of *The History of Cartography*. Chicago: University of Chicago Press, 1994.

Hashimoto, Keizo. *Hsü Kuang-ch'i and Astronomical Reform: The Process of the Chinese Acceptance of Western Astronomy, 1629-1635*. Osaka: Kansai University Press, 1988.

Hazelton, Keith. "Patrilines and the Development of Localized Lineages: The Wu of Hsiu-ning City, Huichou, to 1528." In *Kinship Organization in Late Imperial Chian, 1000 to 1940*, ed. Patricia Ebrey and James Watson, 137-169. Berkeley: University of California Press, 1986.

Heijdra, Martin. "The Socio-Economic Development of Rural China during the Ming." In *The Cambridge History of China*, vol. 8: *The Ming Dynasty*, pt. 2, ed. Denis Twitchett and Frederick Mote, 417-578. Cambridge: Cambridge University

Press, 1998.

Ho, Ping-ti. *Studies on the Population of China, 1368-1953*. Cambridge, Mass.: Harvard University Press, 1959. [하병체 지음, 정철웅 옮김, 『중국의 인구』, 책세상, 1994]

Hsia, Ronnie. *A Jesuit in the Forbidden City: Matteo Ricci, 1552-1610*. Oxford: Oxford University Press, 2010.

Hsiao, Ch'i-ch'ing. "Mid-Yüan Politics." In *The Cambridge History of China*, vol. 6, ed. Herbert Franke and Denis Twichett, 490-560. Cambridge: Cambridge University Press, 1994.

Hsü, Ginger. *A Bushel of Pearls: Paintings for Sale in Eighteenth-Century Yangzhou*. Stanford: Stanford University Press, 2001.

Huang, Ray. *1587, a Year of No Significance*. New-Haven: Yale University Press, 1981. [레이 황 지음, 김한신 외 옮김, 『1587, 만력 15년 아무 일도 없었던 해』, 새물결, 2004]

———. "The Lung-ch'ing and Wan-li Reigns, 1567-1620." In The *Cambridge History of China*, vol. 7: *The Ming Dynasty*, pt. 1, ed. Frederick Mote and Denis Twichett, 511-584. Cambridge: Cambridge University Press, 1988.

———. "The Ming Fiscal Administration." In *The Cambridge History of China*, vol. 8: *The Ming Dynasty*, pt. 2, ed. Denis Twitchett and Frederick Mote, 106-171. Cambridge: Cambridge University Press, 1998.

———. *Taxation and Governmental Finance in Sixteenth-Century Ming China*. Cambridge: Cambridge University Press, 1974.

Huang Yi-Long. "Sun Yuanhua (1581-1632): A Christian Convert Who Put Xu Guangqi's Military Reform Policy into Practice." In *Statecraft and Intellectual Renewal in Late Ming China: The Cross-Cultural Synthesis of Xu Guangqi (1562-1633)*, ed. Catherine Jami, Peter Engelfriet, and Gregory Blue, 225-259. Leiden: Brill, 2001.

Hucker, Charles. *A Dictionary of Official Titles in Imperial China*. Stanford: Stanford University Press, 1985.

———. *The Ming Dynasty: Its Origins and Evolving Institutions*. Ann Arbor: Center for Chinese Studies, University of Michigan, 1978.

———. "Ming Government." In *The Cambridge History of China*, vol. 8: *The Ming*

Dynasty, pt. 2, ed. Denis Twichett and Frederick Mote, 9-105. Cambridge: Cambridge University Press, 1998.

Hurn, Samantha. "Here Be Dragons? No, Big Cats." *Anthropology Today* 25, 1 (February 2009): 6-11.

Jami, Catherine, Peter Engelfriet, and Gregory Blue, eds. *Statecraft and Intellectual Renewal in Late Ming China: The Cross-Cultural Synthesis of Xu Guangqi (1562-1633)*. Leiden: Brill, 2001.

Jay, Jennifer. *A Change in Dynasties: Loyalism in Thirteenth-Century China*. Bellingham: Center for East Asian Studies, Western Washington University, 1991.

Jiang, Yonglin, trans. *The Great Ming Code*. Seattle: University of Washington Press, 2005.

Johnston, Iain. *Cultural Realism: Strategic Culture and Grand Strategy in Chinese History*. Princeton: Princeton University Press, 1995.

Kieschnick, John. *The Impact of Buddhism on Chinese Material Culture*. Princeton: Princeton University Press, 2003.

Knapp, Robert. *Chinese Landscapes: The Village as Place*. Honolulu: University of Hawaii Press, 1992.

Kuroda Akinobu. "Coper Coins Chosen and Silver Differentiated." *Acta Asiatica* 88 (2005), 65-86.

Kutcher, Norman. *Mourning in Late Imperial China: Filial Piety and the State*. Cambridge: Cambridge University Press, 1999.

Lau, D. C., trans. *Mencius*. London: Penguin, 1970.

Lamb, H. H. *Climate; Present, Past and Future*, vol. 2.

Ledyard, Gari. "Cartography in Korea." In *Cartography in the Traditional East and Southeast Asian Societies*, ed. J. B. Hartley and David Woodward, 235-345. Chicago: University of Chicago Press, 1994.

Legge, James, trans. *The Confucian Classics*, vol. 1.

Lentz, Harris. *The Volcano Registry: Names, Locations, Descriptions and History for over*

1500 Sites. Jefferson, NC: McFarland, 1999.

Lewis, Mark Edward. "The Mythology of Early China." In *Early Chinese Religion*, vol. 1, pt. 1, ed. John Lagerway and Marc Kalinowski, 543-594. Leiden: Brill, 2009.

Li Bozhong. "Was There a 'Fourteenth-Century Turning Point'? Population, Land, Technology, and Farm Management." In *The Song-Yuan-Ming Transition in Chinese History*, ed. Paul Jakov Smith and Richard von Glahn, 135-175. Cambridge, Mass.: Harvard University Asia Center, 2003.

Li Chuy-tsing. "Li Rihua and His Literati Circle in the Late Ming Dynasty." *Orientations* 18, 8 (August 1987): 28-39.

——— et al. *The Chinese Scholar's Studio: Artistic Life in the Late Ming Period*. New York: Thames and Hudson, 1987.

Li, He, and Michael Knight. *Power and Glory: Court Arts of China's Ming Dynasty*. San Francisco: Asian Art Museum, 2008.

Lieberman, Victor. *Strange Parallels: Southeast Asia in Global Context, c.800-1830*. New York: Cambridge University Press, 2002.

Littrup, Leif. *Subbureaucratic Government in China in Ming Times: A Study of Shandong Province in the Sixteenth Century*. Oslo: Universitetsforlaget, 1981,

Liu Ts'un-yan and Judith Berling. "The 'Three Teachings' in the Mongol-Yüan Period." In *Yüan Thought: Chinese Thought and Religion under the Mongols*, ed. Hok-lan Chan and Wm. Theodore de Bary, 479-512. New York: Columbia University Press, 1982.

Marks, Robert. "China's Population Size during the Ming and Qing: A Comment on the Mote Revision." Paper presented at the annual meeting of the Association for Asian Studies, 2002.

McDermott, Joseph. *A Social History of the Chinese Book: Books and Literati Culture in Late Imperial China*. Hong Kong: Hong Kong University Press, 2006.

McNeill, William. *Plagues and Peoples*. Harmondsworth: Penguin, 1979. [윌리엄 H. 맥닐 지음, 김우영 옮김, 『전염병의 세계사』, 이산, 2005]

Menegon, Eugenio. *Ancestors, Virgins, and Friars: Christianity as a Local Religion in Late Imperial China*. Cambridge, Mass.: Harvard University Press, 2009.

Menzies, Nicholas. "Forestry." In *Science and Civilisation in China* VI:3, ed. Joseph Needham, 539-667. Cambridge: Cambridge University Press, 1996.

Meskill, John, trans. *Ch'oe Pu's Diary: A Record of Drifting across the Sea*. Tucson: University of Arizona Press, 1965. [최부 지음, 박원호 옮김, 『표해록 역주』, 고려대학교 출판부, 2006]

Mote, Frederick. "Chinese Society under Mongol Rule, 1215-1368." In *The Cambridge History of China*, vol. 6, ed. Herbert Franke and Denis Twitchett, 616-664.

———. "The Growth of Chinese Despotism: A Critique of Wittfogel's Theory of Oriental Despotism as Applied to China." *Orient Entremus* 8 (1961): 1-41.

Mote, Frederick, and Denis Twitchett, eds. *The Cambridge History of China*, vol. 7: *The Ming Dynasty 1368-1644*, pt. 1. Cambridge: Cambridge University Press, 1988.

Moule, A. C., and Paul Pelliot trans. *The Description of the World*. London: Routledge, 1938.

Nappi, Carla. *The Monkey and the Inkpot: Natural History and Its Transformation in Early Modern China*. Cambridge, Mass.: Harvard University Press, 2009.

Needham, Joseph, and Robin Yates. *Science and Civilisation in China* V:6 (Military Technology: Missiles and Sieges). Cambridge: Cambridge University Press, 1994.

Nimick, Thomas. *Local Administration in Ming China: The Changing Roles of Magistrates, Prefects, and Provincial Officials*. Minneapolis: Society for Ming Studies, 2008.

Oertling, Sewall. *Painting and Calligraphy in the Wu-tsa-tsu*. Ann Arbor: Center for Chinese Studies, University of Michigan, 1997.

Parsons, James. "The Ming Dynasty Bureaucracy: Aspects of Background Forces." In *Chinese Government in Ming Times: Seven Studies*, ed. Charles Hucker, 175-232. New York: Columbia University Press, 1969.

———. *The Peasant Rebellions of the Late Ming Dynasty*. Tucson: University of Arizona Press, 1970.

Peterson, Willard. "Why Did They Become Christians? Yang Tingyun, Li Zhizao, and Xu Guangqi." In *East Meets West: The Jesuits in China, 1582-1773*, ed. Charles

Ronan and Bonnie Oh. Chicago: Loyola University Press, 1988.

Plaks, Andrew. *The Four Masterworks of the Ming Novel*. Princeton: Princeton University Press, 1987.

Polo, Marco. *The Travels*, trans. Ronald Latham. Harmondsworth: Penguin, 1958. [김호동 역주, 『마르코 폴로의 동방견문록』, 사계절, 2000]

Pomeranz, Kenneth. *The Great Divergence: China, Europe, and the Making of the Modern World Economy*. Princeton: Princeton University Press, 2000.

Ptak, Roderich, and Claudine Salmon, eds. *Zheng He: Images and Perceptions*. South China and Maritime Asia, vol. 15. Wiesbaden: Harrassowitz, 2005.

Quinn, William. "A Study of Southern Oscillation-Related Climatic Activity for A.D. 633-1900 Incorporating Nile River Flood Data." In *El Niño: Historical and Paleoclimatic Aspects of the Southern Oscillation*, ed. Henry Diaz and Vera Markgraf, 119-149. Cambridge: Cambridge University Press, 1992.

Ratchnevsky, Paul. *Genghis Khan: His Life and Legacy*. Oxford: Blackwell, 1991.

Reid, Anthony. *Southeast Asia in the Age of Commerce, 1458-1680*. vol. 2: *Expansion and Crisis*. New Haven: Yale University Press, 1993.

Riello, Giorgio, and Prasannan Parthasarathi, eds. *The Spinning World: A Global History of Cotton Textiles*. Oxford: Oxford University Press, 2009.

Rosenblatt, Jason. *Renaissance England's Chief Rabbi*. Oxford: Oxford University Press, 2006.

Rossabi, Morris. *Khubilai Khan: His Life and Times*. Berkeley: University of California Press, 1988. [모리스 로사비 지음, 강창훈 옮김, 『쿠빌라이 칸, 그의 삶과 시대』, 천지인, 2008]

———. *Voyager from Xanadu: Rabban Sauma and the First Journey from China to the West*. Tokyo: Kodansha, 1992.

Rowe, William. *Hankow: Commerce and Society in a Chinese City, 1796-1889*. Stanford: Stanford University Press, 1984.

Roy, David, trans. *Plum in the Golden Vase*. 3 vols. Princeton: Princeton University Press, 1993.

Ruitenbeek, Klaas. *Carpentry and Building in Late Imperial China: A Study of the Fifteenth-Century Carpenter's Manual Lu Ban Jing*. Leiden: E. J. Brill, 1993.

Salmon, Claudine, and Roderich Ptak, eds. *Zheng He: Images and Perceptions/ Bilder und Wahrnehmingen*. Wiesbaden: Harrassowitz, 2005.

Schäfer, Dagmar, and Dieter Kuhn. *Weaving an Economic Pattern in Ming Times (1368-1644): The Production of Silk Weaves in the State-Owned Silk Workshops*. Würzburger Sinologische Schriften. Heidelberg: Forum, 2002.

Schmalzer, Sigrid. *The People's Peking Man: Popular Science and Human Identity in Twentieth-Century China*. Chicago: University of Chicago Press, 2008.

Schneewind, Sarah. *Community Schools and the State in Ming China*. Stanford: Stanford University Press, 2006.

———, ed. *Long Live the Emperor! Uses of the Ming Founder across Six Centuries of East Asian History*. Minneapolis: Society for Ming Studies, 2008.

Scott, James C. *The Art of Not Being Governed: An Anarchist History of Upland Southeast Asia*. New Haven: Yale University Press, 2009.

Sedo, Timothy. "Environmental Jurisdiction within the Mid-Ming Yellow River Flood Plain." Paper presented at the annual meeting of the Association for Asian Studies, 2008.

Shin, Leo. *The Making of the Chinese State: Ethnicity and Expansion on the Ming Borderlands*. Cambridge: Cambridge University Press, 2006.

Shinno, Reiko. "Medical Schools and the Temples of the Three Progenitors in Yuan China: A Case of Cross-Cultural Interactions." *Harvard Journal of Asiatic Studies* 67, I (June 2007): 89-133.

Smith, Paul Jakov, and Richard von Glahn, eds. *The Song-Yuan-Ming Transition in Chinese History*. Cambridge, Mass.: Harvard University Asia Center, 2003.

So, K. L. Billy. *Prosperity, Region, and Institutions in Maritime China: The South Fukien Pattern, 946-1368*. Cambridge, Mass.: Harvard University Asia Center, 2000.

Spence, Jonathan. *The Memory Palace of Matteo Ricci*. Harmondsworth: Penguin, 1985. [조너선 스펜스 지음, 주원준 옮김, 『마테오 리치, 기억의 궁전』, 이산, 1999]

———. *Return to Dragon Mountain: Memories of a Late Ming Man*. New York: Viking, 2007. [조너선 스펜스 지음, 이준갑 옮김, 『룽산으로의 귀환: 장다이가 들려주는 명말 청초 이야기』, 이산, 2010]

Standaert, Nicolas, ed. *Handbook of Christianity in China*, vol. I: 635-1800. Leiden: Brill, 2001.

———. *Yang Tingyun, Confucian and Christian in Late Ming China: His Life and Thought*. Leiden: E. J. Brill, 1988.

Sterckx, Roel. *The Animal and the Daemon in Early China*. Albany: State University of New York Press, 2002.

Struve, Lynn. *The Southern Ming 1644-1662*. New Haven: Yale University Press, 1984.

———, ed. *Time, Temporality, and Imperial Transition: East Asia from Ming to Qing*. Honolulu: University of Hawaii Press, 2005.

———. *Voices from the Ming-Qing Cataclysm: China in Tigers' Jaws*. New Haven: Yale University Press, 1993.

Stuart-Fox, Martin. "Mongol Expansionism." Reprinted in *China and Southeast Asia*, ed. Geoff Wade, vol. I, 365-378. London: Routledge, 2009.

Subrahmanyam, Sanjay. *The Portuguese Empire in Asia, 1500-1700: A Political and Economic History*. New York: Longman, 1993.

Sun, Jinghao. "City, State, and the Grand Canal: Jining's Identity and Transformation, 1289-1937." Ph.D. diss., University of Toronto, 2007.

Sun Laichen. "Ming-Southeast Asian Overland Interactions, 1368-1644." Ph.D. diss., University of Michigan, 2000.

Sung Ying-hsing. *T'ien-kung k'ai-wu; Chinese Technology in the Seventeenth Century*, trans. E-tu Zen Sun and Shiou-chuan Sun. University Park: Pennsylvania State University Press, 1966.

Szonyi, Michael. "The Cult of Hu Tianbao and the Eighteenth-Century Discourse of Homosexuality." *Late Imperial China* 19, I (June 1998): 1-25.

Tong, James. *Disorder under Heaven: Collective Violence in the Ming Dynasty*. Stanford: Stanford University Press, 1991.

Topsell, Edward. *The Historie of Serpents*. London: William Jagger, 1608.

Trevor-Roper, H. R. *Archbishop Laud, 1573-1645*, 2nd ed. London: Macmillan, 1963.

Tsai, Shih-shan Henry. *The Eunuchs in the Ming Dynasty*. Albany: State University of New York Press, 1996.

———. *Perpetual Happiness: The Ming Emperor Yongle*. Seattle: University of Washington Press, 2001.

Tu, Wei-ming. *Neo-Confucian Thought in Action: Wang Yang-ming's Youth (1572-1509)*. Berkeley: University of California Press, 1976.

Twitchett, Denis, and Tileman Grimm. "The Cheng-t'ung, Ching-t'ai, and T'ienshun Reigns, 1436-1464." In *The Cambridge History of China*, vol. 7: *The Ming Dynasty*, pt. 1, ed. Frederick Mote and Denis Twitchett, 305-342. Cambridge: Cambridge University Press, 1988.

Twitchett, Denis and Frederick Mote, eds. *The Cambridge History of China*, vol. 8: *The Ming Dynasty 1368-1644*, pt. 2. Cambridge: Cambridge University Press, 1997.

Unschuld, Paul. *Medicine in China: A History of Pharmaceutics*. Berkeley: University of California Press, 1986.

Von Glahn, Richard. *Fountain of Fortune; Money and Monetary Policy in China, 1000-1700*, Berkeley: University of California Press, 1996.

Wade, Geoff. *Southeast Asia in the Ming Shi-lu: An Open Access Resource. Singapore*: Asia Research Institute and the Singapore E-Press, National University of Singapore, accessed 2010.

———. "The Zheng He Voyages: A Reassessment." Reprinted in *China and Southeast Asia*, vol. 2, 118-141. London: Routledge, 2009.

Wakeman, Frederic, Jr. *The Great Enterprise: The Manchu Reconstruction of Imperial Order in Seventeenth-Century China*. 2 vols. Berkeley: University of California Press, 1985.

Waldron, Arthur. *The Great Wall: From History to Myth*. New York: Cambridge University Press, 1990.

Waley, Arthur, trans. *The Analects of Confucius*. London: Allen and Unwin, 1949.

———, trans. *Monkey*. New York: Grove, 1970.

Wallerstein, Immanuel. *The Modern World-System II: Mercantilism and the Consolidation of the European World-Economy, 1600-1750*. New York: Academic Press, 1980.

Waltner, Ann. *Getting an Heir: Adoption and the Construction of Kinship in Late Imperial China*. Honolulu: University of Hawaii Press, 1990.

Wang Shao-wu and Wei Gao. "La Niña and Its Impacts on China's Climate." In *La Niña and Its Impacts: Facts and Speculation*, ed. Michael Glantz, 186-189. Tokyo: United Nations University Press, 2002.

Wang Yü-ch'üan. "The Rise of Land Tax and the Fall of Dynasties in Chinese History." *Pacific Affairs* 9, 2 (June 1936).

Watt, James C. Y., and Denise Patry Leidy. *Defining Yongle: Imperial Art in Early Fifteenth-Century China*. New York: Metropolitan Museum of Art, 2005.

Weitz, Ankeney. *Zhou Mi's Record of Clouds and Mist Passing before One's Eyes: An Annotated Translation*. Leiden: Brill, 2002.

Will, Pierre-Étienne, and R. Bin Wong, eds. *Nourish the People: The State Civilian Granary System in China, 1650-1850*. Ann Arbor: Center for Chinese Studies, University of Michigan, 1991.

Wong, R. Bin. *China Transformed: Historical Change and the Limits of European Experience*. Ithaca: Cornell University Press, 1997.

Wood, Frances. *Did Marco Polo Go to China?* London: Secker and Warburg, 1995.

Woodside, Alexander, "The Ch'ien-lung Reign." In *The Cambridge History of China*, vol. 9, ed. Willard Peterson, 230-309. Cambridge: Cambridge University Press, 2002.

Wu, Marshall. *The Orchid Pavilion Gathering: Chinese Painting from the University of Michigan Museum of Art*. 2 vols. Ann Arbor: University of Michigan, 2000.

Yee, Cordell. "Reinterpreting Traditional Chinese Geographical Maps." In *Cartography in the Traditional East and Southeast Asian Societies*, ed. J. B. Hartley and David Woodward, 35-70. Chicago: University of Chicago Press, 1994.

———. "Taking the World's Measure: Chinese Maps between Observation and Text."

In *Cartography in the Traditional East and Southeast Asian Societies*, ed. J. B. Hartley and David Woodward, 117-124. Chicago: University of Chicago Press, 1994.

Yü, Chün-fang. *The Renewal of Buddhism in China: Chu-hung and the Late Ming Synthesis*. New York: Columbia University Press, 1981.

Zhang Jiacheng and Thomas Crowley. "Historical Climate Records in China and Reconstruction of Past Climates." *Journal of Climate* 2 (August 1989): 833-849.

Zhao Shiyu and Du Zhengzhen. "'Birthday of the Sun': Historical Memory in Southeastern Coastal China of the Chongzhen Emperor's Death." In *Time, Temporality, and Imperial Transition: East Asia from Ming to Qing*, ed. Lynn A. Struve, 244-276. Honolulu: University of Hawaii Press, 2005.

Zurndorfer, Harriet. "The Resistant Fibre: Cotton Textiles in Imperial China." In *The Spinning World: A Global History of Cotton Textiles, 1200-1850*, ed. Giorgio Riello and Prasannan Parthasarathi, 43-62. Oxford: Oxford University Press, 2009.

중문

曹樹基,『中國人口史 第4卷 明時期』, 上海, 複旦大學出版社, 2000.

陳文石,「明代衛所的軍戶」, 吴智和 編,『明史研究論叢』2輯, 臺北, 大立出版社,1982.

封越健,「明代京杭運河的工程管理」,『中國史研究』1993-1.

郭紅 · 靳潤成,『中國行政區劃通史: 明代卷』, 復旦大學出版社, 2007.

黃清蓮,『元代戶計制度研究』, 臺北, 國立台灣大學文學院, 1977.

李德甫,『明代人口與經濟發展』, 中國社會科學出版社, 2008.

李孝聰,『歐洲收藏部分中文古地圖敍錄』, 北京, 國際文化, 1996.

梁方仲,『中國歷代戶口 · 田地 · 田賦統計』, 上海人民出版社, 1980.

劉翠溶,『明清時期家族人口與社會經濟變化』, 臺北, 中央研究院經濟研究所, 1992.

馬志冰,「明朝土地法制」, 蒲堅 主編,『中國歷代土地資源法制研究』, 北京大學出版社, 2006.

彭信威,『中國貨幣史』, 上海人民出版社, 1958.

邱仲麟,「明代長城沿線的植木造林」,『南開學報』(哲社版), 2007-3.

田汝康,「≪圖海方程≫—中國第一本刻印的水路簿」, 李國豪 等主編,『中國科技史探索』, 上海古籍出版社, 1982.

王雙懷 主編,『中華日曆通典』, 吉林文史出版社, 2006.

王庸,『中國地圖史綱』, 北京, 1958.

吳承洛,『中國度量衡史』, 上海, 商務印書館, 1957.

吳晗,『江浙藏書家史略』, 中華書局, 1981.

吳宏岐,『元代農業地理』, 西安地圖出版社, 1997.

吳緝華,『明代海運及運河的硏究』, 臺北, 中央硏究院歷史語言硏究所專刊41, 1961.

巫仁恕,『品味奢華: 晚明的消費社會與士大夫』, 臺北, 聯經出版事業有限公司, 2007.

厦門大學歷史係 編,『李贄硏究參考資料』, 福建人民出版社, 1975.

楊正泰,「淸臨淸的盛衰與地理條件的變化」,『歷史地理』 3, 1983.

張靑 主編,『洪洞大槐樹移民志』, 山西古籍出版社, 2000.

中國氣象局氣象科學硏究院 編,『中國近五百年旱澇分布圖集』, 地圖出版社, 1981.

周致元,『明代荒政文獻硏究』, 安徽大學出版社, 2007.

일문

星斌夫,『明淸時代交通史の硏究』, 山川出版社, 1971.

———,『中國の社會福祉の歷史』, 山川出版社, 1988.

多賀秋五郎,『中國宗譜の硏究』, 日本學術振興會, 1981.

찾아보기

[ㄱ]

[ㄷ]

[ㄹ]

[ㅁ]

[ㅂ]

[ㅅ]

[ㅇ]

[ㅈ]

[ㅊ]

[ㅋ]

[ㅌ]

[ㅍ]

[ㅎ]